BIBLIA Y HOMOSEXUALIDAD

¿Se equivocaron los traductores?

Editorial SEBILA
Universidad Bíblica Latinoamericana
Departamento de Publicaciones

COMITÉ EDITORIAL:

Dr. José Enrique Ramírez (director)
M.Sc. Ruth Mooney
Dra. Genilma Boehler
M.Sc. Violeta Rocha
Damaris Alvarez

Copyright © 2011

Ilustración de la portada: Scriptorium Monk at Work.
Fuente: www.fromoldbooks.org/Blades-Pentateuch/pages/
Diseño de la portada: Damaris Álvarez Siézar.

Edición: Renato Lings K.
Diagramación: Damaris Álvarez Siézar

Reservados todos los derechos

San José, Costa Rica
Año 2011

ISBN: 978-9977-958-48-4

Universidad Bíblica Latinoamericana
Apdo 901-1000 San José, Costa Rica
Tel.: 2283-8848 / 2283-4498
Fax.: 2283-6826
ubila@ice.co.cr   www.ubila.net

BIBLIA Y HOMOSEXUALIDAD
¿Se equivocaron los traductores?

Renato Lings K.

Agradecimientos

Por las diferentes maneras en que me brindaron apoyo práctico y moral deseo expresar mi gratitud a Damaris Álvarez Siézar, Genilma Boehler, Rosalba Cazón López, Elisabeth Cook, Daniel Gloor, Thomas D. Hanks, Karen M. Larsen, Silvia Regina de Lima Silva, Janet May, Ruth Mooney, Jaime Prieto, Roger Rodríguez Campos, Johannes Sørensen, Jorge Thiesen, Tirsa Ventura y Enric Vilá.

Aviso al lector

Las citas bíblicas y los extractos de una serie de fuentes no castellanas son traducciones del autor salvo en citas directas de las versiones indicadas.

Para transcribir las palabras hebreas se utiliza en este libro una ortografía simplificada. Por ejemplo, omitimos la representación de la consonante א (*alef*) en palabras como ADAM (Adán) y ELOHIM (Dios). La consonante gutural ע (*'ayin*) la reproducimos mediante el apóstrofo como en 'ASAH (hacer), TO'EBA (abominación) y YADA' (conocer).

Invitamos a nuestros lectores a entregar al autor cualquier corrección y crítica constructiva utilizando de preferencia la seña electrónica biblioglot@gmail.com. Agradecemos por adelantado todo aporte en tal sentido.

ÍNDICE

TABLAS	*15*
ABREVIATURAS	*17*
INTRODUCCIÓN	*19*
¿Hay homosexualidad en la Biblia?	*19*
Un consenso problemático	*20*
La Biblia hebrea en la historia	*23*
El poder de las versiones	*24*
El auge del ascetismo	*25*
Idioma y exégesis	*26*
Las iglesias de hoy y el homoerotismo	*27*
"Por sus frutos los conoceréis"	*30*
Convicción cristiana y hechos biológicos	*32*
La Biblia entre sencillez y complejidad	*33*
Traducción bíblica: ¿formal o dinámica?	*36*
Textos bíblicos pertinentes	*39*
Objetivos principales	*41*
Conclusión	*41*
1. EL LENGUAJE DEL SEXO	*43*
Introducción	*43*
"Entrar" a alguien	*44*
"Acostarse"	*47*
El coito bíblico	*50*
Diez versiones castellanas	*52*
Traduciendo BOO + EL	*53*
Traduciendo BOO + EL sin precisión	*55*
Traduciendo SHÁKHAB	*57*
La violencia sexual	*61*
La desnudez de Noé	*63*
La desnudez de Noé en la literatura	*64*
¿Noé violado?	*67*
Conocimiento e ignorancia	*70*
El pecado de Cam	*71*
Conclusión	*73*

2. "CON VARÓN NO TE ACOSTARÁS" — 75
Introducción — 75
El problema del texto — 76
Los comentaristas — 77
La centralidad del Levítico — 81
Las diez versiones — 82
El significado literal — 84
El lenguaje sexual de Lv 18 — 85
¿"Como con una mujer"? — 86
Los "yaceres" — 88
"Varón" y "mujer" — 91
El incesto — 92
MISHKEBEY ISHSHÁ en Lv 20 — 94
Traduciendo MISHKEBEY ISHSHÁ — 96
Una abominación — 98
Conclusión — 99

3. LOS COMIENZOS — 101
Introducción — 101
Lectura tradicional — 102
Relecturas recientes — 103
Ambivalencia y respeto — 113
Pluralidad divina — 114
Macho y hembra lo(s) creó — 115
La "costilla" de Adán — 116
Una sola "carne" — 119
La desnudez inicial — 121
Conclusión — 123

4. CONSAGRADAS Y CONSAGRADOS — 125
Introducción — 125
Gente misteriosa — 126
El enfoque tradicional — 127
KADESH según los biblistas — 127
Lo santo en hebreo — 129
KADESH según las versiones — 130
KEDESHIM según las versiones — 133
¿Santidad o depravación? — 136
Consagrada y consagrado — 137

¿A qué se dedica la KEDESHÁ?	*140*
La mujer velada: ¿ZONÁ o KEDESHÁ?	*142*
Prostitutas y sacerdotisas	*144*
El precio de un perro	*146*
Comercio, prostitutas y perros	*149*
Conclusión	*151*

5. SODOMA EN LA BIBLIA — *153*

Introducción	*153*
El argumento	*154*
Un texto del Génesis	*156*
Sodoma y Abraham	*158*
Sodoma en la Biblia hebrea	*159*
Visiones proféticas de Sodoma	*161*
Sodoma y politeísmo	*164*
Alusiones indirectas	*166*
Textos hebreos que mencionan Sodoma	*167*
Sodoma en Isaías	*168*
Sodoma en Ezequiel	*169*
Sodoma en los libros apócrifos	*171*
Sodoma en el Nuevo Testamento, I.	*173*
Sodoma en el Nuevo Testamento, II.	*175*
Un extranjero residente de Sodoma	*177*
Conclusión	*179*

6. SODOMA Y GOMORRA AYER — *181*

Sodoma en la literatura intertestamentaria	*181*
Sodoma en las obras de Filón y de Josefo	*183*
Sodoma en la iglesia primitiva	*185*
Sodoma en la patrística	*188*
La invención de la sodomía	*190*
Renacimiento y Reforma	*194*
El triunfo de la sodomía	*196*
La sodomía en la literatura	*198*
Sodoma en el judaísmo	*199*
El extranjero residente de Sodoma	*202*
Conclusión	*204*

7. SODOMA Y GOMORRA HOY — *207*
Gagnon: la lectura tradicional — *207*
Freud de visita en Sodoma — *210*
Sodoma como humillación — *212*
Lot en los comentarios de hoy — *213*
Redescubriendo Sodoma — *216*
Tradición e innovación — *218*
La colectividad de Sodoma — *220*
"Conocer" según Brian Doyle — *222*
Conocer: un verbo esencial — *225*
El arte de la repetición — *226*
Conclusión — *228*

8. CONOCER EN EL SENTIDO BÍBLICO — *231*
Conocer en el sentido "bíblico" — *231*
El ADAM "conoció" — *233*
Conocimiento y descendencia — *236*
La gramática de YADA' — *239*
"Conocer" y "acostarse" — *240*
"Conocer" y "reconocer" en Sodoma — *241*
Gn 18,19: "Lo he conocido" — *242*
El YADA' formal en la Biblia hebrea — *243*
Gn 18,21: "Que lo conozca" — *245*
Gn 19,5: "Que los conozcamos" — *246*
Gn 19,8: "No han conocido marido" — *248*
Gn 19,33 y 19,35: "Él no conoció" — *251*
Cuando conocer es "indagar" — *254*
Conclusión — *258*

9. TRADUCIENDO SODOMA — *261*
El lenguaje sexual de Sodoma — *261*
BOO en Sodoma — *262*
SHÁKHAB en Sodoma — *264*
YADA' en Sodoma — *265*
"Conocer" en la Septuaginta — *266*
"Conocer" en el sentido griego — *268*
"Conocer" en la Vulgata — *270*
Dos versiones clásicas — *272*
"Conocer" en castellano — *274*

El "desconocimiento" de las versiones	*275*
Conocer y no conocer	*278*
¿Escoger, acostarse o abusar?	*279*
Las versiones comparadas	*281*
"Como lo bueno en vuestros ojos", I.	*282*
"Como lo bueno en vuestros ojos", II.	*285*
Conclusión	*287*
10. EL CRIMEN DE GUIBEÁ	**289**
Introducción	*289*
El argumento	*290*
Guibeá y la tradición	*293*
Guibeá en la literatura de hoy	*294*
Un "texto de terror"	*295*
Guibeá después de Trible	*296*
Investigando Sodoma y Guibeá	*298*
Tres ciudades con visitantes	*299*
Guibeá en clave política	*300*
"Conocer" según los traductores	*302*
La violencia sexual	*305*
"Conocer" en un ambiente violento	*307*
Dos verbos de violencia	*308*
"Lo bueno en vuestros ojos"	*311*
Diferencias entre Guibeá y Sodoma	*312*
Alusiones literarias	*315*
Conclusión	*318*
CONCLUSIONES GENERALES	*321*
APÉNDICES	*325*
1. "Conocer" en alemán y en inglés	*326*
"Conocer" según Lutero	*326*
"Conocer" según la versión King James	*328*
2. Sodoma y la teología	*330*
Teólogos solidarios con Sodoma	*330*
Denuncias poscoloniales	*331*
3. Sodoma: asignaturas pendientes	*334*
Temas de Sodoma	*334*
¿Acercarse o alejarse?	*334*

    Mujeres y niños en el patriarcado   *336*
    El derecho bíblico en Sodoma   *337*
    Víctimas de la agresión sodomita   *338*
4. ¿Qué dice el Nuevo Testamento?   *340*
    Tres cartas paulinas   *340*
5. La otra cara de la Biblia   *342*
    La liberación de los teólogos   *342*
    Un enfoque distinto   *343*
    Rut y Noemí   *343*
    David y Jonatán   *344*
    Los eunucos   *345*
    Eunucos y discípulos   *345*
    Lecturas deseables   *346*

DEFINICIONES   *348*
    A. Terminología bíblica   *348*
    B. Terminología sexológica   *351*

GLOSARIO HEBREO-ESPAÑOL   *354*

VERSIONES CASTELLANAS   *358*

BIBLIOGRAFÍA   *359*

PÁGINAS WEB CITADAS   *377*

ÍNDICE DE REFERENCIAS BÍBLICAS   *378*

FUENTES LITERARIAS ANTIGUAS   *388*

ÍNDICE DE NOMBRES PROPIOS   *389*

TABLAS

1	BOO, "entrar", como agente sexual	*47*
2	SHÁKHAB, "acostarse", como agente sexual	*50*
3	El sexo en el Génesis	*51*
4	Diez versiones castellanas	*53*
5	Traduciendo BOO + EL: literalidad y "libertad"	*53*
6	Literalidad de diez versiones (BOO + EL)	*57*
7	Traducciones literales y libres de SHÁKHAB	*58*
8	Literalidad de diez versiones (SHÁKHAB)	*61*
9	Conducta de Cam y de sus hermanos	*71*
10	Traduciendo Lv 18,22	*82*
11	KADOSH según las versiones	*130*
12	Traduciendo KADESH	*131*
13	Traduciendo KEDESHIM	*134*
14	Comparando KEDESHÁ y KADESH	*138*
15	Traduciendo KEDESHÁ	*140*
16	ZONÁ y KEDESHÁ en Oseas 4,14	*144*
17	Traduciendo MEJIR KÉLEB	*148*
18	Destrucción y desolación	*161*
19	Orgullo y arrogancia	*162*
20	Apostasía e idolatría	*163*
21	Corrupción y opresión	*164*
22	Sodoma en la Biblia hebrea	*167*
23	Sodoma en la literatura apócrifa	*171*
24	Sodoma en el Nuevo Testamento	*175*
25	Seis versículos con YADA'	*227*
26	Formas de YADA' en el texto de Sodoma	*239*
27	Gn 19,4: Traduciendo SHÁKHAB y YADA'	*240*
28	Dos cohortativos significativos	*247*
29	Traduciendo YADA' en Gn 38,26	*255*

30	Traduciendo YADA' en Gn 39,6 y 39,8	*257*
31	Traduciendo BOO + 'AL en Gn 19,31	*263*
32	YADA' en el texto de Sodoma	*265*
33	YADA' en Sodoma según el paradigma verbal	*266*
34	"Conocer" en Sodoma según la LXX	*267*
35	"Conocer" en Sodoma según la Vulgata	*271*
36	"Conocer" según el TM y las versiones clásicas	*273*
37	"Conocer" en Sodoma según diez versiones	*274*
38	Cuadro que presenta YADA' en las diez versiones	*281*
39	"Como lo bueno en vuestros ojos": dos interpretaciones	*285*
40	"Como lo bueno en vuestros ojos" en español	*285*
41	Traduciendo "conocer" en Jc 19	*303*
42	Traduciendo dos verbos de violencia	*309*
43	"Lo bueno en vuestros ojos" en español	*311*
44	Algunas diferencias entre Guibeá y Sodoma	*313*
45	Temas recurrentes entre Micá-Dan y Guibeá	*315*
46	Alusiones literarias en Guibeá	*317*
47	"Conocer" en Sodoma según Lutero	*327*
48	"Conocer" en Sodoma según la versión King James	*329*
49	Traduciendo NÁGASH	*335*
50	De la exclusión a la inclusión	*346*
51	Textos alentadores	*347*

ABREVIATURAS

a. C.	antes de Cristo
Am	Amós
Ap	Apocalipsis
BA	Biblia de las Américas
BDB	Brown, Driver & Briggs
BH	Biblia hebrea (Antiguo Testamento)
BJL	Biblia de Jerusalén Latinoamericana
BP	Biblia del Peregrino
1 Co	Primera epístola a los Corintios
d. C.	después de Cristo
DBHE	*Diccionario bíblico hebreo-español* (Alonso Schökel)
DHH	Dios Habla Hoy
Dn	Daniel
DRAE	*Diccionario de la Real Academia Española*
Dt	Deuteronomio
EMN	Evaristo Martín Nieto
Ex	Éxodo
Ez	Ezequiel
Flp	Epístola a los Filipenses
Gn	Génesis
Hch	Hechos de los Apóstoles
Is	Isaías
Jb	Job
Jc	Jueces
JMP	José Miguel Petisco
Jn	Evangelio según Juan
Jr	Jeremías
Lc	Evangelio según Lucas
Lm	Lamentaciones
Lv	Levítico

LXX	Septuaginta, Biblia de los Setenta
Mc	Evangelio según Marcos
Mi	Miqueas
MK	Moisés Katznelson
Mt	Evangelio según Mateo
NBJ	Nueva Biblia de Jerusalén
NC	Nácar-Colunga
NT	Nuevo Testamento
NVI	Nueva Versión Internacional
Os	Oseas
1 P	Primera epístola de Pedro
2 P	Segunda epístola de Pedro
Rambam	Rabí Moshe ben Maimón (Maimónides)
Ramban	Rabí Moshe ben Nahmán (Nahmánides)
Rashi	Rabí Shlomo Yitzjaki
1 R	Primer libro de los Reyes
2 R	Segundo libro de los Reyes
Rm	Carta a los Romanos
Rt	Rut
RV	Reina-Valera
1 S	Libro primero de Samuel
2 S	Libro segundo de Samuel
Sal	Salmos
So	Sofonías
TM	Texto masorético
1 Tm	Primera epístola a Timoteo

Introducción

*La moralidad sexual cristiana es producto
de la era patrística y no de la Biblia.*
Joseph Monti (1995)

¿Hay homosexualidad en la Biblia?

Al abordar de forma analítica el tema de "Biblia y homosexualidad", el primer interrogante que surge es precisamente hasta qué punto son compatibles dos términos que pertenecen a dos épocas históricas muy alejadas entre sí. La palabra "Biblia" proviene del griego clásico y significa originalmente "libros". Con el transcurso del tiempo, el término pasa a otros idiomas y "Biblia" pierde, por ejemplo en español, toda connotación plural convirtiéndose en singular.

A su vez, los escritos bíblicos fueron redactados en tres idiomas diferentes. Una parte sumamente reducida del Antiguo Testamento se compuso en arameo, pero la abrumadora mayoría de sus páginas vienen redactadas en hebreo. Por esta razón se justifica el término "Biblia hebrea" (BH). La lengua del Nuevo Testamento (NT) es el griego de la era helenística. BH se compuso hace más de 2300 años y NT hace unos 1900 años.

Por lo que se refiere a "homosexual", es un neologismo del siglo XIX. De hecho, nació en 1869 acuñada por Karl-Maria Benkert, periodista húngaro que vivía en Alemania.[1] A lo largo del siglo XX el término se fue popularizando hasta constituir en sexología una de tres "orientaciones sexuales" principales: heterosexual, homosexual y bisexual.

En todas las páginas de la Biblia no hay un solo vocablo que equivalga a "homosexual". Conscientes del riesgo de confusión histórica y conceptual que se corre al emplear en el contexto bíblico un término tan moderno, nos conviene entrar primero en el campo de las definiciones. La académica Bernadette Brooten (1996, 8) puntualiza que la palabra "homosexual" tiene a menudo connotaciones masculinas y peyorativas. Por tanto, para el estudio de unas culturas tan antiguas como las que se reflejan en los libros bíblicos, conviene utilizar una terminología flexible y con menos carga tradicional, requisito que cumple en gran medida, según Brooten, el concepto "homoerótico".

Hoy en día el Diccionario de la Real Academia Española (DRAE) define la palabra "homosexual" en el contexto de una relación erótica "que tiene lugar entre individuos del mismo sexo" (www.rae.es). En cambio el DRAE no recoge "homoerótico", hecho que indica que esta palabra tiene un lugar menos establecido o arraigado en el vocabulario general del idioma castellano. Dada la carga despectiva que tradicionalmente rodea el término "homosexual" en el mundo hispánico—observación que nos hace coincidir con Brooten—, y gracias a la menor frecuencia de "homoerótico", daremos generalmente preferencia a este último vocablo.

Un consenso problemático

Actualmente está muy difundida la creencia que la Biblia habla en algunos pasajes del fenómeno que suele recibir el nombre de "homosexualidad". Al mismo tiempo, se ha afirmado con insistencia que los redactores de la Biblia rechazan aquellas manifestaciones de la sexualidad humana que son de signo homoerótico. Sin embargo, algunas investigaciones recientes sugieren que tal consenso académico y popular no se basa en la Biblia (Jordan 1997; Long 2006; Musskopf 2008).

---

1 En húngaro el nombre se escribe Károly Mária Kertbeny.

Dado que no hay manera de dialogar con ningún escritor de la antigüedad, y puesto que el único acceso posible a su pensamiento es a través de la literatura existente, los lectores modernos nos sentimos frecuentemente tentados a interpretar su discurso imponiendo nuestros propios conceptos sexuales sobre las culturas de antaño (Brenner 1997, 28). La exegeta Hilary Lipka (2006, 7) ha detectado en nuestro tiempo una marcada tendencia a pensar que son de validez universal las nociones sexuales que hoy prevalecen, como si fueran aplicables a todos los tiempos y a todos los lugares. Lipka advierte de que muy pocas normas o valores pueden considerarse de aceptación intercultural (2006, 2-3). El problema se agudiza cuando la realidad literaria y social bajo estudio se encuentra alejada de la nuestra en el tiempo y en el espacio (p. 4). Asimismo, varios otros biblistas resaltan las múltiples discrepancias entre el vocabulario sexual de nuestro tiempo y las nociones empleadas en el mundo antiguo (Alter 1996 p. xxx; Brenner 1997 pp. 151, 177).

Concretamente en materia de Biblia y sexualidad, hay que tener en cuenta una larga tradición eclesiástica. Dos mil años de reflexión teológica han creado una situación sui géneris que se impone con tal fuerza que nos impele de entrada a analizar con criterios preconcebidos los pasajes bíblicos que nos interesan. De hecho, una amplia parte de lo que piensan actualmente los cristianismos católico y protestante sobre esta temática, hunde sus raíces en tratados de teología redactados a partir de la era patrística por varones castos o célibes, de cierta edad, a menudo misóginos y generalmente inspirados en corrientes filosóficas griegas (Brown 1990, 484; Gaca 2003, 1-2). El proceso se consolida durante la Edad Media y sobrevive en una medida considerable las rupturas de la Reforma. La magnitud de esta deuda histórica hace que ningún cristiano de nuestro tiempo pueda declararse libre de prejuicios.

Si llevamos a cabo un análisis pormenorizado de cada uno de los textos bíblicos señalados por nuestro tiempo como antihomoerótico, surgen numerosos interrogantes sobre la exégesis tradicional que nos obliga a cuestionar la validez de la misma. Sobre esta base planteamos en la presente obra un enfoque distinto: urge releer los textos bíblicos a partir del contexto en que aparecen insertados en las Escrituras y apartándonos de la tradición medieval. Específicamente prescindiremos de las graves preocupaciones ascéticas, moralistas y misóginas de la era posbíblica para enfocar ante todo los aspectos literarios y lingüísticos que caracterizan los libros sagrados.

En resumidas cuentas, deseamos proponer una exégesis diferente que tome como punto de partida la redacción concreta de los escritos bíblicos en versión original. Concretamente nos proponemos analizar los textos de la Biblia hebrea más citados con respecto al homoerotismo. Como veremos más adelante, estos mismos pasajes revelan a menudo aspectos fascinantes de problemas sociales y teológicos ubicados al margen de la esfera sexual. Dicho de otra manera, lanzamos aquí la hipótesis de que a los escritores bíblicos no les preocupan las manifestaciones que hoy calificamos de homoeróticas.

A propósito del prolongado debate sobre el tema de Biblia y homosexualidad que sacude en las últimas décadas a todas las iglesias cristianas, cabe señalar que la raíz del mismo no es producto de grandes diferencias entre los criterios interpretativos aplicados por los exegetas. Tanto es así que en determinados textos, por ejemplo Lv 18,22, aquellos que intervienen en las controversias suelen compartir esencialmente la misma metodología analítica.

Donde sí se plantean discrepancias entre los comentaristas es en las conclusiones hermenéuticas que sacan de los textos. Hoy por hoy estamos frente a dos corrientes teológicas opuestas. Por un lado, una corriente de biblistas opina que la Biblia condena sin lugar a dudas cualquier expresión homoerótica y que, por tanto, es imperativo que los creyentes rechacen el fenómeno en todas sus manifestaciones, incluidas las más recientes (Gagnon 2001, 28-29).

En otro sector del espectro hermenéutico, hay comentaristas que sugieren que los enunciados sobre el tema plasmados en las Sagradas Escrituras responden a contextos sociales y culturales específicos del mundo antiguo que ya no tienen vigencia para la gente de hoy (Stuart 2003, 105). Por tanto, estos últimos intérpretes proclaman que es legítimo hacer caso omiso de las prohibiciones bíblicas y atenerse ante todo al mensaje inclusivo aportado por el Evangelio (Helminiak 2000, 72-73; Stuart 2003, 18-19).

Tales planteamientos ideológicos se encuentran en conflicto desde hace tiempo. Como manera de salir del punto muerto en que se encuentra estancada la polémica, deseamos introducir una metodología distinta. En las páginas que siguen, emprenderemos una exploración del material existente en la Biblia hebrea basándonos primordialmente en un escrutinio detallado de los matices inherentes al lenguaje original. Repetidamente compararemos nuestros hallazgos con diez versiones españolas de la Biblia porque son éstas las que influyen poderosamente en el pensamiento de los lectores cristianos de nuestra era. Cuando se equivocan los traductores, el daño puede ser grave.

La labor exegética es importante por dos razones. En primer lugar, nos ha sorprendido grandemente comprobar en varias ocasiones una ausencia desconcertante: históricamente no se ha llevado a cabo ningún análisis a fondo —es decir, a nivel literario, filológico y semántico— de los textos más controvertidos. En segundo lugar, la recompensa del esfuerzo se presentará cuando descubramos la asombrosa riqueza cultural de los escritos bíblicos cuyo mensaje es tal vez tan pertinente hoy como lo fue en una remota época del pasado.

La Biblia hebrea en la historia

Como ya queda dicho, un riguroso examen histórico de la evolución del pensamiento cristiano en materia sexual revela que el origen de algunos elementos clave no es "bíblico" en el sentido estricto de la palabra. Consideremos primero la problemática de los momentos de composición de los libros incluidos en la Biblia hebrea. Las fechas no se dejan determinar con certeza y los historiadores no logran ponerse de acuerdo, pero se piensa generalmente que en su mayoría los libros sagrados hebreos vieron la luz del día antes del siglo III del milenio anterior a la era cristiana. A juzgar por los arcaísmos y otras características del lenguaje, los más antiguos parecen remontarse por lo menos al siglo VI a. C. y, en algunos casos, tal vez al siglo X y al XII a. C. (Sáenz-Badillos 1993 pp. 43, 52; Grelot 2006, 113).

Al establecerse el imperio de Alejandro Magno en el siglo IV a. C., se propaga el helenismo y con él la lengua griega por amplias zonas del mundo antiguo, incluida la tierra de Palestina. De hecho, el griego se introduce pronto como lengua franca en prácticamente todos los territorios ocupados. Las comunidades judías asentadas en diferentes partes del imperio adoptan con frecuencia el griego como idioma principal. Por esta razón, hay cada vez más judíos que no entienden el hebreo clásico y sobre esta base se plantea la necesidad litúrgica y devocional de traducir los escritos sagrados a la lengua vernácula de la diáspora. Así nace la Septuaginta (LXX) alrededor del año 200 a. C.

Pasado un tiempo se instala por las armas el imperio romano en toda la cuenca del Mediterráneo agregando su idioma, el latín, a la ya impresionante diversidad lingüística existente en el mundo antiguo. En la época en que comienza el ministerio de Jesucristo—el siglo I de la era presente—coexisten en Palestina nada menos que cinco idiomas: (1) el hebreo clásico utilizado en las sinagogas para fines litúrgicos; (2) el hebreo tardío hablado por algunos rabinos y sus allegados, sobre todo en Judea; (3) el arameo que es el vehículo de comunicación preferido en la vida cotidiana de amplios sectores de la población (incluido el ambiente en que se mueve Jesús); por tanto, es también el idioma utilizado en muchas sinagogas para explicar o interpretar los textos de la Biblia hebrea; (4) el griego, lengua literaria de la época; (5) el latín introducido por la ocupación militar romana (Sáenz-Badillos 1993, 167-170).

A partir de la progresiva difusión del cristianismo por el imperio romano surge la necesidad de tener disponibles todos los escritos bíblicos en latín. En respuesta a esta demanda aparece la Vulgata hacia el año 400 d. C.

El poder de las versiones

Indudablemente cualquier texto antiguo presenta dificultades de traducción. Cada uno de los textos que se suele comentar en relación con nuestro tema contiene elementos opacos, situación compleja que impide que los traductores se pongan de acuerdo en todos los detalles. De hecho, discrepan a menudo entre sí. Por ello, cada uno de los pasajes comentados comúnmente merece un análisis semántico detenido. En el presente libro dedicaremos un amplio espacio a esta problemática.

Desde el principio es inmensa la influencia de la Septuaginta en el ideario cristiano. En la iglesia primitiva el prestigio de la LXX es tal que desplaza completamente a la Biblia hebrea en versión original (Metzger 2001, 18; Sheridan 2006, 159). Cabe mencionar que las iglesias ortodoxas conservan hoy esta tradición al seguir venerando la Septuaginta como versión oficial del Antiguo Testamento (p. 20). En el seno de la iglesia católica occidental, cuyo centro de gravedad es Roma, se produce un proceso análogo en torno a la Vulgata. De hecho, esta última versión se va imponiendo a lo largo de la Edad Media hasta erigirse en el siglo XVI en texto bíblico por antonomasia, privilegio que mantiene en el catolicismo hasta la década de 1960.

Tales factores lingüísticos y literarios, muchas veces ignorados en los tratados teológicos, han influido notablemente en la óptica cristiana en materia sexual. Por ejemplo, muchos creyentes de hoy ignoran que todos los autores que contribuyeron al Nuevo Testamento leen la LXX y recurren a ella cada vez que desean citar el Antiguo Testamento, dejando a un lado la Biblia hebrea en su redacción original (Loader 2004, 127). A su vez, la Vulgata ha proporcionado el marco interpretativo exclusivo para la teología cristiana de la era medieval en su vertiente católica (Jordan 1997, 31).

El auge del ascetismo

Entre los fenómenos sobresalientes de las etapas primarias del cristianismo es el comienzo de un temor generalizado a los instintos eróticos, o de una preocupación general motivada por la condición del cuerpo humano. En algunos ambientes se trata de un movimiento de devotos que se proponen romper las cadenas de la mala era presente de este mundo absteniéndose de modo consciente de cualquier participación en el ciclo reproductivo (Brown 1990, 481).

A partir de la oficialización de la iglesia en el siglo IV, se instala paulatinamente en la ideología cristiana un enfoque dual o de ambivalencia sobre el erotismo humano. Por un lado, los teólogos más prominentes piensan que la vida sexual es admisible únicamente en el matrimonio para asegurar la reproducción de la especie (Stuart & Thatcher 1997, 18). Por otro lado, se exalta cada vez más la vida "pura" en la forma de ascetismo y celibato, corriente que obliga a toda la casta de sacerdotes, frailes y monjas a combatir el instinto erótico y a renunciar a los placeres sensuales en general.

Como es lógico y natural, el clima represivo que se respira en los ambientes eclesiásticos plantea la imperiosa necesidad de justificar en el plano ideológico las restricciones vigentes. En persecución de tal objetivo, se recurre a la máxima fuente de inspiración religiosa y literaria, es decir, la Biblia, que equivale primero a la LXX y después a la Vulgata.

Idioma y exégesis

Un ejemplo sobresaliente de la problemática descrita lo proporciona Agustín de Hipona (354-430 d. C.). Este padre de la iglesia aprovecha las incipientes ideas sobre el pecado original de Pablo en Rm 5,12 convirtiendo el concepto en doctrina católica (Stuart & Thatcher 1997, 18-19; McGrath 1998, 82). Si tomamos la interpretación agustiniana de la llamada caída de Adán y Eva relatada en el Génesis y la comparamos con las lecturas judías del mismo episodio descubriremos un hecho llamativo: el judaísmo carece de la noción de la pecaminosidad básica o contaminación indeleble de la humanidad.

Para la tradición rabínica los sucesos relatados en el capítulo 3 del Génesis no obedecen a ningún concepto de "pecado original" sino que reflejan en un lenguaje mitológico el proceso de desarrollo de la conciencia humana (Bechtel 1993, 78-80; Magonet 2004, 124-125). En este contexto es notable que los antiguos rabinos jamás abandonaran el estudio de la Biblia hebrea en su lengua original. Se regían por criterios hermenéuticos amplios: "La Torá admite setenta interpretaciones" (Reif 1998, 148). Comparaban la Biblia con un hermoso diamante: "Dale vueltas y más vueltas, porque lo tiene todo" (Duncan 2000, 92). En el análisis rabínico no puede existir una exégesis final o definitiva de los textos porque cada versículo viene cargado de múltiples significados (Greenberg 2004, 78).

De esta manera comprobamos cómo un relato bíblico determinado se presta a veces para dos (o varias) interpretaciones radicalmente distintas. En el caso de Gn 3, la exégesis judía se basa en la Biblia hebrea en versión original mientras que la cristiana se inspira principalmente en el texto griego de la Septuaginta. Otro ejemplo destacado es el concepto de sodomía que se aplica por vez primera a las relaciones homoeróticas en una obra escrita en latín por el fraile italiano Pedro Damián (siglo XI). Resulta que el texto de base del autor es la Vulgata (Jordan 1997, 31). Por contraste, la noción de sodomía está ausente del ideario judío. En cambio, el judaísmo ve nacer "la medida de Sodoma", en hebreo *middat Sedom*, concepto que denota crueldad e indiferencia hacia las necesidades del prójimo (Greenberg 2004, 71).

Lanzando el lema *sola scriptura*, la Reforma protestante del siglo XVI se plantea regresar a las fuentes sagradas en su redacción original aprovechando para tal fin la publicación de la Biblia hebrea en esta lengua (1488) y la aparición del Nuevo Testamento en griego (1512). El objetivo expreso que persiguen los reformadores es apartarse de la tradición católica basada en la Vulgata (Metzger 2001, 9). Sin embargo, no logran liberarse en todos los sentidos de la carga represiva que caracteriza la hermenéutica tradicional en materia sexual. Tanto es así que en determinados ambientes protestantes las lecturas restrictivas medievales se mantienen vigentes hasta nuestros días, sobre todo en lo tocante a las relaciones homoeróticas.

Las iglesias de hoy y el homoerotismo

Hace pocos años se realizó en Estados Unidos una encuesta sobre las opiniones y actitudes de los jóvenes no creyentes de ese país (Kinnaman & Lyons, 2007). Entre otros temas investigados se les preguntó sobre su impresión personal de los cristianos norteamericanos. En su mayoría los encuestados respondieron que los cristianos son: (1) antihomosexuales; (2) intolerantes; (3) hipócritas.

Desde una perspectiva histórica, esta encuesta refleja de forma notable la actitud de condena hacia la homo y bisexualidad que nos dejó en herencia la teología medieval y que sigue manifestándose en múltiples ambientes eclesiásticos de hoy. En una serie de iglesias modernas el rechazo a las relaciones homoeróticas tiene prácticamente rango de doctrina fundamental ya que se ha convertido en la piedra de toque

que define la ortodoxia cristiana (Brooten 1996, 194). Se plantea que un homosexual no puede ser cristiano y un cristiano no puede ser homosexual. Dicho de otro modo, desde esta óptica la heterosexualidad proporciona la puerta indispensable por donde ha de entrar todo creyente deseoso de encontrar el camino de la salvación.

Esta postura teológica se defiende a veces con tal ahínco que estamos prácticamente ante una significativa ampliación posbíblica del tradicional decálogo del Antiguo Testamento. De hecho se maneja actualmente un hipotético mandamiento número once que rezaría aproximadamente así: "No tendrás relaciones homoeróticas". En algunos casos se justifica la intransigencia del imperativo antihomosexual alegando, como algunos teólogos medievales, que el instinto homo y bisexual procede del mismo diablo (Green, Harrison & Innes 1996, 24-27; Jordan 1997, 55-57).

El protagonismo de hecho que ejerce tal postulado en el ideario cristiano de hoy se apoya en una amplia serie de versiones, comentarios y diccionarios bíblicos publicados en las últimas décadas cuya redacción expresa sin lugar a dudas que la Biblia prohíbe toda manifestación de homoerotismo. Los pasajes neurálgicos proceden de ambos Testamentos tratándose de los tres capítulos iniciales del Génesis, el relato de Sodoma y Gomorra (Gn 18 y 19), Levítico 18,22 (+ 20,13), el drama de Jueces 19 y 20 y algunas cartas paulinas incluidas en el Nuevo Testamento (Rm 1,26-27; 1 Co 6,9; 1 Tm 1,10).

En función de la prohibición percibida, toda persona cristiana que no se ajuste a la norma vigente —es decir, a la heteronormatividad— deberá afrontar las consecuencias. Si un creyente se declara homo o bisexual, muchas comunidades lo obligarán a escoger entre varias opciones tan claras como duras, siendo éstas las más frecuentes: (1) orar mucho; (2) llevar una vida fingida a nivel sentimental, por ejemplo casándose heterosexualmente; (3) renunciar a la intimidad sexual adoptando el celibato; (4) someterse a prolongadas psicoterapias con el objetivo expreso de modificar la orientación del impulso erótico (Green, Harrison & Innes 1996, 89-90; Besen 2003).

A la luz de los raquíticos resultados obtenidos, ninguna de las opciones enumeradas llega a convencer. La experiencia de muchos que lo han intentado demuestra que, por muy sincera y fervorosa que sea la oración diaria practicada con el fin de cambiar la orientación sexual del interesado, el camino no lleva a la meta deseada. Asimismo, el autoengaño de los que se casan con el fin de "guardar las apariencias" o "alcanzar la normalidad" no les permite ser felices a la vez que inflige un inmerecido sufrimiento a su pareja. Estadísticamente el índice de divorcios en este grupo es elevadísimo.

A su vez, el celibato forzoso que se propugna en algunos ambientes constituye un camino espinoso para aquellos que lo siguen sin tener vocación de castidad. Quien cede ante las presiones ejercidas por el entorno social o religioso experimenta con frecuencia sensaciones de aislamiento psicológico, frustración y lucha personal constante para alejar de la mente los pensamientos eróticos vedados. Para evitar el desgarro solitario a que se exponen estos célibes, algunos se inscriben en diferentes programas de psicoterapia.

Desafortunadamente las terapias aplicadas suelen prolongarse en el tiempo sin que el paciente note ninguna transformación significativa de sus impulsos sexuales. En todos los casos descritos se cierne sobre el individuo el peligro latente de hundirse en un estado depresivo. Quizás se sienta puesto a prueba injustamente por el Creador; no comprende el por qué de su condición sentimental y erótica ni por qué está obligado a dedicar una amplia parte de su tiempo a la consecución de una meta que siempre resulta lejana e inasible. Entre los que pierden la esperanza de obtener por esta vía una vida mejor hay quienes desarrollan patologías psiquiátricas. Por desgracia, algunas de estas vidas torturadas terminan en el suicidio (Green, Harrison & Innes 1996, 41).

Un quinto grupo existe al margen de los ya descritos y lo integran aquellos que se resisten a aceptar las presiones ejercidas por su hogar eclesiástico. Este grupo de homo y bisexuales es muy variado. Grosso modo, se compone de las siguientes subcategorías: (a) los que se niegan a ceder ante las imposiciones y que permanecen en su iglesia, ya en actitud desafiante, ya llevando una vida sentimental discreta u oculta; (b) los que abandonan su comunidad cristiana de toda la vida para integrarse en otra más acogedora; (c) los que se afilian a la Iglesia de la Comunidad Metropolitana que reúne específicamente a mujeres lesbianas y hombres gays y grupos afines; (d) aquellos que terminan por alejarse definitivamente del cristianismo. En esta última categoría incluimos a aquellos que se convierten a otras religiones, notablemente al budismo, y un número considerable de ex creyentes desilusionados que se declaran agnósticos o ateos.

"Por sus frutos los conoceréis"

Ya en la década de 1970 los colegios profesionales *American Psychological Association* y *American Psychiatric Association*, ambos de Estados Unidos, dejaron de catalogar la inclinación homosexual como enfermedad mental. En el año 1991 la Organización Mundial de la Salud tomó una decisión análoga. Del fracaso de las metodologías terapéuticas practicadas durante décadas hay ya tantos testimonios documentados que se ha hecho insostenible seguir catalogando la homosexualidad como aberración psicológica o psiquiátrica. Claramente la realidad es otra. Hoy los sexólogos y psicólogos clasifican el homoerotismo como una variante natural de la sexualidad humana (www.truthtree.com 2010).

A continuación deseamos acercarnos a la Biblia, concretamente al evangelio de Jesucristo utilizándolo como espejo para someter a prueba la hermenéutica represiva. Jesucristo nos recuerda en Mt 22,37-40 cuáles son los mandatos supremos del Antiguo Testamento que deben tener presentes el y la creyente: amar a Dios con toda el alma (Dt 6,5) y al prójimo como a nosotros mismos (Lv 19,8). Jesús nos asegura que éste es el camino que lleva a la vida (Lc 10,28). Dicho de otro modo, este hecho nos permite afirmar que, en la óptica del Evangelio, el camino de la vida lo encontramos amando (Jn 13,35). Por tanto, toda teología que nos enseñe a amar a Dios, al prójimo y a nosotros mismos debemos aplaudirla.

En otro momento Jesús nos previene contra determinadas prácticas cristianas que se apartan del rumbo ideal trazado por él mismo. Concretamente nos invita a realizar un examen crítico de los frutos nacidos del esfuerzo de algunos que dicen obrar en su nombre: "Por sus frutos los conoceréis" (Mt 7,16). Aplicando este principio hermenéutico al terreno sexual y afectivo, es importante tener en cuenta los amargos frutos cosechados hasta la fecha por la censura eclesiástica ejercida desde la Edad Media hasta nuestros días sobre las personas homo y bisexuales.

Si la hermenéutica homófoba estuviera bien arraigada en el evangelio de Jesucristo, daría indudablemente frutos convincentes y certeros. Al menos en teoría es de suponer que las personas curadas de sus inclinaciones homoeróticas serían numerosas y que llegarían a llevar vidas íntegras, armoniosas y felices con su pareja heterosexual. Si tal fuera el caso, constituirían un poderoso ejército capaz de entregar su testimonio al mundo entero. Sin embargo, la vida real demuestra otra cosa: la lente hermenéutica basada en la tradición medieval ha fallado gravemente al no producir el resultado prometido. Es más, ha arruinado miles de vidas humanas empujando a mujeres y hombres a la introspección constante y a someterse al purgatorio de las llamadas terapias "ex gay" que algunos observadores han caracterizado como lavados de cerebro.[2]

Detengámonos un instante para considerar el enorme volumen de energía espiritual y psicológica que se ha depositado en una empresa supuestamente basada en las enseñanzas de la Biblia. A fin de cuentas son millones de horas invertidas en pos de un proyecto que consiste en la "purificación" y transformación radical de seres humanos ya formados de nacimiento a imagen y semejanza del Creador. La intención expresa que motiva la terapia es *re*crear a estos seres en *otra* imagen percibida como más adecuada y para este fin se escoge la heterosexualidad humana.

En el proceso, al definir la heterosexualidad como norma única y excluyente, ésta queda prácticamente deificada. Desde el punto de partida el proyecto revela cierta desconfianza de la sabiduría del Creador que parece haberse equivocado al permitir que circulen personas homo y bisexuales—y hasta intersexuales—por la comunidad creyente. En resumidas cuentas, el problema de fondo que suscita la propuesta terapéutica es, en términos teológicos, su dimensión idolátrica.

---

2 www.truthwinsout.org/uncategorized/2007/09/264 (página consultada en 2010).

Es más, las iglesias han ignorado un factor fundamental: las personas lesbianas, gay y bisexuales no nos identificamos con los textos impuestos por la tradición cristiana. A muchos nos resulta imposible imaginarnos presentes en un lugar como Sodoma si se supone que los habitantes son homosexuales. Problemas análogos se nos plantean en las cartas paulinas y todos los demás textos bíblicos mencionados anteriormente.

La verdad es que, ante las constantes críticas por parte de la jerarquía católica e importantes sectores protestantes, decenas de miles de creyentes nos sentimos agredidos y acusados injustamente. Muchos pensamos así: parece que algunos cristianos se olvidan demasiado fácilmente del mandamiento bíblico: "No darás testimonio falso contra tu prójimo" (Ex 20,16; Dt 5,20). La conocida condena de las relaciones homoeróticas no nace objetivamente de las enseñanzas de Jesús sino que se fundamenta en una serie de normas sociales criticadas una y otra vez por los evangelistas (Jordan 1997, 173-174).

Convicción cristiana y hechos biológicos

El teólogo Thomas Bohache (2000, 229) compara la hermenéutica vigente en materia de orientación sexual con la problemática que analiza Pablo en su carta a los Gálatas. En el documento el apóstol rechaza la idea de que los gentiles tengan que someterse a los tradicionales ritos de conversión al judaísmo antes de poder ingresar en la comunidad cristiana. Según Pablo la venida de Jesucristo abre el camino directo al reino de Dios por medio de la fe asumida por el y la creyente. Por tanto, no se requiere ninguna ceremonia de circuncisión porque su imposición negaría la inclusión universal planteada por el Evangelio.

Por analogía, Bohache razona que aquellos que desean imponer condiciones especiales y adicionales para la gente homo y bisexual contradicen el fundamento doctrinal del cristianismo. En todo momento, para la persona cristiana lo esencial es seguir a Cristo y no dejarse llevar por las presiones del entorno social (p. 232). Pablo lo expresa así: "¿Busco yo ahora el favor de los hombres o el de Dios? Si todavía tratara de agradar a los hombres, ya no sería siervo de Cristo" (Ga 1,10 BJL).

Como vemos, una parte muy considerable del discurso eclesiástico sigue basándose en ficciones y caricaturas e ignorando la sólida documentación académica y literaria sobre temas de sexualidad humana aportada durante las últimas décadas (Jordan 2000, 56, 76). Otro factor empírico de importancia, reprimido y prácticamente ignorado hasta tiempos muy recientes, es la existencia de relaciones íntimas de carácter homo y bisexual a lo largo y ancho del reino animal. Desde hace algunos años salen con regularidad estudios científicos con observaciones sobre este tema.

De hecho, entre centenares de mamíferos, reptiles, peces, aves e insectos, los zoólogos están documentando una amplia actividad bisexual amén de la existencia de parejas formadas por dos hembras o dos machos (Bagemihl 1999, 12). Se dan parejas hembras que se las arreglan para producir descendencia recurriendo a donantes de semen, y se han observado parejas de machos capaces de adoptar crías huérfanas (p. 25). Agréguese el curioso detalle que la frecuencia estadística del fenómeno homo y bisexual en el reino animal parece corresponder grosso modo a las proporciones que se registran en la especie humana (p. 45; cf. Greenberg 2004, 159).

La Biblia entre sencillez y complejidad

> Si deseas influir en las masas, siempre es mejor una traducción sencilla. En realidad las traducciones críticas cotejadas con el original sólo sirven para las conversaciones que mantienen entre sí los académicos.[3]

En estos términos se expresó a principios del siglo XIX el ilustre escritor Johann Wolfgang von Goethe comentando la metodología "sencilla" o "popular" que aplicara Martín Lutero a su renombrada versión alemana de la Biblia. Si hojeamos algunas versiones modernas, veremos que el argumento de Goethe sigue siendo de actualidad, si bien se suele esgrimir con palabras menos polémicas. De hecho, muchos editores de nuestro tiempo presentan el concepto de lenguaje sencillo como ideal.[4]

---

3   Traducción nuestra del alemán, *Goethe Handbuch*, Bd. 4/2, 1998, p.1071.
4   Es representativo el prólogo de la versión DHH (*Dios Habla Hoy*,

De todos modos conviene preguntarnos qué cosa es una traducción "sencilla" de la Biblia. La respuesta es mucho menos evidente de lo que parece a primera vista. Para encontrarla, debemos hacer una breve reflexión sobre las dificultades con que nos enfrentamos los intérpretes de hoy al acercarnos a unos escritos que tienen más de 2000 años de existencia. Ante todo, ¿cómo emprendemos la interpretación bíblica las personas que no contamos con el hebreo bíblico como lengua materna?

La distancia cronológica y cultural que separa al biblista de hoy del texto bajo estudio hace que no podamos estar seguros de su significado (Cotterell & Turner 1989, 43). En realidad, todos los nacidos durante la era posbíblica nos vemos afectados por esta situación, incluidos los grandes comentaristas del judaísmo de la Edad Media. Al tiempo que escudriñaban los textos bíblicos en el idioma original—no abandonando nunca la conexión hebrea, a diferencia de prácticamente todos los teólogos cristianos de la época—redactaban sus propios comentarios en el hebreo medieval (Alter 1992, 142). Esta lengua derivada del hebreo tardío de la era helenística diverge bastante de las normas clásicas (Sáenz-Badillos 1993, 211-219). Tanto es así que a aquellos exegetas de hoy cuyo conocimiento del hebreo se limita a los textos bíblicos, les resulta muy difícil entender cabalmente las obras de Rashi, Maimónides y otros (Alter 1992, 140).

Inevitablemente, todos los intérpretes modernos incluyendo traductores, biblistas, comentaristas, sacerdotes y lectores en general estamos frente a una serie de obstáculos y factores de riesgo con los que no tuvieron que lidiar los hablantes nativos del idioma hebreo reflejado en los libros bíblicos. En cierto sentido, es insalvable el abismo que se abre entre las culturas que vieron nacer las Sagradas Escrituras y la nuestra (Jasper 1998, 24).

Para el traductor de la Biblia, la situación se agrava si no recibe la formación académica adecuada. Indudablemente la teología y los estudios bíblicos contienen elementos de gran utilidad pero no están diseñados para actuar solos. Ante todo, no proporcionan una buena

---

1992): "[s]e ha usado un lenguaje sencillo, fácil de ser entendido por la generalidad de los lectores actuales en España e Hispanoamérica".

metodología lingüística, instrumento indispensable para todo el que quiera analizar textos procedentes de las antiguas culturas del Oriente Medio. Cotterell & Turner (1989) resumen así el problema:

> Desafortunadamente nuestro sistema de educación superior parece estar diseñado para mantener separadas dos disciplinas: los estudios bíblicos y la lingüística. Pocos teólogos se han visto expuestos siquiera a aquellos aspectos de la lingüística que les serían más útiles (p. 9)... ¿Cómo se explica que la interpretación bíblica ha sobrevivido hasta el presente sin comprometerse con los aspectos pertinentes de la lingüística—y que sigue pareciendo ignorarlos de manera deliberada? (p. 26).

Por otra parte, si el lenguaje bíblico está lleno de complejidades, es posible que los mayores obstáculos para la exégesis moderna se encuentren al margen de los textos que nos interesan. La académica Lyn Bechtel lanza esta advertencia (1998, 108):

> A la hora de aproximarse a las Escrituras hebreas, los biblistas permiten sin darse cuenta que su cosmología moderna determine su lectura o interpretación del texto. Presuponen hechos relativos al texto que pueden o no estar presentes en el mismo.

El teólogo Richard Holloway (1999 pp. 49, 83) es consciente del problema expresándolo en estos términos:

> Es probable que practiquemos más eiségesis que exégesis... Lo que llevamos a los textos sagrados... es tan importante como lo que extraemos de ellos.

He aquí uno de los numerosos problemas que dificultan el camino de los que hoy estudiamos la Biblia. Por ejemplo, a la hora de emprender un análisis textual de una narración hebrea, el primer obstáculo radica en las complejidades filológicas, históricas, culturales y literarias inherentes al texto. El segundo obstáculo se encuentra en las expectativas personales aportadas por el lector moderno.[5] El tercer

---

5 Cotterell & Turner (1989, 55) observan que las convenciones culturales que aprendemos todos nos predisponen a atribuir al texto leído un significado descifrable según las normas que rigen la vida del mundo actual (p. 46).

obstáculo se erige cuando no reconocemos ninguno de los anteriores porque nos desvía hacia una interpretación subjetiva tal vez desligada de la realidad que nos proponemos examinar.

Lo cierto es que no hay lector de la Biblia que no lleve suposiciones a ella. El biblista Robert Alter (1992, 131) expresa así uno de los dilemas:

> Es ineludible que los intérpretes traicionen los textos traduciéndolos, como tienen que hacerlo siempre, a sus propias estructuras conceptuales, suposiciones epistemológicas y objetivos ideológicos implícitos.

Alter continúa advirtiendo de que ningún comentario sobre un texto dado es completamente inocente (p. 132). Esto es así porque:

> Cada acto de exégesis, incluso una simple glosa al margen, es un medio de intervención en el texto por el que declaramos dominarlo y nos permitimos ejercer poder sobre aquellos que piensan utilizarlo.

Traducción bíblica: ¿formal o dinámica?

En el campo de la traducción bíblica se comentan frecuentemente dos metodologías o escuelas distintas. El método de la traducción "literal" recibe a veces el nombre de "equivalencia formal" mientras que al otro se le llama comúnmente "equivalencia dinámica". La escuela "formal" se esfuerza por lograr un elevado nivel de exactitud o lealtad de cara al texto original mientras que la escuela "dinámica" se propone presentar al público de hoy un texto bíblico legible y accesible (Thomas 2000, 89-90). En líneas generales la metodología dinámica elimina las situaciones ambiguas (p. 169), postura que obliga constantemente al traductor a escoger entre distintas opciones y a asumir el riesgo de un elevado nivel de subjetividad (p. 180). El fenómeno asoma a menudo en aquellos pasajes cuya redacción original es opaca (p. 183).

Hace bastantes años que se conoce y se discute la tensión entre ambas escuelas. Ningún traductor de la Biblia puede evadir la problemática. En su inmensa mayoría las ediciones bíblicas de nuestro tiempo han optado por la equivalencia dinámica (Groom 2003, 78). La tendencia actual contrasta notablemente con las traducciones del cristianismo primitivo que se ajustaban en gran medida a criterios formales (Thomas 2000, 184). El método dinámico corre el riesgo de infravalorar la importancia de los fenómenos culturales, históricos y religiosos de la era bíblica al tiempo que tiene en cuenta, tal vez excesivamente, una serie de problemáticas contemporáneas que nunca pasaron por la mente de los narradores originales (pp. 107, 188).

Cualquier modificación, inclusive de pequeños matices aparentemente insignificantes, es capaz de causar que el significado de un texto dado quede distorsionado. La historia de la traducción bíblica abunda en controversias religiosas, teológicas y políticas. Un ejemplo muy comentado es el debate que ha rodeado la palabra hebrea 'ALMAH de Is 7,14. Estríctamente hablando el significado de 'ALMAH es "chica" o "mujer joven" (Alonso Schökel 1994, 569). Sin embargo, en base a una larga tradición hermenéutica del cristianismo se ha interpretado 'ALMAH como "virgen" porque de esa manera se establece un lazo profético entre la cita de Isaías y el Evangelio en Mt 1,22.[6] Las controversias en torno a la traducción de 'ALMAH han sido frecuentes y, a veces, acaloradas.[7]

En resumidas cuentas, la equivalencia dinámica tiende a prescindir del estilo literario del texto original y de los prolongados procesos históricos o culturales en que se sumerge (Long 2001, 210). Dicho esto, no debemos clasificar la metodología como inservible. Tal vez su mayor utilidad se manifieste a la hora de presentar la Biblia a un público infantil, adolescente o joven. Por otra parte, en muchas situaciones es una gran ventaja para el lector curioso tener acceso a una amplia gama de versiones, observación ya hecha en su día por Agustín de Hipona (354–430) en su obra *De doctrina christiana*. Este Padre de la Iglesia latina advierte, sin embargo, que los lectores deben aplicar en todo momento su sentido crítico (Long 2001, 174).

---

6 El lenguaje hebreo anuncia el parto en la era presente. Sin embargo, la traducción griega de la Septuaginta lo proyecta hacia un día del futuro (Grelot 2006, 114).

7 Thuesen 1999 pp. 4, 10-11, 13-14, 94-96, 125, 143, 147, 154, etc.; Groom 2003, 79.

Robert Thomas resalta la tentación que se le presentará a cualquiera que se decida a producir una versión "sencilla": la posibilidad de introducir sutilmente sus actitudes personales en el material procesado. Llamando la atención sobre esta problemática, el autor formula una pregunta crítica (2000, 189-190):

> Pudiendo dejar muchos pasajes con la misma ambigüedad en que aparecen envueltos en el original, si un traductor a sabiendas da un paso más llevando al texto actitudes personales, ¿habrá procedido correctamente a la vista de aquellos que van a hacer uso de su versión?

Como veremos más adelante, este mismo interrogante se plantea con fuerza en relación con el texto de Sodoma y Gomorra. Si queremos evitar el latente riesgo de tergiversar la lógica narrativa de un pasaje dado, el procedimiento más seguro es, según Thomas, reproducir las frases originales lo más literalmente posible (pp. 99-100).

Lo cierto es que las traducciones libres que se permiten un amplio margen de flexibilidad no son de utilidad para aquellos lectores que desean profundizar su conocimiento del texto (p. 190). Todos los lectores asiduos de la Biblia necesitan tener acceso a varias traducciones literales o críticas que resistan un examen detallado porque son indispensables para el estudio bíblico intensivo (p. 101).

Como señala la académica Lynne Long (2001, 121-122), la palabra *Vulgata* se consolidó durante un milenio como sinónima de "Biblia". El prestigio de la obra de Jerónimo se nutría de la fama del traductor y del momento de su aparición haciendo que nadie cuestionara sus defectos y errores. El teólogo historiador Alister McGrath (1998, 123) observa cómo se insertó con el correr de los siglos una serie de erratas en el texto latino, aun tratándose de una obra prácticamente canónica. Los errores fueron saliendo a la superficie en la medida en que los académicos renacentistas pudieron acceder a los textos bíblicos en versión original, proceso que contribuyó a socavar la credibilidad de la Vulgata (Flood 2001, 48).

A comienzos del siglo XVI surge el planteamiento que la teología cristiana no debe fundarse en errores de traducción, convicción que influye considerablemente en el proyecto reformador (Flood 2001, 49).

Sin embargo, a la vez que los lingüistas del Renacimiento se hacían capaces de descubrir y corregir una serie de errores de transcripción en la Vulgata, otros problemas quedaron intactos. Un ejemplo representativo es el verbo hebreo YADA', "conocer", especialmente en relación con el drama de Sodoma.[8]

Las contradicciones entre las diferentes posturas académicas existentes afloran si cotejamos con detenimiento las diferentes versiones castellanas de la Biblia. Como se verá, son frecuentes las discrepancias entre las soluciones propuestas por los traductores. Esto tiene que ser así por la sencilla razón de que los textos antiguos vienen cargados de alusiones, matices, ambigüedades y hasta nebulosidades. Se trata de una literatura refinada y muy elaborada que no se presta a una traducción diáfana, inequívoca o sencilla sino que obliga al exegeta a armarse de curiosidad, paciencia y perseverancia.

Para producir una versión honesta y "fiel" de la Biblia debemos proponernos lograr en la medida de lo posible crear un reflejo de la esencia del original a todos los niveles, incluidas sus dificultades y frecuentes aspectos enigmáticos.

Textos bíblicos pertinentes

A la Biblia hebrea pertenece una serie de textos que son de gran importancia para nuestro tema. Se verá pronto que cada uno de estos pasajes bíblicos contiene múltiples aspectos literarios, históricos, culturales y sociales que merecen escrutinio. Sin embargo, por razones de tiempo y de espacio, nos vemos obligados a limitarnos a analizar en estas páginas algunos de los textos más emblemáticos y polémicos.

La amplitud del material de estudio que tenemos entre manos nos obliga a escoger entre los que caben cómodamente en la presente obra y aquellos que, por el momento, merecerán un estudio detenido en otro contexto. Estos últimos los comentaremos muy por encima reuniéndolos en una sección especial del Apéndice. Se trata de los siguientes:

---

8   Véase el capítulo 8 del presente libro.

- El libro de Rut: dos mujeres llamadas Rut y Noemí;
- Samuel 1 y 2: dos hombres llamados David y Jonatán;
- Isaías 56: invitación a los extranjeros y a los eunucos;
- Siete textos del Nuevo Testamento.

La mayor parte del presente libro la dedicaremos a una exégesis basada en el análisis semántico y literario de varios textos incluidos en la Biblia hebrea. Hemos escogido concentrarnos en los siguientes:

- La creación del ser humano y sus primeros pasos (Génesis 1-4);
- La desnudez de Noé (Génesis 9,18-27);
- La prohibición levítica (Levítico 18,22 y 20,13);
- Las consagradas y los consagrados (Deuteronomio 23,17-19);
- Sodoma y Gomorra (Génesis 18-19);
- El crimen de Guibeá (Jueces 19-20).

En cada caso debemos meditar sobre la pregunta: "¿De qué habla este texto?" Los numerosos problemas de traducción que vamos a detectar nos infunde de entrada una sospecha hermenéutica: no podemos confiar en una sola versión sino que hay tener varias a la vista y compararlas constantemente con el texto original. En tal sentido sintonizamos con la hermenéutica de la sospecha como la definen y utilizan las teologías feminista y *queer* (Perdue 2005, 105-108; Bohache 2006, 488). Lo que aparenta ser una traducción literal resulta a veces ser el producto de un largo proceso hermenéutico (Musskopf 2008, 5).

La exploración emprendida nos llevará a menudo a navegar por derroteros inesperados. Durante el viaje quedará claro que, para lograr el objetivo propuesto en el sentido de descubrir indicios de homoerotismo o de bisexualidad, debemos incorporar a nuestra búsqueda un estudio del lenguaje bíblico asociado con la vida sexual de los protagonistas en términos generales, incluido el fenómeno que modernamente recibe el nombre de heterosexualidad.

Objetivos principales

En resumen, el libro que aquí presentamos persigue cinco objetivos principales en relación con el tema de Biblia y homosexualidad:

1. Estudiar el lenguaje hebreo que interviene en las relaciones sexuales descritas generalmente en la Biblia hebrea;
2. Analizar una serie de textos hebreos frecuentemente citados con el fin de verificar si son pertinentes o no para una discusión sobre el lugar asignado por la Biblia al homoerotismo y a la bisexualidad;
3. Examinar la manera en que diez versiones castellanas de nuestro tiempo traducen la terminología sexual del hebreo bíblico y valorar el nivel de exactitud alcanzado;
4. Tener presente la posibilidad de que los textos explorados puedan contener aspectos de interés teológico y cultural que hayan sido ignorados hasta la fecha;
5. Proponer una nueva hermenéutica bíblica en materia de sexualidad, concretamente respecto a las relaciones homoeróticas.

Conclusión

¿Hasta qué punto la Biblia habla de homosexualidad? El presente libro plantea la pregunta y, a la hora de contestarla, procede con espíritu crítico y analítico. Desde la antigüedad vienen surgiendo factores históricos, culturales, literarios y teológicos que influyen en nuestra manera de leer las Escrituras. De hecho, en relación con la sexualidad humana, la interpretación bíblica que hoy se lleva a cabo se nutre de las principales corrientes teológicas de la era patrística y de la Edad Media. La situación afecta especialmente a la mujer y a la gente lesbiana, gay y bisexual puesto que estos grupos sufren en muchas partes una fuerte discriminación en las iglesias cristianas.

Respecto al presente trabajo, lo motivan cinco factores fundamentales: (1) la sospecha de que hay problemas textuales en la redacción original que nunca quedaron interpretados de manera convincente;

(2) la comprobación de que algunos traductores proceden con criterios nacidos del prejuicio a la hora de verter al español los textos bíblicos; (3) una honda preocupación por la situación de desamparo teológico en que el cristianismo mayoritario tiene actualmente sumida a la gente que se identifica como lesbiana, gay y bisexual; (4) un profundo amor por la asombrosa riqueza literaria, humana y teológica de que hace gala la Biblia hebrea; (5) el anhelo de construir puentes hermenéuticos que permitan a los lectores de cualquier orientación sexual acercarse a los textos bíblicos desde una actitud de curiosidad, diálogo y respeto.

1

El lenguaje del sexo

Dijo él: "Déjame entrar a ti".
Dijo ella: "¿Qué me das por entrar a mí?"
Génesis 38,16

Introducción

Si deseamos entender cómo la Biblia hebrea enfoca las relaciones homoeróticas, y suponiendo que es posible localizar textos que reflejen situaciones relativas al tema, nos conviene dar un paso preliminar. Necesitamos ante todo una herramienta que nos permita obtener una visión clara de la manera en que se presentan generalmente las relaciones sexuales en los escritos bíblicos. Por tanto, dedicaremos este primer capítulo a una exploración detallada del lenguaje que caracteriza los episodios de índole sexual en el Génesis, libro que abunda en encuentros eróticos entre hombres y mujeres. Una vez identificada la terminología hebrea pertinente, es plausible que tengamos a mano un instrumento analítico para aquellos pasajes bíblicos que se suelen señalar como portadores específicos de relaciones homoeróticas.

El biblista Robert Alter (1996 pp. xxx-xxxi) ha llevado a cabo una comparación entre el lenguaje hebraico empleado para describir situaciones sexuales en el Génesis y la terminología que prevalece en el mundo occidental de nuestro tiempo. Según el investigador, los términos modernos más frecuentes oscilan entre lo eufemístico, pudoroso, clínico, técnico y vulgar. Por contraste, el estilo hebreo del Génesis es factual y sin el menor atisbo de obscenidad.[9]

Teniendo en cuenta estas aclaraciones, exploraremos a continuación aquellos pasajes del Génesis en que se produce el coito entre los protagonistas o donde lo solicitan de manera inequívoca. La Biblia hebrea suele hablar en términos directos al referirse a los actos sexuales y dispone del lenguaje adecuado para ello (Brodie 2001, 192). Iremos viendo que el hebreo clásico recurre generalmente a dos verbos del acervo común: BOO, "entrar" o "llegar", y SHÁKHAB, "acostarse". Son éstos los agentes verbales más corrientes en situaciones cargadas de aspectos sexuales (Hamilton 1990, 220). En esta capacidad BOO y SHÁKHAB funcionan prácticamente como sinónimos apareciendo un total de treinta veces, con quince actuaciones cada uno. Según Brenner (1997, 29) el sujeto activo suele ser varón mientras que la mujer aparece generalmente como sujeto receptor o pasivo.

"Entrar" a alguien

Apareciendo en el Génesis un total de 116 veces, BOO es un verbo frecuentísimo. Su significado básico es indicar movimiento en el sentido de "ir", "venir", "llegar" o "entrar". Un ejemplo ilustrativo lo encontramos en la vida de Noé, concretamente en Gn 6,13 donde YHWH declara que "ha llegado el fin de toda carne". Para denotar el punto de llegada del movimiento, BOO se combina con la preposición hebrea EL, "a", como en las frases "Tú entrarás al arca" (Gn 6,18), "entraron al arca" (7,7) y "llegaron a Noé en el arca" (7,15), "Abram llegó a Egipto" (12,14), "los mensajeros llegaron a Sodoma" (19,1) y "Lot llegó a Tsoar" (19,23).

También cuando el narrador traza situaciones de claro contenido sexual, BOO se une a la preposición EL. El Génesis contiene un total de

---

[9] Para la académica Athalya Brenner (1997, 22) son eufemismos todos los giros bíblicos relativos a la esfera sexual.

15 ejemplos de este tipo. El primer episodio de la Biblia hebrea donde se habla abiertamente de la vida sexual de los protagonistas ocurre en Gn 6,1-4. Estos versículos aportan tres datos sobre unos varones celestiales que se describen como "hijos de Dios": (1) a estos seres mitológicos les atrae la belleza de las mujeres terrenales; (2) cada uno "toma" mujer; (3) los hijos de Dios *entran* a estas mujeres engendrando hijos con ellas.

El siguiente cuadro sexual con BOO transcurre en Gn 16,2-4. A estas alturas Abraham conserva todavía su nombre original de Abram y su esposa se llama Saray (texto abreviado con cursiva añadida):

> Y Saray le dijo a Abram: "YHWH ha impedido que yo tenga hijos. Por tanto, te ruego *entrar* a mi esclava. Tal vez tendré un hijo por medio de ella". Y Abram escuchó la voz de Saray. Así... Saray, la mujer de Abram, tomó a su esclava Agar, la egipcia, y se la dio por mujer a su marido Abram. Y él *entró* a Agar, que concibió.

El mismo verbo BOO reaparece en Gn 29 con relación a la boda de Jacob. Llega el momento en que éste acaba de concluir los siete años de servicio acordados con Labán para poder casarse con su prima Raquel. En Gn 29,21 Jacob se dirige a su tío para pedirle la recompensa prometida (cursiva añadida):

> Y Jacob dijo a Labán: "Dame mi mujer, que ya se cumplió el plazo y quiero *entrar* a ella.

Por su parte, Labán celebra la importancia de la ocasión organizando un banquete (29,22). Ya en horas de la noche se puede concretar la consumación del contrato matrimonial, y así es que Jacob *entra* a la novia (29,23). Lamentablemente descubre al amanecer que hubo trampa ya que la novia no es su amada Raquel sino Lía, la prima hermana mayor. Después Jacob, por el precio de siete años de servicio adicionales, tiene que esperar una semana más antes de poder *entrar* a Raquel (29,30). El mismo verbo BOO reaparece en Gn 30,3-4 cuando Jacob toma posesión de su esposa secundaria Bilhá, esclava de Raquel.

Nuevamente la función sexual de BOO se presenta con nitidez en la historia de Judá, hijo de Jacob. Judá se casa con una mujer cananea "tomándola" y, acto seguido, consuma el matrimonio *entrando* a ella

(38,2). Posteriormente se narra el famoso episodio entre Onán y su cuñada Tamar que es viuda. De su padre Judá, Onán recibe esta orden (cursiva añadida):

> *Entra* a la mujer de tu hermano y despósala como cuñado, y así darás simiente a tu hermano.

He aquí una ilustración narrativa de la antigua disposición legal conocida como levirato y descrita en Dt 25,5-10. Según esta norma, si un israelita se muere sin dejar descendencia un hermano del difunto se encargará de dejar embarazada a la viuda. El hijo que nazca se considerará legalmente heredero del hombre fallecido.[10]

Sin embargo, en el caso de Onán surgen complicaciones porque él se niega a cooperar como es debido. Cada vez que le toca *entrar* a Tamar se rebela contra la imposición interrumpiendo el coito. Por su desobediencia es castigado con la muerte (38,9-10). Entonces Judá le promete a Tamar que, transcurridos algunos años, le enviará a su hijo menor para que cumpla con el deber propio del levirato. Sin embargo, según pasa el tiempo, ella se da cuenta de que su suegro ya no se siente obligado por la promesa hecha.

Para no quedarse sin hijos, Tamar resuelve tomar medidas poco ortodoxas y elige el momento oportuno para llevar a cabo su plan. Después de la muerte de su esposa, Judá realiza un viaje (Gn 38,12). Durante el trayecto se percata de una mujer velada sentada al borde del camino. Pensando que se trata de una prostituta, se le acerca para hablarle en estos términos (38,16-18; texto abreviado con cursiva añadida):

> Dijo él: "Déjame *entrar* a ti". No sabía que ella era su nuera. Dijo ella: "Y qué me das por *entrar* a mí?" Dijo él: "Te mandaré un cabrito del rebaño". Dijo ella: "Dame una prenda hasta que me lo mandes"... Él se la dio y *entró* a ella quien se quedó embarazada.

De este diálogo se desprende que ambas partes llegan fácilmente a un acuerdo. Para los oídos de nuestro tiempo la expresión "entrar" tal vez

---

10 Por muy anticuado que parezca a numerosos lectores de hoy, el levirato continúa vigente en el seno de algunas comunidades del judaísmo ortodoxo (Amit 2010, 218).

suene a eufemismo, pero es evidente que ambos personajes bíblicos entienden y utilizan sin dificultad alguna la combinación formada por BOO y la preposición EL. Indudablemente la situación es inequívoca tanto para Judá como para Tamar porque la transacción comercial entre ambos se realiza en cuestión de minutos.

La tabla 1 muestra los versículos del Génesis en que aparece BOO acompañado por EL para actuar en el ámbito sexual.

Tabla 1 BOO, "entrar", como agente sexual	
Verbo	BOO + preposición EL
Ubicación en el Génesis	6,4 16,2.4 29,21.23.30 30,3.4.16 38,2.8.9.16(2x).18
Ocasiones	15

"Acostarse"

El segundo verbo hebreo de importancia para nuestro análisis es SHÁKHAB, "acostarse". Por momentos SHÁKHAB aparece en situaciones no sexuales. Un ejemplo de este tipo figura en el relato de Sodoma, concretamente en Gn 19,4, donde se explica que todos los que están presentes en la casa de Lot van a "acostarse" en el sentido de "ir a dormir". Asimismo, en otro momento del Génesis, Jacob habla del día en que le tocará "acostarse", es decir, ser enterrado al lado de sus antepasados (47,30).

En otros pasajes, lo característico de SHÁKHAB es un claro rol sexual que cumple en la Biblia hebrea una cincuentena de veces. El verbo se presta para describir situaciones sexuales entre hombre y mujer, entre dos varones y entre persona y animal (Bailey 1955, 3). Para desempeñar tal función SHÁKHAB se combina con alguna de dos breves preposiciones hebraicas como son 'IM y ETH. Ambas se desenvuelven prácticamente como sinónimas puesto que se traducen como "con" o "junto a" (Hamilton 1995, 50).

Un notable pasaje eróticamente cargado cuyo protagonista verbal es SHÁKHAB se presenta en la historia de José, hijo favorito de Jacob. Una vez llegado a Egipto de manera involuntaria, a José lo venden como esclavo a Putifar, un prominente funcionario eunuco de la corte del Faraón. A los pocos meses Putifar encarga a José toda la administración de su casa. Debido a la buena presencia de José, la esposa de Putifar se fija en él y siente una fuerte atracción física que la impele a intentar seducir al joven (Gn 39,7-14; texto abreviado con cursiva añadida):

> Y la esposa de su señor se fijó en José y le dijo: "*Acuéstate* conmigo". Pero él rehusó... Si bien ella insistía... él no quiso acceder a *acostarse* con ella y estar con ella... Un día ella le asió de la ropa diciéndole: "*Acuéstate* conmigo". Pero él dejó la ropa en su mano y salió afuera huyendo... Ella llamó a voces a la gente de la casa diciéndole: "Él vino a mí para *acostarse* conmigo".

En repetidas ocasiones SHÁKHAB actúa en situaciones prohibidas. En primer lugar, vemos cómo hacia el final del relato de Sodoma, SHÁKHAB ocupa un lugar importante para el desenlace de la trama. En un episodio de carácter mitológico, las hijas de Lot resuelven acostarse con su padre (Gn 19,32.34). Se trata de un experimento pragmático ejecutado por ambas muchachas de común acuerdo. Dada la improbabilidad de que aparezca por esa zona desértica algún varón que tenga trato con ellas (19,31), las jóvenes deciden asegurarse de tener descendencia antes de que sea demasiado tarde (Brenner 1997, 102). Por consiguiente, utilizan al viejo de Lot como donante de semen. La palabra hebrea ZERÁ significa literalmente "semilla" y se utiliza a menudo en el sentido de "prole" o "descendencia" (Gn 19,32.34).

Como ya queda dicho, SHÁKHAB es sumamente activo en este episodio al intervenir siete veces en secuencia rápida. De estas siete actuaciones entre Gn 19,32 y 19,35, cinco son de claro contenido sexual. En este texto específico, SHÁKHAB forma un entramado que reproducimos abajo dejando el verbo en cursiva (texto abreviado):

> "Demos a nuestro padre vino para que beba y *nos acostaremos* con él de modo que demos vida a semilla por nuestro padre". Y aquella noche... la mayor entró y *se acostó* con su padre quien no tuvo conocimiento en el *acostarse* de ella o en su levantarse. Al día siguiente la mayor le dijo a la menor: "Anoche *me acosté* con mi padre. Esta noche démosle vino nuevamente... y entra tú, *acuéstate* con él..." Y también esa noche le dieron vino a su padre... y la menor *se acostó* con él. Y él no tuvo conocimiento en el *acostarse* de ella o en su levantarse.

En otro dramático suceso del Génesis, SHÁKHAB aparece en el momento en que Dina, hija de Jacob y de Lía, ha salido a fin de conocer a las mujeres de la comarca. Lamentablemente para ella, es vista por el príncipe Siquem. Este joven cananeo la detiene espontáneamente y procede a tener relaciones sexuales con la muchacha sin pedir permiso a la familia de ésta (Gn 34,2.7; texto abreviado con cursiva añadida):

> Y la vio Siquem, la tomó y *se acostó* con ella... Y los hijos de Jacob, cuando lo supieron se encolerizaron porque [Siquem] había cometido una villanía...

Ahora bien, las transgresiones sexuales apuntadas en el Génesis no se limitan a la gente cananea. Por su parte Rubén, hermano mayor de Dina, es el que comete una falta grave contra su padre ya que se atreve a acercarse a Bilhá, concubina de Jacob, con fines deshonestos. De hecho, *se acostó* con ella. El narrador hace constar que Jacob se enteró del suceso (Gn 35,22).

La tabla 2 ofrece una visión de la presencia sexual de SHÁKHAB en el Génesis.

Tabla 2 SHÁKHAB, "acostarse", como agente sexual	
Verbo	SHÁKHAB + preposición ETH o 'IM
Ubicación en el Génesis	19,32.33.34(2x).35 26,10 30,15.16 34,2.7 35,22 39,7.10.12.14
Ocasiones	15

El coito bíblico

Decíamos que los verbos BOO y SHÁKHAB son prácticamente sinónimos en aquellas situaciones en que se habla de actividad sexual. Lo demuestra claramente un episodio de la vida de las hermanas Lía y Raquel, ambas casadas con Jacob y rivales por la manera en que se disputan el afecto de su marido (Gn 30,14-16). El día en que Rubén, hijo de Lía, vuelve del campo trayendo para su madre un afrodisíaco llamado mandrágora, se establece una situación de trueque entre ambas mujeres (texto abreviado con cursiva añadida):

> Dijo Raquel a Lía: "Te ruego que me des las mandrágoras". Y le respondió Lía: "¿Es poco que me hayas quitado mi marido...?" Raquel le contestó: "Él *se acostará* contigo esta noche si me das las mandrágoras". Y cuando vino Jacob del campo... salió Lía a su encuentro y le dijo: "*Entrarás* a mí a trueque de las mandrágoras de mi hijo". Y él *se acostó* con ella esa noche.

La tabla 3 muestra los treinta casos registrados en el Génesis donde consta inequívocamente una situación de relaciones sexuales con la intervención de alguno de los verbos BOO y SHÁKHAB.

	Tabla 3 El sexo en el Génesis	
Verbos	BOO + preposición EL	SHÁKHAB + preposición ETH o 'IM
Ubicación en el Génesis	6,4 16,2.4 29,21.23.30 30,3.4.16 38,2.8.9.16(2x).18	19,32.33.34(2x).35 26,10 30,15.16 34,2.7; 35,22 39,7.10.12.14
Ocasiones	15	15

Observamos en la tabla 3 que BOO y SHÁKHAB como agentes sexuales ocupan el mismo volumen en las narraciones con quince apariciones cada uno. Consta que ambos son lo suficientemente flexibles como para intervenir en una serie de situaciones matrimoniales y extramatrimoniales.

En este contexto tal vez debamos mencionar tres verbos hebreos adicionales. En el Génesis es frecuente HÁYAH, "estar" o "ser", que aparece en algunas ocasiones unido a la preposición 'IM ("con" o "al lado de"). Esta locución puede significar "estar con alguien" en la intimidad como lo demuestra el tenso episodio que surge entre José y la esposa de Putifar (39,10): "él no quiso acceder a acostarse con ella y *estar* con ella". Otro verbo es KÁRAB, "acercarse" (Brenner 1997, 22-23). Unido a la preposición EL ("a"), KÁRAB indica la idea de aproximación física con propósitos sexuales: "Abimélec no se había *acercado* a ella" (Gn 20,4). Por último, señalemos que el verbo NAGA', "tocar", es capaz de adoptar un significado sexual cuando actúa en combinación con la preposición EL: "no te permití que la *tocaras*" (20,6).

De este breve examen del Génesis deducimos que el hebreo clásico está bien provisto de términos y locuciones para describir las relaciones sexuales o para insinuarlas, siendo BOO y SHÁKHAB los verbos más prominentes y frecuentes.

Diez versiones castellanas

Habiendo identificado y localizado el lenguaje sexual de la Biblia hebrea, conviene dedicar un pequeño espacio a la manera en que las versiones castellanas traducen los verbos BOO y SHÁKHAB. Dado que los lectores de la Biblia, en su inmensa mayoría, acceden al texto sagrado por medio de alguna traducción moderna y sin tener a la vista la redacción hebraica, es en cualquier caso necesario reconocer la gran responsabilidad que pesa sobre los traductores. De la dedicación y el esmero de su trabajo depende en gran medida nuestra visión de los ambientes en que se mueven los personajes bíblicos.

Veamos a continuación cómo los traductores vierten al español los verbos hasta aquí estudiados. Para este ejercicio académico hemos escogido diez versiones bíblicas que circulan actualmente por el mundo hispano:

Tabla 4	
Diez versiones castellanas	
Sigla	**Versión**
BA	*Biblia de las Américas*
BP	*Biblia del Peregrino*
DHH	*Santa Biblia. Dios Habla Hoy*
EMN	Evaristo Martín Nieto: *La Santa Biblia*
JMP	José Miguel Petisco: *Sagrada Biblia*
MK	Moisés Katznelson: *La Biblia. Hebreo-español*
NBJ	*Nueva Biblia de Jerusalén*
NC	Nácar-Colunga: *Sagrada Biblia*
NVI	*Nueva Versión Internacional*
RV	Reina-Valera: *Santa Biblia*

Definimos la palabra "traducir" de acuerdo con el DRAE: "Expresar en una lengua lo que está escrito o se ha expresado antes en otra" (www.rae.es). Como criterio básico para establecer la calidad de las versiones estudiadas, proponemos examinar el grado de fidelidad o literalidad exhibido por cada una en las páginas del Génesis. Concretamente cotejaremos ahora sus propuestas para los verbos BOO y SHÁKHAB con el lenguaje y el estilo de la redacción original hebrea.

Traduciendo BOO + EL

La tabla 5 recoge las quince propuestas hechas por las diez versiones escogidas a la hora de traducir el verbo BOO unido a la preposición EL. Las propuestas se dividen en dos secciones: (a) traducciones literales, formales o "directas"; (b) traducciones "libres" o "dinámicas" que alteran o modifican el significado del hebreo.

Tabla 5 Traduciendo BOO + EL: literalidad y "libertad"		
Versión	**Traducción literal (formal)**	**Traducción libre (dinámica)**
BA	llegarse (12)	estar con, unirse
BP	llegarse (2)	acostarse, tener relaciones, unirse, tomar
DHH	0	unirse, acostarse, casarse, dormir
EMN	llegarse (2)	unirse, hacer el amor, vivir con, casarse, tener relaciones
JMP	llegarse (1)	casarse, cohabitar, desposarse, tomar por mujer, juntarse, acostarse, hacer tu gusto, recogerse
MK	allegarse (8), entrar (2), venir (2)	unirse
NBJ	llegarse (3), venir (2), ir (1)	unirse, casarse, tener relaciones
NC	entrar (14)	unirse
NVI	0	acostarse, tener relaciones, casarse, unirse, decir que sí
RV	llegarse (14)	unirse

Para traducir el verbo BOO, es evidente que cada versión lo reproduce a su manera. Nácar-Colunga (NC) sobresale al reconocer el significado literal en prácticamente todos los pasajes citados anteriormente. Sin embargo, admite una excepción en Gn 6,4 donde BOO sale presentado como "se unieron" a las mujeres. Surge aquí un doble problema semántico ya que en español "unirse" puede tener connotaciones de "casarse", detalle que no concuerda con el estilo de BOO. Al mismo tiempo, destaquemos que el hebreo clásico cuenta con una manera específica de expresar la unión formal entre dos esposos. El verbo DÁBAK, "unirse", figura en Gn 2,24 donde el texto habla del hombre que abandona a su padre y madre para "unirse" a su mujer.[11] En resumidas cuentas, BOO y DÁBAK no son sinónimos.

Por su parte, RV acierta al escoger para BOO la traducción literal "llegarse". Es ésta la opción aplicada en catorce ocasiones. La única desviación ocurre en Gn 29,21 donde RV pone en boca de Jacob el deseo de "unirse" a Raquel. Contextualmente es obvio que Jacob desea casarse con la joven, pero el significado de BOO no abarca la esfera matrimonial sugerida por "unirse" sino que implica sencillamente unión física. Por tanto, en la visión del narrador hebreo, Jacob no entra aquí en formalidades sino que expresa ante su tío las ganas que siente de tener a Raquel en sus brazos.

Una versión castellana que sigue el camino trazado por NC y RV es BA. Acierta en doce ocasiones al reproducir adecuadamente la combinación BOO + EL con "llegarse a". Sin embargo, BA admite algunas excepciones. En primer lugar, en Gn 6,4 propone que los hijos de Dios "se unieron" a las mujeres de la tierra, sugiriendo erróneamente el concepto de matrimonio formal y atribuyendo a BOO el significado que pertenece a DÁBAK, "unirse", o a LÁKAJ, "tomar" (Gn 6,2). En segundo lugar, BA introduce en 38,16 un eufemismo al hacer que Judá diga a la mujer velada "déjame estar contigo" y ella le contesta con la misma expresión. El verbo "estar" carece de precisión lingüística en relación con BOO. Resulta que el hebreo clásico cuenta con el verbo HÁYAH, "estar", como consta en Gn 39,10 donde José se niega a estar con la esposa de Putifar.

---

11 Para Brenner (1997, 20), DÁBAK tiene elementos de amor, afecto y lealtad.

MK es una versión con tendencias formalistas pero se dispersa al proponer cuatro opciones distintas para BOO + EL: "allegarse" (8), "unirse" (3), "venir" (2) y "entrar" (2). De estas opciones, "allegarse" y "entrar" son las más afortunadas siendo también aceptable "venir". La menos adecuada es "unirse" por las razones arriba apuntadas.

Traduciendo BOO + EL sin precisión

En la tabla 5 observamos cómo las demás versiones representadas aumentan la distancia entre sus textos y el estilo del lenguaje hebraico. Está claro que la mayoría pierde de vista el movimiento implicado por BOO para aplicarle otra óptica interpretativa, incurriendo en varios casos en notables contradicciones.

Sorpresivamente, NBJ propone nada menos que seis opciones distintas para los quince casos en que BOO actúa en el ámbito sexual. Tres de las opciones son correctas al indicar movimiento: "llegarse" (3), "venir" (2), "ir" (1). Sin embargo, sobresalen las imprecisiones "unirse" (6), "casarse" (2) y "tener relaciones" (1). En otras palabras, en NBJ las opciones dudosas suman nueve. A diferencia del texto original, NBJ no proporciona ninguna conexión semántica entre "quiero *casarme* con ella" (Jacob hablando con Labán en Gn 29,21) y "déjame *ir* contigo" (Judá dirigiéndose a Tamar en 38,16). Concluimos que la NBJ carece de una visión coherente del verbo BOO en el Génesis.

BP se limita a traducir BOO como "llegarse" en dos instancias: Gn 16,2 y 16,4. En todos los demás casos escoge el camino "libre" que implica alejamiento: "acostarse" (10), "unirse" (1), "tener relaciones" (1) y "tomar" (1). Es particularmente cuestionable la masiva presencia de "acostarse" ya que a este significado correspondería de todos modos el verbo SHÁKHAB. Asimismo, desentona la presencia de "tomar" ya que en hebreo el concepto se expresa con el verbo LÁKAJ, que pertenece al lenguaje formal como en Gn 19,14: "los yernos que iban a *tomar* a sus hijas".

Varias otras versiones se exceden en su afán perifrástico. DHH propone para BOO "unirse" (8), "casarse" (2), "acostarse" (3) y "dormir" (2). Ya hemos comentado la problemática del aspecto jurídico asociado con "unirse" y "casarse" y la inexactitud de "acostarse". A estos giros se agrega en DHH el eufemismo "dormir". Cabe puntualizar que el concepto de dormir se expresa en hebreo con el verbo YASHÉN como en Gn 2,22: "Y Dios YHWH provocó un profundo sueño en el ADAM, que *se durmió*".

En cuanto a EMN, en un solo caso reproduce correctamente BOO como "llegarse" (30,3). Podríamos tal vez agregar la frase "*llévate* a mi esclava" (16,2), probablemente una errata convertible en "*llégate* a mi esclava", para que sumen dos las traducciones literales. Las opciones menos acertadas sugeridas por EMN son: "unirse" (5), "hacer el amor" (3), "vivir con" (2), "tener relaciones" (1), "dormir" (1) y "casarse" (1). Notamos la falta de coherencia entre "*llégate* a ella" (30,3), "se unió a ella" (30,4) y "tienes que *dormir* conmigo" (30,16).

A su vez, NVI se caracteriza por la imprecisión de su metodología. Para BOO detectamos las siguientes propuestas: "acostarse" (8), "tener relaciones" (3), "casarse" (2), "unirse" (1) y "decir que sí" (1). En rigor ninguna de estas opciones puede calificarse de lograda, siendo tal vez la última la más cuestionable de todas. Aparece sorpresivamente en boca de Tamar frente a Judá en Gn 38,16: "¿Qué me das *si te digo que sí*?", añadiendo una nota de coquetería, elemento que está ausente de la transacción comercial trazada por el narrador hebreo.

Por último, en la versión de José Miguel Petisco (JMP) causa asombro la gran variedad de términos empleados. Para reproducir BOO, JMP aporta en un solo caso "llegarse" (30,16), pero en cualquier otro momento recurre a los eufemismos. Las propuestas más frecuentes son "casarse" (3) y "cohabitar" (2). Por lo demás, cada opción restante ocurre una sola vez: "desposarse", "tomar por mujer", "juntarse", "acostarse", "recogerse" y "hacer tu gusto". Esta última locución curiosa aparece en 38,16. Especialmente llaman la atención en JMP los solemnes cincunloquios "gozar del matrimonio deseado" (29,30) y "admitir al tálamo" (30,4).

La tabla 5 demuestra que las dos versiones que más se ajustan a criterios literales a la hora de traducir son NC y RV. En el extremo opuesto figuran DHH y NVI que no ofrecen ninguna traducción literal.

La tabla 6 reacomoda el material expuesto en la tabla 5 dejando que las versiones aparezcan según su grado de literalidad o "fidelidad" con relación a BOO + EL. De acuerdo con las quince apariciones del giro, el máximo de "puntos" que las versiones pueden acumular es 15.

Tabla 6 Literalidad de diez versiones (BOO + EL)			
Versiones	Literalidad	Versiones	Literalidad
NC	14	RV	14
BA	12	MK	12 (8+2+2)
NBJ	6 (3+2+1)	BP	2
EMN	2	JMP	1
DHH	0	NVI	0

En la tabla 6 llama la atención la gran distancia entre el elevado nivel de literalidad de NC ("entrar") y RV ("llegarse") y la ausencia total de criterios literales o formales en DHH y NVI. Por lo visto, la tendencia general entre los traductores se dirige hacia la traducción "libre". La ventaja de esta última metodología es la amplia libertad que confiere al traductor. La desventaja, sin embargo, es también grande ya que permite que se pierda completamente de vista la interconexión entre las diferentes actuaciones en el texto de una palabra dada.

Traduciendo SHÁKHAB

La tabla 7 muestra las quince propuestas hechas por las versiones con respecto al verbo SHÁKHAB, "acostarse". Las traducciones se clasifican como literales o libres.

Tabla 7
Traducciones literales y libres de SHÁKHAB

Versión	Traducciones literales	Traducciones libres
BA	acostarse (13)	dormir
BP	acostarse (13)	dormir, pasar la noche
DHH	acostarse (13)	dormir
EMN	acostarse (11)	dormir
JMP	0	dormir (10), abusar, deshonrar, robar, cometer adulterio, violar
MK	acostarse (13), yacer	violar
NBJ	acostarse (15)	0
NC	acostarse (12)	dormir (2), tomar
NVI	acostarse (12)	dormir (2), abusar
RV	acostarse (3)	dormir

De las diez versiones representadas, NBJ sobresale al ser la única que logra expresar SHÁKHAB de modo consecuente como "acostarse" a lo largo del libro del Génesis. Dos versiones le siguen de cerca pero sucumben en un pasaje determinado a la tentación de introducir una palabra distinta. BA y DHH coinciden con pequeñas variaciones en traducir SHÁKHAB con "acostarse" en 13 casos del total de quince. En los versículos 30,15 y 30,16 ese verbo se ve sustituido por el eufemismo "dormir" (cuyo equivalente literal en hebreo clásico sería YASHÉN; cf. Gn 2,21; 41,5).

La versión de Moisés Katznelson consigue trece aciertos optando generalmente por "acostarse". También es pertinente "yacer" en 34,2. Donde surgen complicaciones es en 34,7 donde MK introduce el concepto de "violar". Según esta versión, Siquem "violó" a la hija de Jacob. Vista en su contexto, la observación es correcta, pero estrictamente hablando el elemento de agresión sexual no viene implicado por SHÁKHAB porque éste es un verbo descriptivo de carácter factual o neutro. La violación propiamente dicha la expresa el verbo 'ANAH, "humillar", que interviene en 34,2.

Por su parte, BP hace bien en ceñirse a la traducción literal "acostarse" en 13 casos. Sin embargo, modifica el significado de SHÁKHAB en Gn 30,15 convirtiendo el verbo en "dormir". Además, en 30,16 BP nos explica con un eufemismo que Jacob "pasó la noche" con Lía.

Respecto a NC, esta versión acierta en doce ocasiones al recurrir a "acostarse". Sin embargo, se desvía tres veces del camino literal al convertir el significado de SHÁKHAB en "dormir" (2) y "tomar" (1). Por su parte, NVI propone con buen tino "acostarse" en doce casos. Desafortunadamente introduce tres veces otros significados diciendo "dormir" (2) y "abusar" (1). Especialmente llama la atención el caso de Gn 34,7 donde Siquem, según NVI, "abusó" de la hija de Jacob. Es cierto que el contexto plantea una situación abusiva pero, como ya dejamos señalado, el abuso no viene implicado por SHÁKHAB sino que corresponde a 'ANAH, "humillar".

En once ocasiones EMN traduce SHÁKHAB bien con "acostarse". Las cuatro veces restantes introduce el eufemismo "dormir" (19,34; 30,15.16; 34,2). Bastante peor parada sale RV que sólo anota "acostarse" en tres casos: 34,2; 34,7; 39,10. Sorprendentemente, RV adopta en un total de doce instancias el eufemismo "dormir".

Por último, JMP es nuevamente la versión que más colorido o diversidad inyecta en su texto. JMP registra para nueve instancias de SHÁKHAB la discutible opción de "dormir". Nos llaman la atención cinco traducciones adicionales que contienen elementos de transgresión o violencia que a SHÁKHAB no le son propios: "abusar" (26,10); "deshonrar" (39,14); "cometer adulterio" (39,10); "robar" (34,2) y "violar" (34,7). En JMP observamos, por último, dos casos de confusión terminológica. Donde JMP dice "acostarse" no figura SHÁKHAB en el texto original sino que encontramos dos verbos hebreos distintos: BOO, "ir" (19,33) y KUM, "levantarse" (19,35). De hecho, y dado el significado literal de KUM, "levantarse", al decir "acostarse" JMP consigue el efecto contrario.

En la tabla 5 vimos cómo NBJ, a la hora de traducir el sentido de BOO + EL como agente sexual, caía en la imprecisión excesiva. Por contraste, a la hora de abordar el otro verbo SHÁKHAB combinado con alguna de las preposiciones ETH e 'IM, NBJ se distingue favorablemente aplicando una metodología acertada. Gracias a un panorama totalmente transparente y coherente, NBJ se coloca en la tabla 7 en un primerísimo lugar en cuanto al grado de literalidad y claridad.

Bien colocada en la tabla 7, pero algo menos segura que NBJ, está MK. La siguen BA, BP y DHH. Es notable el buen lugar alcanzado por DHH dada su posición deslucida en las tablas anteriores. En el otro extremo destacan RV y JMP. Es asombroso comprobar cómo cambia el desempeño de RV entre las tablas 5 y 7. En la tabla 7, la versión más "rebelde" es, sin lugar a dudas, JMP. Se ve claramente que en el caso analizado, JMP descarta cualquier método literalista dando rienda suelta a la creatividad dinámica o subjetiva.

A propósito de la problemática descrita, conviene hacer hincapié en algunos peligros inherentes a la metodología dinámica o "libre". Entre las traducciones imprecisas recogidas en la tabla 7, surgen grandes contradicciones que las convierten en irreconciliables. Desde ningún punto de vista se puede pretender que sean sinónimos o intercambiables verbos tan distintos como "dormir (con)", "tomar", "abusar (de)" y "violar". Un verbo fundamentalmente neutro como SHÁKHAB no se presta para tanta variedad semántica. En cualquier situación, con o sin violencia, significa "acostarse".

La tabla 8 reorganiza el material presentado en la tabla 7 con el fin de reflejar el grado de literalidad de las versiones a la hora de traducir SHÁKHAB. De acuerdo con las quince apariciones de SHÁKHAB en el Génesis, el máximo de "puntos" acumulables por cada versión es 15.

Tabla 8
Literalidad de diez versiones (SHÁKHAB)

Versiones	Literalidad	Versiones	Literalidad
NBJ	15	MK	14 (13+1)
BA	13	BP	13
DHH	13	NC	12
NVI	12	EMN	11
RV	3	JMP	0

Obviamente destaca en la tabla 8 la posición ocupada por NBJ y, al otro extremo, los cero puntos acumulados por JMP. Prescindiendo de los desaciertos de algunas, otro factor de interés radica en la claridad relativa que exhiben las versiones en su conjunto a la hora de traducir SHÁKHAB.

La violencia sexual

Los lingüistas Cotterell y Turner (1989, 253) observan que los narradores bíblicos logran expresar en pocas palabras una notable intensidad dramática, incluidos los episodios de intriga sexual. El teólogo David Jasper (1998, 30) comenta que, a diferencia de la ambientación muy detallada de que hace gala la epopeya homérica, la narrativa bíblica echa mano de un mínimo de recursos literarios. Al mismo tiempo resalta la elevada calidad poética del lenguaje. Por tanto, los textos incluidos en la Biblia hebrea requieren una lectura y relectura constantes. Su importancia radica a veces tanto en lo que dicen como en lo que callan (Whitelam 1998, 41).

El Génesis abarca un episodio de violencia sexual contado escuetamente. Ocurre al principio del capítulo 34 cuando Dina, hija de Jacob, sale del hogar paterno a pasear, concretamente a conocer a las mujeres de la comarca donde vive temporalmente ella con su familia.

El narrador hace constar en Gn 34,2 que el príncipe Siquem da cuatro pasos seguidos: "ve" (RÁAH) a Dina, la "toma" (LÁKAJ), "se acuesta" (SHÁKHAB) con ella y la "humilla" ('ANAH).

Es significativo el atrevimiento del joven porque le costará caro tanto a él como a sus compatriotas. Weston Fields (1997, 137) observa cómo el asalto sexual a una persona recién llegada, ejecutado por uno o varios hombres locales, desencadena en la Biblia hebrea un fulminante castigo a toda la comunidad. Un acto tan reprehensible en contra de una forastera o extranjera no pertenece al derecho individual o privado sino que afecta a toda la estructura social en que se produce.

El verbo hebreo 'ANAH, "oprimir" o "humillar", describe en Gn 34 el carácter de la transgresión sexual. En primer lugar, la palabra se utiliza en otras partes de la Biblia hebrea en relación con situaciones de intensa opresión social y psicológica como en el caso del pueblo israelita esclavizado en Egipto (Gn 15,13; Ex 1,11-12) y el extranjero marginado y maltratado en el seno de Israel (Ex 22,21-24; cf. Hanks 1983, 15-17). En segundo lugar, 'ANAH aparece para describir asaltos sexuales ocurridos o planeados. La situación de Dina invita una comparación con 2 S 13 donde Tamar, bellísima hija de David, se convierte en víctima de violación. Interviene 'ANAH tanto en el versículo 12, donde la chica intenta disuadir al agresor, como en el 14 donde se ejecuta el delito.

Además del atropello físico y psicológico sufrido por Tamar, la humillación conlleva un aspecto escalofriante a nivel social. Dado que el violador Amnón se niega a casarse con ella (2 S 13,12-18), solución que hubiera proporcionado para Tamar una salida "honrosa" del agravio (cf. Dt 22,28-29), le tocará a la joven pasar el resto de sus días prácticamente en el anonimato recogida en casa de su hermano Absalom (2 S 13,20). Sin embargo, la violación no quedará impune ya que Absalom se vengará de Amnón matándolo (2 S 13,28-29).

Otro caso ilustrativo de la humillación social derivada de una violación sexual se produce durante la sangrienta revuelta de Absalom en contra de su padre David. Cuando David sale huyendo de Jerusalén deja atrás a diez concubinas para que cuiden el palacio real (2 S 15,16). En un momento dado Absalom invade el recinto y muy pronto procede como conquistador a tomar posesión de las diez mujeres a la vista de sus oficiales y tropas (2 S 16,21-22). El carácter sexual del acto se especifica mediante el verbo BOO seguido por la preposición EL, siendo que Absalom "entra" a las concubinas.

Más adelante, y una vez recuperado el trono para David, éste manda construir un local aislado para ese grupo de mujeres. Allí vivirán recluidas y alejadas del resto de la casa real hasta el día de su muerte (2 S 20,3). En el lenguaje del episodio con Absalom no va incluido el verbo 'ANAH, pero la consecuencia social de la humillación inherente a tal situación queda patente: al ser violadas las mujeres perdieron la dignidad social que antes tenían y ya no podrán interactuar con el resto de la comunidad.

Volviendo a Siquem y Dina en Gn 34, las versiones españolas producen generalmente traducciones aceptables del pasaje. Para el verbo 'ANAH, cuyo sujeto gramatical es Siquem, la solución preferida por la mayoría es "la violó" (BA, BP, NC, NVI) mientras que algunas proponen "la deshonró" (DHH y RV). Una vez más JMP llama la atención puesto que da un paso adicional diciendo que Siquem "desfloró violentamente a la virgen".

La desnudez de Noé

Habiendo recorrido el Génesis en pos de elementos que nos permitan identificar el lenguaje sexual utilizado por la Biblia hebrea, entraremos ahora en el terreno de los textos citados con cierta frecuencia a propósito del tema de lo homoerótico. En este contexto, el primer episodio del Génesis que debemos examinar figura en Gn 9.

Según el Génesis, Noé tiene tres hijos: Sem, Cam y Jafet (Gn 9,18). A Cam se le señala dos veces como padre de Canaán, ancestro de los pueblos cananeos (10,18 y 22). En Gn 9,20-21 el experimento vinícola de Noé lo deja ebrio y semidesnudo en medio de la tienda donde vive. El texto no explica con exactitud el grado de desnudez, pero lo cierto es que los genitales de Noé quedan expuestos.[12]

---

12 Varios comentaristas sugieren que "desnudez" equivale a "genitales" o "partes pudendas"; cf. Gagnon 2001, 66; Lipka 2006, 152; Stewart 2006, 98.

En esas circunstancias entra Cam y observa a su padre (9,22). Acto seguido Cam sale de la tienda para compartir la noticia con sus hermanos Sem y Jafet quienes intervienen de forma inmediata y procediendo con gran respeto para cubrir con un manto el desprotegido cuerpo de su progenitor (9,23). Cuando despierta Noé de su embriaguez y le cuentan lo sucedido, el patriarca se indigna contra Cam maldiciendo a su descendencia representada por Canaán (9,25-27).

El académico Thomas Brodie (2001, 191) ha establecido comparaciones entre el pionero Noé y la pareja primaria formada por Adam y Eva. Brodie observa cómo Noé trabaja la tierra y planta una viña (Gn 9,20), detalle que trae recuerdos del primer ser humano creado y su vocación de trabajar la tierra (2,15), cometido que se recalca en 3,17-19. El excesivo consumo de vino por parte de Noé lo lleva a exponer sus partes pudendas, detalle que evoca el momento en que Adam y Eva han comido del fruto prohibido y de pronto toman conciencia de su desnudez (3,7). En ambos casos el concepto de desnudez juega un papel significativo. De acuerdo con el análisis de Brodie, las analogías entre estos episodios se complementan con una diferencia significativa. De hecho, representan al mismo tiempo dos procesos inversos: la inconsciencia de Noé en el momento de quedar desnudo contrastada con la toma de conciencia de los habitantes del Edén.

De todos modos, uno de los elementos centrales del breve drama de Noé y de su hijo Cam parece ser que es problemático ver "la desnudez" de un hombre, es decir, sus partes pudendas (9,22). Para los académicos Gordon y Rendsburg (1997, 40), la infracción cometida por Cam radica simple y llanamente en el hecho de contemplar los genitales paternos. Según Robert Alter, el hecho de "ver la desnudez" de algún hombre quizás fuera suficiente para violar un tabú de la época (1996, 40). Que se trata de una especie de tabú es deducible de otros pasajes del Pentateuco. Por ejemplo, el libro del Éxodo establece que ningún israelita debe subir por gradas al altar de YHWH para evitar que se descubra su "desnudez" (Ex 20,26).

La desnudez de Noé en la literatura

Debido al carácter condensado y enigmático del breve episodio del Génesis, y dado lo sucinto del estilo narrativo, los exegetas de la era posbíblica se han quedado con la duda acerca del significado exacto de la infracción cometida por Cam. En siglos pasados se impuso una considerable variedad de criterios acerca de lo que pasó entre Noé y su hijo.

Grosso modo, podríamos decir que se formaron tres escuelas o corrientes interpretativas. Como representante de la primera escuela, encontramos al biblista judeoespañol Ramban (Rabí Mosé ben Nahmán o Nahmánides, siglo XIII). Según Ramban, el relato refleja una situación donde intervienen los conceptos de honor y vergüenza. El delito de Cam consiste en divertirse ante el inusitado espectáculo de Noé tirado en el suelo en una postura carente de dignidad. Inclusive Cam trata de atraer a sus hermanos para que compartan con él ese momento de entretenimiento. Este hecho produce posteriormente en Noé una fuerte sensación de vergüenza causada por el comportamiento irrespetuoso de un hijo que debería honrarlo (Greenberg 2004, 62).

En segundo lugar, hay quienes piensan que Cam penetró a Noé sexualmente para llegar a dominarlo. Citan en este contexto a José, gobernador de Egipto, quien en Gn 42,9 acusa a sus hermanos israelitas de ser espías que desean "ver la desnudez del país", es decir, explorarlo para ver por dónde pueden entrar a tomar posesión del territorio (Greenberg 2004, 63).

En tercer lugar, algunos antiguos rabinos opinan que Cam hizo mucho más que "ver" y que procedió a castrar a su padre. Estas últimas interpretaciones están presentes en las fuentes judías citadas por el comentarista judeofrancés Rashi (Rabí Shlomo Yitzjaki) que vivió en el siglo XI (Rashkow 1998, 91; Greenberg 2004, 63-64).

Como veremos seguidamente, la variedad de criterios y de visiones planteada en el pasado continúa manifestándose en la literatura académica de nuestros días. La antropóloga Mary Douglas (2000, 246) se inclina a pensar que si Cam "informa" a sus hermanos de lo que acaba de presenciar, significa que se está burlando públicamente del inusitado espectáculo. Lo cierto es que la raíz verbal hebraica N-G-D contiene una serie de matices que incluyen "proclamar", "publicar" y "denunciar" (Alonso Schökel 1994, 475). Si aceptamos la exégesis de Douglas, y en vista de la situación descrita, es evidente que Cam le falta al respeto a su padre. Brodie habla en este contexto de "desprecio" (2001, 185).

Según el biblista Robert Gagnon (2001, 64-66), Gn 9,22 sugiere que la acción de Cam no se quedó en la simple mirada impertinente del hijo sobre los genitales expuestos de su padre sino que hizo algo muy grave (cf. Brenner 1997, 107-108; Nissinen 1998, 52; Rashkow 1998, 88). En Gn 9,24 Noé se pone furioso al enterarse de "lo que *hizo* con él su hijo". Esto significa para Gagnon que Cam se aprovechó del estado inconsciente de su padre para penetrarlo sexualmente y que el incidente ejemplifica una especie de "violación homosexual de índole incestuosa". Según Gagnon es Cam quien "desvela" activamente la desnudez de Noé, expresión que interpreta a la luz del capítulo 18 del Levítico. Observa que las relaciones incestuosas se inician en el preciso momento en que un hombre "descubre la desnudez" de algún miembro del entorno familiar (cf. Brenner 1997, 107; Nissinen 1998, 52).

Desde el punto de vista de Gagnon, el motivo psicológico que impulsa a Cam sería el afán de usurpar la autoridad patriarcal de Noé para convertirse él mismo en cabeza de familia (pp. 66-67; cf. Nissinen 1998, 53). Al mismo tiempo, para Gagnon el episodio ilustra el problema que él interpreta como la prohibición antihomosexual presente en Lv 18,22 (cf. Fields 1997, 117).

No obstante, hoy por hoy pocos biblistas utilizan como punto de partida la hipótesis de la castración de Noé. La tendencia general es mencionarla de paso.[13] Por su parte, el analista David Stewart (2006, 98) vincula el episodio de Gn 9 con las prohibiciones contra el incesto presentes en Lv 18. Concretamente Stewart lo asocia con Lv 18,22, versículo que indica para él la prohibición de las relaciones incestuosas entre varones. Dando por sentado el nexo entre ambos textos, Stewart concluye que Gn 9,22 habla específicamente de la problemática del incesto entre hijo (Cam) y padre (Noé). En otro orden de cosas, tanto para Stewart como para Rashkow (1998, 88) y Brodie (2001, 192) es evidente el enlace entre Gn 9 y el final del relato de Sodoma y Gomorra que describe el incesto ocurrido entre las hijas de Lot y su padre.

---

13 Hamilton 1990, 322; Alter 1996, 40; Rashkow 1998, 91; Greenberg 2004, 63; Carden 2006, 32; Stewart 2006, 98.

En resumen, la literatura analizada nos ha proporcionado cuatro visiones distintas del drama provocado por Cam ante la desnudez de Noé: (1) Cam *vio* la desnudez de Noé; (2) Cam *se burló* sin piedad de su padre; (3) Cam *violó* sexualmente a Noé; (4) Cam dejó a su padre *castrado*.

¿Noé violado?

Anteriormente hemos comprobado que el narrador, o los narradores, del Génesis recurre(n) generalmente a los verbos BOO y SHÁKHAB a la hora de describir los encuentros sexuales. Un paso indispensable para nuestro análisis del texto de Gn 9,21-24, donde se comenta la desnudez de Noé, será averiguar primero qué verbos intervienen en el drama. Enumeramos los siguientes: "bebió", "se embriagó", "se quedó desnudo" (9,21); "vio", "informó" (9,22); "tomaron", "pusieron", "caminaron", "cubrieron", "vieron" (9,23); "se despertó", "supo", "hizo" (9,24).

Observamos en este grupo de verbos que no va incluido ni BOO ni SHÁKHAB. Como conclusión provisional diremos que para que ocurra algo sexual entre Cam y Noé, la acción tendría que expresarse por otros medios aun no detectados. Ahora bien, los tres verbos que caracterizan concretamente el actuar de Cam frente a su padre ebrio son tres: "vio" (hebreo RÁAH), "informó" (raíz hebrea: N-G-D) e "hizo" ('ASAH).

Procedamos ahora a averiguar si la locución "ver la desnudez" de alguien significa "tener relaciones sexuales", sugerencia aducida por numerosos biblistas (Alter 1996, 40; Nissinen 1998, 52; Gagnon 2001, 66) o, al menos, si tiene fuertes connotaciones eróticas (Stewart 2006, 98). Si analizamos detenidamente el texto de Lv 18 y 20, capítulos que tratan sobre el incesto, veremos cómo el Levítico usa una expresión que es algo parecida sin ser idéntica. Al censurar las relaciones incestuosas con madre, tía, hermana, etc., el legislador anota textualmente que lo prohibido es *descubrir* la desnudez de la persona indicada.

En hebreo clásico, "desnudez" es ERWÁ y el verbo GÁLAH significa "destapar" o "descubrir". En materia sexual, el estilo del Levítico parece indicar que el acto de descubrir la desnudez de una persona conlleva intencionalidad e iniciativa.[14] Suponemos en este contexto que el mero hecho de ver a alguien desnudo puede ser fortuito o involuntario. El único caso concreto donde aparece en este contexto "ver", es en Lv 20,17. El legislador declara que un israelita no debe "tomar" a su hermana para "ver" su desnudez. Ella a su vez tampoco debe verlo a él sin ropa (texto abreviado con cursiva añadida):

> Y si un hombre *toma* a su hermana... y *ve* su desnudez, y ella *ve* la desnudez de él, ambos han incurrido en abominación...

Obsérvese aquí que el "tomar" precede y determina la situación en que se produce el "ver". En hebreo clásico el verbo LÁKAJ, "tomar", aparece con frecuencia en relación con dos situaciones surgidas entre un hombre y una mujer. Una situación se ilustra con el caso de los "hijos de Dios" que *toman* mujeres en Gn 6,2, de los jóvenes sodomitas que *tomarán* a las hijas de Lot (Gn 19,14) y de Judá quien *toma* a una mujer cananea (Gn 38,2). En estos espisodios estamos ante la descripción de un paso formal mediante el cual la mujer se convierte en esposa del varón, o sea, él se casa con ella "tomándola" (Brenner 1997, 93-94 n. 5, 115).

La otra situación se hace presente en Gn 34,2 donde el príncipe Siquem ve a Dina y procede inmediatamente a "tomarla". En este último caso, LÁKAJ no tiene necesariamente connotaciones matrimoniales sino que su uso implica ante todo que Siquem actúa con espontaneidad y sin el consentimiento de Dina, agregándose el uso de la fuerza.

Quizás ambas posibilidades interpretativas se planteen para el "tomar" de Lv 20,17. Sin embargo, en vista de la severidad del castigo —la pena de muerte— para ambas partes, es plausible que la mujer no se niegue a participar y que no haya violencia, o sea, que se trate de una relación consensuada. De todos modos, el verbo "tomar" revela la intencionalidad del varón que actúa para "ver" y, seguidamente, el

---

14 Es notable que ERWÁ, "desnudez", aparezca frecuentemente en Lv 18 acompañada por el verbo GÁLAH, "descubrir". El acto de descubrir la desnudez de alguien denota un paso concreto en el sentido de "acercarse con fines deshonestos" o posiblemente aún más específico en el sentido de "tocar los genitales".

"ver" por parte de la mujer es consecuencia de ello. Ambas personas "ven" al mismo tiempo la desnudez de la otra, detalle que implica alguna comunicación visual. Evidentemente para el Levítico la vista de los genitales de una persona consanguínea es reprehensible pero en este caso concreto se agrega la posible existencia de una situación ilícita donde un hombre procede a tratar a una hermana suya como si fuera su esposa "tomándola" en el sentido formal de la palabra.

En resumidas cuentas, para que la Biblia hebrea se refiera a circunstancias calificables como incesto, lo característico es que aparezca alguno de tres verbos pertinentes: (a) GÁLAH, "descubrir"; (b) SHÁKHAB, "acostarse"; (3) LÁKAJ, "tomar". Comúnmente GÁLAH se combina con el sustantivo ERWÁ, "desnudez" (Lv 18,6-19); SHÁKHAB actúa unido a la preposición ETH, "con" (Lv 18,20.22.23) y LÁKAJ indica ya una relación formalizada, ya un paso decidido dado por el varón, a veces con violencia hacia la mujer. Puesto que ninguno de estos verbos está presente en Gn 9,21-24, no parece sostenible afirmar la suficiencia del mero acto de "ver" la desnudez de alguien como indicio de propósitos incestuosos (Rashkow 1998, 91).

En el caso de Gn 9, Cam no "descubre" los genitales paternos sino que el cuerpo desnudo de Noé está a la vista de cualquiera. Es decir, la presencia de Cam no responde necesariamente a algún acto premeditado sino que bien puede ser accidental. Deducimos, por tanto, que la sola vista de la desnudez de alguien es insuficiente para implicar violencia sexual porque esta última se expresa en hebreo clásico en términos más concretos.

Para sintetizar, queda claro que los dos verbos BOO y SHÁKHAB, agentes principales en las relaciones sexuales, están ausentes de Gn 9,21-24, el pasaje que venimos estudiando. De la misma manera, para que se diera una situación incestuosa entre Cam y Noé faltarían otros ingredientes verbales en la forma de GÁLAH y LÁKAJ.

Para algunos comentaristas la palabra "hizo", hebreo 'ASAH, lleva implicaciones delictivos (Gagnon 2001, 65; cf. Stewart 2006, 98). Sin embargo, dado el carácter neutro del verbo en otros contextos (Gn 1,7.16.25.26.31; 2,2.4; 3,1), no tiene por qué interpretarse así (Hamilton 1990, 322). Además, cabe una reflexión psicológica sobre la actuación de Cam. Normalmente el impulso que se apodera instantáneamente de un delincuente consiste en ocultar las huellas de su transgresión para no ser detectado. A menudo huye rápidamente del lugar de los hechos a fin de evitar la detención. Por tanto, si el Cam bíblico ha cometido una agresión punible de índole sexual o física, no parece lógico que salga a hacer pública su culpabilidad delictiva (Rashkow 1998, 94).

En resumidas cuentas, existe una larga tradición interpretativa que se inclina a ver el acto reprehensible que comete Cam ante la desnudez de su padre como algún atropello sexual. Sin embargo, la exploración textual y exegética aquí ejecutada nos lleva a concluir que el drama de Gn 9,20-27 no contiene vestigios de la terminología sexual característica de otros pasajes del Génesis, observación aplicable también al vocabulario relativo a la violencia física.

Conocimiento e ignorancia

De la infancia de Noé la Biblia no revela nada. Lo que sí nos dice el narrador es que llega a la etapa adulta casándose y engendrando hijos (6,9-10). Realiza una gran obra de ingeniería y de carpintería (6,22). Se dedica posteriormente a la agricultura y la vinicultura (9,20). A lo largo de este proceso adquiere una serie de conocimientos.

Cuando Noé pierde la consciencia y, con ella, la dignidad del adulto, es a la hora de excederse en el disfrute del producto de la vid. He aquí una curiosa contradicción entre la experiencia de Adán y Eva en el Edén y la de Noé en la viña. Extralimitándose al probar el fruto vedado es como la primera pareja adquiere importantes conocimientos sobre la vida y sobre la muerte. Ese acto lleva a ambos a progresar y a aprender a hacerse adultos independientes. Probando un fruto distinto — a todas luces permitido — Noé experimenta el proceso contrario en el sentido de que se le va el conocimiento racional del adulto y se sume momentáneamente en la ignorancia y desnudez causadas por la ebriedad (9,21). Tal paso es regresivo al llevarlo de vuelta a la falta de consciencia del propio cuerpo que caracteriza la fase infantil.

Tanto en el Edén como en la tienda de Noé los sucesos se desencadenan a partir del momento en que aparece un intruso (Brodie 2001, 192). En el Edén es la intervención de la serpiente la que facilita la adquisición de conocimiento (Gn 3,1-7) mientras que, en el caso de Noé, él mismo se sume voluntariamente en un estado de desconocimiento o ignorancia. Al intruso de Cam le toca hacer que su padre entre en conocimiento de lo sucedido.

El pecado de Cam

Por todas las razones expuestas anteriormente, nos inclinamos a seguir analizando las claves interpretativas proporcionadas por el lenguaje hebreo con el fin de descubrir por esa vía alguna pista que nos permita identificar el pecado cometido por Cam. Concretamente procederemos a examinar los verbos que intervienen. De la manera en que el narrador describe el actuar de Cam y de sus hermanos, deduciremos varios hechos significativos.

En el caso de Cam comprobamos tres elementos que influyen en el desenlace del drama: (1) Cam *ve* a su padre desnudo; (2) Cam sale de la tienda para *hablar* de lo que ha visto; (3) a juzgar por la airada reacción posterior de Noé, lo censurable es lo que Cam *hizo*. En cuanto al proceder de Sem y Jafet, observamos estos detalles significativos: (1) en respuesta a las palabras de Cam, *guardan silencio*; (2) evitan *ver* a su padre; (3) *tapan* respetuosamente el cuerpo de Noé.

Tabla 9	
Conducta de Cam y de sus hermanos	
Cam	**Sem y Jafet**
vio	no vieron
dejó a Noé desprotegido	taparon a Noé
informó	guardaron silencio
cometió una falta de respeto	fueron respetuosos
merece la maldición	merecen la bendición

En estas secuencias paralelas llama la atención el contraste entre un proceder y otro. Ateniéndonos a los datos textuales, vemos cómo el narrador deja claro que un israelita puede actuar de dos maneras frente a su padre: una que es respetuosa y la contraria, que es inaceptable.

Recordemos en este contexto la importancia de los diez mandamientos en el ideario israelita. Es aplicable el mandamiento que reza: "Honrarás a tu padre y a tu madre", disposición en que insiste una y otra vez la Biblia hebrea (Ex 20,12; Dt 5,16).[15] Ante la desnudez de Noé, los que se conducen de manera respetuosa son Sem y Jafet, por lo cual merecen recibir la bendición paterna en Gn 9,26-27 (Hamilton 1990, 323). Cumplen las condiciones para beneficiarse de la promesa: "para que se prolonguen tus días sobre la tierra" (Ex 20,12; Dt 5,16). Añádase lo estipulado en Ex 20,6: "Yo, YHWH... tengo misericordia por mil generaciones con los que me aman y guardan mis mandamientos".

No obstante, nos quedamos todavía con cierta duda motivada por un hecho curioso: todo el peso de la maldición pronunciada por Noé en Gn 9,25-27 sobre Cam recae en la figura de Canaán, hijo del último. ¿Por qué Noé maldice a su nieto Canaán? Numerosos biblistas se han planteado esta pregunta (Hamilton 1990, 324; Alter 1996, 40; Rashkow 1998, 88).

Lo cierto es que el narrador insiste en la paternidad de Cam subrayando en tres ocasiones que Canaán es hijo suyo (Gn 9,18.22; 10,6). Es posible que este hecho nos haga saber que Cam se siente muy orgulloso de Canaán. La idea se refuerza al comprobar que existe en el relato cierta identificación cruzada entre Cam y Canaán ya que éste aparece en 9,25 como "hermano" de Sem y Jafet. En el mismo párrafo se declara tres veces y con énfasis que Canaán será el "esclavo" de éstos.

Ahora bien, si exploramos la Biblia hebrea desde una perspectiva intergeneracional, veremos que la situación de Canaán no es tan inaudita como puede parecer a primera vista (Hamilton 1990, 325). Es plausible que el narrador de Gn 9 se haga eco de las severas

---

15 Como señalan Cotterell & Turner (1989, 102), el abismo cultural y cronológico que media entre el texto bíblico y el lector moderno hace que nos resulte difícil apreciar todo el significado de este enunciado para el pueblo israelita del milenio a. C.

disposiciones que constan en Ex 20,5 contra aquellos que se comportan de forma irreverente hacia su padre y madre (cursiva añadida):

> Yo YHWH, tu Dios, soy un Dios celoso, que castigo la iniquidad de los padres *en los hijos* hasta la tercera y cuarta generación...

Esta advertencia vuelve a aparecer en Nm 14,18 y Dt 5,9. Tenemos entonces un ejemplo de cómo un error imperdonable del padre (Cam) es transferible al hijo (Canaán). La gravedad de la infracción incurrida se recalca en Ex 34,7 donde se extiende el alcance intergeneracional de la represalia (cursiva añadida):

> YHWH... que castiga la culpa de los padres *en los hijos y en los nietos* hasta la tercera y cuarta generación.

Victor Hamilton (1990, 325) señala acertadamente cómo la sorprendente maldición de Canaán lleva un proceso paralelo por el lado de Sem que suele pasar desapercibido. La bendición que favorece a Sem es indirecta ya que textualmente va dirigida a "YHWH, el Dios de Sem" (9,26), o sea, a la deidad cuyo mandamiento Sem ejecutó fielmente. De esta manera el narrador logra establecer a nivel textual y literario un eminente equilibrio entre la maldición indirecta de unos (Cam y Canaán) frente a la bendición indirecta de otros (Sem y Jafet).

A nivel antropológico e histórico, la fuerza paradigmática del Génesis hace que el relato de Noé y de sus hijos sirva para indicar qué pueblo es maldito —los cananeos— y quiénes son los bendecidos: los pueblos semitas (McKeown 2008, 65). Para el narrador este aspecto es importante pues contribuye a justificar el desarrollo del argumento de los cinco libros de Moisés, concretamente la invasión israelita de la tierra de Palestina.

Conclusión

En este capítulo hemos recorrido el Génesis en busca de los términos hebraicos que más se asocian con la vida sexual. Se ha demostrado que los verbos más frecuentes y directos en este ámbito son BOO, "entrar", y SHÁKHAB, "acostarse". Ambos actúan quince veces a lo largo del libro sumando un total de treinta. Por momentos las modernas versiones castellanas atinan a la hora de traducir estos verbos. En su mayoría aciertan en el caso de SHÁKHAB, pero muchas caen en la imprecisión excesiva a la hora de traducir BOO.

Algunos comentaristas atribuyen al relato de Noé y de sus hijos (Gn 9,21-27) una dimensión homoerótica mientras que otros le agregan un elemento de violencia. Sin embargo, un análisis detenido del lenguaje original demuestra que el texto no contiene el vocabulario específico que caracteriza los episodios de tipo sexual. En primer lugar, están ausentes BOO y SHÁKHAB. En segundo lugar, tampoco figura ningún agente verbal conectado con actos de violencia. Por tanto, descartamos que la finalidad del episodio, desde la perspectiva del narrador, tenga que ver con algún problema de violación sexual o con una hipotética castración.

De hecho, faltan en el texto hebreo indicios de agresión física hacia Noé por parte de Cam. Lo que hace este último consiste en dos acciones específicas: (1) observar a su padre desnudo; (2) hablar — tal vez de forma irrespetuosa — de lo visto. Es notable el contraste entre la conducta de Cam y la intervención de sus hermanos Sem y Jafet quienes adoptan una postura de discreción y de respeto, hecho que les merece la bendición paterna.

Visto en el contexto bíblico, el pecado de Cam parece ser del que no honra a sus padres, infracción castigada severamente por las disposiciones legales del Pentateuco. En el episodio narrado en Gn 9, Noé se indigna por la manera en que actuó Cam. Debido a la identificación entre Cam y Canaán, es este último quien recibe el peso de la maldición. De tal manera, el narrador ilustra el carácter intergeneracional del castigo aplicable a todo aquel que viole el mandamiento bíblico.

2

"Con varón no te acostarás"

> *La tradición ha sido injusta con el Levítico.*
> Mary Douglas[16]

Introducción

Cada vez que surgen en la actualidad debates sobre Biblia y homosexualidad, Lv 18,22 es uno de los textos más citados.[17] En determinados ambientes judíos, este versículo recibe comúnmente el nombre de "la Prohibición". En el cristianismo fundamentalista de hoy se le suele conceder más importancia que a los diez mandamientos de Moisés. Sin embargo, un hecho poco comentado es que la Biblia hebrea no presenta ninguna condena de las relaciones íntimas entre dos mujeres. Por tanto se equivocan aquellos comentaristas que mantienen que Lv 18,22 prohíbe genéricamente "la homosexualidad" ya que el texto no alude al lesbianismo (Milgrom 2004, 208).

---

16 Douglas 2000, 1.
17 El ensayo que aquí presentamos en versión castellana tiene un precedente inglés en el artículo de K. Renato Lings titulado "The »Lyings« of a Woman: Male-Male Incest in Leviticus 18.22?", *Theology & Sexuality*, Volume 15.2, 2009, pp. 231-250.

La prominencia que adquiere Lv 18,22 en los debates teológicos de nuestro tiempo contrasta con la posición discreta que ocupa el versículo en la Biblia hebrea. Sus palabras se repiten, casi literalmente, en una sola ocasión y a poca distancia, en Lv 20,13. Prescindiendo de esta cita textual, no hay en toda la Biblia hebrea ni en el Nuevo Testamento ninguna alusión directa a la prohibición formulada por Lv 18,22. Es también notable que la iglesia primitiva no le conceda mayor importancia. Por vez primera, el versículo aparece vinculado específicamente a Sodoma y Gomorra hacia finales del siglo IV en el escrito griego *Constituciones Apostólicas*.[18] En contextos similares reaparece en el siglo XII en las obras de Pedro de Poitiers y de Pedro Cantor (Carden 2004 pp. 166, 182). En otras palabras, la tendencia a atribuirle a Lv 18,22 un claro contenido antihomosexual es tardía y eminentemente posbíblica.

Por otra parte, hay indicios que numerosos biblistas ignoran el enigma de fondo que exhibe este brevísimo versículo en su redacción original. Tanto es así que en el mundo actual no hay consenso inequívoco en cuanto a la interpretación del significado y alcance de las palabras hebreas MISHKEBEY ISHSHÁ, "los yaceres de una mujer". Por tanto urge emprender un análisis en profundidad de un texto que, a pesar de su brevedad, ha adquirido un peso descomunal en décadas recientes. El método escogido es la exégesis detallada que permite estudiar cada una de las palabras y partículas que intervienen en este fragmento en prosa de Lv 18 redactado en hebreo clásico.

El problema del texto

> *Con (un) varón no yacerás (los) yaceres (de una) mujer.*
> *(Una) abominación (es) ésa.*

¿Quién entiende sin dificultad estas palabras? Muchos lectores de la Biblia responden que el significado es evidente explicando que tenemos aquí la proscripción universal de las relaciones eróticas o sexuales entre dos personas del mismo sexo. Su criterio parte de la suposición de que están resueltos todos los problemas interpretativos que plantea

---

18 Carden 2004, 125; http://en.wikipedia.org/wiki/Apostolic_Constitutions

el texto original hebreo.[19] No obstante, argüiremos a continuación que tal no es el caso.

Resulta que este lacónico fragmento bíblico figura en dos versiones íntimamente ligadas, a saber, Levítico 18,22 y 20,13. La segunda versión es más larga debido a la añadidura del fulminante castigo prescrito: la pena de muerte. Si prescindimos de este último elemento, ambos versículos — prácticamente idénticos — ocupan una posición solitaria ya que no reaparecen en ningún otro libro incluido en la Biblia hebrea. Al mismo tiempo, una parte del vocabulario que presentan es tan insólita que plantea dudas semánticas. Tanto es así que, por muy sucinto y sencillo que parezca el texto a primera vista, es de difícil interpretación, y los estudiosos aún no logran ponerse de acuerdo en todos los detalles.

Los comentaristas

A partir de la era posbíblica, las tradiciones cristiana y judía han interpretado la proscripción que figura en Lv 18,22 como una indicación clara del pecado mortal que supuestamente generan las relaciones homoeróticas expresadas sexualmente. En el mundo anglosajón cristiano, un prominente comentarista que defiende el criterio tradicionalista es Robert Gagnon (2001). Este autor opina que, según el Levítico, las relaciones homosexuales caen en todo momento y en cualquier circunstancia histórica y social bajo la condena divina.

Inicialmente Gagnon deja sin definir la palabra "homosexualidad" (p. 25), concretándola después al "coito entre personas del mismo sexo" (p. 26). A veces, Gagnon habla del "acto homosexual", sin especificar si de hombres o mujeres se trata, refiriéndose luego al "coito entre

---

19 Dos ejemplos: Robert A. J. Gagnon, *The Bible and Homosexual Practice: Texts and Hermeneutics* (Nashville: Abingdon Press, 2001), pp. 111-20; Rebecca Alpert, "In God's Image: Coming to Terms with Leviticus," en Christie Balka and Andy Rose (eds.), *Twice Blessed: On Being Lesbian or Gay and Jewish* (Boston: Beacon Press, 1989), pp. 62-69. Si bien ambos autores coinciden en su lectura textual de la redacción hebrea, difieren considerablemente en su interpretación del significado social, cultural y religioso de la misma.

varones" (p. 113). Para Gagnon la redacción del texto hebreo del Levítico es inequívoca por lo cual no emprende ningún análisis semántico o literario de los versículos en cuestión (pp. 111, 113).

A lo largo de las últimas décadas, y dejando atrás el consenso inamovible de las generaciones pasadas en cuanto al carácter pecaminoso de las relaciones homoeróticas, se plantean ya enfoques más cautelosos. Una voz representativa es la de Saul Olyan (1994). Este investigador señala que no está claro a primera vista a qué acto concreto se refiere el Levítico en 18,22 (p. 179). Ciertamente el lenguaje es opaco (pp. 179-80), y Olyan observa que muchos comentaristas parecen ignorar las dificultades exegéticas (p. 181). Como consecuencia de ello, los biblistas no están de acuerdo entre sí ya que algunos proponen que el Levítico prohíbe toda situación de intimidad sexual entre varones, mientras que otros se limitan a señalar el acto específico de la penetración anal.

Tras un recorrido por la literatura del mundo grecorromano y de Asiria, Olyan termina decantándose por esta última posibilidad al opinar que Lv 18,22 se dirige específicamente a la acción del penetrador en el coito anal (pp. 199, 204-205). Al mismo tiempo, Olyan se abstiene explícitamente de explorar otras avenidas interpretativas brindadas por el texto en cuanto a las relaciones incestuosas, la bestialidad y el adulterio (p. 183).

Conclusiones similares las saca el historiador Daniel Boyarin (1995) quien usa como lente interpretativa la literatura talmúdica producida en los primeros siglos de la era cristiana por la comunidad judía asentada en Babilonia. Según Boyarin, el Talmud expresa la certeza de que lo prohibido en Lv 18,22 es el coito anal entre varones. Al mismo tiempo puntualiza que no quedan incluidas bajo este precepto otras manifestaciones físicas de homoerotismo (pp. 336, 339).

Boyarin se inclina a buscar la justificación de Lv 18,22 en la aversión mosaica al travestismo planteada con fuerza en Dt 22,5. En este contexto, Boyarin opina que la penetración anal de un hombre por otro genera en el universo androcéntrico del Pentateuco un problema específico. Tal acto sexual equivale a rebajar al varón receptor o penetrado al nivel social de una mujer (p. 341), situación que representa asimismo una violación de la frontera entre lo masculino y lo femenino (pp. 342-343).
A su vez, el académico Jerome Walsh (2001) comienza su examen de

Lv 18,22 haciendo una reseña del referido trabajo de Olyan de 1994. Le parece convincente el análisis semántico que éste realizó de Lv 18,22 (p. 201) y, además, comparte su lectura del texto como metáfora de la penetración anal (p. 204). Sin embargo, Walsh hace constar su desacuerdo tanto con Olyan como con Boyarin en cuanto a las conclusiones principales que sacan ambos comentaristas de la labor exegética.

Según Walsh, varios elementos textuales indican que la prohibición del Levítico no refleja preocupación alguna por la confusión indebida de las categorías de lo feminino y lo masculino. Tampoco comparte la noción de que el mandamiento vaya dirigido al varón israelita que juega el papel "activo" durante el coito anal. Por el contrario, el análisis de Walsh lo lleva a opinar que el legislador del Levítico se dirige específicamente al varón israelita que se deja llevar al rol "receptivo" (pp. 205-208). Donde Walsh sí está de acuerdo con los biblistas mencionados es donde afirman que la proscripción no se extiende a las caricias u otras expresiones de intimidad erótica (p. 209).

El rabino Steven Greenberg (2004) apunta que Lv 18,22 es recitado en la sinagoga todos los años con motivo de la fiesta de YOM KIPPUR, el Día de la Expiación (p. 74). Según Greenberg el versículo bíblico expresa "la prohibición de las relaciones homosexuales entre varones" (p. 78). Sin embargo, el autor agrega que la tradición judía se niega desde la antigüedad a conformarse con una lectura única de cualquier pasaje bíblico. Para el judaísmo ortodoxo, todos los versículos del Pentateuco vienen revestidos de un velo de significados múltiples, algunos en la superficie, otros enterrados y aún por descubrir (p. 78). Asimismo, a Dios le agradan las dudas y las preguntas que los humanos llevamos al texto sagrado (p. 79).

Greenberg termina concluyendo que el Levítico habla en Lv 18,22 del coito anal y opinando como Olyan y Boyarin que el mandamiento va dirigido al varón penetrador exclusivamente y que no se refiere a ninguna otra manifestación de homoerotismo (p. 81). En otro contexto Greenberg amplía sus reflexiones sobre el Levítico diciendo que la homosexualidad en la Biblia hebrea ocurre generalmente en situaciones cargadas de violencia. Declara que la prohibición de Lv 18,22 se refiere a la humillación sexual de un varón por otro mediante la penetración anal. Para sacar tal conclusión el autor se apoya en algunos ejemplos literarios del mundo antiguo donde la penetración anal constituía una desgracia sociocultural para el penetrado puesto que se veía rebajado al nivel que correspondía a la mujer (p. 192).

Según el rabino Jacob Milgrom (2004) es evidente que la Biblia prohíbe "la homosexualidad". Sin embargo, el autor procede en seguida a puntualizar lo enunciado diciendo que el Levítico censura únicamente las relaciones homosexuales entre hombres israelitas residentes en Palestina, sin afectar a los ciudadanos de cualquier otro territorio. Nótese también que no queda prohibida la intimidad física entre mujeres lesbianas (p. 196).

Para Milgrom el versículo 18,22 pretende vedar la emisión de semen al margen del matrimonio con el fin de fomentar la reproducción y asegurar el crecimiento demográfico del pueblo israelita (p. 256). El autor reconoce al mismo tiempo que al Levítico no le preocupa la masturbación (p. 207). Milgrom menciona de paso una nueva teoría aportada por el académico David Stewart, según la cual Lv 18,22 proscribe concretamente las relaciones incestuosas entre varones consanguíneos, sin afectar a las relaciones homoeróticas entre los individuos no emparentados (pp. 196-197).

En efecto, es David Stewart (2006) quien emprende un camino innovador. Se lanza a la búsqueda de una posible conexión entre el versículo 22 y todo el tejido de relaciones incestuosas enumeradas a lo largo del capítulo 18 del Levítico. Según Stewart, tal conexión existe (pp. 97-99). Observa que para prohibir universalmente toda expresión de homoerotismo entre varones bastaría que el texto dijera, simplemente, "con varón no te acostarás", sin la enigmática añadidura de "los yaceres de una mujer" (p. 97). De acuerdo al análisis de Stewart, esta frase insólita se explica mejor vinculándola a las demás prohibiciones del incesto presentes en el capítulo 18. De este modo el legislador bíblico deja vedadas las relaciones incestuosas en su totalidad, es decir, tanto heterosexuales como homosexuales (cf. Milgrom 2004, 197).

Los debates intermitentes entre los investigadores de la Biblia parecen indicar que aún queda por descubrir el significado del Lv 18,22 en el marco de su contexto histórico, social y cultural. Todos los enfoques hasta aquí planteados dejan algún aspecto sin esclarecer. Ante todo, se impone la necesidad de realizar un profundo análisis literario y semántico del fragmento bíblico que nos interesa. Recordemos aquí a los lingüistas Cotterell y Turner (1989, 43) quienes se preguntan por qué tantos intérpretes de la Biblia dejan de recurrir a la lingüística a la hora de leer los pasajes bíblicos. Si muy pocos textos antiguos tienen significados claros y fácilmente descifrables por el lector moderno, conviene echar mano de los instrumentos que nos proporcionan las disciplinas inherentes a la ciencia de los idiomas.

La centralidad del Levítico

En el marco general del Pentateuco, o sea, los cinco libros de Moisés, el Levítico se ubica en el centro. Gracias a esta posición neurálgica se erige en eje indispensable de la Torá en su totalidad. Según el académico Everett Fox (1995, 502), el libro del Levítico se divide en tres secciones principales: (1) los sacrificios cúlticos, caps. 1–10; (2) la contaminación ritual y la purificación, caps. 11–17; (3) la santidad, caps. 18–27. Por su parte, la antropóloga Mary Douglas (2004, 148-151) confirma la estructura tripartita del libro pero agrupa los capítulos de otra manera: (1) caps. 1–17, (2) caps. 18–24, (3) caps. 25–27. Desde el punto de vista de Douglas, la estructura literaria del Levítico imita intencionalmente el trazado arquitectónico del tabernáculo (pp. 126-127, 154).

El género literario en que se inscribe el Levítico se caracteriza por su complejidad y riqueza. En el libro se entrecruzan narraciones y reglamentos cúlticos y legales de forma tal que las narraciones ejemplifican las leyes y a la inversa, dando como resultado una prosa equilibrada y basada en la reciprocidad (Fox 1995, 503). Al mismo tiempo —y he aquí una paradoja literaria—, si bien todo el libro adopta la modalidad narrativa, se trata de una narración prácticamente sin argumento (Douglas 2004, 128). En cuanto al lenguaje utilizado por el Levítico, aparece en todo momento refinado, pulido y con cualidades poéticas, como observa Douglas: "Cada versículo del Levítico constituye otro corte experto, cada nueva faceta del diamante refleja la misma estructura cristalina" (p. 175).

Tras este breve resumen de las observaciones aportadas por algunos comentaristas sobre los temas de estructura y estilo, dedicaremos las siguientes páginas a un examen exegético del texto que nos llama la atención. Para tal fin seguiremos una serie de pistas textuales, contextuales e intertextuales. Concretamente tendremos en cuenta el innovador planteamiento aportado por David Stewart a fin de verificar si es posible demostrar por la metodología escogida la validez de su hipótesis central: que el Levítico prohíbe específicamente las relaciones incestuosas entre varones.

Las diez versiones

Con el fin de conocer de cerca el texto sagrado, veamos primero con qué términos lo presentan en castellano los traductores de la Biblia. He aquí los enunciados de las diez versiones representativas:

Tabla 10 Traduciendo Lv 18,22	
Versión	Levítico 18,22
BA	No te acostarás con varón como los que se acuestan con mujer; es una abominación.
BP	No te acostarás con un hombre como con mujer. Es una abominación.
DHH	No te acuestes con un hombre como si te acostaras con una mujer. Ése es un acto infame.
EMN	No te acostarás con un hombre como se hace con una mujer; es una acción infame.
JMP	No cometas pecado de sodomía, porque es una abominación.
MK	Y con varón no te acostarás como te acuestas con mujer. Es depravación.
NBJ	No te acostarás con varón como con mujer; es una abominación.
NC	No te ayuntarás con hombre como con mujer; es una abominación.
NVI	No te acostarás con un hombre como quien se acuesta con una mujer. Eso es una abominación.
RV	No te echarás con varón como con mujer; es abominación.

A juzgar por la relativa sencillez del lenguaje aquí empleado, el Levítico se expresa de forma nítida sobre un asunto que no permite debate. Sea cual fuere la definición exacta de su carácter, se trata a todas luces de un tema tabú. La contundencia de este versículo parece indicar que el mandamiento bíblico es inequívoco. Asimismo, las traducciones castellanas nos producen la impresión de que cualquier problema textual que pueda presentar la redacción original está resuelto satisfactoriamente.

Sin embargo, una segunda mirada sobre las versiones citadas arroja un saldo más ambiguo. La uniformidad de criterios entre las traducciones aquí presentadas no es total. Ante todo llama la atención el "pecado de sodomía" que figura en la versión de José Miguel Petisco (JMP). He aquí una aseveración sorprendente, dado que no aparece en el texto original la palabra "pecado". Es más, el concepto de sodomía no es de origen bíblico ni tiene equivalente en el idioma hebreo.

El término latino *sodomia* nace en la Edad Media apareciendo por vez primera en el siglo XI (Jordan 1997, 1). Hay que reconocer que la definición del término arrastra desde el principio una gran imprecisión. Históricamente, "sodomía" ha llegado a referirse a diversos fenómenos del ámbito sexual como pueden ser la bestialidad, el sexo oral, el coito anal entre hombre y mujer, y la penetración anal de un hombre por otro.

Por tanto, la utilidad de este anacronismo es sumamente reducida en un texto bíblico como Lv 18,22 puesto que la redacción original no alude ni a la ciudad de Sodoma ni a sus habitantes. Opinamos, por tanto, que al recurrir a dos términos que carecen de fundamento en el versículo hebreo, JMP se ha adentrado en un terreno parafrástico que se aparta del oficio del traductor propiamente dicho.

Otro detalle sale a la superficie si examinamos detenidamente las versiones antes reproducidas. Nos daremos cuenta de que el vocablo *varón* figura en cuatro ediciones, mientras que otras cinco versiones prefieren el término *hombre*. Aparentemente la discrepancia tiene poca importancia. Sin embargo, es lo suficientemente curiosa como para invitar un escrutinio pormenorizado del original. Nuevamente hay sorpresas. Resulta que el texto hebreo no utiliza el vocablo corriente ISH, que significa "hombre" o "marido", sino que encontramos en su lugar el término ZÁKHAR, que es mucho menos frecuente. En hebreo ZÁKHAR actúa en el sentido de "macho" al referirse a animales y de "varón" cuando de seres humanos se trata.

Indudablemente, la palabra española "hombre", escogida por los traductores, equivale sólo parcialmente a ZÁKHAR. Cabe señalar que la categoría de hombre es restrictiva, ya que no refleja sino uno solo de los elementos presentes en ZÁKHAR. No hay que olvidar que un ser humano del sexo masculino tiene que esperar normalmente hasta la edad adulta para pasar a llamarse "hombre". En cambio, el término "varón" abarca todas las edades desde la infancia hasta la senectud. Por esta razón, nos parece que la traducción adecuada de ZÁKHAR viene a ser "varón".

El significado literal

Para apreciar mejor la estructura de esta frase hebrea del Levítico en su forma original, la reproducimos aquí transcrita al alfabeto latino:

W-ETH-ZĀKHĀR LŌ TISHKAB MISHKEBĒ ISHSHÂ

A continuación, iremos escudriñando los elementos de que se compone este fragmento bíblico. La partícula inicial W equivale a la conjunción española "y". Le siguen ETH-ZÁKHAR, dos palabras que significan "con varón". Es decir, la preposición hebrea ETH se traduce al castellano con la palabra "con", y ya sabemos gracias al comentario previo que ZÁKHAR significa "varón".

Por su parte, LŌ se traduce como "no", y TISHKAB equivale a "te acostarás". Comprobamos así la presencia del verbo SHÁKHAB, "acostarse", hecho que con toda probabilidad indicará actividad sexual. El "tú" a quien va dirigido este enunciado no queda claro en la traducción, pero el verbo hebreo TISHKAB refleja la segunda persona del singular masculino en su aspecto imperfecto (acción incompleta). De hecho, Lv 18,27 recalca que el destinatario es cada varón que pertenece al pueblo de Israel.

De esta manera, si este texto le prohíbe a un varón israelita acostarse con otro, aunque no se sepa exactamente en qué circunstancias, parece pertinente analizarlo en el contexto de las relaciones homoeróticas en la Biblia hebrea. A la última locución MISHKEBEY ISHSHÁ volveremos más adelante debido a las particulares complejidades exegéticas que encierra.

Procediendo entonces de acuerdo con el ordenamiento del texto hebreo, tenemos la siguiente traducción ajustada de su parte principal: "Y con varón no te acostarás". Llegados a este punto comprobamos, según el criterio literal, que de todas las versiones citadas anteriormente, la que mejor se ciñe al sentido del original es la de Moisés Katznelson (MK).

El lenguaje sexual de Lv 18

En cuanto al lenguaje sexual característico del hebreo clásico, Lv 18 no contiene el verbo BOO unido a la preposicón EL que quedó estudiado en el capítulo 1. Sin embargo, acabamos de detectar una variante de SHÁKHAB en la forma de la palabra TISHKAB. Por consiguiente, la presencia de SHÁKHAB unido a la preposición ETH significa que estamos sin lugar a dudas ante una situación de índole sexual y ya hemos visto que lo vedado es cierta actividad sexual entre varones. En Lv 18 SHÁKHAB figura en tres ocasiones y siempre con relación a una situación de coito: 18,20, 18,22 y 18,23. En Lv 18,20 se prohíbe el adulterio heterosexual y 18,23 proscribe la bestialidad, es decir, cualquier relación sexual con animales.

Destaca en Lv 18 una expresión particular, LŌ THEGALLĒ ERWÂ, "no descubrirás la desnudez". La locución interviene en un total de 14 versículos. He aquí la manera más precisa del hebreo para referirse a las relaciones incestuosas con padre, madre, tía, hermana, etc. En relación con esta exploración de las posibles alusiones al homoerotismo en la Biblia, llama la atención el curioso detalle de 18,7 donde el legislador prohíbe al hombre israelita descubrir la desnudez de su *padre*. Téngase en cuenta que el texto aclara en seguida que cualquiera que descubra la desnudez de su *madre* estará violando la intimidad del padre.

Según David Stewart, otra lectura del versículo 18,7 sería "no descubrirás la desnudez de tu padre o de tu madre" (2006, 98). Una situación análoga se presenta en 18,14 con respecto a la desnudez del tío paterno y de la mujer de éste. Pareciera que existe en ambos casos cierta alusión a las relaciones incestuosas entre varones, si bien se expresa de manera ambigua. De todos modos la referencia al padre nos recuerda la antigua ley hitita que prohíbe el incesto entre padre e hijo (Milgrom 2004, 207). En este caso concreto la parte activa es el padre (Brenner 1997, 130).[20]

¿"Como con una mujer"?

Nos toca ahora someter a escrutinio la parte hebrea que más dificultades plantea en el versículo 18,22. Habiendo traducido ya algo más de la mitad de la frase, quedan las dos palabras MISHKEBEY ISHSHÁ. Su significado literal es "(los) lechos (de una) mujer" o "(los) yaceres (de una) mujer", teniendo en cuenta que ISHSHÁ significa también "esposa".

Como primer paso veremos lo que dicen las versiones españolas citadas. Las traducciones preferidas son "como con mujer", o "como si te acostaras con una mujer". Una vez más salta a la vista la relativa sencillez de la idea expresada por las versiones, si bien se trata de una combinación de ideas poco común. Para traducir dos palabras del hebreo tenemos en español tres, cuatro o más palabras seguidas. A pesar de que no hay simetría absoluta, al menos existe cierto equilibrio textual entre los vocablos hebreos MISHKEBEY ISHSHÁ por un lado y, por otro, las palabras castellanas "como con mujer". La metodología empleada por los traductores parecería que obedece a la lógica inherente al versículo.

Sin embargo, si nos adentramos un paso más en este fragmento del hebreo, manteniendo en todo momento las versiones españolas

---

20 Una versión del texto hitita reza así: "188. Si un hombre yace con su madre, es pecado y debe pagarlo. Si un hombre yace con su hija, es pecado y debe pagarlo. Si un hombre yace con su hijo, es pecado y debe pagarlo". Fuente: http://www.uned.es/geo-1-historia-antigua-universal/ (2010). Otra versión sería ésta: "Si un hombre se acuesta con su propia madre, es delito capital; morirá. Si un hombre se acuesta son una hija suya, es delito capital; morirá. Si un hombre se acuesta con un hijo suyo, es delito capital; morirá". Fuente (2010): www.fordham.edu/halsall/ancient/1650nesilim.html.

a la vista, pronto empiezan a surgir dudas. En efecto, la relativa transparencia de la traducción castellana contrasta con un análisis cuidadoso del texto hebreo ya que dos palabras clave utilizadas por los traductores están ausentes. Por un lado, falta en esta parte de la redacción hebrea el adverbio comparativo "como" y, por otro, está ausente la preposición "con". Es decir, el problema más intrigante del versículo surge cuando los traductores introducen la repetición de "con". La segunda inserción de este vocablo en la versión española requiere efectivamente el apoyo de otra palabra, función que desempeña en este caso el adverbio "como".

En resumen, el procedimiento escogido por los traductores tiene la ventaja de presentar el texto de forma comprensible. La desventaja es que la combinación de "como" y "con" no refleja la prosa hebrea. Es decir, la situación nos induce a sacar una conclusión: la traducción no es literal o formal sino dinámica, interpretativa o libre.

Tal vez un pequeño ejercicio textual nos pueda ayudar a advertir la problemática de fondo. Por ejemplo, si intentásemos traducir de forma experimental las palabras castellanas "como con" en sentido inverso, es decir, del español al hebreo, el ejercicio arrojaría como resultado la partícula-prefijo KE, que significa "como", y la preposición ETH, que equivale a "con".

Ahora bien, en la sintaxis hebrea la partícula preposicional KE funciona siempre unida a un sustantivo o a un infinitivo. Por esta razón, no procede su yuxtaposición directa con una preposición de la clase de ETH, de modo que habría que insertar en esta hipotética traducción un infinitivo del tipo de "acostarse" entre "como" y "con". En hebreo, "acostarse" se expresa mediante el verbo SHÁKHAB. Así llegaríamos a la combinación de KE + SHÁKHAB + ETH, que daría como resultado hipotético KESHOKHEB ETH. En esta posición SHÁKHAB se convierte en participio y sufre dos modificaciones vocálicas. La locución completa se traduciría "como el que se acuesta con".

Ya hemos aludido al problema que surge debido a la ausencia de la locución KESHOKHEB ETH en el versículo original. Si estas palabras hebreas no hacen acto de presencia, nos vemos obligados a preguntar a qué obedece el procedimiento escogido por los traductores. Quizás sea más comprensible su interpretación del texto si volvemos a examinar detenidamente la frase hebrea en su conjunto. Así vamos a estudiar por segunda vez la trascripción al alfabeto latino del versículo 18,22:

W-ETH-ZĀKHĀR LŌ TIŠKAB MIŠKEBĒ IŠŠÂ

Si realizamos ahora una traducción literal, nos sale algo muy parecido a esta curiosa frase castellana: "Y con (un) varón no te acuestes (los) acostamientos (de una) mujer". Variando un poco el texto, podríamos utilizar otra expresión tan exótica como la primera: "Y con un varón no yazcas los yaceres de una mujer". Una tercera variante sería: "Y con un varón no te acuestes los lechos de una mujer". En todos los casos, las frases españolas se alejan del lenguaje ordinario hasta el punto de quedar incomprensibles.

Los "yaceres"

Ya hemos visto que la primera mitad del versículo 18,22 contiene una serie de palabras sencillas y fáciles de traducir. Por esta razón es válida la traducción "y con varón no te acostarás". Dicho esto, hay que insistir en el hecho que acabamos de señalar: la segunda mitad de la oración es muy distinta. En primer lugar, la palabra ETH no se repite. En segundo lugar, no aparece por ningún lado el prefijo hebreo KE que significa "como". Debemos, por tanto, seguir preguntándonos por qué aparecen ambos términos en las versiones españolas.

La complicación señalada viene dada por el vocablo MISHKEBEY. De hecho, podríamos decir que aparece envuelto en un halo de misterio. La palabra se clasifica como sustantivo y aparece aquí en su forma plural, que es sumamente infrecuente. Por contraste, el singular que le corresponde es MISHKAB, término de uso general en la Biblia hebrea, cuyo significado típico es "lecho" o "cama". Al mismo tiempo, la palabra contiene el valor gramatical de "acostamiento", es decir, el acto de "yacer", dado que en su raíz se ubica el referido verbo SHÁKHAB.

Partiendo de esta base, el significado literal del plural ha de ser "lechos", "acostamientos" o "yaceres". La situación que plantea el versículo 18,22 bien puede parecernos extraordinaria, y con razón. La verdad es que no se sabe en qué consisten concretamente los "yaceres" o "lechos", combinados con la palabra hebrea ISHSHÁ, "de una mujer". Complicando aun más la situación, la locución MISHKEBEY ISHSHÁ no aparece en ningún otro texto bíblico, salvo en el capítulo 20 del Levítico. Aquí actúa una frase análoga en un contexto comparable. Al margen de estos capítulos, que versan sobre los mismos temas, no figura MISHKEBEY ISHSHÁ en toda la Biblia hebra. Por consiguiente, la incertidumbre que rodea este pasaje debe ser motivo para que pisemos el terreno con cautela y sin sacar conclusiones precipitadas.

La tarea pendiente a estas alturas consiste en explorar los sagrados libros hebreos con el fin de localizar otro caso de la palabra MISHKEBEY, plural, si lo hay, y analizar su entorno literario en pos de claves para su interpretación. El único pasaje que responde a estas características aparece en el libro del Génesis, en el versículo 49,4. He aquí la manera en que el anciano patriarca Jacob califica una determinada acción de su hijo mayor Rubén (cursiva añadida):

> Porque subiste a *los lechos* de tu padre;
> entonces profanaste;
> a mi *cama* se subió.

Con estas palabras, Jacob alude a la irreverencia que cometió contra él Rubén el día en que el joven fue a acostarse con Bilhá, una de las concubinas de su padre (Gn 35,22). El breve fragmento citado demuestra cómo Jacob habla primero a Rubén ("subiste", "profanaste") para dirigir seguidamente la palabra a otras personas presentes refiriéndose a su hijo en tercera persona ("se subió").

Si fijamos la mirada en los dos sustantivos resaltados de este breve pasaje, nos parecerá perfectamente normal que "cama" aparezca en singular. Sin embargo, no se trata aquí de la palabra hebrea MISHKAB, como era tal vez de esperar. En su lugar tenemos otro vocablo YATSUA', que significa "cama", "lecho" o "petate". Ahora bien, por lo que se refiere a *"los lechos* de tu padre" mencionados al principio, este término sí refleja precisamente el críptico MISHKEBEY. De hecho, se trata de la misma variante plural que aparece en Lv 18,22.

Dicho de otra manera, vemos en este breve pasaje del Génesis cómo el redactor hebreo recurre a dos términos distintos, uno en singular y otro en plural, para describir la censurable acción de Rubén. La pequeña diferencia que los separa puede ser un indicio de que no son sinónimos absolutos. Es decir, es posible que YATSUA', singular, se refiera al lugar físico donde se produjo el suceso y que MISHKEBEY, plural, vaya enfocado principalmente al carácter moral del acto cometido.

Volviendo ahora a las versiones castellanas de la Biblia, comprobamos sorprendidos que todas ignoran este curioso plural de MISHKEBEY, presentándolo en Gn 49,4 como si fuera el singular MISHKAB, "lecho" o "cama". Sugerimos que es muy probable que al proceder así pierdan de vista algunas pistas de importancia. El exegeta no debe contentarse con la lectura más sencilla de un texto problemático sino que le conviene fijarse en los aspectos inusuales del mismo. Es importante tener en cuenta todos los elementos estructurales a la hora de buscar la clave interpretativa (Groom 2003, 140). Dicho esto, a veces debemos reconocer que el resultado exegético alcanzado no puede ser más que provisional (Cotterell & Turner 1989, 233; Groom 2003, 69).

El entorno textual en que se mueve MISHKEBEY en Gn 49 es, obviamente, una relación sexual ilícita. De hecho, el desafortunado paso que dio Rubén con Bilhá viene tipificado como delito en el libro del Levítico, concretamente en el capítulo 18 que veníamos comentando. El versículo 8 del mismo capítulo reza así:

> La desnudez de la mujer de tu padre no la descubrirás;
> la desnudez de tu padre es ésa.

Si deseamos saber el castigo que impone el Levítico a los transgresores lo encontraremos en 20,11. En seguida se comprobará que el hecho que estudiamos es juzgado con extrema severidad. Tanto es así que ambas partes sufrirán la pena de muerte:

> Ciertamente morirán los dos;
> su sangre sobre ellos.

En este contexto es interesante observar que Jacob, a pesar del disgusto que le ha causado Rubén, no impone a su hijo mayor el castigo más rotundo sino que se limita en Gn 49,4 a retirarle los privilegios tradicionalmente conferidos al primogénito: *no serás el principal* (RV).

"Varón" y "mujer"

A menudo, las palabras españolas "varón" y "macho" se combinan por el lado femenino con "hembra". El hebreo bíblico muestra una tendencia análoga como se deduce del relato de la creación del ser humano. En el primer capítulo del Génesis, el narrador explica cómo Dios lo(s) creó ZÁKHAR, "varón", y NEKEBA, "hembra" (1,27).

Gracias a esta premisa, y viendo que el 18,22 del Levítico comienza diciendo "y con varón" utilizando la palabra ZÁKHAR, sería para muchos lectores lógico y natural que el versículo terminase con NEKEBA. Así se aseguraría aparentemente el equilibrio ideológico entre lo masculino y lo femenino, estableciéndose al mismo tiempo un paralelismo literario y sintáctico entre ambos conceptos. Sin embargo, ya hemos visto que el legislador hebreo no habla de MISHKEBEY NEKEBA, "los lechos de una hembra", sino de MISHKEBEY ISHSHÁ, "los lechos de una mujer" (o "de una esposa"). Tal curiosa asimetría literaria nos obliga nuevamente a recordar la importancia de reconocer las dificultades inherentes al texto.

A lo largo de las páginas anteriores hemos catalogado dos términos referidos al sexo masculino: ISH, que significa tanto "hombre" como "marido", y ZÁKHAR, que es "varón" o "macho". Sin embargo, no agotamos con esto el vocabulario hebreo en la materia. Por ejemplo, figura en la Biblia el término GUÉBER, que se usa a veces con el sentido de "hombre" y otras veces a manera de "varón", como lo demuestran Éx 10,11 y Dt 22,5.

Si procedemos ahora a examinar la terminología vinculada al sexo femenino descubriremos que la situación es distinta. Lo cierto es que tenemos a la vista dos palabras. En primer lugar está ISHSHÁ que significa tanto "mujer" como "esposa". En el capítulo 18 del Levítico el vocablo interviene repetidamente en ambos sentidos. En seis casos ISHSHÁ hace las veces de "mujer" (vv. 17-20, 22, 23), y en otros cinco actúa como "esposa" (vv. 8, 11, 14-16).

La palabra NEKEBA, "hembra", no figura en este contexto. Una exploración de los textos bíblicos revelará que NEKEBA es un término de uso restringido. Aplicable tanto a seres humanos como a animales, su presencia se reduce a unos pocos libros, principalmente el Génesis y el Levítico. En cambio, ISHSHÁ es un vocablo de primer rango. Es de uso muy frecuente y está presente a lo largo y ancho de la Biblia hebrea. En cuanto a su significado, ya hemos indicado su ambivalencia puesto que se usa tanto en el sentido general de "mujer" como en el específico de "cónyuge del sexo femenino".

Dicho todo esto, no debemos sorprendernos si encontramos en el camino una realidad aun más compleja que la ya contemplada. De hecho, el capítulo 7 del Génesis aporta datos adicionales. A la hora de entrar Noé con todos los suyos en el arca recién construida, YHWH le ordena llevarse varias parejas de animales y de aves. En ambos casos es esencial que vayan unidos macho y hembra.

Es aquí donde el narrador nos tiene preparada una sorpresa. Así, en un caso el texto hebreo recurre a la presencia binaria esperada de macho y hembra en la forma de ZÁKHAR y NEKEBA (Gn 7,3). Sin embargo, en el versículo que le precede el panorama es otro. En lugar de los términos previsibles, tenemos en 7,2 ISH e ISHSHÁ. Inferimos de este ejemplo que el hebreo clásico permite, en determinados momentos, el uso de los vocablos ISH e ISHSHÁ — normalmente limitados a seres humanos — para individuos del reino animal.

Llevando estos datos de vuelta al Levítico, y concretamente a la locución MISHKEBEY ISHSHÁ en el 18,22, ya no debe causarnos extrañeza la presencia en esta posición de ISHSHÁ, "mujer", en lugar de NEKEBA, "hembra". De estos dos términos ISHSHÁ es, de todas maneras, el más frecuente y también el más flexible, ya que es capaz de actuar en el mismo terreno que NEKEBA. Expresado de otra manera, ISHSHÁ tiene tres significados: "mujer", "esposa" y "hembra". En vista de todo lo anterior, concluimos que sería admisible verter MISHKEBEY ISHSHÁ al castellano como "los lechos (yaceres) de una hembra", entendiéndose "hembra" como "miembro femenino de la familia".

El incesto

El capítulo 18 del Levítico abarca una serie de actividades sexuales prohibidas: el matrimonio con dos hermanas (v. 18), el coito con una mujer menstruante (v. 19), el adulterio (v. 20) y la bestialidad (v. 23). Apartándonos un instante del texto para realizar una breve reflexión al margen, llama nuevamente la atención el contraste entre la severidad expresada en el v. 18 y la vida de Jacob, quien se casó sin consecuencias nefastas con las dos hermanas Lía y Raquel (Gn 29,21-30).

Sin duda, el versículo más enigmático del capítulo 18 del Levítico es el 22, que venimos estudiando. Otro que lo acompaña es el 21, gracias a su carácter velado. Aquí se prohíbe a los israelitas ofrecer su "semilla" a la deidad llamada MÓLEKH. Entre los analistas no hay acuerdo sobre el carácter exacto del sacrificio mencionado como tampoco hay consenso sobre la identidad de MÓLEKH. Según Olyan (1994, 199), MÓLEKH no es nombre propio sino que se refiere a un rito sacrificial específico, mientras que para Milgrom (2004, 197-200) MÓLEKH representa una divinidad cananea.

Volviendo al Lv 18,22, nos interesa ahora examinar el contexto de la palabra MISHKEBEY para ver hasta qué punto aparece en su entorno el asunto del incesto. En el capítulo 18, el comienzo de una relación incestuosa se describe generalmente con el eufemismo "descubrir la desnudez" de un familiar. La expresión aparece en la primera proscripción del capítulo ubicada en 18,6 que manda al hombre israelita no acercarse para fines sexuales a ninguna persona consanguínea. El catálogo de las relaciones incestuosas continúa hasta 18,17.

De esta manera, comprobamos que la enigmática locución MISHKEBEY ISHSHÁ aparece sobre un telón de fondo impregnado por comentarios sobre el fenómeno del incesto. Necesitamos entonces examinar la posible relación entre este último y MISHKEBEY ISHSHÁ. Ahora bien, ya hemos visto que entre los versículos 18 y 23 se plantea una nueva diversidad de temas sexuales inadmisibles, de los cuales varios no guardan relación directa con el incesto. Por ello, si nos limitamos a estudiar MISHKEBEY ISHSHÁ en su marco textual inmediato, tal vez no resulte plausible a primera vista su vínculo con la secuencia anterior (del 6 al 17), que habla expresamente de las relaciones incestuosas.

Siendo esto así, la redacción del capítulo 18 es tal que nos quedamos con la duda acerca del orden de importancia de los factores enumerados y acerca de su interrelación. A la luz de los hechos ya analizados, consta que el incesto es un precedente notable de cierto peso. Llegados a este punto, y para indagar mejor en el pensamiento del redactor del Levítico, hemos de dirigir la mirada a otras secciones del libro donde se comentan las mismas proscripciones que venimos estudiando.

MISHKEBEY ISHSHÁ en Lv 20

El capítulo 20 del Levítico es el que vuelve a catalogar los delitos aquí comentados. Al comenzar su lectura, muy pronto nos daremos cuenta de que en esta parte del documento la óptica es diferente. En primer lugar, vemos cómo se concreta la carga penal, señalándose en cada caso específico el castigo correspondiente. En segundo lugar, un aspecto digno de reflexión es la reagrupación radical del material plasmado en el capítulo 18. Tanto es así que en Lv 20 hay que buscar el equivalente de cada versículo en un orden distinto al trazado anteriormente. Por ejemplo, la censura aplicada en 18,21 a la entrega de "semilla" a MÓLEKH cobra ahora una importancia mucho mayor, ya que este tema encabeza el capítulo 20. En este caso el redactor justifica con gran detalle la severidad del castigo previsto (vv. 2-5).

En líneas generales, la impresión que nos deja Lv 20 es de un reordenamiento de las prioridades antes establecidas. En cierto modo, esta técnica literaria nos invita y obliga a reconsiderar la problemática planteada en el capítulo 18. La situación puede llevarnos tal vez a reinterpretar el significado y alcance de cada infracción del código sacerdotal. Dicho de otro modo, intuimos que este nuevo contexto aporta elementos esclarecedores que nos pueden ayudar a descifrar el enigma que tenemos planteado en la forma de MISHKEBEY ISHSHÁ. En el mejor de los casos, saldremos del ejercicio con una hipótesis ponderada de lo que significaría la frase "los lechos (yaceres) de una mujer" para los antiguos lectores u oyentes del texto hebreo.

La réplica ampliada del versículo 18,22 la localizamos en Lv 20,13. Desde el punto de vista literario, se produce en esta segunda ubicación un cambio radical en el entorno inmediato. Lo más notable es que a este texto le preceden aquí dos versículos que hablan con nitidez del incesto. Tanto Lv 20,11 como 20,12 anuncian la pena capital para esta clase de delitos, sanción que según 20,13 recaerá también sobre los varones que practiquen MISHKEBEY ISHSHÁ. Después de un breve paréntesis que enumera los castigos aplicables a otras transgresiones sexuales, el hilo del incesto se retoma en los versículos 17, 19, 20 y 21.

Por todo lo expuesto anteriormente, la situación contextual nos permite sacar una conclusión de carácter provisional. Si bien no hay certeza absoluta, sugerimos que en el marco del capítulo 20 hay razones bien fundadas para interpretar la inusual locución MISHKEBEY ISHSHÁ como componente del vocabulario bíblico relativo al incesto.

Aventurando ahora una traducción, quizás el significado de Lv 18,22 se pueda expresar con estas palabras: "Las relaciones sexuales con varones del núcleo familiar serán para ti tan abominables como las relaciones ilícitas con mujeres". Dicho de otra manera, al llegar a Lv 18,22 ya quedan vedadas prácticamente todas las constelaciones incestuosas concebibles entre hombre y mujer. Entonces, la finalidad de la cláusula añadida de MISHKEBEY ISHSHÁ sería asegurar la prohibición expresa del incesto a todos los niveles. Gracias a la frase elíptica "con un varón no te acostarás MISHKEBEY ISHSHÁ", el Levítico excluye para el hombre israelita a sus familiares de ambos sexos a la hora de buscar pareja para la intimidad erótica.

Nuevamente esto nos invita a ponderar la forma plural de la palabra MISHKEBEY. Esta variante podría recordarnos que se aplica a todas las relaciones mencionadas en el capítulo 18 en que intervienen mujeres. Los detalles fisiológicos o anatómicos en que se expresa la acción sexual parecen no interesar al legislador. Desde este punto de vista, el capítulo describe lo que podríamos calificar de "relaciones equivocadas", o sea, que no son permitidas a los israelitas. Incluso se vislumbra la posibilidad de interpretar el artículo contra la bestialidad (18,23) y la prohibición de los ritos asociados con MÓLEKH (18,21) como ejemplos de las relaciones erróneas que deben evitarse en cualquier circunstancia. Lv 18,23 señala una pareja equivocada para la copulación y el versículo 21 menciona una deidad inaceptable, o el procedimiento inadmisible, para el sacrificio de "semilla".

Si esta lectura es válida, concordará hasta cierto punto con otra legislación del antiguo Oriente Próximo. Como señalamos anteriormente, el artículo 188 (189) del código penal del reino hitita ordena castigar cualquier relación incestuosa entre un hombre y su madre, hija o hijo.[21]

Traduciendo MISHKEBEY ISHSHÁ

Si decidimos mantener la interpretación relativa al incesto de MISHKEBEY ISHSHÁ aquí esbozada como una posibilidad, se plantea ahora la pregunta de cómo traducir razonablemente una locución tan extraordinaria como ésta. Muy pronto nos daremos cuenta de que el problema es de tal envergadura que podríamos dedicar largas horas a la búsqueda de una respuesta adecuada. Bien mirado, las diferentes complicaciones inherentes a la traducción de MISHKEBEY ISHSHÁ merecerían por sí solas un ensayo específico.

Por razones de tiempo y de espacio, nos limitaremos a sugerir tres soluciones preliminares que se prestarían a ser desarrolladas y afinadas en algún momento futuro:

(a) *Con un familiar varón no te acostarás como tampoco lo harás ilícitamente con una familiar hembra.*

(b) *No tendrás relaciones sexuales ilícitas con ningún familiar varón ni con mujer.*

(c) *No te acostarás con varón de las formas prohibidas con mujer.*

En dos casos hemos dado preponderancia a la palabra "familiar" a pesar de su ausencia del original hebreo. Reconocemos que se trata de una acción dinámica o libre. Sin embargo, pensamos que la ampliación interpretativa se podría justificar ya que recalcamos así el significado de ZÁKHAR, "varón", y de ISHSHÁ, "mujer" o "hembra". Además, subrayamos el hecho de que el acto prohibido se produce en el seno de la familia, por lo que refleja una situación incestuosa.

No es casualidad que el ambiente general que caracteriza el capítulo 18 quede marcado por el tajante mandato del versículo 6: *Ninguno*

---

21 Olyan 1994, 192; Gagnon 2001, 54; Milgrom 2004, 207; Stewart 2006, 97. Véase asimismo la nota 20.

de vosotros se acercará a una persona de su propia carne para descubrir su desnudez. En hebreo la palabra BÁSAR significa literalmente "carne" pero se utiliza a menudo en el sentido de "parentesco" (Gn 2,23; 29,14; 37,27). Varios investigadores han tomado nota de este hecho (Loader 2004 pp. 58, 81, 87, 91; Greenberg 2004, 263 n. 18).

Por otra parte observamos que, bien mirado, los traductores no han conseguido resolver uno de los problemas de fondo planteado por la prohibición MISHKEBEY ISHSHÁ. Con el fin de ofrecer una versión inteligible, todos han convertido esta locución insólita en un concepto sencillo y con una carga ideológica positiva gracias a la traducción "como con (una) mujer". Sugieren de este modo que el coito heterosexual con una mujer es lo normal y deseable. Sin embargo, dejan al mismo tiempo ignorada la larga serie de proscripciones relativas al incesto heterosexual enumeradas en el capítulo 18. Cabe recalcar que la palabra "mujer" o ISHSHÁ, cada vez que aparece en los capítulos 18 y 20, se vincula con actos vedados.

Dicho de otra manera, la interpretación generalizada de MISHKEBEY ISHSHÁ bajo un signo positivo se aleja en una medida considerable de la tónica prohibitiva que impregna ambos capítulos estudiados del Levítico. Por tanto, parecería más lógico entender MISHKEBEY ISHSHÁ como una expresión condenatoria (Brenner 1997, 26). Si hemos de mantener la secuencia "como con" sugerida por tantos traductores, se justificará su presencia a condición de que se reformule toda la frase española en términos negativos. El resultado sería algo aproximado a "como tampoco lo harás ilícitamente con una mujer".

Una tercera opción, aquí presentada como (c), se reduciría a "Con varón no te acostarás de las formas (prohibidas) con mujer". Recurriendo a "formas", plural, para verter MISHKEBEY, plural, conseguiríamos una especie de equilibrio numérico entre ambos sustantivos. Comparada con las opciones anteriores, esta redacción sucinta sería tal vez preferible, inclusive sin la palabra "prohibidas", porque nos acercaría notablemente al carácter sintético del texto original ganando así en paralelismo literario y conservando de alguna manera lo esencial del vocabulario.

Una abominación

El versículo 18,22 concluye en hebreo con las dos palabras TO'EBA HÍ, "abominación (es) ésa". A veces surge en las polémicas sobre este texto un argumento relativo al término TO'EBA, que suele traducirse como "abominación". Para Saul Olyan el significado no es "nada claro" (1994, 180). No obstante, la presencia de TO'EBA en 18,22 subraya, según Robert Gagnon, la naturaleza execrable de las relaciones homosexuales (2001 pp. 113, 118). En las páginas anteriores ya hemos visto la fragilidad de una aseveración tan contundente en alusión a un texto bíblico que posiblemente tenga otra finalidad. De acuerdo con el análisis aquí ejecutado, el objetivo principal del capítulo 18 tal vez consista en asegurar la pureza de las relaciones sexuales en el seno de la familia.

En cuanto a TO'EBA, es cierto que el vocablo actúa en 18,22 como clasificador. Al mismo tiempo, hay que tener en cuenta que el redactor del capítulo recurre a toda una serie de términos de censura para calificar las extralimitaciones descritas. Así tenemos en el versículo 17 la palabra ZIMMÁ, "depravación", y en el v. 23 aparece TÉBEL, que es "confusión" o "mezcolanza" (Lipka 2006, 53; Stewart 2006, 82). De estas tres locuciones, la única que reaparece más adelante es precisamente TO'EBA. El versículo 18,26 recoge todos los delitos enumerados a lo largo del capítulo bajo la rúbrica de TO'EBOTH, "abominaciones", plural de TO'EBA.

Jerome Walsh (2001, 206) observa que en la Biblia hebrea el término TO'EBA opera en tres contextos. Stewart (2006, 99) amplía a cuatro el número de categorías semánticas en las que tiene cabida TO'EBA. Para Grelot (2006, 31) toda transgresión seria de la ley divina, o de las prácticas cúlticas, merece el calificativo de "abominación". El autor enumera cinco casos en el Levítico, 14 en el Deuteronomio y 56 en Ezequiel. Dada esta situación, no debe sorprendernos que sea precisamente TO'EBA la palabra genérica escogida una y otra vez por el redactor del Levítico para resumir el carácter repugnante de todas las infracciones señaladas, hecho que se deduce concretamente de la presencia de TO'EBOTH en los versículos 26, 27, 29 y 30.

Por consiguiente, entendemos que TO'EBA no se vincula a fin de cuentas con unos delitos más que con otros sino con todos y cada uno.

Dicho de otra manera, la envergadura de TO'EBA es tal que abarca toda actividad abominable y susceptible de alejar al israelita del camino recto trazado para él por YHWH, sigla referida al sagrado nombre inefable del Dios Eterno.

Conclusión

Durante siglos se ha pensado que el legislador bíblico prohíbe en el Levítico 18,22 toda intimidad sexual entre varones. Sobre esta base los traductores de la Biblia han optado por la solución más sencilla a la hora de verter al español el versículo hebreo de Lv 18,22, procedimiento que ha contribuido a fomentar la persecución de la gente lesbiana, gay y bisexual. Sin embargo, a los niveles textual y contextual, las palabras del original carecen de datos fehacientes que permitan sacar conclusiones contundentes y de aplicación universal.

De todas maneras, la terminología hebrea empleada en el versículo es compleja. Un análisis gramatical demuestra que está presente el verbo SHÁKHAB, que pertenece evidentemente a la esfera sexual, y el nombre derivado MISHKEBEY. No obstante, no hay manera sencilla de traducir la extraña frase "con un varón no yazcas los yaceres de una mujer". La conocida traducción "como con (una) mujer" del hebreo MISHKEBEY ISHSHÁ no agota las posibilidades interpretativas brindadas por el texto sagrado sino que tiende a simplificarlo.

Por esta razón varios investigadores han reinterpretado Lv 18,22 llegando a considerarlo como una proscripción específica de la penetración anal. Concretamente opinan que el legislador bíblico se dirige al penetrador (Olyan, Boyarin, Greenberg), mientras que otros exegetas se inclinan a pensar que lo prohibido es dejarse penetrar (Walsh). En años recientes, ha salido una nueva óptica que sugiere que Lv 18,22 se expresa en contra de las relaciones incestuosas entre varones (Stewart).

Un análisis detenido del marco literario, junto con una exploración de varios pasajes del libro del Génesis, arroja varios datos de interés. Sin poder sacar conclusiones definitivas, terminamos afirmando que la problemática de Lv 18,22 parece tener poco que ver con el moderno tema de "homosexualidad" en sentido amplio. Más bien un escrutinio pormenorizado de la frase hebrea y de su entorno literario parece confirmar en medida considerable la hipótesis lanzada por David Stewart. Así es que el fenómeno del incesto merece ser tomado en cuenta a la hora de interpretar Lv 18,22.

Dado el caso, el significado original del texto estudiado podría expresarse mediante la siguiente paráfrasis: "No cometerás actos de incesto con ningún varón de tu familia ni con las mujeres citadas". Una versión abreviada podría ser: "Con varón no te acostarás de las formas (prohibidas) con mujer".

No obstante, hemos de reconocer que no está a la vista ninguna traducción inequívoca de Lv 18,22 puesto que nadie sabe a ciencia cierta qué significaba el versículo en el momento de su redacción. Lo único que sabemos es que la prohibición va dirigida a la población masculina del Israel bíblico. Justamente por esta razón los traductores de la Biblia tienen por delante una gran asignatura pendiente: (1) dejar atrás las soluciones cuestionables que se suelen aplicar a Lv 18,22; (2) hasta donde sea posible, expresar en buen castellano el mensaje del versículo incluyendo su carácter críptico.

Mientras no entendamos a fondo todas las peculiaridades inherentes a Lv 18,22, debemos pedir a los traductores de hoy que eviten dar a su trabajo una forma que sirva para fines represivos como tantas veces se ha hecho en el pasado, y de maneras tal vez nunca imaginadas por el redactor original de este libro sagrado.

3

Los comienzos

Los creó varón y hembra, los bendijo y los llamó "terrígeno" en el día de su creación.
Génesis 5,2

Introducción

¿Qué tienen que ver con nuestra temática los capítulos iniciales del Génesis? Mucha gente lesbiana, gay y bisexual se hace esta pregunta ya que raras veces pensamos en el relato de la creación del mundo a la hora de discutir las variadas facetas de la sexualidad humana. Sin embargo, los sectores más hostiles a la concesión de derechos civiles a las llamadas minorías sexuales recurren a menudo a los primeros capítulos de la Biblia en busca de argumentos. Suelen decir que "Dios creó al hombre varón y hembra" y que el destino de todo ser humano, por mandato divino, es casarse heterosexualmente y tener hijos (Nissinen 1998, 135).

La popularidad de esta creencia nos motiva para emprender un análisis en profundidad de algunos de los problemas textuales que surgen en estas legendarias páginas del Génesis. Inicialmente conviene comprobar si el vocabulario hebreo indica claramente alguna actividad sexual, fenómeno muchas veces verificable mediante la presencia de BOO o SHÁKHAB. Resulta que estos verbos están ausentes. En su lugar, y como se verá, descubriremos unos pasajes que, lejos de imponer mandamientos inamovibles y rígidos, nos invitan a todos los seres humanos a reflexionar sobre nuestra propia vida desde una perspectiva fascinante.

Lectura tradicional

Según la teología cristiana tradicionalista, el libro del Génesis nos indica que Dios crea primero al ser humano como macho y hembra (1,27). Tal puntualización revela que la dualidad de lo masculino y lo femenino está instituida por voluntad divina y que los humanos debemos respetarla siempre. Así Robert Gagnon (2001) sostiene que la diferenciación entre ambos sexos se deriva del hecho de estar creados a la imagen de Dios (p. 59). Es ésta la manera de asegurar la procreación de la especie (p. 57) y, sobre la misma base, la visión binaria excluye naturalmente las uniones de dos seres del mismo sexo biológico (pp. 58, 156).

En el segundo cuadro de la creación no aparece inicialmente la hembra. Aquí el primer hombre se siente solo y Dios le permite escoger una "ayuda" entre los animales (2,19). El experimento no produce el resultado deseado y, por tanto, el Creador decide ejecutar una intervención quirúrgica. Durante la operación le quita al hombre una "costilla" (2,21). De este hueso forma una mujer y la lleva ante el hombre quien recibe con agrado al nuevo ser femenino aceptándola como "ayuda" o compañera.

De este pasaje, y desde la misma óptica, Gagnon deduce categóricamente que el hombre y la mujer son creados para complementarse (p. 60). El matrimonio es la institución que permite a todas las generaciones sucesivas reunificar las dos partes divididas ya que cada una encuentra en la otra el componente que le falta desde aquella separación (p. 194). Según Gagnon, es éste el significado de "una sola carne" en Gn 2,24. Desde su punto de vista las relaciones íntimas entre dos personas del mismo sexo no tienen cabida en el mundo del Génesis ya que no logran restablecer la desunión ocurrida. El mismo argumento lo aplica a las declaraciones de Jesús en el evangelio de Marcos sobre el divorcio (Mc 10), interpretadas por Gagnon como ratificación absoluta de su propio criterio sobre el tema (p. 193).

Por otra parte, la llegada de la mujer al Edén parece ser posterior a la aparición del hombre varón. En algunos ambientes cristianos se justifica en base a este relato bíblico la subordinación femenina al poder masculino. Para la tradición cristiana, la creación del ser humano en el Génesis expresa claramente la superioridad del varón frente a la condición inferior de la mujer. Si la criatura femenina ocupa un escalón secundario en la jerarquía establecida por mandato divino, a la mujer le toca someterse en todo momento al varón para orientarse en la vida (Bechtel 1993, 77; Meyers 1993, 129). Este razonamiento se nutre en gran medida de algunos enunciados de las cartas de Pablo. Comentando este particular, Gagnon lo aprovecha para retomar el hilo de su discurso homofóbico (pp. 361-380).

Entre los padres y doctores de la Iglesia, proponentes sobresalientes de una interpretación bíblica de signo machista son Agustín, Juan Crisóstomo y Tomás de Aquino (García Estébanez 1992 pp. 85, 95). En este contexto es importante recordar que la iglesia primitiva—incluidos los autores del Nuevo Testamento—no lee el Antiguo Testamento en hebreo sino en griego (la LXX) y que durante la Edad Media se impone la Vulgata latina. A partir de la Reforma protestante, la misoginia instituida a lo largo de los siglos anteriores continúa vigente en el ideario de los reformadores, siendo Calvino y Lutero ejemplos prominentes de ello (Milne 1993, 150).

Relecturas recientes

Dadas las hondas raíces históricas de la interpretación cristiana del Génesis, es lógica su aceptación general en las iglesias de hoy. Sin embargo, las últimas décadas han aportado una serie de estudios críticos que nos invitan a releer los textos sagrados y extraer de éstos una serie de elementos de reflexión que han permanecido soterrados.

La teóloga Luise Schottroff (1993) se fija en el género de la palabra hebrea RÚAJ que aparece en Gn 1,2 en el sentido de "respiración", "viento" o "espíritu". La autora cita al teólogo judeoalemán Martin Buber para quien RÚAJ, vocablo del género femenino, representa una gigantesca ave madre que planea sobre las aguas (p. 24). Según Schottroff, el Creador actúa al mismo tiempo en tres capacidades, a saber: rey, artesano seguro de sí mismo y ave madre (p. 26).

A su vez, la biblista Lyn Bechtel (1993) cuestiona la validez de la conocida "caída" de Adán y Eva y el supuesto origen bíblico del "pecado original" (pp. 78-79). Cargados de pesimismo y resignación, tales conceptos obedecen a inquietudes surgidas en la era helenística asomando primero en la literatura intertestamentaria. Nacen en medio de una cultura en pleno proceso de transformación ya que se está alejando del pensamiento colectivista de los milenios anteriores para admitir una creciente individualización social y cultural (p. 80). El narrador original del Génesis emplea un lenguaje mitológico lleno de simbolismo (p. 81). Uno de los conceptos presentes en el texto es "vergüenza" (Gn 3,7). Bechtel lo interpreta como el fenómeno psicológico que aparece de forma natural durante el proceso de maduración del ser humano al pasar de la infancia a la adolescencia (p. 84).

La académica feminista Adrien Janis Bledstein (1993) subraya que en Gn 3 la mujer no recibe ninguna maldición siendo que el término "malditas" se aplica solamente a la serpiente y a la tierra (p. 142). Para Bledstein la palabra ELOHIM pronunciada por la serpiente en Gn 3,5 tiene el sentido plural de "dioses": "vosotros seréis como dioses conocedores del bien y el mal" (p. 143). Por otra parte, el "deseo" que sentirá la mujer por su marido según Gn 3,16 refleja el término hebreo TESHUKÁ que se traduce a menudo como "ansia", "pasión" y "ganas". Sin embargo, para Bledstein el vocablo es plurifacético ya que es posible interpretarlo como adjetivo en el sentido de "deseable" o "atractivo".

Además, a la autora le llama la atención el curioso paralelismo entre Gn 3,16 y Gn 4,7 donde el pecado aparece personificado como un ser que siente deseos por Caín (p. 143). El pasaje se deja interpretar como "el pecado te resulta poderosamente atractivo, pero tú puedes dominarlo". Aplicando una lectura análoga a Gn 3,16, la autora reinterpreta TESHUKÁ de modo que la frase constituye una advertencia:

"tu marido te encontrará poderosamente atractiva, pero él puede dominarte". Ahora bien, el hecho de tener capacidad para dominar a una mujer no quiere decir que el hombre tenga autorización o licencia para proceder de esa manera (p. 144).

Para la antropóloga Carol Meyers (1993) los escritos bíblicos se distinguen por su enorme complejidad (p. 120). La mencionada idea de la "caída" atribuida al Génesis la califica de extrabíblica (p. 127). En cuanto a la posición social de la mujer de los altos de Palestina hace unos 3000 años, la autora recurre a una metodología sociológica a la hora de analizar el texto hebreo. Meyers observa que la frecuencia del verbo ÁKHAL, "comer", indica cierta preocupación por la vida material, concretamente el pan de cada día (p. 128).

La autora se pregunta qué significa en Gn 3,16 la idea de que el varón "dominará" a la mujer. Su análisis sociológico de la narración la lleva a la conclusión de que tanto el hombre como la mujer están destinados a compartir la dura vida productiva para asegurar el sustento. Según Meyers, el hombre "predominará" en este renglón de la vida en el sentido de que sus esfuerzos en la agricultura superarán a los de la mujer puesto que ella tiene reservada la importante tarea de gestación, parto y lactancia (pp. 134, 141).

La académica Ilana Pardes (1993) observa que la creación del mundo es la primera de toda una cadena de narraciones mitológicas del Génesis, lo cual demuestra que el proceso creativo es cíclico (p. 173). Es importante notar que Eva es la que se encarga de poner nombre a sus hijos recién nacidos (pp. 174, 175). Aun más asombroso es cómo Eva se presenta en Gn 4,1 prácticamente como "colega" de la deidad puesto que ella afirma haber creado un hombre *con* YHWH (p. 179). Desde el punto de vista literario Eva responde así a la acción de Adán cuando éste le puso nombre a ella en Gn 2,23 (p. 182). Al mismo tiempo reclama para sí el privilegio de "madre de todos los vivientes" que le asignaron en Gn 3,20 (p. 185). En términos generales la Biblia hebrea tendrá una sobrecarga de ideología patriarcal o androcéntrica, pero la asertiva actuación de Eva pone de manifiesto la presencia de una corriente contraria de signo femenino que aflora en varios textos sagrados (p. 188).

La traductora Mary Phil Korsak (1993) se ha fijado en algunos términos hebreos del Génesis cuya traducción—por muy arraigada que se encuentre en la tradición cristiana—no obedece a criterios sólidos desde el punto de vista filológico. Un ejemplo digno de consideración surge en Gn 2,21 donde la famosa "costilla" no es tal sino que se trata, según el texto original, de todo un *costado* del ser primitivo (p. 225). De hecho, el primer humano no es varón sino una figura plural (o dual) creada a imagen y semejanza del propio Creador que es también plural o dual y a la vez masculino y femenino (p. 229). Según el Génesis, es la trascendental división quirúrgica del ADAM primitivo en dos seres independientes la que da origen a la existencia del hombre y de la mujer (p. 230). El nombre de Eva (en hebreo JAWÁ), relacionado con el concepto hebreo de la vida, evoca el árbol de la vida que está en medio del Edén (p. 232).

Según el biblista Everett Fox (1995) los sucesos iniciales del Génesis se han prestado a múltiples interpretaciones siendo la psicológica tal vez la más original. En tal sentido el relato del Edén ofrece una visión de la infancia humana y de las transiciones y contradicciones que nos llevan a la adolescencia y a la etapa adulta. En todos los órdenes Adán y Eva comienzan viviendo como niños y sus actos, una vez consumida la fruta prohibida, revelan su desconcierto ante los nuevos fenómenos que están descubriendo. Ya que la secuencia narrativa concluye con la expulsión del jardín, este hecho los obliga a darse cuenta de que la vida humana en la tierra va marcada por la presencia de la muerte y por la necesidad de realizar grandes esfuerzos físicos para sobrevivir (p. 18).

El académico Michael Vasey (1995) observa que la tradición homofóbica en el seno de la iglesia cristiana basa su interpretación bíblica en dos posturas problemáticas: (1) un análisis defectuoso de la sexualidad humana, incluida la homosexualidad; (2) una visión idílica y poco realista de la familia nuclear moderna impuesta de manera anacrónica sobre el material bíblico. Es una simplificación cuestionable reducir el relato de Adán y Eva a un documento legalista que proporcione una justificación duradera del modelo de familia que impera en el mundo occidental (p. 115). En todo caso, tal interpretación no concuerda con el desarrollo narrativo de los demás episodios del Génesis ni con otros escritos bíblicos (p. 116).

El biblista Robert Alter (1996) señala que en Gn 1,2 la palabra hebrea RÚAJ, "respiración", "viento" o "espíritu", evoca el planeo de un águila que desde el cielo vigila y cuida su nido (p. 3). Para Alter es erróneo traducir el ADAM de Gn 1,26 como "hombre" ya que el término original es genérico y no sugiere automáticamente masculinidad. De forma análoga, el pronombre "lo" en Gn 1,27 – "a imagen de Dios *lo* creó" – es masculino en lo gramatical pero no en lo anatómico (p. 5). Es sumamente difícil traducir la locución hebrea 'EZER KENEGDÓ, literalmente "auxilio en su presencia", que aparece en Gn 2,18 y 2,20. En su mayoría las versiones proponen "ayuda" pero este término es insatisfactorio puesto que insinúa jerarquía e inferioridad de rango por parte de la persona que presta la ayuda requerida. En realidad el 'EZER hebreo connota intervención activa para socorrer a alguien, por ejemplo en el contexto de una emergencia militar. Alter sugiere para su traducción inglesa *sustainer beside him*, "sostenedor a su lado" (p. 9).

Según los investigadores Gordon y Rendsburg (1997) hay indicios que la frase "el bien y el mal" funcionó en la antigüedad como un merismo que significa "todas las cosas".[22] Si el ser humano come de la fruta proporcionada por el árbol de la ciencia, el acto le confiere inteligencia, capacidad que anteriormente ha sido exclusiva del Creador (p. 36). Si antes vivían prácticamente en el mismo nivel que los animales, el nuevo descubrimiento les aporta, por ejemplo, el sentido de la decencia. Objetivamente la mujer y el hombre salen ganando a nivel intelectual. En otras palabras, la inteligencia recién adquirida permite a los humanos subir de categoría. En el fondo, la llamada "caída" no es tal sino que gracias al nuevo conocimiento sería más apropiado calificar el episodio de "ascenso" (p. 37).

A propósito de la caída es Thomas Brodie (2001 pp. 101, 153) quien observa que el concepto no aparece hasta el capítulo 4 del Génesis. Concretamente en 4,6-7 Dios le habla a Caín preguntándole por qué su rostro está "caído". Con esta palabra se introduce un doble sentido en alusión al estado de ánimo en que se ha sumido Caín y al crimen que acaba de cometer.

---

22 En su *Manual de poética hebrea* (1987, 105), Luis Alonso Schökel explica que el merismo reduce a dos miembros una serie completa. Por ejemplo, el merismo "cielo y tierra" representa todo el universo.

Para el teólogo Ronald Simkins (1998), cualquier discusión sobre los temas interrelacionados de género y sexo debe tener claro que las diferencias de género entre hombre y mujer se establecen siempre en el marco de una cultura específica (pp. 35, 37, 50). El afán de conocer el bien y el mal—es decir, todo lo conocible—es un distintivo del ser humano que lo diferencia de los animales ya que el conocimiento le permite crear (p. 47). Es cierto que en el Edén ambos son castigados, pero ni la mujer ni el hombre reciben maldiciones por sus actos (p. 48). Es más, solamente en el momento en que sale expulsado del Edén, el ADAM llega a cumplir con el propósito para el que fue creado según Gn 2,5 y 2,15: la agricultura, la horticultura y la jardinería (p. 50).

La biblista Diane Sharon (1998) observa que el ADAM original tiene desde el principio la parte femenina que se convertirá después en una mujer independiente (p. 78). Una vez que ese ADAM primitivo es dividido en dos, él y ella comparten el protagonismo del relato por partes iguales. Al principio es el ADAM solitario quien recibe el mandamiento de no comer la fruta prohibida (Gn 2,17), pero posteriormente es evidente que también la mujer se siente aludida (3,3). Este hecho se desprende de su conversación con la serpiente en la cual el animal la trata como representante de la pareja humana diciéndole "vosotros" y ella asume tal responsabilidad al responder de la manera correspondiente "nosotros" (pp. 78-79). Ambos humanos son puestos a prueba y ambos fallan (p. 71). Fundamentalmente la relación entre Adán y Eva es igualitaria y la tónica de la vida de la pareja en la tierra será el duro trabajo físico que le toca realizar (p. 79).

El académico Ken Stone (2000) cita la *Dogmática eclesiástica* del teólogo Karl Barth donde éste se refiere al supuesto fenómeno de "perversión, decadencia y degeneración" presente en la homosexualidad (p. 61). Para Barth la humanidad tiene su destino ineludible en la unión de hombre y mujer. La lógica que subyace el análisis de Stone le permite cuestionar el criterio de Barth señalando que el imperativo de multiplicarse de Gn 1,28 no excluye necesariamente formas de expresión erótica al margen de la heterosexualidad (p. 60). El mandamiento impuesto a la mujer en Gn 3,16 de "hacia tu marido irá tu apetencia" bien puede interpretarse como castigo por lo sucedido (p. 63). De hecho, el relato bíblico contiene toda una serie de tensiones y contradicciones literarias que requieren un considerable esfuerzo interpretativo (p. 65). Por ejemplo, a la hora de comprobarse la soledad del ADAM primitivo en Gn 2,18, se nota que los animales son insuficientes para llenar el hueco psicológico y social en que vive. Curiosamente, ni el propio Creador — cuya imagen refleja — da abasto para que se sienta a gusto (p. 67).

El biblista David Carr (2003) sostiene que ambos humanos creados en Gn 1,26 — tanto el varón como la hembra — reflejan físicamente el cuerpo divino. Esto significa que el cuerpo humano no es un obstáculo para la vida espiritual sino que la Biblia nos revela desde el principio que tanto el hombre como la mujer nos parecemos al Ser Supremo (p. 18). En tal sentido es significativa la satisfacción que expresa el Creador al comprobar el resultado de su actividad en Gn 1,28 (p. 20). Dicho de otro modo, no somos nosotros los que modelamos lo divino a imagen y semejanza nuestra sino todo lo contrario (p. 21). Si el cuerpo humano constituye una clara señal de lo que nos une a la esfera divina (p. 22), nuestra corporalidad incluye por derecho propio el erotismo y la sexualidad. Por tanto, para el autor no hay contradicción alguna entre la sensualidad del cuerpo y la esfera divina (p. 24).

Según Carr, la diferencia entre los relatos de Gn 1 y 2 radica en su perspectiva. El proceso creativo descrito en Gn 1 se desenvuelve en el plano cósmico mientras que el escenario de Gn 2 se centra en el jardín del Edén (p. 27). En términos generales, el cuadro de la sexualidad presentado por el narrador en Gn 2 destila gozo y compañerismo y es suficientemente amplio como para abarcar todas las parejas humanas, es decir, las parejas de hombre con mujer, mujer con mujer y hombre con hombre (p. 32). Es digno de notarse que el contexto no menciona el proceso reproductivo sino que recalca el deleite recíproco como elemento central para la convivencia (p. 33).

El sacerdote dominico Gareth Moore (2003) hace hincapié en el tema del compañerismo que emana del segundo capítulo del Génesis. Cuando Dios crea los animales, al ADAM le toca escoger el que mejor le parezca para que le sirva de pareja. Sin embargo, el experimento no prospera y sólo cuando aparece la mujer el ADAM se llena de gozo. Para Moore, el criterio adecuado para los humanos a la hora de buscar pareja es justamente el deleite. A ese ADAM solitario el Creador no le impone nada sino que le permite elegir con libertad (p. 140).

En la óptica de Moore, por consiguiente, a los humanos no nos corresponde aceptar ciegamente la pareja que nos imponga el entorno social, político o religioso pensando que estamos imitando dignamente a Adán y a Eva. Si la opción heterosexual no nos llena de deleite y gozo, sería un grave error moral y teológico embarcarnos en ella. Es decir, tal proceder equivaldría a una especie de "adamismo" puesto que nos dejaría, de alguna manera, como equivocados seguidores de Adán. Por tanto, recordemos que los cristianos no somos llamados a imitar a Adán sino a Cristo (p. 144), el Salvador que nos trae la vida en toda su abundancia (Jn 10,10). Por tanto, también a la mujer lesbiana y al hombre gay les corresponde elegir la pareja que les produzca deleite porque sólo así cumplirán con la enseñanza principal de Gn 2 (p. 143).

Es significativo que los comentaristas judíos no hayan renunciado jamás al estudio del Antiguo Testamento en versión original, o sea, en hebreo. Un ejemplo moderno de lecturas judías del Génesis lo proporciona el rabino Jonathan Magonet (2004). Para él y su comunidad de fe los episodios del Edén ilustran la imposibilidad para el ser humano de permanecer por un tiempo infinito en un estado paradisíaco. El autor nota que el lugar apropiado para nosotros es precisamente la tierra que habitamos. Los dos materiales que nos forman son tierra y espíritu, gracias a los cuales poseemos un vínculo estrecho con la tierra y, al mismo tiempo, nos parecemos al Creador en nuestra capacidad de crear obras inspiradas (p. 121). La muerte que menciona la deidad en Gn 2,17 no representa una amenaza sino que se trata más bien de una advertencia sobre un hecho ineludible (p. 122).

Según Magonet, en muchos casos la lectura moderna de este texto se ve influida por la arbitraria división o fragmentación en capítulos separados que se llevó a cabo durante la Edad Media (p. 123). El diálogo entre la serpiente y Eva representa un proceso psicológico en el cual la mujer va tomando conciencia del mundo que la rodea y las fuerzas que lo impulsan. De hecho, ella está dando los primeros pasos hacia otro universo que es la vida independiente de la persona adulta (p. 124). Sólo en el momento de dejar atrás la inocencia de la infancia las personas alcanzamos el "conocimiento del bien y del mal", es decir, llegamos a un estado de madurez psicológica que nos permite adquirir el sentido de responsabilidad del adulto. A partir de ese momento aprendemos a tomar decisiones y a prever sus consecuencias. Este proceso nos facilita la adaptación al lugar que nos corresponde que es precisamente el planeta Tierra (p. 132).

El teólogo William Loader (2004) ha analizado la interrelación entre el vocabulario de la Septuaginta y la forma en que los autores del Nuevo Testamento enfocan la sexualidad humana. Demuestra con una serie de ejemplos concretos cómo el texto griego de la LXX se aparta repetidamente de los matices presentes en el hebreo original dando lugar a reinterpretaciones de largo alcance que hasta hoy están presentes en el ideario cristiano. El traductor griego del Génesis no consigue en todo momento resolver de forma satisfactoria las sutilezas de la redacción hebrea. Tal dificultad genera a veces importantes diferencias conceptuales entre el original y la traducción griega ya que cada uno se nutre del mundo cultural y lingüístico que lo rodea.

Por ejemplo, el juego de palabras que mantiene el narrador hebreo entre ADAMÁ, "tierra", y ADAM, "terrígeno", no se deja trasladar sin modificaciones a otra lengua. En muchos casos se pierde en el proceso una gran parte de la ambivalencia sugerida por el narrador. Otro problema relevante aparece en torno al concepto de "una sola carne" que figura en Gn 2,24. Loader (2004, 91) nota que la visión que mantiene Pablo en 1 Co 6 está claramente anclada en el lenguaje griego de la LXX. Si la "carne" (BÁSAR) del hebreo original refleja a menudo el vínculo familiar, la idea de la carne en griego (*sarx*) suele producir connotaciones sexuales. Por esta razón, "una sola carne" representa en la interpretación paulina la unión sexual, mientras que el concepto hebreo se traduce mejor en términos jurídicos como "núcleo familiar".

Según Samuel Terrien (2004), el relato de la creación se contó desde el principio como la historia de cada ser humano que viene al mundo (p. 8). El argumento trata sobre el afán desmesurado que abrigamos las personas de acceder a conocimientos en un intento de ponernos a la altura del mismo Creador. Al principio el ADAM primitivo se ve aquejado por el problema de la soledad por una sencilla razón: la vida humana bien llevada se desarrolla esencialmente en comunidad (p. 9).

Al contrario de lo que se piensa comúnmente, Terrien opina que el narrador hebreo no tiene nada de machista sino que admira sin reservas a la mujer (p. 8). De hecho, la presencia de ella es indispensable para que la vida humana tenga sentido. El lenguaje hebreo indica que la mujer no es una simple "ayudante" servil sino que su importancia para el varón es comparable a la relación entre YHWH liberador y el pueblo israelita, específicamente cuando la deidad socorre a su pueblo angustiado por la opresión o amenazado de muerte (pp. 10-11). Es más, el solemne verbo hebreo utilizado en Gn 2,22 para describir la creación de la mujer es BÁNAH que significa "construir". En la Biblia hebrea el término aparece frecuentemente con relación a las obras de arquitectura (p. 12).

El académico Michael Carden (2006) se acuerda del clásico *Simposio* de Platón donde Aristófanes relata el mito de la creación del ser humano. Según la leyenda griega, los dioses del Olimpo crearon tres sexos: varón, hembra y hermafrodita (p. 28). En el contexto del Génesis, es importante señalar que la tradición judía reconoce desde la antigüedad el carácter andrógino del ADAM primitivo (pp. 26, 28). Además, los rabinos se daban cuenta de que no todos los humanos nacemos definidos nítidamente como varón o hembra sino que hay una serie de tipos intermedios. Dado lo problemático de este tema para la ideología binaria de nuestro tiempo, y si no es evidente el sexo biológico de la criatura recién nacida, se recurre muy frecuentemente a intervenciones quirúrgicas para asignarle al bebé el sexo biológico recomendado por el médico (p. 27).

Al observar la pareja de Adán y Eva, Carden concluye que Eva es la más decidida y responsable de ambos (p. 29). Actuando y hablando bastante más que el varón, la mujer se coloca en el centro del argumento. Según Carden la mujer representa la corona y cúspide de lo creado (p. 30). A su vez, Adán aparece en Gn 3,12 bastante inseguro de sí mismo ya que le echa a ella toda la culpa por lo sucedido llegando inclusive a criticar al mismo Creador por haberla puesto a su lado.

Ambivalencia y respeto

Si la tradicional misoginia cristiana no se basa en el texto hebreo del Génesis sino ante todo en su traducción al griego, este hecho por sí solo nos debe infundir cierta cautela ya que las traducciones, por muy "fieles" que se presenten, no pueden reflejar en todo momento las ambigüedades y matices de la redacción original. Al mismo tiempo, una traducción es frecuentemente capaz de evocar ideas y alusiones que no están presentes en el texto de base debido a las diferencias conceptuales entre ambos idiomas.

En resumidas cuentas, es probable que la longevidad de la tradición cristiana en materia sexual no sea fruto de su infalibilidad sino que se trata por el contrario de una prolongada inercia teológica producto de los autoritarismos medieval y feudal. De hecho, y como acabamos de ver, las lecturas impuestas por el cristianismo del medioevo no son las únicas posibles. Inclusive son, en algunos casos, poco convincentes puesto que dejan sin resolver una larga serie de complejidades y sutilezas presentes en la narración hebrea (Alter 1992, 5).

La existencia de tanta riqueza textual en la composición original refleja el nivel de sofisticación cultural que caracteriza a los anónimos autores y redactores del Génesis. Sin duda, estamos ante una poderosa obra de arte ejecutada por personas inspiradas con un elevado nivel de educación y formación literaria. De hecho, se trata de una joya literaria, teológica y psicológica (Brodie 2001 pp. 34, 101, 106).

La experiencia de numerosos analistas demuestra que lo más enriquecedor es mantener una óptica abierta a la extraordinaria elegancia y profunda mística inherentes al hebreo bíblico y dejarnos sorprender por lo mucho que hallamos. Los textos son tan multifacéticos que desbordan una y otra vez los estrechos esquemas interpretativos que le quiere imponer el tradicionalismo. Como señala el teólogo Walter Brueggemann (1997, 42), el material bíblico insiste en que tomemos en serio la originalidad y vitalidad de su mensaje al mismo tiempo que se niega a dejarse reducir o domesticar. En el fondo tal resistencia es algo más que una característica literaria. A fin de cuentas la Biblia hebrea refleja fielmente la naturaleza del mismo Ser Supremo que en su grandeza insondable jamás se dejará atrapar o encasillar por la mente humana.

Pluralidad divina

Entrando en el terreno de la exégesis de los primeros capítulos del Génesis, notamos primero que el narrador hebreo sugiere de forma indirecta y sutil una extraordinaria ambivalencia al abordar un tema poco común: el género biológico o sexo anatómico del propio Creador que en hebreo aparece como ELOHIM. En primer lugar, el lenguaje nos permite ver que ELOHIM se expresa en el texto en términos plurales al decir "hagamos" y "a nuestra imagen" en referencia a sí mismo, como lo pone de manifiesto el versículo 1,26. Acto seguido, en el v. 27, el texto explica que el mismo ser divino "creó" (singular).

Por consiguiente, entendemos que tal indefinición de género y de número en relación a la fuerza divina viene planteada desde el principio del Génesis. La palabra hebrea ELOHIM, que traducimos generalmente como "Dios", es a primera vista un término plural ya que la desinencia -IM del hebreo pertenece formalmente al plural de los sustantivos del género masculino y al dual en algunos otros casos.[23] En teoría la palabra se podría traducir como "dioses". Sin embargo, para tal fin el verbo correspondiente tendría que adoptar su forma plural, situación que no ocurre en el Génesis. Los verbos hebreos unidos a ELOHIM en todos aquellos casos en que el término se refiere al Creador, se ajustan invariablemente a la modalidad singular.

En resumidas cuentas, y desde el punto de vista puramente formal, la fuerza divina que actúa en el Génesis parece contener aspectos plurales o duales constituyendo al mismo tiempo una unidad singular, hecho que queda reflejado en el verbo hebreo (Grelot 2006, 11). La manera coherente en que los narradores bíblicos resuelven esta disyuntiva, dejando el sustantivo ELOHIM en plural y acoplándolo con verbos en singular, nos invita a reflexionar. He aquí un ejemplo revelador del respeto con que los redactores primitivos se aproximan a la esfera divina. Son conscientes de la incapacidad de la imaginación humana de abarcar a la Fuerza Motriz del universo en toda su plenitud. Dicho de otra manera, el Génesis nos sugiere con sutileza que la deidad

---

23 Para determinados nombres hebreos como YAD, "mano", la desinencia del dual es –ÁYIM. Así YADÁYIM viene a significar "dos manos" o "ambas manos" (Weingreen 1959, 38).

trasciende las conocidas categorías de singular y plural que solemos aplicar los humanos a todo lo creado.

Macho y hembra lo(s) creó

Es cierto que el primer ser humano es creado macho y hembra (1,27). Sin embargo, conviene nuevamente poner mucha atención al lenguaje. En primer lugar, es de justicia recalcar que el hombre primitivo no es un "hombre" en el sentido de "persona que pertenece al sexo masculino" (Alter 1996, 5). Téngase en cuenta que la palabra castellana "hombre" es ambivalente ya que significa tanto "varón" como "ser humano". De todos modos, cuando de un varón se trata, el hebreo recurre generalmente al vocablo ISH como de hecho ocurre en Gn 2,23. En el párrafo que nos interesa, donde figura la descripción del primer ejemplar de la especie humana, no aparece ISH. En su lugar descubrimos ADAM, término hebreo derivado del sustantivo ADAMÁ como hemos señalado anteriormente. Si ADAMÁ equivale a "tierra" o "suelo", el significado literal de ADAM viene a ser "terrígeno" o "terrizo" (Korsak 1993, 228; McKeown 2008, 31).

En segundo lugar, un análisis detenido del lenguaje hebreo revela otro detalle trascendental. Resulta que el género de ADAM, el ser recién creado, no es nada evidente. Más bien el Génesis sugiere su ambivalencia en 1,26-28 donde el narrador dice primero que "lo creó" (singular) para plantear acto seguido una extraordinaria ambigüedad gramatical: "macho y hembra *los* creó" (plural o dual). La presencia del plural del complemento directo "los" insinúa de alguna manera la dualidad constitucional de este ser ADAM. Dicho de otro modo, se trata a todas luces de un individuo vivo que se distingue por su naturaleza indeterminada, tal vez en la forma de bisexualidad, hermafroditismo o androginia (Greenberg 2004, 49).

Como hemos visto, en 1,26 Dios se expresa con un verbo en plural diciendo "haga*mos* al ser humano a *nuestra* imagen y a semejanza *nuestra*" (cursiva añadida). Si nos atenemos al lenguaje hebreo en estado puro, el narrador sugiere de esta manera que la dualidad inherente al Ser Supremo — a la vez singular y plural, a la vez masculino y femenino — queda reflejada en el ADAM primitivo. Si el versículo 1,27 relata que "a imagen de Dios *lo* creó, macho y hembra *los* creó" (cursiva añadida), el primer ser humano es también dual al abrigar en sí mismo lo femenino y lo masculino, lo singular y lo plural (Korsak 1993, 229). Deducimos que el plan original de ELOHIM no consiste en crear dos seres separados sino uno solo (Greenbeerg 2004, 49).

Curiosamente, estas observaciones permiten tender puentes desde el Génesis hacia otras culturas y otras maneras de pensar. La dualidad inherente al género humano en "versión original" está corroborada por la psicología moderna que confirma la presencia de elementos duales en la psique humana, es decir, componentes femeninos y masculinos, siendo pionero en este terreno el psicoanalista suizo C. G. Jung (McCarson 2002). Asimismo, en lo biológico se sabe que el feto humano durante las primeras semanas de gestación es andrógino, es decir, no reviste ningún rasgo distintivo de alguno de los sexos.[24] Por otra parte, conviene insistir en el largamente ignorado hecho de que nacen con cierta regularidad bebés sexualmente indefinidos o con algunos atributos físicos de ambos sexos, fenómeno que recibe actualmente el nombre de intersexualidad (Cornwall 2009, 7-8).

La "costilla" de Adán

En Gn 2, el segundo cuadro de la creación del hombre retoma el hilo del primero ahondando en su misterio y ampliando su alcance. Es aquí donde el Creador procede a quitarle al ADAM una "costilla" para convertir este hueso en una mujer completa (2,21-22). En base a este detalle, la teología cristiana ha mantenido tradicionalmente que la mujer es un ser complementario que sólo puede funcionar adecuadamente unido al hombre varón. Popularmente la noción queda reflejada en el dicho "mi costilla" al referirse un hombre a su esposa.

Sin embargo, este párrafo del Génesis encierra una problemática especial para el traductor. De hecho, la interpretación rutinaria del pasaje constituye al nivel textual una clara simplificación del hebreo puesto que la narración original es compleja. Ya hemos señalado que, antes de someterse a la intervención quirúrgica que le cambiará la

---

24 En.wikipedia.org/wiki/Sexual_differentiation, 2010.

vida, el hombre primitivo no es varón sino un "terrígeno" o "terrícola" de género dual. Añádase a esta situación otro problema filológico de gran alcance. Si bien es cierto que prácticamente todas las traducciones bíblicas del mundo hablan de la "costilla" sacada del cuerpo del ADAM, un análisis cuidadoso del vocabulario hebreo empleado revela una situación distinta.

El sustantivo hebreo TSELÁ significa normalmente "lado" o "costado".[25] En tal sentido aparece a lo largo de la Biblia hebrea en descripciones detalladas de objetos como arcas, salas y edificios (Ex 25,12; 26,20). Aplicada a cerros y montañas, TSELÁ se traduce generalmente como "ladera" o "flanco" (2 S 16,13). Teniendo en cuenta estos detalles, lo más lógico sería que el capítulo 2 del Génesis hablase del "lado" o "costado" del terrígeno (Korsak 1993, 225; McKeown 2008, 34). Por esta razón causa sorpresa la óptica introducida por los diccionarios y seguida por los traductores y exegetas ya que prácticamente todos se refieren en este preciso lugar a la misteriosa "costilla".

Según algunos biblistas, el problema podría tener su origen en la traducción al griego que ofrece la Septuaginta (Terrien 2004, 12). Sin embargo, es más probable que la noción de "costilla" se vaya planteando a partir de la Vulgata, ya que *costam* y *costis*, palabras latinas que introduce Jerónimo en Gn 2,21-22, se prestan para interpretarse de dos maneras: "costado" o "costilla". Obviamente fue este último término el que se impuso durante la Edad Media y que sigue hoy tan vigente como nunca.

En castellano los vocablos "costilla" y "lado" no son sinónimos. Por lo que a la costilla se refiere, ésta se integra en un conjunto de huesos que forman el tórax. En cambio, el lado o costado se refiere a una amplia parte del cuerpo al abarcar la mitad del tórax al menos desde la axila hasta la cadera. Asimismo, la palabra "lado" puede referirse a la mitad del cuerpo desde la cabeza hasta el pie. Así es que podemos hablar en términos generales de "ambos lados" y "los cuatro costados".

En prácticamente todos los demás textos donde aparece el vocablo TSELÁ, todos los traductores de la Biblia hebrea reproducen

---

25 Hamilton 1990, 178; Greenberg 2004, 48; Carden 2006, 28.

correctamente su significado. Sin embargo, justamente al llegar a estos versículos del capítulo 2 del Génesis parecen admitir la curiosa excepción señalada. De alguna manera transforman la presencia de TSELÁ en un caso especial proponiendo una traducción única en la forma de la referida "costilla". Esta situación es insólita para un vocablo que es, en cualquier otro contexto, del dominio común del hebreo clásico (Hamilton 1990, 178).

En defensa de los traductores cabe señalar que cualquier profesional necesita para llevar a cabo su trabajo una serie de recursos e instrumentos prácticos. Concretamente, la actividad del traductor lo lleva a depender en gran medida de los diccionarios especializados. En el caso particular de los textos de la Biblia, verterlos a los idiomas de la era moderna constituye una labor ardua que requiere paciencia y meticulosidad. Al mismo tiempo es un hecho que los traductores de la Biblia hebrea no disponen generalmente del tiempo necesario para realizar investigaciones detalladas cada vez que se topan con un pasaje opaco. Para salir de dudas, se ven limitados a recurrir una y otra vez a los diccionarios del hebreo bíblico.

Es de suponerse que muchos traductores de habla castellana utilizan regularmente el *Diccionario bíblico hebreo-español* de Luis Alonso Schökel (1994). Esta obra recoge la entrada de TSELÁ en la página 638. Destacan dos detalles: La primera acepción registrada es justamente *costilla* seguida por *ladera, tabla, tablón*, etc. En referencia a Jb 18,12, la última acepción de todas es *costado*. Esto quiere decir que al traductor se le invita desde el principio a considerar la idea de escoger "costilla". La segunda vez que aparece el mismo término se vincula específicamente con Gn 2,21s. Por tanto, y gracias a esta doble recomendación lanzada por el autor del diccionario, no sorprende que todos los traductores castellanos sin excepción hayan escogido justamente "costilla".

En resumidas cuentas, en el texto no hay otra palabra que la referida TSELÁ para indicar la parte corporal que el Creador retira del ADAM. Por tanto, lo más lógico sería traducir el término al pie de la letra como "lado" o, si se prefiere, "costado". Desde este punto de vista, mediante tal operación el terrígeno es dividido en dos partes. Un costado permanece con el nombre del ADAM original, mientras que el costado retirado se convierte en una mujer independiente. De esta forma surge la separación de los sexos que resuelve al mismo tiempo el problema de la soledad humana planteada en 2,18: cada mitad del ser original servirá, a partir de su transformación, de acompañante de la otra.

Una sola "carne"

Según Gn 2,23 el ADAM recién reducido al varón Adán reconoce como "carne propia" a la mujer que la deidad le presenta en 2,22. Por vez primera en el Génesis aparecen aquí las palabras hebreas ISH, "hombre", e ISHSHÁ, "mujer". Por razones de fonética, el parentesco entre ambos sustantivos parece claro. Sin embargo —y he aquí una contradicción curiosa— los lingüistas que estudian la evolución del hebreo clásico han demostrado que las raíces etimológicas de ambos vocablos son distintas (Korsak 1993, 230). Esto se deduce de la forma plural de ISH, que es ANASHIM, y de ISHSHÁ, que viene a ser NÁSHIM. Ambos plurales son irregulares (Grelot 2006 n. 88). Las raíces de ISH e ISHSHÁ pueden estar emparentadas, eso sí, pero probablemente no sean idénticas (Hamilton 1990, 180).

Por tanto, hay que proceder con cautela a la hora de interpretar el versículo por muy sencillo que parezca a primera vista. Conviene tener en cuenta que el sustantivo ISH, "hombre", no hace acto de presencia en el Génesis hasta 2,23. Hasta aquí sólo se ha hablado del ADAM primitivo. De hecho, si se tratara de enfatizar sin lugar a dudas que justamente el ser varón o macho es el original y que la hembra se deriva de él, el narrador pudo haber evitado la confusión recurriendo en todo el texto a dos términos inequívocos del hebreo: ZÁKHAR, "macho", y NEKEBA, "hembra" (Hamilton 1990, 180).

Sin embargo, ya hemos visto cómo estos mismos vocablos sirven en Gn 1,27 para describir la naturaleza dual del ser recién creado. Por esta razón, sería ilógico introducirlos en el nuevo contexto de Gn 2,23 ya que la finalidad de este versículo es otra. En base a estas consideraciones se puede argumentar que la aparición conjunta de ISH e ISHSHÁ en Gn 2,23 refleja ante todo el parentesco conceptual entre ambos términos y el hecho de haber salido tanto la mujer como el varón del mismo material (Hamilton 1990, 180).

Seguidamente esta idea continúa desarrollándose al intercalar el narrador en Gn 2,24 un enunciado trascendental sobre el origen del matrimonio. Realmente se trata de una profecía sobre una situación futura. Resulta que el Génesis no ha mencionado todavía quiénes son el padre y la madre de este hombre que deja a sus progenitores a la hora de unirse a su mujer. En el contexto nos interesa especialmente la expresión "se hacen una sola carne". Dado el precedente inmediato de la intervención quirúrgica, es lógico suponer que el texto se refiere a la futura reunificación de las carnes recién separadas.

No obstante, en hebreo el significado de la palabra BÁSAR, "carne", no se restringe a la parte blanda del cuerpo. De hecho, se aplica frecuentemente al ámbito de los lazos familiares. En el momento en que dos personas entran a formar un nuevo núcleo familiar mediante el matrimonio es cuando se hacen "una sola carne", y sus hijos pertenecerán a su vez a los núcleos materno y paterno (cf. Gn 29,14; 37,27). De todas maneras, el matrimonio practicado en la antigua cultura israelita se inscribe en la categoría de pactos o contratos (Hamilton 1990, 181). Dicho de otro modo, para que el hombre y la mujer se hagan "una sola carne" se requiere el establecimiento formal de un pacto matrimonial (Hugenberger 1994, 163).

Muchos lectores modernos están acostumbrados a entender la frase "una sola carne" como una alusión sexual análoga a la idea del deseo carnal (Nissinen 1998, 99). No cabe duda que esta popular interpretación se basa en gran medida en la terminología griega aportada por la Septuaginta. En cuanto al vocablo hebreo BÁSAR, "carne", tiene distintos significados a lo largo de los cinco libros de Moisés, a saber: (a) la materia orgánica de que se compone el cuerpo humano; cf. Gn 2,21; (b) "cuerpo"; cf. Lv 6,3; (c) "carne" en el sentido de "alimento procedente del reino animal"; cf. Gn 9,3 y Éx 16,3; (d) "parentesco", "unidad" o "núcleo familiar"; cf. Gn 29,14 y 37,27; Lv 18,6.

Teniendo en cuenta todos estos datos, quizás parezca sorprendente comprobar que muchos teólogos cristianos piensan que Gn 2,24 indica una relación sexual. Sin embargo, resulta que en este preciso lugar la influencia de la Septuaginta se hace patente de nuevo. A diferencia del hebreo, donde BÁSAR significa "carne" tanto en el sentido biológico o corporal como "unión familiar" a nivel jurídico, la palabra griega *sarx*, "carne", se utiliza en la versión de los LXX casi exclusivamente en el terreno de la carne física y, por extensión, en alusión a la sensualidad derivada de ella (Loader 2004, 41-42).

Dada la importancia de la Biblia de los Setenta para la evolución teológica de la iglesia primitiva, es el significado griego de *sarx* el que pasa al Nuevo Testamento, en particular a algunas cartas de Pablo quien cita textualmente este versículo de la LXX a la hora de advertir en 1 Co 6,16 al lector contra el coito con prostitutas. Al mismo tiempo debemos reconocer que, incluso en el epistolario paulino, *sarx* adopta por momentos el mismo significado de "parentesco" inherente al hebreo BÁSAR (Cotterell & Turner 1989, 170, en alusión a Rm 11,14).

Volviendo a Gn 4,1, comprobamos que el nombre hebreo ADAM sigue conservando su significado original de "terrígeno". Para acentuar tal sentido el narrador hebreo le agrega a menudo el artículo definido HA quedando la palabra como HAADAM, "el terrígeno". Sin embargo, en la narración hebrea el artículo desaparecerá pronto y ADAM se va convirtiendo en el nombre propio que todos conocemos: Adán. También JAWÁ encierra cierto simbolismo ya que mantiene vínculos con el verbo hebreo JÁYAH, "vivir". Lamentablemente se esfuma toda la resonancia mitológica del nombre original en el momento de quedar traducido como "Eva".

La desnudez inicial

Según algunos comentaristas, la inocente desnudez en que viven inicialmente Adán y Eva en el Edén (Gn 2,25) implica que "disfrutan libremente su sexualidad" (Terrien 1985, 19). De manera análoga, el exegeta David Carr (2003, 32) habla en este contexto de la imagen de una sexualidad "no reproductiva y gozosa".

Sin embargo, la mera presencia de la palabra hebrea 'ARUMMIM, "desnudos", nos parece insuficiente para documentar una activa relación sexual entre Adán y Eva en esta fase primaria caracterizada por su desnudez. Concretamente no interviene en el contexto ningún verbo perteneciente al ámbito sexual como BOO y SHÁKHAB. De hecho, la vida sexual de la pareja comenzará más adelante una vez que llegan vestidos a instalarse en la tierra (véase el capítulo 8). Mientras Adán y Eva permanecen en el Edén, viven en un estado de inocencia que forma parte integral de la infancia y la temprana adolescencia.

En la Biblia hebrea el concepto de desnudez aparece a menudo con relación a niños que no saben distinguir "entre el bien y el mal" (Dt 1,39), situación que concuerda en todo con la vida de Adán y Eva durante el tiempo en que se mantienen distanciados del árbol de la ciencia ("conocimiento") del bien y del mal. En esas condiciones su desnudez no les produce vergüenza (2,25), condición observable en la vida de todos los niños que aún no han llegado a la fase en que empiezan a tener conciencia de las normas sociales vigentes (Bechtel 1993, 84).

Vista desde otra perspectiva, la sensación de vergüenza no cabe en esta coyuntura puesto que Adán y Eva viven en paz entre sí y en armonía con el huerto que los rodea y con el Creador (Brodie 2001, 149). Solamente a partir del momento en que los primeros terrícolas se ven inducidos a comer la fruta prohibida, se dan cuenta (hebreo: "conocen") que están desnudos (3,7). La toma de conciencia de lo que antes ignoraban los lleva a sentirse necesitados de protección. Acto seguido proceden a taparse con sendos ceñidores confeccionados de grandes hojas, vestimenta simbólica sin utilidad práctica pero que refleja su desconcierto ante los nuevos desafíos que les esperan (Magonet 2004, 126).

Uno de los mensajes que nos transmite el texto parece ser que para un niño o una niña la desnudez no influye en su relación con el entorno. En cambio para una persona adulta, consciente y madura, es vergonzoso exponer su desnudez a la vista de otra gente. En la Biblia hebrea, la desnudez se asocia frecuentemente con una situación humillante o de indefensión. Las referencias textuales pueden agruparse en varias categorías: (1) como descripción de la vida de la gente pobre; cf. Job 24,7; (2) como imagen del prisionero de guerra llevado desnudo a una vida de esclavitud; cf. Is 20,2-4; (3) como insulto; cf. 2 S 10,4; (4) como señal de vergüenza o de culpa; cf. Ez 16,22; (5) como metáfora de indefensión, por ejemplo, la desnudez de un bebé recién nacido; cf. Job 1,21 (Hamilton 1990, 181; Magonet 2004, 126).

Por otra parte, Gn 3 indica que la edad en que se hace indispensable ponerse ropa corresponde con el momento en que el ser humano es capaz de trabajar para ganarse el pan. Este hecho se deduce de Gn 3,21 donde YHWH prepara a Adán y a Eva para su futura vida en la tierra vistiéndolos (Schneider 2008, 173). En ese momento reciben la vestimenta apropiada, una túnica de pieles, que les permitirá vivir adecuadamente (Magonet 2004, 126).

Conclusión

El lenguaje hebreo de los primeros capítulos del Génesis no arroja ninguna luz directa sobre el tema de la homosexualidad. Lo que sí revela es la existencia de bisexualidad, o intersexualidad, en HAADAM, el ser humano primitivo. La popular tendencia a citar esta parte del Génesis como argumento en contra de las relaciones homoeróticas no tiene en cuenta la complejidad textual de Gn 1,26-27. Es más, el capítulo 2 plantea la libertad de elección que concede el Creador a los humanos para que busquemos la pareja adecuada que nos produzca gozo y deleite.

Asimismo, muchos lectores de la Biblia ignoran en Gn 2,21-22 la presencia de la palabra hebrea TSELÁ que no significa "costilla" sino "costado". Desde la temprana Edad Media, la traducción equivocada de este vocablo juega un papel determinante en el surgimiento de la misoginia cristiana, problema que en la actualidad apenas está siendo superado en algunas iglesias.

Lo mismo se puede afirmar hablando de otros conceptos como "carne" que en su versión hebrea BÁSAR significa "núcleo familiar", mientras que el vocablo griego *sarx* tiende a evocar sensualidad "carnal". En todos estos casos, el análisis semántico y literario realizado demuestra la importancia para la teología de tener en cuenta los detalles y matices de la redacción original.

En este contexto se aprecia la enorme influencia que ha ejercido la Septuaginta y posteriormente la Vulgata. Ambas versiones fueron determinantes en la conformación de algunos dogmas centrales del cristianismo ya que sirvieron de base textual a aquellos teólogos medievales que comentan el "pecado original" y la "caída" de Adán y Eva. Precisamente el escrutinio del texto hebreo nos permite encontrar una serie de elementos que cuestionan ciertos planteamientos del cristianismo en su fase patrística.

El original hebreo del Génesis, en el que se inspira el judaísmo, apunta hacia una descripción mitológica de las etapas en que transcurre la evolución psicológica y física del ser humano comenzando por la despreocupación característica de la infancia, pasando por la toma de conciencia del propio cuerpo en la adolescencia hasta la etapa adulta en que aparecen las responsabilidades que nos acarrea la vida en esta tierra.

4

Consagradas y consagrados

> *Sean santos para mí,*
> *porque yo,* YHWH, *soy santo.*
> Levítico 20,26

Introducción

En el capítulo 23 del libro del Deuteronomio se ubica un texto bíblico poco conocido que prohíbe, según varios exegetas, a las y los israelitas a dedicarse a determinadas actividades sexuales. Hay quienes opinan que se trata de una alusión a la llamada prostitución sagrada. En determinados momentos algunos traductores nos presentan "prostitución", a secas.

Por otra parte, ciertas versiones castellanas emplean términos como "sodomitas" y "afeminados" que traen connotaciones de otra índole. Resulta que "afeminado" se asocia a menudo, según el DRAE, con el concepto de "homosexual". Por su parte, la palabra "sodomita" evoca generalmente la noción de una persona masculina que establece o practica relaciones sexuales con varones. Sobre esta base es obvia la necesidad de dedicar un tiempo al referido pasaje en aras de la exploración emprendida en el presente libro.

Gente misteriosa

Traducido literalmente, el texto que nos interesa reza así (Dt 23,18):

> No habrá KEDESHÁ entre las hijas de Israel y no habrá KADESH entre los hijos de Israel. No llevarás la paga de una prostituta o el precio de un perro a la casa de YHWH tu Dios...

Una vez más nos planteamos averiguar hasta qué punto este versículo aporta alguna información sobre la actitud de los escritores bíblicos ante el tema de las relaciones homoeróticas. Nos percatamos pronto de la presencia de varias palabras desconocidas cuyo significado no está del todo claro. En seguida surgen preguntas: ¿Quiénes son la KEDESHÁ y el KADESH? ¿Tienen algo que ver con la raíz consonántica K-D-SH del hebreo que se relaciona con lo "santo"?

De todos modos, KEDESHÁ (f) y KADESH (m) son formas singulares. Varios interrogantes adicionales nacen en seguida: ¿Por qué aparecen KEDESHÁ y KADESH en la cercanía de ZONÁ, "prostituta", y KÉLEB, palabra que significa "perro" (23,19)? ¿Cómo llega KADESH, plural KEDESHIM, en algunas versiones a traducirse como "sodomita" y en otras como "afeminado"? Las dudas son muchas y las respuestas claras escasean. Como pronto veremos, los académicos recorren diferentes caminos sin llegar a la misma meta.

En cuanto a KEDESHÁ existe cierto debate entre los biblistas sobre la naturaleza de esta figura femenina, concretamente sobre si la palabra equivale siempre a ZONÁ, "prostituta", o si en algunas ocasiones se inscribe en determinados contextos religiosos (Nissinen 1998, 39-40; Gagnon 2001, 102-103). A Stone (2006, 235) no le cabe duda: KEDESHÁ y ZONÁ no son idénticas. En todo caso, y respecto a nuestro tema, lo cierto es que la palabra KEDESHÁ no se aplica en la Biblia hebrea a mujeres dadas a las relaciones homoeróticas. Por tanto, omitiremos por el momento la problemática específica asociada con KEDESHÁ para concentrarnos en el enigma que rodea los términos masculinos KADESH y KEDESHIM.

El enfoque tradicional

Un comentarista que se inclina a pensar que la Biblia hebrea habla en Dt 23,18 de una forma de prostitución masculina de índole cúltica es Robert Gagnon (2001, 100-110). Con el fin de documentar su hipótesis recurre a algunas fuentes procedentes de las antiguas culturas del Oriente Medio como, por ejemplo, la Mesopotamia de la era prebíblica y la Siria del imperio romano. En ambas regiones parece haber existido alguna forma de prostitución vinculada con los templos (p. 103).

Gagnon nota la presencia de la palabra KEDESHIM en otros libros bíblicos, contretamente en Reyes y el libro de Job. En este último (Jb 36,14) el narrador afirma que la vida de los KEDESHIM es de corta duración. Este detalle le da motivos a Gagnon para concluir que la referida gente debe ser prostitutos que llevan una lamentable vida de degradación física y moral, condición que repercute negativamente en su esperanza de vida (pp. 102-103).

Asimismo, Gagnon observa que el KADESH de Dt 23,18 va seguido en Dt 23,19 por la palabra KÉLEB, "perro". En su óptica estos términos actúan como sinónimos y, a propósito, se convence de que la alusión a los "perros" en el Apocalipsis 22,15 va en el mismo sentido (pp. 104-105). Para reforzar su argumento antihomosexual aduce que la tajante prohibición del travestismo en Dt 22,5 es otro indicio del carácter "abominable" de las relaciones homoeróticas (pp. 109).

KADESH según los biblistas

Más cauteloso que Gagnon es el biblista Martti Nissinen (1998). Puntualiza que los textos bíblicos no indican quiénes son los KEDESHIM ni a qué se dedican (p. 40). Nota la presencia del término en textos de 1 R, 2 R y Job. Sugiere como Gagnon la posibilidad de que KADESH equivalga al despectivo término KÉLEB, "perro" (Dt 23,19). También Nissinen propone relacionar estos conceptos y la problemática cultural y religiosa que los rodea con fenómenos como el travestismo y los eunucos (pp. 42-43). Sin embargo, se abstiene de sacar conclusiones definitivas al respecto porque nos falta documentación fehaciente (p. 41). La explicación más probable de las prohibiciones de Dt 23,18-19 parece ser, en la óptica de Nissinen, que se relacionan con temas tabú de la antigüedad mediooriental (pp. 41-42).

A su vez el teólogo Daniel Helminiak (2000) explica que la palabra KADESH no sólo significa "consagrado" o "santo" sino también "apartado" o "separado" (p. 54). Registra tres apariciones en 1 R y una en 2 R. En el caso concreto de Dt 23,18, para Helminiak valdría la traducción "dedicados" o "devotos" (p. 120). De todas maneras, la problemática bíblica en que va envuelto el término no parece tener nada que ver con problemas de sexualidad. Todo indica que la prohibición relativa a los KEDESHIM es de orden religioso vinculándose concretamente con la cultura cananea (p. 121).

Por su parte, el rabino Steven Greenberg (2004) retoma el hilo del travestismo prohibido en Dt 22,5. Observa que ese fenómeno recibe la calificación de TO'EBA, "abominación", al igual que la actividad indicada en Lv 18,22, descrita por Greenberg como "coito entre varones" (p. 176). El rabino nota la presencia de KEDESHIM en 2 R 23,7. Al tiempo que reconoce la opacidad del concepto y su probable conexión con la religión cananea (p. 177), termina enfatizando de manera especial los aspectos subversivos asociados con el travestismo en el sentido de que siembra confusión entre las categorías femenino y masculino (pp. 178-179).

La biblista Deryn Guest (2006, 139) propone llamar a los KEDESHIM "hombres y mujeres del santuario". Según la autora, lo único que nos indican las referencias bíblicas es que estamos frente a un grupo de gente que ejecuta funciones cúlticas. Guest reconoce los esfuerzos realizados por Nissinen para establecer precedentes literarios en algunos escritos del antiguo Oriente Medio, pero el material estudiado no permite sacar conclusiones definitivas (p. 140). Guest cita a la exegeta Phyllis Bird quien opina que la intención del Deuteronomio es polemizar contra la cultura cananea al atribuirle el fenómeno de la prostitución sagrada (p. 140).

Para el académico Ken Stone (2006) es evidente que las palabras KADESH y KEDESHIM aparecen en contextos bíblicos de polémica en contra de costumbres muy arraigadas entre los propios israelitas. Las frecuentes alusiones en la Biblia hebrea a situaciones de politeísmo y pluralismo religioso dan testimonio de ello (p. 236). Stone rechaza la tradicional explicación de la religión cananea como prácticas que rinden culto a la fertilidad. Recalca que la palabra KADESH no tiene en sí connotación sexual alguna (p. 235). Dado el significado del tronco consonántico K-D-SH, que alude en hebreo a lo "santo" o "sagrado", sería lógico traducir KADESH como "hombre santo" o "varón consagrado" (p. 234). Lo único que sabemos de los KEDESHIM es que tienen en 2 R 23,7 cierta relación con aquellas mujeres que se dedican a tejer vestimentas para la diosa cananea Aserá (p. 235).

Lo santo en hebreo

Decíamos que la raíz consonántica del término hebreo que estamos analizando es K-D-SH y que su significado fundamental es "santo" o "sagrado". El verbo KÁDASH se traduce al español como "estar consagrado" o "santificarse" (Ex 29,21). El sustantivo KODESH equivale a "santidad" (Ex 15,11). Cuando la palabra actúa como adjetivo se vocaliza en algunos casos KODESH (Is 56,7), plural KODESH (Ex 22,30/31) y en otras ocasiones KADOSH (Dt 23,14/15), plural KEDOSHIM (Jb 5,1). Tenemos entonces varias palabras íntimamente emparentadas al estar derivadas del mismo tronco K-D-SH: KÁDASH, KADOSH y KODESH.

Es éste el contexto general en que aparecen las palabras específicas que nos interesan. Son los sustantivos KADESH, singular (Dt 23,17/18) y KEDESHIM, plural (1 R 15,12). Dada la morfología consonántica de ambas palabras es evidente su vínculo semántico con KÁDASH, KADOSH, KODESH y KEDOSHIM distinguiéndose únicamente por las diferentes vocalizaciones.

Siendo que KADESH figura en Dt 23,17/18, es para nuestro estudio de gran interés la aparición del adjetivo KADOSH en el mismo texto, a saber, en Dt 23,14/15. Con el fin de cotejar y contrastar la función de ambos términos, averiguaremos primero cómo las versiones castellanas traducen el adjetivo KADOSH.

Tabla 11
KADOSH según las versiones

Versión	Dt 23,14/15
BA	tu campamento debe ser santo
BP	tu campamento ha de estar santo
DHH	vuestro campamento debe ser un lugar santo
EMN	tu campamento debe ser santo
JMP	tus reales deben estar limpios
MK	que tu campamento sea santo (puro, limpio)
NBJ	tu campamento debe ser una cosa sagrada
NC	tu campamento debe ser santo
NVI	tu campamento debe ser un lugar santo
RV	tu campamento ha de ser santo

El cuadro proyectado por las diez versiones es diáfano: ocho versiones definen con claridad el significado de KADOSH como "santo". NBJ prefiere "cosa sagrada" mientras que JMP opta por "limpio". MK explica entre paréntesis el significado de "santo" como "puro" o "limpio". En todo caso KADOSH se refiere al estado en que debe mantenerse el campamento de los israelitas ante la presencia de YHWH. Prácticamente todas las versiones han respondido adecuadamente y ninguna se ha equivocado.

KADESH según las versiones

Si el adjetivo KADOSH alude a la pureza del ambiente que debe reinar en la proximidad de lo divino, es probable que el sustantivo derivado KADESH, aplicado a personas del sexo masculino, tenga también alguna connotación de santidad. Sobre esta base nos parece lógico sugerir provisionalmente la traducción "varón santo" o "consagrado". Gracias a la presencia simultánea de KADOSH en Dt 23,14/15 y de KADESH en Dt 23,17/18, se ve reforzado el vínculo semántico entre ambos términos.

Cap 4: Consagrados y Consagradas

En la Biblia hebrea la palabra KADESH, singular, aparece en tres ocasiones. Veamos seguidamente cómo la traducen las diez versiones castellanas. Sus propuestas se recogen en la tabla 12. Se ponen en cursiva las paráfrasis que contienen más de cinco palabras.

	Tabla 12 Traduciendo KADESH		
Versión	Dt 23,17/18	1 R 14,24	1 R 22,46/47
BA	sodomita de culto pagano	sodomitas de cultos paganos	sodomitas
BP	prostitutos sagrados	prostitución sagrada	prostitución sagrada
DHH	*ningún hombre se consagrará a la prostitución practicada en cultos paganos*	*los hombres del país practicaban la prostitución como un culto*	*los que practicaban la prostitución como un culto*
EMN	*ningún hombre practicará la prostitución sagrada*	prostitución sagrada	prostitución sagrada
JMP	hombre fornicador	hombres afeminados	afeminados
MK	sodomita	sodomitas	sodomitas
NBJ	hieródulo	consagrados a la prostitución	consagrados a la prostitución
NC	prostituto	consagrados a la prostitución idolátrica	consagrados a la prostitución idolátrica
NVI	*ningún hombre se dedicará a la prostitución ritual*	prostitución sagrada	*hombres que practicaban la prostitución en los santuarios*
RV	sodomita	sodomitas	sodomitas

La tabla 12 nos lleva a la siguiente reflexión. En primer lugar, abundan las paráfrasis verbosas. En segundo lugar, la impresión inicial de las traducciones recogidas es que en su inmensa mayoría los traductores piensan en una situación caracterizada por la supuesta prostitución sagrada. Obviamente es justificada la referencia a un fenómeno sagrado dada la santidad implicada por la raíz K-D-SH. Sin embargo, lo que sorprende es la irrupción del elemento "prostitución".

En tercer lugar, estas versiones ofrecen un panorama de una opacidad considerable. Por ejemplo, muchos lectores se preguntarán cómo es un hombre que "practica la prostitución como un culto" (DHH), quiénes serán los "consagrados a la prostitución idolátrica" (NC), y cómo se define exactamente un "sodomita de culto pagano" (BA). El exotismo casi impenetrable de estos términos compuestos contrasta con la transparencia del vocabulario español empleado para traducir KADOSH en la tabla anterior.

En cuarto lugar, llama la atención la relativa diversidad de criterios exhibida por los traductores. Si revisamos las tres columnas verticales observamos primero para Dt 23,17/18 las diferencias de estilo literario entre los términos sencillos como "sodomita" (MK, RV), "hieródulo" (NBJ) y "prostituto" (NC) y los muy complejos introducidos por BA, NVI, EMN y DHH. Entre ambos extremos se sitúan "prostituto sagrado" (BP) y "hombre fornicador" (JMP).

En quinto lugar, leyendo el cuadro en sentido horizontal, observamos que cinco versiones han mantenido un criterio más o menos uniforme para las tres casillas de la tabla. Tal es el caso de BP, DHH, EMN, MK y RV. Algo menos consecuentes son BA, NBJ y NVI. Dos versiones han optado por un procedimiento de incoherencia. NC es la que introduce cierta ruptura entre la sencillez de "prostituto", a secas, y el carácter altisonante de "consagrados a la prostitución idolátrica". Respecto a JMP, las opciones escogidas adolecen indudablemente de una gran desconexión ya que poquísimos lectores modernos sabrán relacionar "hombre fornicador" con "afeminados".

En la tabla 12 los términos que más sobresalen son "hieródulo" (NBJ), "hombre fornicador", "afeminados" (JMP) y "sodomita" (BA, MK, RV). Según el DRAE, el término hieródulo se refiere al esclavo de la antigua Grecia dedicado al servicio de una divinidad. No se sabe si es ésta la situación en que se ubica el KADESH hebreo, pero al menos es posible afirmar que "hieródulo" se combina relativamente bien con "consagrados a la prostitución", la otra opción propuesta por NBJ.

En cuanto a las soluciones sugeridas por JMP nos parecen problemáticas ya que se desvinculan de la esfera sagrada. Para empezar, "hombre fornicador" es una traducción directa de *scortator*, vocablo latino utilizado por la Vulgata y que se asocia puramente con actividades sexuales. En segundo lugar, la palabra "afeminado" indica que JMP se inspira nuevamente en la Vulgata (*effeminati*). Resulta que "afeminado" se asocia a menudo, según el DRAE, con el concepto de "homosexual". He aquí otro motivo para cuestionar la propuesta de JMP ya que no hay ninguna documentación histórica o antropológica que establezca nexos entre KADESH y las relaciones homoeróticas entre varones.

Tres versiones más se aventuran a abordar lo homoerótico al introducir el término "sodomita" (BA, MK, RV). Para el contexto bíblico se trata de un elemento anacrónico puesto que esta palabra latina nace durante la Edad Media. Siendo esto así, la presencia en este texto de "sodomita" no esclarece el panorama en que se mueve KADESH sino que lo enturbia por dos razones: (1) "sodomita" es de origen posbíblico, o sea, su uso en versiones de las Sagradas Escrituras es un anacronismo; (2 generalmente "sodomita" trae connotaciones de homosexualidad masculina (cf. DRAE).

En relación con la tabla 12 es preocupante que ninguna versión haya escogido la opción más directa y segura para traducir la palabra KADESH, que sería "consagrado" o "varón consagrado". Siendo que prevalece generalmente en este cuadro la noción de la supuesta prostitución sagrada, podemos concluir que las versiones estudiadas reflejan un estado de conocimiento muy difundido entre los biblistas del siglo XX.

KEDESHIM según las versiones

En tres ocasiones el sustantivo KADESH, "varón consagrado", aparece en la forma plural KEDESHIM. La tabla 13 refleja cómo lo interpretan las diez versiones castellanas. Van en cursiva las paráfrasis que contienen más de cinco palabras.

Tabla 13
Traduciendo KEDESHIM

Versión	1 R 15,12	2 R 23,7	Jb 36,14
BA	sodomitas	dedicados a la prostitución	sodomitas en cultos paganos
BP	prostitución sagrada	prostitución sagrada	efebos
DHH	*hombres que practicaban la prostitución como un culto*	*prostitución entre hombres, que era practicada como un culto*	*... su vida termina en forma vergonzosa*
EMN	prostitución sagrada	prostitución	disolutos
JMP	afeminados	afeminados	hombres afeminados
MK	sodomitas	sodomitas	depravados
NBJ	consagrados a la prostitución	consagrados a la prostitución	hieródulos
NC	consagrados a la prostitución idolátrica	prostitución idolátrica	infames
NVI	*los que practicaban la prostitución sagrada*	dedicados a la prostitución sagrada	*los que se prostituyen en los santuarios*
RV	sodomitas	prostitución idolátrica	sodomitas

Comparada con la anterior, la tabla 13 nos permite ver cómo varían nuevamente los criterios aplicados por las versiones. En la primera columna vertical observamos una discrepancia relativa entre los llamados "sodomitas" y "afeminados" por un lado y, por otro, los que "practican la prostitución sagrada" y los "consagrados" a la misma. Dos versiones reducen su traducción de KEDESHIM, masculino, al término impersonal "prostitución sagrada". En cuanto a la segunda columna vertical, la situación refleja grosso modo la misma temática que la primera.

Donde surge bastante variedad es en la tercera columna vertical. De hecho, el campo semántico en que se mueven los traductores es amplísimo hasta tal punto que no se detectan siquiera dos traducciones idénticas. Van desde "efebos" (BP) y "hieródulos" (NBJ), pasando por "sodomitas" (RV) y "sodomitas en cultos paganos" (BA) hasta "los que se prostituyen en los santuarios" (NVI).

De manera inesperada, se introducen conceptos que se salen del marco concreto hasta aquí planteado. Tres términos pertenecen al ámbito moral: "disolutos" (EMN), "depravados" (MK) e "infames" (NC). Un caso aparte lo constituye el circunloquio difícilmente reconocible propuesto por DHH: "su vida termina en forma vergonzosa". Es de suponerse que la palabra "vergonzosa" alude de forma implícita o indirecta a los KEDESHIM.

Leyendo la tabla 13 en sentido horizontal descubrimos que ninguna versión logra mantener el equilibrio semántico desde el principio hasta el final. Tal vez la más coherente sea JMP con la presencia constante pero cuestionable de "afeminados". Evidentemente se inspiró en la Vulgata que propone para las tres apariciones de KEDESHIM precisamente *effeminatos*, "afeminados".[26]

Por su parte, NVI consigue cierto nivel de consecuencia siendo relativamente uniformes las tres expresiones introducidas. De alguna manera NBJ logra establecer una situación análoga gracias al significado de "hieródulo". Sin embargo, todas las demás versiones pierden en

---

26 Durante la Edad Media el término "afeminado" se usa como peyorativo. En la literatura del siglo XII, "afeminados" se clasifican despectivamente junto a "sodomitas" y "catamitas" (Karras 2005, 146).

algún momento la visión de conjunto del vocablo KEDESHIM. Cuatro llegan a proponer dos opciones muy distintas (BP, DHH, MK, RV) y dos versiones se exceden de este marco alcanzando tres propuestas bastante inconexas (BA, NC).

¿Santidad o depravación?

Entre los adjetivos "infames", "disolutos" y "depravados" propuestos por tres versiones en la tercera columna vertical de la tabla 13, tal vez se sugiera cierto parentesco semántico con la curiosa circunlocución "su vida termina en forma vergonzosa" aportada por DHH. Sin embargo, una búsqueda en el diccionario bíblico DBHE (p. 650) nos revela que no aparece en relación con KEDESHIM ningún elemento como los aquí referidos. Es más, con su fuerte carga moralizante es muy difícil asociar objetivamente las cualidades de "infame" con el contenido básico de KEDESHIM. Recordemos que lo único que sabemos de estas enigmáticas personas es que intervienen en algún antiguo ambiente de religión organizada, y que al hombre israelita le está prohibido unirse a ellos (Dt 23,17/18).

Por otra parte, cabe anotar que el hebreo clásico cuenta con varios términos bien conocidos para expresar el concepto de depravación. Entre los mejor conocidos están BELIYA'AL, "mezquino" o "canalla" (Dt 15,9; 1 S 10,27) y RASHA', "malvado" o "perverso" (Jb 34,18; Sal 3,8). Los libros de Salmos y Proverbios abundan en esta terminología como, por ejemplo, 'AWEL, "injusto" o "inicuo" (Sal 71,4), NALOZ, "perverso" (Pr 3,32) e 'IKKESH, "torcido" (Pr 8,8).

Las numerosas propuestas cuestionables para traducir KADESH y KEDESHIM aportadas por las diez versiones estudiadas nos llevan a hacer una breve reflexión de otra índole. Resaltemos que es precisamente gracias a la raíz consonántica K-D-SH como estos términos se relacionan con el ámbito de lo sagrado. Por ende, asombra comprobar que un significado tan distintivo llega a torcerse hasta tal punto que empieza a significar, en la óptica de varios traductores, todo lo contrario. De hecho, si vocablos como "infame" y "depravado" figuran entre los antónimos de "santo" y "sagrado", no pueden servir lógicamente para dar una imagen fehaciente de la naturaleza de KADESH y KEDESHIM.

Consagrada y consagrado

Una de las impresiones más notables que nos traemos del examen de los vocablos KADESH y KEDESHIM es la curiosa manera en que se introduce en el texto el elemento de "prostitución". Si tantos traductores aplican esta óptica al texto, tiene que existir alguna razón concreta que los convenza hasta el punto de producir un consenso generalizado.

En efecto, una consulta al DBHE nos proporciona una importante clave para entender el origen de esta situación. En la página 650 del diccionario es donde encontramos para KADESH y KEDESHIM precisamente las opciones "prostituto sacro" y "prostitución sacra". Para Jb 36,14 el autor agrega con signos de interrogación: ¿efebos? He aquí la explicación de la presencia de esta sorprendente palabra en la versión BP—cuyo traductor es precisamente Luis Alonso Schökel, autor del DBHE.

Sin duda, el elemento de prostitución que permea todo el panorama que nos pintan las diez versiones estudiadas a la par del DBHE, se refuerza gracias a un hecho específico: la ambigüedad del término KEDESHÁ, "consagrada", forma femenina de KADESH que aparece en tres textos bíblicos. En cada uno de estos casos surge cierta duda acerca del significado concreto de KEDESHÁ, vocablo que muchos exegetas—incluido Alonso Schökel—interpretan como sinónimo virtual de ZONÁ, "prostituta". De ahí nace la tendencia generalizada a identificar también al KADESH varón con la misma actividad, es decir, con alguna forma de prostitución.

No obstante, ciertas dudas quedan aún por esclarecer. Ante todo, nos preguntamos por qué en algunos casos la mujer KEDESHÁ es clasificada en la literatura exegética como "prostituta" o "ramera", a secas, y en otros como "prostituta sagrada". La tabla 14 recoge las traducciones de KEDESHÁ que ofrecen las diez versiones en Dt 23,17/18 cotejadas con KADESH. Algunas paráfrasis largas van en cursiva y ligeramente modificadas con el fin de facilitar las comparaciones.

Tabla 14
Comparando KEDESHÁ y KADESH (Dt 23,17/18)

Versión	KEDESHÁ	KADESH
BA	ramera de culto pagano	sodomita de culto pagano
BP	prostitutas sagradas	prostitutos sagrados
DHH	*Ninguna mujer israelita... se consagrará a la prostitución practicada en cultos paganos*	*Ningún hombre israelita...se consagrará a la prostitución practicada en cultos paganos*
EMN	*Ninguna mujer israelita... practicará la prostitución sagrada.*	*Ningún hombre israelita... practicará la prostitución sagrada.*
JMP	ramera	hombre fornicador
MK	prostituta	sodomita
NBJ	hieródula	hieródulo
NC	prostituta	prostituto
NVI	*Ninguna mujer de Israel... se dedicará a la prostitución ritual*	*Ningún hombre de Israel... se dedicará a la prostitución ritual*
RV	ramera	sodomita

Ya hemos comprobado que KEDESHÁ y KADESH derivan ambos del tronco consonántico K-D-SH y que este hecho los coloca en la esfera de las cosas santas. Veamos ahora hasta qué punto las diez versiones reconocen este aspecto de KEDESHÁ en Dt 23,17/18. Resulta que el elemento sagrado se expresa en seis casos mediante cuatro términos distintos: "sagrada" (BP, EMN), "ritual" (NVI), "hieródula" (NBJ) y "culto pagano" (BA, DHH). En los cuatro casos restantes KEDESHÁ se clasifica sin referencia alguna al ámbito religioso, quedando simple y llanamente como "prostituta" (MK, NC) o "ramera" (JMP, RV). Generalmente la tabla 14 deja muy claro que todos los traductores definen a la KEDESHÁ como prostituta de una clase u otra.

A continuación veremos hasta qué punto KADESH presenta o no una situación análoga. Nuevamente son seis las versiones que optan por vincular la palabra con alguna manifestación religiosa: BA, BP, DHH, EMN, NBJ, NVI. Aquí también quedan cuatro casos en que KADESH sale clasificado sin ninguna alusión a la esfera sacra (JMP, MK, NC, RV).

Dicho esto notamos, sin embargo, una diferencia clara entre la manera en que tres versiones interpretan KEDESHÁ y su forma de enfocar KADESH. Para JMP KEDESHÁ es una simple "ramera" y KADESH no es prostituto sino un "hombre fornicador". MK considera que KEDESHÁ es "prostituta", a secas, y KADESH es "sodomita", término impreciso que suele indicar actividad sexual pero no tiene por qué asociarse con el mundo de la prostitución. RV sigue un camino paralelo a MK.

Hecho este análisis comprobamos otra diferencia significativa entre una y otra columna de la tabla 14. Decíamos que las diez versiones clasifican a la KEDESHÁ como prostituta. En tal sentido todas están endeudadas con la Vulgata que introduce en Dt 23,17 la palabra *meretrix*, "prostituta". En el caso de KADESH, cinco versiones indican claramente la presencia del componente "prostitución" (BP, DHH, EMN, NBJ, NVI). Para las cinco versiones restantes KADESH representa un varón sexualmente activo, ya de manera opaca como el "sodomita de culto pagano" (BA), ya como "sodomita" a secas (MK, RV) o "prostituto" (NC). Nuevamente intuimos la influencia de la Vulgata (*scortator*) comentada en relación con la tabla 12.

En resumidas cuentas, concluimos del examen realizado que todos los traductores interpretan KEDESHÁ y KADESH como personas sexualmente activas. La mujer KEDESHÁ es, según las versiones en su totalidad, una prostituta que puede o no estar vinculada al mundo de los cultos cananeos. A su vez, el varón KADESH puede vivir en la misma situación que su colega femenina. Sin embargo, y según algunos traductores, KADESH no es necesariamente prostituto.

¿A qué se dedica la **KEDESHÁ**?

A fin de completar esta visión panorámica de la función cultural, literaria y teológica que cumplen los enigmáticos KEDESHÁ y KADESH en la Biblia hebrea, necesitamos dedicar un espacio a la exploración del lugar específico que ocupa KEDESHÁ. Esperamos de esta manera poder lograr entender mejor a qué aspectos concretos alude el término. Comenzaremos recogiendo el material proporcionado por las diez versiones castellanas.

Tabla 15 Traduciendo KEDESHÁ			
Versión	Gn 38,21-22	Dt 23,17/18	Os 4,14
BA	ramera	ramera de culto pagano	rameras del culto pagano
BP	ramera	prostitutas sagradas	rameras
DHH	prostituta	Ninguna mujer israelita ... se consagrará a la prostitución practicada en cultos paganos	mujeres que practican la prostitución como un culto
EMN	prostituta	Ninguna mujer israelita ... practicará la prostitución sagrada.	prostitutas sagradas
JMP	38,21: ramera 38,22: mujer pública	ramera	hombres afeminados y corrompidos
MK	ramera	prostituta	prostitutas
NBJ	ramera	hieródula	consagradas a la prostitución
NC	meretriz	prostituta	hieródulas
NVI	prostituta	Ninguna mujer de Israel... se dedicará a la prostitución ritual	sacerdotisas del templo
RV	ramera	ramera	malas mujeres

Cap 4: Consagrados y Consagradas

Analizando el material expuesto en la primera columna vertical relativa al texto de Gn 38,19-21, observamos cuatro traducciones distintas de KEDESHÁ: "ramera" (BA, BP, JMP, MK, NBJ, RV), "prostituta" (DHH, EMN, NVI), "mujer pública" (JMP) y "meretriz" (NC). Destaca JMP al aportar dos propuestas: "ramera" y "mujer pública". En cada uno de estos casos KEDESHÁ es clasificada desde la óptica de la prostitución. Asimismo llama la atención la total ausencia en esta columna de alusiones a la prostitución sagrada.

En la segunda columna, ya comentada en la tabla 14, todas las versiones definen a la KEDESHÁ como prostituta. En este aspecto coinciden con la primera columna. Lo diferente son las seis referencias a la prostitución pagana o sagrada. A nuestro juicio, el término menos transparente es "ramera de culto pagano" (BA).

El tercer texto con KEDESHÁ que debemos estudiar pertenece al profético libro de Oseas. Las traducciones pertinentes figuran en la última columna. Muy pronto nos damos cuenta que este espacio es el que más variedad aporta a nuestro tema, incluidas algunas sorpresas. En primer lugar, se ha introducido un error en la propuesta de JMP. El texto hebreo de Oseas habla de KEDESHÁ y JMP lo presenta equivocadamente como si se tratara de KADESH. Por otra parte, esta traducción española resulta difícil de aceptar dado que el concepto de "santo" no casa con "hombres afeminados y corrompidos".

En segundo lugar, comprobamos que son siete las alusiones a la prostitución, es decir, todas menos JMP, NVI y RV. Si deseamos incluir en esta categoría a las "malas mujeres" de RV, la cifra se eleva a ocho. Aún así, es evidente que en esta tercera columna y con relación al tema de la prostitución, ya no hay unanimidad total por lo que a KEDESHÁ se refiere. En tercer lugar, otro cambio detectable está en las versiones que mencionan la prostitución sagrada: su número desciende a cinco (BA, DHH, EMN, NBJ, NC).

En este espacio, la propuesta más novedosa la aporta NVI: "sacerdotisas del templo", gracias a la ausencia de cualquier alusión a prácticas de prostitución. Debido a este extraordinario detalle, la columna tercera se convierte en un espacio multifacético que va desde "malas mujeres" y "rameras", pasando por "hieródulas" y "prostitutas sagradas", hasta llegar a "sacerdotisas".

Respecto a la coherencia interna de cada versión, ninguna es completamente consecuente. En las tres casillas horizontales disponibles ninguna versión logra colocar el mismo vocablo en los tres textos bíblicos estudiados. Sólo cuatro versiones consiguen dos iguales: BA, BP, MK, RV (siendo que JMP lo consigue a medias con "ramera"). Las versiones menos coherentes son NBJ, NC y NVI, mientras que DHH y EMN se ubican en el espacio intermedio entre ambos grupos.

En todo caso, está claro que las diez versiones siguen prácticamente todas el precedente sentado por la prestigiosa Vulgata, traducción clásica que ofrece para los tres pasajes citados la palabra *meretrix*. Es uno de varios términos latinos que significan "prostituta". Por tanto, no es extraño que la tabla 15 rebose de vocablos relativos al mundo de la prostitución.

La mujer velada: ¿ZONÁ o KEDESHÁ?

Llegados a este punto tenemos a la vista un panorama más amplio que al principio. Concretamente en relación con KEDESHÁ ha aparecido un elemento nuevo que nos permite llevar adelante nuestra investigación. De hecho, disponemos ahora de toda una gama de posibilidades interpretativas. Hemos comentado ya las desventajas inherentes a "prostituta" puesto que esta palabra se aleja excesivamente del concepto de lo sagrado, elemento fundamental en la combinación consonántica K-D-SH. La misma observación es aplicable a "mala mujer", "mujer pública", "meretriz" y "ramera".

Si deseamos averiguar cómo nace el nexo entre KEDESHÁ y la noción de prostituta, el texto que nos permite verlo con mayor claridad es Gn 38. Cuando Judá, ya entrado en años y viudo, se dirige a la anónima mujer velada sentada al borde del camino cerca de un pueblo llamado Einayim,[27] piensa que se trata de una ZONÁ, "prostituta" (38,15). La transacción comercial entre ella y él parece confirmar tal impresión siendo que la mujer acepta que Judá le pague enviándole después un cabrito. Llegado el momento, Judá cumple lo prometido mandando el animal con Jirá, un amigo cananeo (38,1), pero éste no encuentra a la mujer velada en el lugar indicado. A estas alturas del texto, ocurre un cambio sutil (38,21-22):

---

27 Como señala Hamilton (1995, 440), la palabra hebrea 'EINAYIM significa "ojos".

Y [Jirá] preguntó a los hombres de la comarca: "¿Dónde está la KEDESHÁ que estaba en el portal de Einayim sobre el camino?" Y le contestaron: "No había aquí ninguna KEDESHÁ". Y [Jirá] volvió a Judá y le informó: "No la hallé y los hombres del lugar dijeron que no había KEDESHÁ".

Ya hemos visto en la tabla 15 cómo todas las versiones escogen traducir KEDESHÁ en este pasaje con algún vocablo asociado con la prostitución. En otras palabras, convierten ZONÁ y KEDESHÁ en sinónimos. Sin embargo, este procedimiento se basa en una hipótesis difícil de documentar y que no debe excluir alguna otra posibilidad interpretativa. Los lectores de hoy no sabemos hasta qué punto el narrador hebreo y su público lector y oyente distinguían entre uno y otro término. Al menos conviene mantener a la vista tal hipótesis.

Nosotros no conocemos las palabras exactas pronunciadas por Judá a la hora de enviar a su amigo Jirá a Einayim. Como siempre ocurre en el Génesis, el narrador economiza con las palabras recurriendo magistralmente a una especie de estilo minimalista.[28] En esta situación un poco delicada para un hombre mayor como Judá, no se puede descartar que él mismo haya cambiado el vocabulario. Tal vez sea él quien envía a su compañero a buscar precisamente a una KEDESHÁ porque le da vergüenza confesar que estuvo con una ZONÁ, "prostituta".

Reconocemos que este planteamiento no es más que una hipótesis. No obstante, el lenguaje del relato plantea una ambigüedad terminológica que merece ser tenida en cuenta. Una de las intrigas del drama es precisamente ésta: buscan a una KEDESHÁ y los lugareños informan al mensajero que no estuvo por esa comarca ninguna mujer de esas características. Quizás la clave radique en un detalle específico: que la mujer ZONÁ se viste de una manera determinada. Este detalle lo resalta el narrador, al menos respecto a este pasaje bíblico, en Gn 38,14-15. Tal vez la KEDESHÁ use otra clase de ropa. Si así fuera, los vecinos del lugar han dicho la verdad.

---

28 Según Cotterell & Turner (1989, 249), la Biblia hebrea tiene una serie de historias con argumentos ya conocidos por el público lector u oyente. Por tanto, las primeras generaciones de los que escuchan el relato entienden bien el contexto en que se ubica. Gracias a esta situación de datos compartidos entre el narrador y su público, el estilo del texto puede hacerse tan económico y basarse en alusiones fácilmente descifrables por aquellos oyentes para los que fue escrito.

Prostitutas y sacerdotisas

Entre los textos comentados, el del profeta Oseas es el único que distingue con cierta claridad entre los conceptos de ZONÁ y KEDESHÁ. En la tabla 16 recogemos las traducciones aportadas por las diez versiones castellanas. Debido a su importancia para el contexto, ponemos la palabra "sacrificio" en cursiva.

\multicolumn{3}{c}{Tabla 16 ZONÁ y KEDESHÁ en Oseas 4,14}		
Versión	ZONÁ en Os 4,14	KEDESHÁ en Os 4,14
BA	los hombres mismos se retiran con rameras	y ofrecen *sacrificios* con las rameras del culto pagano
BP	ellos mismos se van con prostitutas	y *sacrifican* con rameras del templo
DHH	vosotros mismos os vais con prostitutas	para ofrecer *sacrificios*, os juntáis con mujeres que practican la prostitución como un culto
EMN	ellos también se van con prostitutas	y con las prostitutas sagradas ofrecen *sacrificios*
JMP	los mismos tienen trato con las rameras	y van a ofrecer *sacrificios* con los hombres afeminados
MK	ellos mismos van con las rameras	y ofrecen *sacrificios* con prostitutas
NBJ	ellos se van con esas prostitutas	y *sacrifican* con las consagradas a la prostitución
NC	ellos mismos se van aparte con rameras	y con las hieródulas ofrecen *sacrificios*
NVI	sus propios maridos se juntan con prostitutas	y celebran banquetes paganos con las sacerdotisas del templo
RV	ellos mismos se van con rameras	y con malas mujeres *sacrifican*

Por lo que se refiere a ZONÁ, observamos que todas las versiones interpretan la palabra correctamente y la traducen de forma adecuada como "prostituta" o "ramera". Las traducciones españolas de KEDESHÁ ya las comentamos en relación con la tabla 15. Hemos visto que la tendencia generalizada es tratar ZONÁ y KEDESHÁ como palabras virtualmente sinónimas, con la salvedad que muchos traductores reconocen que hay algún nexo entre KEDESHÁ y la esfera religiosa.

Para nuestro estudio, quizás la parte más interesante de este texto de Oseas sea la manera en que el profeta coloca a la KEDESHÁ en un ambiente que difiere de la situación en que se mueve la ZONÁ. Ésta se describe como una mujer con la que los hombres tienen cierto trato íntimo dado que con ella "se van", "se juntan" o "se retiran". Con la KEDESHÁ mantienen una relación distinta. Obviamente ella representa algún ámbito social o religioso puesto que está autorizada para llevar a cabo "sacrificios". Todas las versiones interpretan correctamente (NVI medianamente) la voz hebrea ZÁBAJ, "sacrificar", término muy frecuente en relación con las prácticas religiosas (DBHE p. 215).

Ahora bien, si la KEDESHÁ desempeña funciones rituales en los templos cananeos, será lógico deducir que se trata de una mujer preparada para tal fin. Pensamos, por tanto, que la versión que mejor traduce KEDESHÁ en la tabla 16 es NVI al ofrecer el término "sacerdotisa". En otras palabras, Oseas se refiere a dos actividades censurables a las que se dedican los varones israelitas: (1) se juntan con prostitutas (ZONÁ); (2) asistidos por sacerdotisas de tipo KEDESHÁ, hacen sacrificios a las divinidades cananeas. En este último caso, lo que se denuncia son prácticas idolátricas.

Manteniendo esta perspectiva podemos regresar a nuestro texto de partida en Dt 23,17/18. Si insertamos en el lugar de KEDESHÁ la palabra "sacerdotisa", se transforma el texto. Dando un paso más, el procedimiento también cambia la naturaleza del varón KADESH convirtiéndolo en "sacerdote". En ambos casos esta nueva traducción se ajusta cómodamente al significado fundamental de la raíz consonántica K-D-SH, que se relaciona con lo sagrado.

En la Biblia hebrea, la palabra que usualmente significa "sacerdote" en el marco de la religión de los israelitas, es KOHÉN (Lv 3,2).

Obviamente Dt 23,17/18 no habla de KOHÉN puesto que lo prohibido son las prácticas de otras religiones. Por tanto, con el fin de evitar cualquier confusión entre KOHÉN, "sacerdote", por un lado y, por otro, KADESH/KEDESHÁ, sugerimos para estos últimos emplear los términos comentados inicialmente: "consagrada" o "mujer consagrada" para KEDESHÁ y, para KADESH, "consagrado" o "varón consagrado".

Si mantenemos esta perspectiva, veremos cómo tiene lógica que en 2 R 23,7 salgan expulsados del templo de Jerusalén los KEDESHIM instalados junto a aquellas mujeres que tejen en honor de Aserá, divinidad femenina de la religión cananea. Que tanto KADESH como KEDESHÁ pertenezcan a ese universo es indiscutible. En cambio, es poco plausible que se dediquen a la prostitución. Lo más probable es que se encarguen de ejecutar sacrificios y otros ritos pertenecientes a las religiones de los pueblos no israelitas afincados en la antigua Palestina (Helminiak 2000, 120-121; Guest 2006, 140).

El precio de un perro

Según algunos biblistas, hay otro elemento ubicado en el Deuteronomio que se asocia con la temática del homoerotismo en la Biblia hebrea. Textualmente el pasaje reza como sigue (Dt 23,18/19):

> No llevarás a la casa de YHWH tu Dios paga de prostituta ni precio de perro, por cualquier voto, porque ambos son abominación para YHWH tu Dios.

En su mayoría, los términos aquí presentes son conocidos gracias a su presencia en numerosos otros textos bíblicos, por ejemplo, ZONÁ, "prostituta" (Jos 2,1), TO'EBA, "abominación" (Gn 43,32), y NEDER, "voto" o "promesa" (Dt 23,22-23). Lo mismo puede decirse de KÉLEB, "perro". Generalmente el vocablo se refiere al conocido animal doméstico (Ex 22,30; Is 56,10). Sin embargo, el contexto en que actúa KÉLEB en Dt 23,18/19 no es completamente transparente. Es notable que DBHE lo trate como un caso aparte. De hecho, según este diccionario estamos ante una ocasión especial donde KÉLEB alude a una persona del sexo masculino. En efecto, DBHE sugiere para KÉLEB en este versículo el sentido de "prostituto" (p. 360).

Varios biblistas comparten este criterio. Para algunos, KÉLEB se usa de forma despectiva como equivalente de KADESH en el sentido de "prostituto sagrado" (Fox 1995, 957; Gagnon 2001, 104-106). Sin embargo, otros exegetas son más cautos (Nissinen 1998, 41; Guest 2006, 139). El comentarista Peter Pett plantea dos hipótesis: (1) que la palabra "perro" se refiere al prostituto sagrado; (2) que se trata de un animal de la especie canina. De todos modos, tanto el hieródulo como el perro son impuros en el contexto del santuario de los israelitas.[29] Por su parte, Gordon & Rendsburg (1997, 104) recuerdan que los pueblos semitas sienten aversión hacia los perros.

Más transparente en Dt 23,18/19 es "la paga de una prostituta" gracias a dos factores. En primer lugar está clara la lógica semántica inherente a la constelación de los vocablos ETHNAN, "remuneración", y ZONÁ, "prostituta". En segundo lugar, esta misma locución ETHNAN ZONÁ está presente en otros textos bíblicos (Mi 1,7; Os 2,14), hecho que facilita su interpretación.

Por lo que se refiere al "precio de un perro", se expresa en hebreo como MEJIR KÉLEB, siendo ambas palabras frecuentes en las páginas de la Biblia hebrea si bien suelen aparecer separadas. El término MEJIR se emplea en contextos comerciales, por ejemplo con relación al precio pagado por caballos (1 R 10,28), por un terreno (1 R 21,2; Pr 27,26) o por un terreno con bueyes (2 S 24,24). En sentido figurado, MEJIR interviene en algunos escritos de carácter filosófico donde se comenta la sabiduría cuyo precio no se puede medir en términos monetarios (Jb 28,15; Pr 17,16).

Lo difícil de determinar es el significado de KÉLEB y MEJIR cuando van unidas. El problema principal es que la pareja MEJIR KÉLEB figura únicamente en Dt 23,18/19. Dicho de otra manera, no hay constancia bíblica de compraventa de perros. Nos quedamos con el interrogante: ¿En qué consiste exactamente "el precio de un perro" y cómo traducimos la locución en un texto como éste?

Seguidamente echaremos un vistazo a las versiones castellanas con el fin de averiguar si aportan o no alguna clave que nos permita salir de

---

[29] www.angelfire.com/ultra2/pp2000ad/deuteronomy4.html (2011).

dudas. Sus propuestas se recogen en la tabla 17 junto con las notas a pie de página aportadas por tres versiones.

\multicolumn{2}{c}{Tabla 17 \\ Traduciendo MEJIR KÉLEB}
Versión	**Dt 23,18/19**
BA	el sueldo de un perro
BP	salario de prostituto* * = perro (a la letra)
DHH	el dinero ganado en tal tipo de prostitución
EMN	el dinero adquirido por esa prostitución
JMP	el precio del perro* *Por "perro" entienden aquí algunos doctos intérpretes al deshonesto.
MK	la paga de la prostitución, de cualquier naturaleza que sea
NBJ	salario de perro* *"Perro" designa despectivamente al hieródulo.
NC	el precio de un perro
NVI	dineros ganados con estas prácticas, ni pagues con esos dineros...
RV	el precio de un perro

En primer lugar, observamos en la tabla 17 que dos versiones traducen el hebreo literalmente diciendo "el precio de un perro" (NC, RV). Mediante este procedimiento se adhieren al antecedente histórico proporcionado por la Vulgata, obra que interpreta MEJIR KÉLEB justamente así (*pretium canis*). Por su parte, BA habla del "sueldo" de un perro sin que se sepa de qué sueldo se trata concretamente. Dos versiones conservan en su texto la palabra "perro" pero añadiendo una nota interpretativa. JMP sugiere que "perro" se refiere probablemente al hombre "deshonesto", mientras que NBJ es más específico relacionándolo sin vacilar con el "hieródulo".

Las cinco versiones restantes entran de lleno en el ámbito de la prostitución. BP trata "perro" como sinónimo de "prostituto". En cuatro versiones la palabra "perro" desaparece sin dejar rastro quedando sustituida por "prostitución" (DHH, EMN, MK) y "prácticas" (NVI). A juzgar por el contexto inmediato, NVI piensa en prácticas de prostitución ritual puesto que anteriormente ha traducido KADESH y KEDESHÁ en tal sentido (tabla 14).

Por lo visto, no hay novedad en la tabla 17 que nos ayude a resolver la duda planteada por MEJIR KÉLEB. Inferimos, por consiguiente, que esta exploración del "precio de un perro" nos deja atrapados en una especie de circuito hermenéutico cerrado. Queda patente el obstáculo: la Biblia hebrea se limita a aportar un solo ejemplar de MEJIR KÉLEB que está precisamente en el versículo que venimos estudiando.

Comercio, prostitutas y perros

Cabe analizar un detalle adicional: el posible paralelismo conceptual entre la "paga" de la prostituta y el "precio" del perro. En cuanto a ETHNAN, "paga", la Biblia hebrea recoge la palabra en tres ocasiones: Dt 23,18/19, Os 2,14 y Mi 1,7, siempre en la combinación ETHNAN ZONÁ, "la paga de una prostituta". Por su parte, Oseas emplea ETHNAN ZONÁ como metáfora de ciertas ganancias materiales obtenidas por el pueblo Israelita al dedicarse a las prácticas religiosas ajenas. Asimismo Miqueas introduce ETHNAN ZONÁ en un contexto de imágenes idolátricas. Gracias a estos elementos textuales puede intuirse cierta analogía entre ambos pasajes proféticos y el versículo deuteronómico puesto que éste lleva en el contexto inmediato la prohibición relativa a los "consagrados" KEDESHÁ y KADESH, cuyo vínculo con el mundo religioso de los cananeos es plausible.

Lo cierto es que ETHNAN aparece siempre unido a ZONÁ. A manera de pago ETHNAN puede concretarse en bienes materiales como un viñedo o una higuera (Os 2,14), mientras que su naturaleza se deja sin especificar en Mi 1,7. En lo tocante a MEJIR KÉLEB, el "precio de un perro", el panorama se presenta distinto. En definitiva, MEJIR actúa en una serie de contextos comerciales plasmándose en dinero contante y sonante y tratándose generalmente de monedas de oro y plata (2 S 24,24; 1 R 10,27-29). Sin embargo, persiste la dificultad que nos preocupa: ningún texto habla de perros vendidos o comprados.

Por otra parte, es importante señalar que, aplicada a personas, la palabra KÉLEB se usa principalmente en dos situaciones: (1) para expresar humildad (2 S 9,8; 2 R 8,13); (2) para referirse a personas insignificantes (1 S 17,43; 2 S 3,8). Un caso especial es el contexto polémico de Is 56,10-11 donde el profeta denuncia en lenguaje poético a algunos israelitas que se comportan como perros perezosos y a otros que son perros voraces. El pasaje no contiene alusiones sexuales. Además, el resto de la Biblia hebrea no recurre a KÉLEB como término de insulto.

En vista de la masiva presencia del concepto de prostitución en la tabla 17, y dada la actuación conjunta de KÉLEB y ZONÁ en Dt 23,18/19, sería tal vez lógico pensar que si ZONÁ se refiere a la mujer prostituta, KÉLEB alude por su parte al prostituto varón. Desde luego no se puede descartar tal posibilidad. Sin embargo, tampoco hay que darle más crédito que a cualquier otra hipótesis. Concluimos que "el precio de un perro" sigue siendo una locución opaca.[30]

Por todas estas razones nos parece que la solución más correcta consiste en abandonar la tendencia a identificar MEJIR KÉLEB únicamente con prácticas de prostitucón. Es hora de aceptar con humildad esta realidad: desconocemos todos los hechos sociales, culturales, religiosos o económicos que rodean el versículo Dt 23,18/19. La ausencia de material exegético comparable en otros contextos bíblicos nos obliga a reconocer que estamos ante un caso desprovisto de claves interpretativas definitivas.

---

30 Robert Gagnon (2001, 105) intenta resolver el enigma recurriendo al Nuevo Testamento. Para este biblista, los "perros" mencionados en Ap 22,15 son prostitutos sagrados. Sin embargo, según Tom Hanks (2000, 255) el término se refiere en Ap 22,15 a los cristianos apóstatas o renegados. También Hanks señala el uso que hace Pablo de "perros" en Flp 3,2 para clasificar a los malos misioneros que tergiversan el mensaje del cristianismo (p. 140).

Conclusión

Este capítulo ha examinado un texto hebreo donde no intervienen BOO y SHÁKHAB, los verbos hebreos que predominan en el ámbito del lenguaje sexual. En cambio, estos breves versículos del Deuteronomio aportan cuatro conceptos que todos son de interés especial debido a la interpretación que se les ha dado históricamente: KEDESHÁ, "consagrada"; KADESH, "consagrado" (plural KEDESHIM), ZONÁ, "prostituta" y KÉLEB, "perro". Tradicionalmente, y con apoyo en la Vulgata latina, estos términos se han interpretado desde la perspectiva de la supuesta prostitución sagrada haciendo que ZONÁ sea sinónima de KEDESHÁ y convirtiendo KÉLEB en equivalente de KADESH.

No cabe duda que esta metodología es sencilla y que resuelve en poco tiempo el trabajo del exegeta. En líneas generales, es ésta la metodología adoptada por las diez versiones estudiadas. Sin embargo, es dudoso que el procedimiento llegue a descifrar los problemas de fondo planteados por el texto original. Conviene recordar que en hebreo lo sagrado se expresa mediante la raíz consonántica K-D-SH, componente relevante que interviene tanto en KEDESHÁ como en KADESH.

Por consiguiente, es recomendable que el traductor mantenga a la vista este significado fundamental. Al hablar de "consagradas" y "consagrados", el traductor obtendrá dos ventajas de peso: (a) evitará entrar en el polémico terreno de la referida prostitución sagrada que nunca ha quedado bien documentada; (b) presentará a sus lectores el significado real de unas palabras que coinciden en varios aspectos esenciales con otros términos hebreos relativos a las cosas santas.

Respecto al significado del rompecabezas MEJIR KÉLEB, "el precio de un perro", circulan dos hipótesis. Según la primera hipótesis, se trata de una alusión despectiva a la prostitución sagrada. La segunda hipótesis es más cautelosa al plantear que la palabra KÉLEB, "perro", se refiere al conocido mamífero domesticado.

Sin que podamos afirmar la exclusividad del segundo planteamiento exegético, lo favorecen varios factores. En primer lugar, la palabra KÉLEB suele emplearse en la Biblia hebrea en alusión a perros físicos en situaciones concretas (2 R 9,36). En segundo lugar, cuando el término

MEJIR, "precio", interviene junto a un animal, indica a menudo una transacción comercial cuyo objeto es el animal indicado (1 R 10,28). En tercer lugar, el uso polémico de la palabra KÉLEB aplicada a personas es poco frecuente en la Biblia hebrea. En cuarto lugar, tal uso despectivo o insultante está ausente del lenguaje jurídico que caracteriza generalmente los cuerpos legales de la Biblia hebrea, incluidas amplias secciones de los libros del Éxodo, Levítico, Números y Deuteronomio.

Concluimos afirmando que la prostitución de tipo homosexual, que desde la aparición de la Vulgata se suele colocar al centro de los comentarios cristianos sobre la palabra KADESH, carece de fundamento en los contextos bíblicos examinados. Más probable es que KADESH y KEDESHÁ se refieran a personas que cumplen funciones rituales en la religión cananea tal vez en calidad de sacerdotes y sacerdotisas.

5

Sodoma en la Biblia

*¿No hiciste burla de tu hermana Sodoma el día de tu orgullo
antes que fuera puesta al descubierto tu maldad?*
Ezequiel 16,56-57

Introducción

El relato de Sodoma y Gomorra es uno de los más conocidos de toda la Biblia. Al oír mencionar los nombres de estas ciudades, a mucha gente le vienen a la mente nociones de cosas atrevidas, tal vez prohibidas, y probablemente de índole homosexual. Es ésta la interpretación generalizada que inspira las innumerables obras académicas, literarias y cinematográficas que tratan sobre el tema, o que lo mencionan de paso.

Lo cierto es que históricamente los dramáticos sucesos de Sodoma se han citado un sinfín de veces para justificar la represión de las relaciones homoeróticas. De hecho, ningún otro texto bíblico ha tenido tantas repercusiones nefastas para las llamadas minorías sexuales. En el código penal de algunos países sigue todavía figurando el concepto medieval de *sodomía*, término impreciso que se ha usado frecuentemente para clasificar una serie de fenómenos sexuales, ante todo aquellas formas de intimidad física que se salen del marco del tradicional coito vaginal definido como norma inamovible para las parejas heterosexuales (Bailey 1955, 1).

Sin embargo, conviene preguntarnos si la interpretación de Sodoma y Gomorra ha sido siempre la misma o si ha habido cambios con el pasar de los siglos. A continuación veremos que son realmente numerosos y muy importantes los giros hermenéuticos ocurridos en este terreno. Dada la gran resonancia histórica y teológica del texto bíblico, y en vista de su complejidad literaria, conviene dedicar a su análisis varios capítulos del presente libro.

El argumento

La temática de Sodoma se inicia discretamente en el capítulo 10 del libro del Génesis (Gn 10,19). De este pasaje se desprende que la ciudad es fundada por cananeos, es decir, gente que desciende de Canaán, nieto de Noé. La segunda vez que aparece el nombre de Sodoma es en Gn 13,10-13 donde se nos informa que la ciudad se ubica en el fértil valle del río Jordán. Esta comarca atrae a Lot, sobrino de Abraham, hasta el punto de llevarlo a establecer su domicilio en las cercanías de Sodoma. Cambiando algo de tono, el narrador señala en el mismo contexto que los habitantes de Sodoma y la vecina Gomorra son "malos" y "pecadores" contra YHWH. El Génesis no concreta en qué consisten la maldad y la pecaminosidad pero sí indica que ambas ciudades merecen ser castigadas severamente y que terminarán siendo destruidas.

Toda la acción descrita en Gn 14 gira en torno a Sodoma. Aquí es donde los reyes de Sodoma y Gomorra se unen a algunas ciudades vecinas para rebelarse contra el dominio de un poder extranjero. Sin embargo, las fuerzas insurgentes son derrotadas y los vencedores saquean Sodoma y Gomorra cuyos habitantes caen prisioneros. A estas alturas Lot ya es ciudadano de Sodoma y sufre la misma suerte que el resto de la población. Al enterarse Abraham de lo sucedido se moviliza inmediatamente para rescatar a su sobrino. Reuniendo un grupo de hombres armados, ejecuta una sorpresiva operación relámpago al abrigo de la oscuridad de la noche que logra liberar a todos los cautivos.

Gracias a la audacia desplegada por Abraham, el rey Bera de Sodoma y todos sus súbditos quedan libres para volver a su lugar de origen. Bera desea manifestar su gratitud cediendo a Abraham los bienes materiales recuperados pero éste rechaza enfáticamente la oferta (Gn 14,23). Indirectamente el narrador insinúa que hay una significativa diferencia entre Abraham y Lot. Al tiempo en que Lot se integra plenamente con los cananeos instalándose como inmigrante en Sodoma, Abraham se mantiene a distancia de los pueblos vecinos.

La secuencia más prolongada del relato de Sodoma, que es también la más famosa y dramática, se desenvuelve a lo largo de los capítulos 18 y 19 del Génesis. De modo significativo le precede la trascendental alianza entre YHWH y Abraham establecida en Gn 17. Al iniciarse el capítulo 18, la deidad aparece de incógnito con dos acompañantes frente a la tienda de Abraham con el fin de hacerle una visita. Espontáneamente y de manera ejemplar Abraham asume con la ayuda de Sara todas las responsabilidades del anfitrión ideal organizando un generoso banquete.

Acto seguido, el anónimo visitante anuncia a Abraham y a Sara que van a tener un hijo a pesar de su avanzada edad. De pronto ellos se dan cuenta de la identidad de su interlocutor: es YHWH en forma humana. A la hora de partir los huéspedes, Abraham los despide acompañándolos un rato en el camino. Los dos hombres que forman el séquito de YHWH continúan el viaje hacia Sodoma a la vez que la deidad se detiene al lado de Abraham para explicarle que va a investigar lo que pasa en la ciudad y que su destrucción puede ser inminente. En ese instante Abraham resuelve interceder a favor de los habitantes de Sodoma y recibe una promesa: si se comprueba que existen diez vecinos justos o inocentes, la ciudad se salvará.

Seguidamente los dos enviados de YHWH llegan a la puerta de Sodoma a la hora de la puesta del sol. Nada más entrar en la ciudad son saludados por Lot quien despliega el mismo esfuerzo hospitalario característico del Oriente Medio realizado horas antes por su tío Abraham. Los anónimos mensajeros terminan aceptando la invitación y se hospedan en casa de Lot donde toman la cena por él preparada. Cuando llega la hora de acostarse, todos los habitantes de Sodoma rodean la casa, tocan con fuerza a la puerta de Lot y exigen que éste les entregue inmediatamente a los visitantes para que los "conozcan" (19,5).

Lot rechaza la petición alegando que no debe ni puede consentir que se violen los preceptos que rigen la hospitalidad por él brindada. Al mismo tiempo se siente fuertemente presionado como inmigrante indefenso ante tal situación inesperada y en un apuro de esta naturaleza se le ocurre proponer una contraoferta: entregar a sus dos hijas menores (19,8). Sin embargo, la transacción es rechazada, los portavoces de la ciudad consideran que el extranjero Lot comete una desobediencia flagrante y se disponen a castigarlo llevándoselo detenido y rompiendo la puerta de la casa. En el último segundo intervienen los dos mensajeros divinos de forma fulminante rescatando a Lot y dejando deslumbrados a los asaltantes.

Este dramático episodio de Sodoma en que Lot ha estado en el ojo del huracán resulta ser la prueba definitiva de la pecaminosidad de los habitantes. Los visitantes proclaman que la ciudad va a quedar destruida esa misma noche y ordenan a Lot que salga huyendo con su familia para refugiarse en las montañas (19,17). Antes de emprender la huida Lot intenta en vano convencer a sus "yernos", es decir, los dos muchachos sodomitas que van a casarse con sus hijas, de que lo acompañen. En el camino la esposa de Lot vuelve la vista atrás y se convierte instantáneamente en estatua de sal.

Hacia el final del relato de Sodoma, Lot y sus hijas se instalan en una cueva (19,30). Aquí se produce en dos ocasiones una situación de relaciones incestuosas iniciadas por las muchachas con el fin de tener hijos. Para lograr tal objetivo emborrachan a su padre, convirtiéndolo en donante de semen, y ambas se quedan embarazadas. Los hijos que les nacen llegarán a ser fundadores de Moab y Amón, dos pueblos vecinos del Israel bíblico ubicados al este del Jordán.

Un texto del Génesis

Muchos observadores coinciden en señalar que la redacción hebrea del Génesis, en cuyo seno el relato de Sodoma ocupa un lugar destacado, lleva la marca de un gran artista. Pocas obras literarias del mundo le igualan en concisión, precisión, elegancia y refinamiento estilístico. La calidad de los textos es tal que algunos observadores han comparado el nivel artístico del Génesis con las obras de William Shakespeare (Brodie 2001 pp. 10, 34, 76).

En todo momento la prosa hebrea revela la mano segura de un narrador consciente de los recursos literarios disponibles. Desde el principio del relato de Sodoma en Gn 18, el escritor maneja hábilmente la yuxtaposición gramatical del singular y del plural, intercalando la primera persona con la tercera, contraponiendo el anonimato y la identidad revelada, anotando semejanzas y diferencias y contrastando el conocimiento poseído por algunos con el desconocimiento que caracteriza el proceder de otros (Bechtel 1998, 126).

En función de su carácter concentrado y condensado, el estilo literario del Génesis hace gala de una especie de "minimalismo" entendido como una clara tendencia a trazar el argumento con el menor número de palabras posible.[31] Dicho de otro modo, el narrador suele omitir cualquier comentario que no considere indispensable y muy pocas veces entrega en el texto alguna información suplementaria que podríamos tal vez calificar de "notas a pie de página". Como consecuencia de ello, determinados pasajes nos resultan opacos porque presentan lagunas difíciles de descifrar para el ojo moderno acostumbrado a otros estilos literarios más transparentes (Carden 2004, 4-5).

Los lectores que se pongan a indagar con paciencia el misterio del trágico destino de Sodoma descubrirán las múltiples facetas contenidas en el relato. Todo el material incluido en el Génesis no es historiografía en el sentido moderno de la palabra sino que sería más exacto describirlo como una fascinante colección de episodios de carácter mitológico que son de interés especial para la época histórica en que vive el narrador. Es decir, si tomamos el drama de Sodoma en el sentido literal aparece como una cadena de sucesos del pasado remoto. Sin embargo, si nos adentramos en el texto con la mente abierta nos daremos cuenta que su finalidad responde en el fondo a un debate social, cultural y teológico en que la literatura sirve como espejo interpretativo de la realidad social del momento en que vive el narrador.

Varios biblistas opinan que los redactores de la prosa del Génesis escribían para que los textos fueran recitados en voz alta (Fox 1995, ix-x; Brodie 2001, 76). Otro rasgo especial de la Biblia hebrea es que

---

31 Un buen ejemplo es el verbo hebreo YADA', "conocer", que interviene en seis ocasiones en el relato de Sodoma y Gomorra: Gn 18,19.21; 19,5.8.33.35.

no sabemos nada de los anónimos autores, redactores y copistas que intervinieron en su composición. He aquí un aspecto distintivo que marca la diferencia entre la literatura hebrea clásica y los escritos producidos en la antigua cultura griega. En otras palabras, el concepto de autoría individual no es aplicable a los libros hebreos de la Biblia (Alter 1992, 2-3).

Como ya hemos indicado, la narración de Sodoma y Gomorra abarca tres capítulos del Génesis: 14, 18 y 19. Sin embargo, conviene recordar que la división en capítulos a que estamos acostumbrados los lectores de la Biblia es muy tardía ya que se llevó a cabo en el siglo XIII. De fecha aun posterior es la fragmentación en versículos que data del siglo XVI (Long 2001, 113). En el presente trabajo estudiaremos especialmente los capítulos 18 y 19 por dos razones: (a) forman un conjunto de gran interés filológico, literario y teológico; (b) la primera parte de Gn 19 es la que más comentarios ha suscitado a lo largo de los siglos.

Sodoma y Abraham

En el contexto bíblico la leyenda de Sodoma y Gomorra ocupa un lugar de relieve en varios sentidos. En primer lugar su ubicación en el Génesis le confiere rango mitológico junto a otros relatos cargados de simbolismo como, por ejemplo, el diluvio (Gn 6-8) y la torre de Babel (Gn 11). En segundo lugar, la mayor parte de la acción transcurre en medio de la importante saga de Abraham y de Sara. Este hecho nos indica que el texto de Sodoma aporta, ante todo, datos significativos sobre Abraham de Mesopotamia quien se ve inducido por una voz divina a desplazarse junto a su esposa Sara y su sobrino Lot a la tierra de Canaán, nombre bíblico que recibe el territorio conocido modernamente como Palestina.

La crónica de la vida de Abraham abarca una amplia parte del libro del Génesis comenzando a finales del capítulo 11 y terminando a principios del 25. Dentro de este marco se ubican los tres capítulos 14, 18 y 19 relativos a Sodoma, hecho que los convierte indiscutiblemente en piedra angular de la historia de Abraham. La centralidad de su posición revela que esta leyenda contiene enunciados relevantes sobre la vida de Abraham, Sara y Lot quienes se establecen como inmigrantes indefensos en esta tierra ubicada entre el Jordán y el Mediterráneo.

A lo largo de la narración de Sodoma y Gomorra surge una serie de temas que son de gran importancia para todo el libro del Génesis. La cuestión fundamental es la situación social del inmigrante, su integración o, dado el caso, su marginación. La vida de Abraham es un ejemplo clásico de un forastero que mantiene su religión y sus costumbres con independencia del entorno social y cultural (12,8; 13,18), y que prefiere no adaptarse a las tradiciones locales más de lo estrictamente necesario (14,23). A pesar de su permanente condición de forastero, Abraham logra de manera admirable vivir en paz y armonía con sus vecinos cananeos quienes lo acogen con respeto (14,19; 21,22; 23,6).

A su vez Lot representa una generación más joven que encarna la tendencia contraria entendida como esfuerzo integrador a todos los niveles en la comunidad donde habita. Para ello se instala en la cananea ciudad de Sodoma (14,12). Sin embargo, el desenlace de la historia demuestra que el camino por él escogido no lleva a buen puerto. Mientras vive al lado de Abraham, Lot prospera en lo material (13,5-6), pero después de establecerse como residente de Sodoma las cosas cambian. No consigue alcanzar ninguna posición social relevante en la ciudad. Debido a su origen foráneo muchos habitantes lo miran con escepticismo y tal vez con sospecha (19,9). Se agudiza este problema cuando Lot decide invitar a dos caminantes desconocidos a pasar la noche en su casa. En este momento surge un conflicto irresoluble entre Lot y los portavoces de la ciudad que desemboca en un altercado provocando la huida de Lot con toda su familia.

El final de la vida de Lot está desprovisto de gloria, hecho que contrasta con la dignidad en que transcurre toda la vida de Abraham hasta el momento de su muerte (25,8-10). En cuestión de horas Lot pierde sus bienes materiales, falla en el intento de asegurar el futuro matrimonio de sus hijas (19,14), muere su esposa (19,26) y él mismo se ve relegado a vivir sus últimos días en el aislamiento de una remota cueva sin nombre (19,30).

Sodoma en la Biblia hebrea

Gracias a su posición prominente en el Génesis, la leyenda de Sodoma figura desde la misma gestación de la Biblia hebrea entre las más comentadas, situación que se aprecia ante todo en los libros proféticos. En esta colección de escritos los nombres de Sodoma y Gomorra constan 20 veces. A la luz de tales referencias podemos formarnos una impresión de cómo se interpretaba el relato en épocas tempranas incluido el exilio babilónico (siglo VI a. C.). De hecho, en términos históricos estamos ante la primera tradición hermenéutica conocida respecto al significado de Sodoma. A continuación estudiaremos los elementos más característicos de la misma.

Un rasgo sobresaliente de todos los libros proféticos es la expresión de vehementes protestas. De forma notable, los profetas llevan una vida agitada motivada por su fe y pasión y frecuentemente envuelta en polémica. Su apasionamiento los impulsa a declarar sin pelos en la lengua lo que Dios YHWH pone en su corazón. A veces les cuesta muy caro.

Muchos de los problemas denunciados reflejan las agudas cuestiones religiosas, sociales y políticas que imperan durante la época en que les toca vivir a los autores. Con cierta regularidad los escritores proféticos recurren a Sodoma y Gomorra como metáfora de los chocantes fenómenos sociales que observan en torno suyo. Por momentos ventilan su indignación y condena; en otros casos los textos revelan sentimientos de consternación, horror y honda desesperación.

En líneas generales señalaremos que la utilización en los libros proféticos del nombre de Sodoma como clave hermenéutica o *leitmotiv* se plasma de forma variada, refinada, poética y vigorosa. Los principales temas comentados pertenecen a cuatro categorías: (a) destrucción, desolación, ruinas y paisajes estériles y desérticos; (b) egoísmo y arrogancia; (c) idolatría y apostasía; (d) injusticia social, violencia, impunidad y opresión. Una presentación detallada del discurso profético relacionado con Sodoma figura en las tablas reproducidas a continuación con las citas bíblicas agrupadas según las cuatro temáticas más características.

Visiones proféticas de Sodoma

Tabla 18 A. DESTRUCCIÓN Y DESOLACIÓN	
Dt 29, 22	Azufre y sal todo el país quemado sin sembrar, sin pasto que brote y crezca.
Is 13,20-21	Jamás volverá nadie a vivir allí eternamente estará deshabitado el árabe no pondrá su tienda no apacentarán los pastores.
Jr 50,40	Le irá como cuando Dios destruyó Sodoma y Gomorra y sus vecinas dice YHWH allí no vivirá nadie ninguna persona se instalará.
Is 13,21	Pero allí morarán fieras y las casas se llenarán de búhos.
Jr 50,39	Por tanto vivirán allí fieras del desierto y chacales allí anidarán los avestruces.
Jr 49,17-18	Todos los que pasen se estremecerán y silbarán al advertir todas sus heridas.
Am 4,11	Yo los derribé como Dios derribó a Sodoma y Gomorra y los que quedaron fueron como un tizón retirado de un incendio.
So 4,9	Un ortigal una mina de sal una desolación para siempre.

Tabla 19
B. ORGULLO Y ARROGANCIA

Ez 16,56	¿No hiciste burla de tu hermana Sodoma el día de tu orgullo antes que fuera puesta al descubierto tu maldad?
Ez 16,49-50	Porque éste fue el pecado de tu hermana Sodoma: Ella y sus hijas vivían en grandeza abundancia y seguridad despreocupada pero no socorrieron a los desamparados y pobres se enorgullecieron.
Is 13,19	A Babilonia, gloria de los reinos esplendor del orgullo de los caldeos le irá como cuando Dios destruyó a Sodoma y Gomorra.
Jr 49,14-18	Un mensaje he oído de YHWH noticia va a los pueblos: Juntaos, partid hacia Edom levantaos a hacer la guerra. He aquí que te hago pequeña entre las naciones y despreciada entre los hombres. Sembraste el terror tu arrogancia te ha seducido. Edom quedará destruido como cuando fueron aniquiladas Sodoma y Gomorra y las ciudades vecinas.
Jr 50,29	Convocad a los arqueros contra Babilonia retribuidle según sus hechos hacedle conforme a todo lo que hizo ella porque se vistió de arrogancia contra YHWH contra el Santo de Israel.
Jr 50,31	Ya voy contra ti en tu arrogancia dice YHWH, Dios de los ejércitos ya llegó tu día se cumple la hora del castigo.
Jr 50,40	Le irá como cuando Dios destruyó a Sodoma y Gomorra y a sus vecinas.
So 2,9-10	Ciertamente, por mi vida dice YHWH de los ejércitos, Dios de Israel Moab será como Sodoma y los amonitas como Gomorra. Eso les pasará por su soberbia.

Tabla 20
C. APOSTASÍA E IDOLATRÍA

Dt 29,21-25	Entonces la generación venidera
	vuestros hijos que os seguirán
	y los extranjeros
	llegados desde tierra lejana
	cuando vean las plagas de esta comarca
	y las pestes
	que le envió Yhwh
	en su ira y furia Yhwh causó la destrucción
	de Sodoma y Gomorra, de Adma y Seboín
	todos los pueblos preguntarán:
	¿Por qué Yhwh hizo así con esta tierra?
	¿Por qué esta gran ira encendida?
	Y responderán:
	Porque abandonaron la alianza de Yhwh
	Dios de sus padres
	pacto que estableció con ellos
	al sacarlos de la tierra de Egipto
	Siguieron y se postraron ante otros dioses
	adorándolos
	dioses que no conocían.
Dt 32,32-33	Su viña es viña de Sodoma
	creció en las plantaciones de Gomorra
	sus uvas son ponzoñosas
	los racimos son amargos
	su vino es veneno de serpientes
	terrible ponzoña de áspides.
Is 3,8-9	Jerusalén se arruina y cae Judá
	porque su lengua y sus hechos
	van contra Yhwh
	provocando los ojos de su gloria
	su rostro testifica contra ellos
	hablan de su pecado como Sodoma
	ellos se han traído el mal.
Jr 50,38	Porque es una tierra de ídolos esculpidos
	y se enloquecen por objetos de espanto.
Ez 16,48	Por mi vida
	dice Dios Yhwh
	tu hermana Sodoma y sus hijas
	no actuaron como tú y tus hijas.
Ez 16,51	Samaria no cometió la mitad de tus pecados
	has hecho cosas mucho más abominables que ellas.

	Tabla 21 **D. CORRUPCIÓN Y OPRESIÓN**
Jr 23,14	Y en los profetas de Jerusalén he visto algo horrendo fornican y andan con falsedad fortalecen la mano de los malhechores para que nadie desista de su maldad todos se me han vuelto como Sodoma y sus habitantes como Gomorra.
Is 1,21	Cómo se ha hecho prostituta la ciudad fiel moraban en ella la equidad y la justicia y ahora asesinos.
Is 1,23	Tus príncipes son prevaricadores aliados con bandidos cada uno ama el soborno y va tras regalos no hacen justicia al huérfano y no llega a ellos la causa de la viuda.
Is 1,10	Escuchad una palabra de YHWH regidores de Sodoma poned atención a la instrucción de nuestro Dios pueblo de Gomorra.
Is 1,15-16	Vuestras manos están llenas de sangre lavaos, limpiaos quitad vuestra iniquidad de delante de mis ojos dejad de hacer el mal aprended a hacer el bien buscad lo que es justo dad su derecho al oprimido haced justicia al huérfano defended a la viuda.

Sodoma y politeísmo

En el ámbito religioso los profetas consideran que su principal cometido consiste en defender el monoteísmo, es decir, la adoración del

Dios único ELOHIM YHWH frente a las tendencias al politeísmo o sincretismo que observan en el mundo que los rodea. Por momentos tales prácticas religiosas reciben el calificativo de "rebelión contra Dios".[32]

A nivel estilístico los profetas recurren con cierta frecuencia a palabras fuertes tomadas del terreno sexual. Por ejemplo, "infidelidad" y "adulterio" son metáforas contundentes de las prácticas politeístas.[33] Abundan los ejemplos de esta polémica teológica en el Deuteronomio, Isaías, Jeremías, Ezequiel, Amós y Sofonías.[34] Aludiendo a Sodoma, Jeremías denuncia la "promiscuidad" exhibida por la élite social y política contemporánea (Jr 23,14). El provocador lenguaje figurado empleado en Ez 16 describe por momentos una situación de prostitución con tanto detalle que colinda con la pornografía (Mein 2001 pp. 102, 114).

Al margen de tales metáforas sexuales, cabe señalar que a los profetas no les interesa indagar los pormenores concretos y físicos de la vida sexual de los gobernantes de su tiempo. En otras palabras, no se proponen dejar al descubierto la vida íntima de nadie en particular sino que denuncian una serie de fenómenos bien conocidos de la esfera pública que encuentran chocantes. Por otra parte, para el tema del presente libro es de interés anotar que las metáforas sexuales empleadas no abarcan ningún tipo de relaciones homoeróticas sino que proceden de dos ámbitos del espectro heterosexual que se ubican al margen del matrimonio: la prostitución y el adulterio.

Cuando Ezequiel en 16,50 menciona las "abominaciones" cometidas en Sodoma se trata de un término genérico que agrupa las transgresiones que representa la ciudad para el escritor. En este libro profético la palabra hebrea TO'EBA, "abominación", se refiere principalmente a prácticas religiosas censurables en la forma de politeísmo.[35] En segundo lugar, el concepto es aplicable a procederes delictivos y criminales.[36]

---

32 Is 1,2-5.23; 3,8-9; Jr 23,11.15-17.21-27.30-39; 50,14.24; Lm 1,18.20; 2,14; 3,39.42; 4,13; Ez 16,59; Am 2,4; So 1,13.17; 3,4.11.
33 Jr 23,10.14; Ez 16,15-17.20.22.25-29.31-38.41.43.58; Am 2,7.
34 Dt 29,16-27; 32,5.15-18.21.37-38; Is 2,8.18.20; Jr 23,13; 50,2.38; Ez 16,16-21.35; Am 2,4.8; 5,26; So 1,4-6; 2,11.
35 Véase p.ej. Ez 5,9.11; 6,9; 7,3.4.8.9; 8,6.9.13.15.17; 9,4; 11,18.21; 12,16; 14,6; 16,2.22.36.43.47.50.51.58.
36 Ez 18,12.13.24.

En el ámbito ético todos los profetas recalcan la importancia de practicar virtudes como humildad y justicia social. Observan que tales bondades brillan por su ausencia en la cúspide del poder político, situación que los motiva a expresarse con vehemencia y en términos tajantes sobre los graves atropellos de los derechos de los desfavorecidos que comete la clase gobernante. Los profetas utilizan el nombre de Sodoma como una suerte de espejo crítico frente a los poderosos señalando sus vicios de orgullo y arrogancia,[37] injusticia y corrupción,[38] atropellos sociales,[39] violencia y asesinato.[40]

Alusiones indirectas

Hay dos fuentes proféticas que no mencionan el nombre de Sodoma directamente. Oseas es una y la otra es Salmos. En este último libro, Sal 11,6 contiene una expresión que recuerda la destrucción de Sodoma y Gomorra. Por tanto opinamos que es razonable incluir el versículo en el contexto que nos ocupa (NBJ):

> Lluevan sobre el malvado brasas y azufre
> y un viento abrasador como porción de su copa.

Aun más claro se plantea este contexto en Os 11,8 donde aparecen los nombres de dos ciudades vinculadas a Sodoma y Gomorra, a saber, las vecinas Admá y Seboín que quedaron destruidas junto a aquéllas.[41] En este pasaje de Oseas es YHWH quien reflexiona sobre su relación con Efraín e Israel (NBJ):

> ¿Cómo voy a entregarte, Efraín,
> cómo voy a soltarte, Israel?
> ¿Voy a entregarte como a Admá
> y tratarte como a Seboín?

---

37 Is 2,11-12.17; 3,9.16; 13,11; Jr 49,12.16; 50,31-32; Ez 16,49; Am 6,8.13; So 2,8.10; 3,11.
38 Is 1,4.16.18.21-23; 13,11; Jr 23,2.10-11.14-15.22; Lm 2,14; Ez 16,47; Am 2,12; 5,12; So 3,7.
39 Is 1,15-17.21.23; 3,14-15; Am 2,7; 4,1; 5,7.11-12; 6,12; 8,4; So 3,1.3-4.
40 Is 1,21; Lm 4,13-14; Ez 16,38; So 1,9.
41 Gn 10,19; 19,25; Dt 29,22.

Textos hebreos que mencionan Sodoma

Tabla 22 Sodoma en la Biblia hebrea	
Textos	**Alusiones a Sodoma**
Deuteronomio	29,22-23; 32,32-33
Salmos	11,6 (indirecta)
Isaías	1,10-17; 3,9; 13,19
Jeremías	23,14; 49,17-18; 50,39-40
Lamentaciones	4,6
Ezequiel	16,46-50.56-58
Oseas	11,8 (indirecta)
Amós	4,11
Sofonías	2,9

Todos los escritos citados se redactaron en el mismo idioma: hebreo clásico. A juzgar por varias investigaciones lingüísticas sobre la evolución del hebreo bíblico parece probable que las fuentes enumeradas en la tabla 22 hayan visto la luz del día —ya sea en versión oral o escrita— en algún momento anterior al año 500 a. C. Tal sugerencia no excluye la posibilidad de una serie de procesos de revisión durante los siglos subsiguientes. Tanto el Génesis como los libros proféticos pertenecen desde el punto de vista de la lingüística histórica a la parte más antigua de la Biblia (Sáenz-Badillos 1993, 52).

Por tanto no es descabellado suponer que existe entre todos estos escritos cierta base compartida en lo filológico y cultural gracias a un lenguaje común, factor significativo al proporcionar a los autores proféticos acceso directo al texto original de la leyenda de Sodoma y Gomorra. El factor idiomático los coloca en una posición privilegiada a la hora de descifrar la trama. Indudablemente su punto de partida es ventajoso en comparación con la situación del lector moderno obligado a estudiar el relato a través del espeso filtro constituido por la distancia histórica, una larga tradición eclesiástica y los posibles errores de interpretación producidos durante los siglos transcurridos y que tal vez sigan presentándose en las traducciones que hoy leemos.

Dado que los profetas hebreos hablan de problemas como idolatría, arrogancia, opresión e injusticia social, llama la atención que los biblistas de la era moderna tiendan a asociar Sodoma y Gomorra con delitos sexuales. Si en la Biblia hebrea el lenguaje sexual sirve como metáfora de las prácticas politeístas, nos queda pendiente la respuesta a dos preguntas concretas: ¿Cuál es el pecado de Sodoma? ¿Por qué razón fue destruida? En pos de una explicación fehaciente nos acercaremos a continuación a dos elocuentes voces proféticas en particular: Isaías y Ezequiel.

Sodoma en Isaías

Hemos dicho que la visión de Sodoma proporcionada por la Biblia hebrea es rica, variada y profunda. En el caso de Isaías, el profeta se dirige específicamente a los sectores poderosos de Jerusalén. Criticándolos con vehemencia les llama "Sodoma y Gomorra" (Is 1,10-16):

> Oíd una palabra de YHWH
> regidores de Sodoma.
> Escuchad una instrucción de nuestro Dios
> pueblo de Gomorra.
> ¿A mí qué, tanto sacrificio vuestro?
> – dice YHWH.
> Harto estoy de holocaustos de carneros
> y la sangre de novillos y machos cabríos
> no me agrada.
> Mi alma aborrece
> vuestros novilunios y solemnidades
> y al extender vuestras palmas
> me tapo los ojos por no verlas.
> Vuestras plegarias no las oigo

> vuestras manos están llenas de sangre.
> Lavaos, limpiaos
> quitad vuestras fechorías de delante de mi vista.
> Desistid de hacer el mal
> aprended a hacer el bien
> buscad lo justo
> dad sus derechos al oprimido
> haced justicia al huérfano
> abogad por la viuda.

Está claro que Isaías asocia el nombre de Sodoma con prácticas religiosas equivocadas en medio de una dura realidad social caracterizada por grandes injusticias. Observamos asimismo que para este profeta, Sodoma y Gomorra no es un lugar extraño o lejano. Ni siquiera es un lugar geográfico. En la visión de Isaías, Sodoma existe donde imperan la injusticia y la violencia.

Como se desprende del pasaje citado, estamos ante un ejemplo primitivo de relectura contextualizada aplicada directamente al entorno social, político y religioso del profeta. En otras palabras, este enfoque no es un invento reciente de las teologías de liberación sino que tiene profundas raíces bíblicas.

Sodoma en Ezequiel

Otro profeta que contextualiza la temática de Sodoma es Ezequiel, concretamente en el capítulo 16. De hecho, es Ezequiel la figura bíblica que más recurre a Sodoma como metáfora. Desde su trágico exilio forzoso en Babilonia, el profeta se dirige a Jerusalén, su ciudad natal, con estas palabras críticas (16,56-57):

> ¿No hiciste burla de tu hermana Sodoma
> el día de tu orgullo
> antes que fuera puesta al descubierto
> tu maldad?

En el lenguaje de Ezequiel notamos que la palabra hebrea 'IR, "ciudad", es del género femenino, como en castellano. A raíz de este hecho, observamos en el texto profético un detalle que para los lectores de hoy resulta curioso: Ezequiel usa la palabra "hijas", femenino, en referencia a todos los habitantes de estas ciudades.[42] Cuando Ezequiel procede a establecer una comparación entre Jerusalén y las vecinas ciudades de Samaria y Sodoma, es digno de notarse cómo el profeta declara en 16,48 que la Jerusalén que él conoce ha pecado mucho más que cualquiera de ellas. Dice así:

> Tu hermana mayor es Samaria
> tu hermana menor es Sodoma.
> No has sido parca en imitar su conducta
> y en cometer sus abominaciones.
> Te has mostrado más corrompida que ellas
> en toda tu conducta.
> Por mi vida—declara el Señor YHWH—
> que tu hermana Sodoma y sus hijas
> no obraron como habéis obrado vosotras
> tú y tus hijas.

Como ya hemos visto, la palabra "abominaciones" equivale a "prácticas idolátricas". O sea, en este texto Ezequiel acusa tanto a Jerusalén como a Sodoma de actos de idolatría. En el mismo contexto, el profeta resume su visión del pecado cometido por Sodoma (16,49-50):

> Este fue el crimen de tu hermana Sodoma:
> orgullo, voracidad, indolencia de la vida holgada
> tuvieron ella y sus hijas.
> No socorrieron al pobre y al indigente.
> Se enorgullecieron y cometieron abominaciones ante mí.
> Por eso, las hice desaparecer.

En resumidas cuentas, tanto Isaías como Ezequiel se refieren en el contexto de Sodoma a los pobres e indefensos, a todos los que son víctimas de injusticias sociales y políticas. Dicho de otra manera, donde sufren los desprotegidos, se instala Sodoma y Gomorra entendida como una cruda realidad social alejada de los mandamientos de Dios.

---

42 Agradezco a Elisabeth Cook la observación de que este fenómeno obedece a una tradición cultural que se manifiesta en la literatura de varias lenguas clásicas del antiguo Oriente Medio.

Por lo que se refiere al tema del homoerotismo, concluimos que esta dimensión no forma parte de las interpretaciones proféticas de la problemática percibida con relación a la leyenda de Sodoma y Gomorra (Bailey 1955, 9).

Sodoma en los libros apócrifos

La literatura llamada apócrifa aparece durante la era helenística.[43] En líneas generales este grupo de escritos continúa interpretando el relato de Sodoma de acuerdo a la misma óptica aplicada por los libros proféticos. Varios escritos apócrifos aparecen en la Septuaginta (LXX), la primera versión griega conocida de la Biblia hebrea. Las alusiones concretas a Sodoma presentes en esta colección literaria aparecen en la tabla 23.

Tabla 23
Sodoma en la literatura apócrifa

Escritos	Redacción	Idioma original
Ben Sirá (Eclesiástico)	180 a. C.	hebreo tardío
Sabiduría de Salomón	siglo I a. C.	griego
Libro III de los Macabeos	siglo I a. C. / d. C.	griego
Libro IV de Esdras	siglo I d. C.	hebreo tardío
Libro V de Esdras	siglo II d. C.	latín

Entre las obras que figuran en la tabla 23, *Ben Sirá* se refiere a Sodoma al mencionar que el orgullo manifestado por los vecinos de Lot hizo que Dios los aborreciera (16,8). La *Sabiduría de Salomón*, del siglo I a. C., enfatiza la manera en que Sodoma y las ciudades colindantes aparecen hoy como un paisaje desolado y humeante (10,6-7). El autor indica que la zona quedó destruida como consecuencia de la

---

[43] Estos escritos reciben en el catolicismo el nombre de "deuterocanónicos".

insensatez, incredulidad, impiedad y maldad de los habitantes. Cabe señalar que otro capítulo de la misma obra alude al drama de Sodoma sin mencionar el nombre directamente (19,13-17). Se indica en este contexto que el castigo sufrido por los sodomitas se motiva por la forma hostil y cruel en que recibieron y trataron a los extranjeros.

He aquí una novedad de gran interés histórico. Por primera vez en la literatura de la antigüedad se plantea el tema de la falta de hospitalidad para con los visitantes divinos llegados a Sodoma. Mientras que Isaías, Ezequiel, Jeremías y demás profetas piensan en la indefensión y desamparo que caracteriza la vida del extranjero residente (Lot y su familia), la *Sabiduría de Salomón* cambia de óptica al enfocar la situación de los mensajeros enviados a Sodoma por YHWH. Este último enfoque interpretativo cobrará progresivamente una importancia mayor en los comentarios posbíblicos hasta desplazar completamente la visión profética.

A su vez, el *Libro III de los Macabeos* recalca que a los habitantes de Sodoma los devoraron el fuego y el azufre debido a la arrogancia de sus acciones y vicios. El carácter exacto de los últimos se deja sin especificar.

El *Libro IV de Esdras* se refiere en 2,8 a la gente mala e injusta de Asiria que no escucha la voz de Dios. El autor previene a esta nación contra el peligro de correr la misma suerte que Sodoma y Gomorra en el sentido de quedar reducida a escombros. En una visión apocalíptica de la referida obra (5,1-7) se detalla una terrible época futura de sufrimiento para los habitantes de la tierra, momento en que desvanecerán la verdad y la fe, se propagará la injusticia, las aves se alejarán huyendo y "el mar de Sodoma" (posiblemente una alusión al Mar Muerto) expulsará sus peces a tierra. Finalmente, el *Libro IV de Esdras* 7,36/106 recuerda que Abraham intercedió por Sodoma.

En cuanto al *Libro V de Esdras*, esta obra existe únicamente en versión latina. Sin embargo, en algunos manuscritos figura como los dos capítulos iniciales del *Libro IV de Esdras* cuyo original se redactó en hebreo tardío.

Hemos visto que generalmente los escritos apócrifos se alinean en lo tocante a Sodoma con las voces proféticas de la Biblia hebrea. Esto es así a pesar de las grandes transformaciones lingüísticas y culturales que se producen durante la era helenística. Un hecho significativo es que el hebreo clásico ya quedó abandonado definitivamente como vehículo de expresión literaria. Varios hebraístas han demostrado que el momento clave para la ruptura idiomática ocurre al finalizar el cautiverio babilónico (de 587 a 538 a. C.). Una vez concluido el exilio, la lengua hebrea va adoptando las formas características del hebreo tardío que admite una creciente influencia del arameo, idioma muy importante en al antiguo Oriente Medio a partir de la era del imperio persa (Sáenz-Badillos 1993, 55).

La era helenística comienza con las amplias conquistas logradas por Alejandro Magno en el siglo III a. C. Una consecuencia de importantes repercusiones históricas es la difusión de la literatura griega por todo el imperio. En medio de este panorama nace la obra *Ben Sirá*. Durante siglos se pensó que el documento se redactó en griego ya que no aparecía por ningún lado un manuscrito hebreo. Sin embargo, en tiempos recientes ha aparecido un manuscrito redactado en hebreo tardío que permite comprobar que el conocido texto griego de Ben Sirá es realmente una traducción (Sáenz-Badillos 1993, 127).

El análisis aquí realizado nos ha permitido comprobar que, en relación con sus reflexiones sobre Sodoma, los autores de la literatura apócrifa no abordan temas sexuales, es decir, omiten cualquier referencia a las relaciones homoeróticas (Bailey 1955, 10).

Sodoma en el Nuevo Testamento, I.

Siendo la literatura fundacional del cristianismo, el Nuevo Testamento es una colección de escritos redactados enteramente en la variante del griego helenístico conocida como *koiné*. Por otra parte, cabe recalcar que todas las citas bíblicas que figuran en este cuerpo literario se basan en la Septuaginta, obra que goza de gran prestigio en la iglesia primitiva (Loader 2004, 127; Brayford 2007, 5).

La desigual calidad literaria y gramatical del griego utilizado en los diferentes documentos que integran el NT nos indica que nacen en un periodo caracterizado por importantes transiciones culturales, sociales y lingüísticas. En varios casos los autores son evidentemente personas que tienen como lengua materna el arameo o, tal vez, el hebreo tardío, factor que deja huellas visibles en el lenguaje griego de la Apocalipsis (Hanks 2000, 251).

En las páginas del Nuevo Testamento, el nombre de Sodoma aparece un total de nueve veces. En el evangelio de Mateo (11,24), Jesús se refiere al problema de Sodoma como menos grave que la suerte que correrá el día del juicio final la ciudad de Cafarnaún, lugar que ha presenciado varios milagros ejecutados por Jesús sin que la gente acabe de creer en él. Según Lc 17,29 y 17,33, la segunda venida de Jesús podrá ser tan repentina como el momento en que Sodoma quedó aniquilada. Por su parte, Pablo se une a la visión profética expresada en la Biblia hebrea al citar a Isaías en Rm 9,29. El autor de la Apocalipsis prosigue en 11,8 la misma tradición profética al utilizar el nombre de Sodoma como metáfora para describir una ciudad por él conocida, probablemente Jerusalén.

La mayor novedad que detectamos en el Nuevo Testamento es la manera en que Jesus se refiere a Sodoma y Gomorra como emblema de un hecho censurable: la falta de acogida comprobada por los enviados de Dios (Mt 10,15; Lc 10,12). De esta manera los evangelistas retoman el hilo lanzado primero por la *Sabiduría de Salomón*, obra apócrifa redactada un siglo antes. En ambos casos es significativo que el idioma de composición sea el griego.

Así es que en el Nuevo Testamento coexisten dos visiones del pecado de Sodoma. Algunos escritos mantienen la tradición profética de la Biblia hebrea mientras que otros se apoyan en la literatura intertestamentaria al presentar el problema de Sodoma como la falta de hospitalidad exhibida por los habitantes para con los visitantes divinos (cf. Mc 6,11).

Tabla 24 Sodoma en el Nuevo Testamento		
Nuevo Testamento	Redacción	Idioma original
Carta a los Romanos	57-58 d. C.	griego
Evangelio de Lucas	80-90 d. C.	griego
Evangelio de Mateo	85-90 d. C.	griego
Apocalipsis	95-100 d. C.	griego
Carta de Judas	aprox. 100 d. C.	griego
Segunda carta de Pedro	aprox. 125 d. C.	griego

Si sumamos las alusiones a Sodoma presentes en la Biblia en su totalidad, veremos que los escritos redactados en hebreo clásico contienen 41 referencias, los libros apócrifos siete y el Nuevo Testamento nueve. El saldo es de 57 referencias bíblicas.

Sodoma en el Nuevo Testamento, II.

Por lo que a Sodoma se refiere, dos breves escritos se apartan de la tendencia general del Nuevo Testamento que aquí hemos esbozado: la brevísima carta de Judas y la Segunda de Pedro.

Cualquier intento de fijar con alguna exactitud la autoría y el año de redacción de los escritos de la Biblia se topa con grandes dificultades. Desde hace siglos los biblistas discuten diferentes métodos para llevar a cabo la fechación pero el consenso sigue lejano. En cuanto a la carta de Judas, una pequeña mayoría considera que fue escrita hacia finales del siglo I o a principios del siglo II d. C.

Lo que sí parece cierto, según numerosos comentaristas e historiadores, es que la segunda carta de Pedro está endeudada con Judas y, por consiguiente, que se redactó en una fecha posterior. Por otra parte, ambas epístolas no alcanzaron el reconocimiento canónico hasta muy entrado el siglo IV. Algunas iglesias se mantuvieron al margen del proceso. Por ejemplo, la iglesia de Siria nunca incorporó estas cartas a su versión del Nuevo Testamento (Metzger 2001, 28).

En relación con Sodoma, ambas epístolas neotestamentarias aportan otra novedad en la forma de un enfoque distinto. Lo característico de la nueva perspectiva radica en el hecho de que los problemas religiosos, sociales y éticos enfatizados por los demás escritos bíblicos pasan a un segundo término para ceder la atención a un tema diferente: el sexo.

Desde una óptica estilística y literaria, determinadas frases griegas de Judas indican que la lengua materna del autor es el arameo o el hebreo tardío. Los nuevos temas aparecen en los versículos 7, 9 y 14. La carta de Judas es la primera composición bíblica que nos indica que Sodoma y Gomorra "fornicaron" y que se lanzaron en pos de "una carne diferente" (v. 7). En cuanto a esta última afirmación, estamos probablemente ante una curiosidad literaria en la forma de una alusión a relaciones sexuales entre seres humanos y la "carne diferente" representada por ángeles celestiales. El pasaje en cuestión podría ser Gn 6,2-4 donde los llamados "hijos de Dios" toman mujeres terrenales de quienes engendran hijos (Carden 2004, 59).

Por su parte, la segunda carta de Pedro se dirige a un ambiente helenista de habla griega. En 2,6-8 el autor hace constar que los hombres de Sodoma eran "impíos" y "disolutos". En líneas generales ambas cartas reflejan una serie de problemas agudos que se plantean en la iglesia primitiva incluidos tales fenómenos como doctrinas erróneas y conductas incompatibles con el evangelio.[44] El redactor de 2 P previene a la comunidad de fe contra la admisión de cierta clase de varones quienes ingresan principalmente atraídos por la perspectiva de entablar relaciones eróticas con mujeres cristianas (2 P 2,14).

En el contexto de la interpretación de Sodoma, las secuelas más significativas producidas por la canonización de las cartas de Judas y segunda de Pedro han sido la introducción de varios elementos hermenéuticos que antes estaban ausentes. Si los profetas hebreos empleaban a menudo metáforas polémicas del ámbito sexual, ambas

---

44 Judas vv. 4, 8, 12, 16-19; 2 P 2,1-3.

epístolas griegas se refieren en términos concretos a actividades netamente sexuales, o sea, sin recurrir al lenguaje metafórico. Vistas así, Judas y 2 P ocupan una posición singular en el panorama bíblico relativo a Sodoma y Gomorra. Todo parece indicar que ambos autores, inspirados en la literatura helenística y judía de su época, reflexionan sobre ciertas inquietudes de actualidad surgidas en el seno de las incipientes comunidades cristianas.

Un extranjero residente de Sodoma

A la hora de interpretar el relato de Sodoma del Génesis, un personaje central es Lot, sobrino de Abraham y vecino de la ciudad. Si Abraham es protagonista del capítulo 18, es Lot quien se encuentra en el ojo del huracán a lo largo del capítulo 19. Desde siempre la actuación de este personaje ha sido objeto de un sinfín de comentarios porque el estilo lapidario del texto original nos deja con algunas dudas acerca de su carácter, su comportamiento como anfitrión y cabeza de familia, y su posición social como residente extranjero de Sodoma.

Significativamente no hay unanimidad entre los biblistas acerca de los interrogantes planteados. Teniendo en cuenta la centralidad del sobrino de Abraham a la hora de determinar cuál es la visión bíblica del drama de Sodoma—si es que existe una sola visión—, trazaremos a continuación un breve bosquejo de las interpretaciones bíblicas de la figura de Lot. Esperamos de esta manera descubrir algunos elementos que ahora nos faltan para llegar a tener una impresión más integral de un ser poco comprendido.

Lot aparece primero en los capítulos 11 y 12 del Génesis. El narrador nos indica en Gn 13 que Lot, al separarse de sus tíos Abraham y Sara, se instala muy cerca de la ciudad de Sodoma cuyos habitantes son "malos". El capítulo 14 relata cómo el rey Bera de Sodoma es derrotado en una guerra y cómo Lot y el resto de los prisioneros de Sodoma son liberados gracias a una sorpresiva acción relámpago ejecutada por Abraham. El capítulo 18 no menciona a Lot por su nombre sino que observamos que su tío Abraham intercede ante YHWH por los "justos" de Sodoma. En cambio, Lot es indudablemente el protagonista del capítulo 19.

Las referencias a Lot en el resto de la Biblia hebrea son relativamente escasas. El libro del Deuteronomio no habla de la persona de Lot pero sí de su descendencia en la forma de Moab y Amón, dos pueblos que viven al este del río Jordán y que reciben en ese contexto el calificativo de "hijos de Lot" (Dt 2,9.19). Es YHWH quien manda en Dt 2 a los israelitas a respetar el derecho de ambos pueblos de poseer la tierra que ocupan gracias al antiguo parentesco entre moabitas, amonitas e israelitas indicado en Gn 19,37-38. Una óptica mucho más escéptica con respecto a Moab y Amón como "hijos de Lot" aparece en el Salmo 83 donde estos pueblos figuran entre los numerosos enemigos de Israel al lado de los edomitas, asirios y filisteos.

El capítulo 16 de la obra apócrifa *Ben Sirá* (Eclesiástico), anota de manera desapasionada que los vecinos sodomitas de Lot debieron pagar el precio de su arrogancia. De este pasaje se deduce indirectamente que Lot era distinto. En la *Sabiduría de Salomón* 10,6 se menciona el caso de un hombre justo que salvó su vida gracias a la intervención divina en contraposición con otros habitantes impíos de las ciudades de la cuenca del Jordán. En resumidas cuentas, observamos que si bien los descendientes de Lot son objeto a veces de críticas, las referencias directas a Lot como persona expresan—tanto en la Biblia hebrea como en los escritos apócrifos—una actitud de neutralidad o, en algunos casos, de respeto.

En el Nuevo Testamento, Lot sale mencionado en cuatro ocasiones. En primer lugar su nombre aparece tres veces en el evangelio de Lucas con relación a las palabras de advertencia pronunciadas por Jesús acerca de las catástrofes naturales imprevisibles (17,28-32). El tono del pasaje es factual y didáctico siendo positiva la presentación de la persona de Lot en el sentido de que simboliza o representa una actitud de desapego a los bienes materiales. Por su parte, 2 P 2,7-8 se refiere a Lot en términos respetuosos como hombre "justo" que sufrió considerablemente debido a la vida disoluta y licenciosa que veía, según la epístola, en torno suyo.

Conclusión

En este capítulo hemos recorrido la Biblia entera en busca de las primeras interpretaciones históricas de la leyenda de Sodoma y Gomorra. La exploración nos ha permitido identificar tres enfoques principales. En primer lugar, los libros proféticos de la Biblia hebrea son muy importantes como "testigos" del drama de Sodoma gracias al acceso directo que tienen los autores al texto hebreo. Estos intérpretes asocian el nombre de Sodoma con una situación social, política y teológica caracterizada por graves problemas de politeísmo y de injusticia. Las metáforas sexuales empleados por este grupo de escritores se aplican a las prácticas politeístas que observan en el entorno. En síntesis, para los profetas Sodoma no es un lugar geográfico sino que simboliza esencialmente una cruda realidad social alejada de Dios.

Según la Biblia hebrea, las víctimas de Sodoma son los oprimidos y desfavorecidos. Si aplicamos esta lente hermenéutica al relato del Génesis, veremos que el personaje que responde a tales condiciones es Lot, extranjero residente de Sodoma, quien cae víctima de sospechas, interferencias, intimidaciones, órdenes de detención y allanamiento de morada. Los portavoces de la ciudad no le reconocen ningún derecho de autonomía en el momento en que él procede a convidar a los anónimos mensajeros divinos a cenar y a quedarse en su casa.

A la luz de ese conflicto de intereses, los habitantes intentan forzarle a Lot a renunciar a cualquier medida hospitalaria. Para él, sin embargo, dar marcha atrás sería inaceptable y vergonzoso a la luz del antiguo código de honor que rige tanto para él como para Abraham. En otras palabras, los oprimidos de Sodoma son Lot y su familia. Este enfoque hermenéutico lo comparten en líneas generales los escritos apócrifos, redactados en idiomas varios, y una parte del Nuevo Testamento.

Sin embargo, aparece en la apócrifa *Sabiduría de Salomón* y en los evangelios del Nuevo Testamento, todos redactados en griego, un segundo elemento que permite identificar una óptica específica aplicable a la leyenda de Sodoma: la falta de hospitalidad o de acogida. Con esta innovación hermenéutica se plantea que el pecado de Sodoma se relaciona principalmente con el trato inhospitalario y hostil que reciben los visitantes divinos por parte de los vecinos de la ciudad.

Por otra parte, el Nuevo Testamento presenta un factor asociado con Sodoma que no ha estado presente en la literatura clásica hebrea ni en las obras apócrifas: las relaciones heterosexuales problemáticas. De hecho, la breve carta de Judas sugiere que la gente de Sodoma "fornicó" y que se propuso transgredir el límite entre lo divino y lo humano yendo en pos de una "carne diferente". La expresión insinúa deseos de tener relaciones carnales con seres celestiales. Para el autor de la segunda carta de Pedro, Sodoma es un lugar que está lleno de gente libertina y disoluta. Ambas cartas, especialmente Judas, se inspiran en obras de la época helenística, concretamente la literatura intertestamentaria o pseudoepigráfica.

Para referirse a Lot, extranjero residente de Sodoma, los libros bíblicos adoptan generalmente un tono de respeto. Sin embargo, un Salmo señala con desaprobación la actuación de los moabitas y amonitas, descendientes de las hijas de Lot.

A manera de resumen, hemos localizado tres enfoques principales en la Biblia por lo que a Sodoma se refiere:

- según la Biblia hebrea, Sodoma se caracteriza por su idolatría e injusticia social teniendo como víctimas a Lot y a su familia;
- para algunos escritos apócrifos y neotestamentarios, Sodoma es un lugar inhospitalario que oprime a los visitantes;
- según dos epístolas del Nuevo Testamento, Sodoma describe un escenario con gente libertina.

Por último, el material estudiado nos permite concluir que los contextos bíblicos examinados no se refieren a las relaciones de tipo homoerótico.

6

Sodoma y Gomorra ayer

*Si la blasfemia es el peor pecado,
en ningún sentido es mejor la sodomía.*
Pedro Damián[45]

Sodoma en la literatura intertestamentaria

En el capítulo precedente hemos visto cómo la carta de Judas, refiriéndose a Sodoma y Gomorra, cita unas fuentes literarias no incluidas en la Biblia. Se trata de una serie de escritos judíos surgidos en la era helenística que comienza en el siglo IV a. C. y continúa hasta los primeros siglos de la iglesia primitiva incluyendo así el periodo de gestación del Nuevo Testamento. El cuerpo literario intertestamentario, de procedencia diversa, recibe a veces el nombre de pseudoepigrafía.

A este variado grupo de escritos pertenecen, entre otros, el *Primer Libro de Enoc*, la *Asunción de Moisés*, el *Libro de los Jubileos* y *Testamentos de los doce patriarcas*. Redactados en hebreo tardío, arameo o griego, nacen durante los siglos II y I a. C. aproximadamente. Algunas obras

---

45 Carden 2004, 176.

pseudoepigráficas fueron traducidas a otras lenguas como griego, latín, siríaco y etíope. Especialmente en el coptismo esta literatura es reconocida de modo que los libros de *Enoc* y *Jubileos* forman parte integral de la Biblia etíope.[46]

Los temas más comentados en la literatura intertestamentaria son la apostasía, la idolatría y los matrimonios mixtos entre judíos y no judíos. Durante las épocas de crisis para el judaísmo los matrimonios mixtos son problemáticos ya que llevan implícito el riesgo de disminución del número de fieles (Carden 2004, 43). El tema se agudiza para aquellas comunidades que se sienten presionadas por los valores, ritos y costumbres de la cultura mayoritaria que las rodea.

En su capítulo 16,5-6 el *Libro de los Jubileos* menciona la disolución y pecaminosidad de la gente de Sodoma y que los habitantes cometieron transgresiones sexuales, sin que el carácter de estas últimas llegue a concretarse (Hammershaimb *et al.* 1953-63, 230). El tema reaparece en el capítulo 20,5-6 vinculado a los problemas de la idolatría y los matrimonios mixtos (p. 238). Curiosamente el narrador plantea un nexo con Gn 6,1-4 identificando a los "hijos de Dios" con los "ángeles" mencionados varios siglos después en Judas 6 (Bailey 1955, 12). El texto sugiere que tanto en el diluvio como en la destrucción de Sodoma el factor determinante se identifica como "fornicación" (p. 13).

El escrito *Testamentos de los doce patriarcas* se refiere a Sodoma en varias ocasiones. Como en *Jubileos*, el narrador del *Testamento de Naftalí* 3,4-5 evoca a manera de escarmiento el ejemplo de Gn 6 ya que este relato bíblico parece insinuar que es la convivencia de los hijos de Dios con mujeres de la tierra la que desencadena el diluvio (Hammershaimb *et al.* 1970-76, 757). Por su parte, el *Testamento de Benjamín* 9,1 asocia el nombre de Sodoma con promiscuidad en el sentido de trato con mujeres "libertinas" (Hammershaimb *et al.* 1970-76, 787; Carden 2004, 58-59).

Consideraciones análogas surgen en el *Testamento de Leví* 14,6, documento que rechaza enfáticamente el matrimonio entre hombres judíos y mujeres no judías ("gentiles") aduciendo su similitud con Sodoma

---

[46] gbgm-umc.org/umw/bible/ethold.stm, 2010.

y Gomorra (Bailey 1955, 19; Hammershaimb *et al.* 1970-76, 720). El *Testamento de Aser* 7,1 previene a sus lectores contra el peligro de la ignorancia, concretamente la que llevó a los sodomitas a actuar con arrogancia frente a los mensajeros divinos y forzando el límite entre las esferas divina y humana (Hammershaimb *et al.* 1970-76, 769).

En síntesis, la metáfora de Sodoma y Gomorra se aplica en la pseudoepigrafía a situaciones de libertinaje y de irresponsabilidad religiosa, temas que concuerdan con los planteamientos presentes en la carta de Judas (Carden 2004, 59). De estos escritos, ninguno se refiere al tema de las relaciones homoeróticas (p. 57).

Sodoma en las obras de Filón y de Josefo

Ya hemos visto cómo la tradición interpretativa iniciada por la pseudoepigrafía influye en dos epístolas incluidas en el Nuevo Testamento. Se trata realmente de una innovación histórica que tendrá consecuencias de largo alcance. En esta misma época conviene recalcar especialmente los comentarios sobre Sodoma presentados por el filósofo helenista Filón, judío que nace en Alejandría (siglo I). Una amplia parte de la obra de Filón se dirige a los lectores gentiles con el objetivo de explicar temas fundamentales del judaísmo.

En materia de filosofía, el cuerpo con sus necesidades y deseos representa para Filón una dimensión femenina que necesita someterse a la masculinidad del espíritu (Carden 2004, 61). Por ejemplo, el filósofo adopta una actitud de censura frente al consumo inmoderado de bebidas alcohólicas porque, según él, hacen que se vaya la razón y permiten que manden los sentidos. A la manera de ver de Filón esta problemática interviene en el drama de Sodoma. Hay indicios que el escritor funda sus observaciones sobre Sodoma en una serie de fenómenos sociales, culturales y sexuales que forman parte de la vida diaria en la ciudad de Alejandría, hechos que lo desagradan sobremanera (Bailey 1955, 22).

Ya para la época en que vive Filón, es muy conocida la pseudoepigrafía con su temática heterosexual en relación con Sodoma. Sobre esta base, se van imponiendo las interpretaciones sexuales de la leyenda. En su obra

De Abrahamo, párrafos 134-136, Filón apunta que los sodomitas fueron hedonistas y grandes adúlteros con apetitos sexuales desenfrenados (Philon 1966, 79). En relación con esta posición novedosa, Filón plantea que en Sodoma abundan las relaciones homoeróticas, concretamente en la forma de pederastia (Carden 2004, 61). Este término alude a la tradición cultural de la Grecia clásica que invita a los hombres libres adultos (generalmente casados) a mantener relaciones íntimas con un adolescente varón.

Los comentarios bíblicos producidos por Filón se basan en el lenguaje griego de la Septuaginta (Loader 2004, 12; Brayford 2007, 1). En el contexto de Sodoma es importante anotar que la versión griega de Gn 19,5-8 en la LXX difiere de la redacción original hebrea en varios detalles neurálgicos. Por ejemplo, el vocabulario de la Biblia de los Setenta deja entrever que puede haber alguna insinuación sexual a la hora en que los habitantes de Sodoma exigen "conocer" a los visitantes recién llegados (véase el cap. 8).

En resumidas cuentas, el enfoque de Filón sobre Sodoma se inspira en dos fuentes: (1) el capítulo 16 del libro de Ezequiel que comenta la vida holgada de los habitantes; (2) la pseudoepigrafía helenística que plantea la disolución moral y sexual de los sodomitas. Concretamente Filón se vale de la terminología griega proporcionada por la LXX (Loader 2004, 3). Lo más notable es que el filósofo toma la iniciativa histórica de añadir a su interpretación del relato bíblico un elemento antihomosexual explícito. Expresa su opinión sin lugar a dudas: es indecorosa y censurable toda atracción física entre dos personas del mismo sexo (Carden 2004, 62).

A largo plazo, y a pesar de la identidad judía del filósofo, es significativo que las consideraciones de Filón sobre Sodoma repercutan escasamente en la literatura judía de su época (Bailey 1955, 23). En cambio su criterio influirá muy poderosamente en la evolución del pensamiento cristiano a partir de la era patrística.

El historiador judío Flavio Josefo vive medio siglo más tarde que Filón y se piensa que conoce las obras del filósofo alejandrino. También Josefo se dirige a un público lector no judío y parece que lee la Biblia en versión griega. En su obra *Antigüedades judías* (I.200), Josefo indica que Lot es "muy amable con los forasteros" y que los habitantes de Sodoma manifiestan deseos sexuales violentos (Josephus 1998a, 99). Sin embargo, a diferencia de Filón, el fenómeno no le inquieta (Carden 2004, 74). Josefo habla de otros temas de modo que, en su interpretación de la leyenda bíblica, Sodoma es un lugar poblado por seres egoístas de corazones duros. En la ciudad impera la xenofobia que se traduce en exclusiones y agresiones. Así es que el criterio interpretativo de Josefo se inscribe en la tradición helenística que presenta a los visitantes divinos como víctimas de la violencia sodomita.

Desde un punto de vista histórico, lo interesante de las descripciones de Sodoma ofrecidas por los principales escritores judíos de la era helenística es que precisamente esta literatura—y no los profetas hebreos—es la que contribuye poderosamente a la posterior evolución de la teología cristiana en materia de homoerotismo (Carden 2004, 77). En resumen, de esta corriente son dos los enfoques característicos: (a) las víctimas de Sodoma son los forasteros visitantes; (b) a los habitantes de la ciudad los motiva, según Filón, el libertinaje de signo homosexual, concretamente en la forma de pederastia, mientras que para Josefo el problema de fondo es de xenofobia y de violencia.

Sodoma en la iglesia primitiva

En el momento de la antigüedad en que se va conformando el canon bíblico, la situación literaria es sumamente variada. Por un lado se conoce la Biblia hebrea y sus diferentes traducciones griegas, de las cuales la más prestigiosa es la LXX. Añádase un gran número de escritos cristianos en la forma de evangelios y epístolas enviadas por varios apóstoles. Por otro lado circula una enorme cantidad de literatura pseudoepigráfica, apócrifa, gnóstica, rabínica y cristiana sobre temas bíblicos. Indudablemente muchas personas que dominan el arte de la lectura estudian tales documentos en paralelo sin saber distinguir claramente entre planteamientos ortodoxos y posiciones heterodoxas.

Quizás la mayoría no sienta ninguna necesidad de establecer tales delimitaciones dedicando a todos los géneros literarios la misma dosis de curiosidad y atención. Sin embargo, pronto surge en el mismo periodo una serie de agudas controversias teológicas que se nutren de la multitud de escritos religiosos y pseudorreligiosos con sus concomitantes puntos de duda y discrepancias interpretativas. En el seno del cristianismo se aprecia un creciente deseo de establecer principios claros y bien definidos.

En consideración al carácter variopinto del panorama teológico, tal vez no sea sorprendente que se vaya imponiendo en la literatura posbíblica una óptica interpretativa determinada con relación a Sodoma. Según evoluciona la iglesia primitiva, la vida corporal de los creyentes ocupa un espacio cada vez más amplio en la consciencia de los dirigentes espirituales, sobre todo vista como campo de batalla que invita a los fieles a escoger entre los procesos que mantienen el fluir de "este mundo" y la transformación radical anunciada por la venida de Jesucristo (Brown 1990, 482).

Por otra parte, esta corriente se enfrenta con la importante competencia teológica presentada por el gnosticismo, movimiento que recibe el rechazo explícito del cristianismo ortodoxo al tiempo que este último se deja influir por su adversario. Conceptos como renuncia, ascetismo, abstinencia sexual, castidad y celibato—que ya asoman tímidamente en algunas secciones del Nuevo Testamento—se van haciendo fuertes en el ámbito eclesiástico (Holloway 1999, 54-55).

En el mismo contexto cabe señalar que a nivel lingüístico, la iglesia primitiva pierde el nexo directo con la Biblia hebrea debido a la presencia masiva de la Septuaginta, traducción que goza de gran prestigio (Brayford 2007, 5). En el caso de Sodoma, se hace cada vez más frecuente la tendencia a reducir la esencia de los datos idiomáticos, literarios, teológicos, históricos y simbólicos del texto original a una fórmula manejable. La respuesta es sencilla: en Sodoma abundan las prácticas sexuales censurables o ilegítimas.

Toda una serie de padres de la iglesia y teólogos de los siglos subsiguientes mencionan en sus obras el nombre de Sodoma. La literatura existente es amplia y por razones de espacio nos limitaremos a referirnos a una pequeña muestra representativa. Clemente de Alejandría (m. 215) escribe en griego y es el primer teólogo del cristianismo primitivo que adopta el enfoque sobre Sodoma introducido por Filón. En su obra *Pedagogo* vincula la ciudad específicamente con problemas de inmoralidad sexual y apetitos desenfrenados, concretamente en la forma de adulterio y pederastia (Clement, Book III, Chapter VIII; Bailey 1955, 25).

El cartaginense Tertuliano (m. 225) es el primero de los teólogos famosos que escribe sus ensayos y tratados en latín. En repetidas ocasiones recurre a Sodoma como metáfora y se comprueba que conoce bien el Antiguo Testamento. Lo más curioso de los planteamientos aportados por Tertuliano es el nexo que establece entre Sodoma y el matrimonio (Carden 2004, 129-130). Para la época de Tertuliano el celibato está cobrando auge como estado civil ideal para los cristianos deseosos de practicar su religión en profundidad. En este contexto lanza advertencias sobre la proximidad de los últimos tiempos y de la insensatez de la gente que desea casarse y tener hijos (Tertullian 1951 pp. 17, 57).

Tertuliano está casado pero eso no quita que mantenga una actitud crítica frente a la gente que se preocupa más por las cosas del matrimonio que por la vida del espíritu. En concreto le molestan los viudos que piensan casarse en segundas nupcias. Los compara con la esposa de Lot que en el camino volvió la vista atrás y pereció (Tertullian 1951, 106). En resumidas cuentas, la visión de Sodoma que caracteriza el pensamiento de Tertuliano se enmarca claramente en una problemática heterosexual, hecho que lo coloca en una posición análoga a la literatura intertestamentaria.

Un biblista de gran importancia para su época es Orígenes quien vive en el siglo III. Es de Alejandría y estudia en su juventud bajo la dirección de Clemente. Orígenes escribe en griego, sabe hebreo y conoce bien los escritos de los comentaristas judíos de su época. Tal vez su obra más famosa sea la *Héxapla*, edición séxtuple del Antiguo Testamento en versión original hebrea comparada con varias traducciones al griego. En la óptica de Orígenes, la gente de Sodoma no está dominada en absoluto por apetitos sexuales sino que en ese lugar reina la injusticia y los vecinos se comportan de forma hosca e inhospitalaria (Origen 1982, 103-120; Carden 2004, 130-133). De esta manera, comprobamos que la visión de Orígenes se inspira en ambos Testamentos de la Biblia.

Sodoma en la patrística

A partir del siglo IV comienza a manifestarse una creciente tendencia a vincular Sodoma con las relaciones homoeróticas. Es decir, empiezan a hacerse sentir las visiones aportadas por la literatura intertestamentaria y reinterpretadas por los alejandrinos Filón y Clemente.

Un documento cristiano del siglo IV titulado *Constituciones apostólicas*, del que existen manuscritos en varios idiomas clásicos, declara que el pecado de Sodoma es *contra natura* (contrario a la naturaleza). Por vez primera en tiempos históricos se establece un vínculo entre Sodoma y la prohibición del Levítico 18,22: "Con varón no te acostarás..." (Carden 2004, 125).

En el documento copto *Apocalipsis de Pablo*, redactado en griego, el autor observa en el mundo de los muertos un grupo de hombres que cometieron delitos como los de Sodoma y Gomorra. Su castigo consiste en verse sumergidos permanentemente en un río lleno de alquitrán, azufre y fuego (Carden 2004, 125). Refiriéndose a los últimos días de Lot y de su esposa, Gregorio de Nisa (siglo IV) advierte a los monjes de su época de la importancia de saber dominar sus pasiones (p. 125).

Según Ambrosio de Milán (siglo IV), el drama de Sodoma ilustra una violación flagrante de las leyes de la hospitalidad. En otro pasaje hace hincapié en la anarquía desplegada por los habitantes de la ciudad. En general, Ambrosio considera que Sodoma está poblada por gente malvada gobernada por los placeres sensuales. Especialmente se opone a las relaciones sexuales entre varones porque en su óptica llevan a actitudes sociales poco caritativas e inhospitalarias. En cuanto a la esposa de Lot, para Ambrosio ella representa el afán de volver a entregarse a la impureza de las pasiones carnales que acaba de abandonar, paso equivocado que conduce a su perdición (Jordan 1997, 34).

De forma análoga, Juan Crisóstomo de Antioquía (347-407) explica la trama de la leyenda de Sodoma diciendo que son inhospitalarios los varones que sienten deseos sexuales los unos por los otros. Según Crisóstomo, los vecinos de la ciudad han puesto el orden de la naturaleza patas arriba. Le importa purgar de la vida monástica cualquier tendencia liberacionista en el ámbito sexual porque llevaría inevitablemente a desviaciones y desgracias (Carden 2004, 142).

El hispanorromano Pablo Orosio (c. 383–c. 418) es quien da un paso adicional de gran alcance. A su modo de ver, no solamente serán castigados los pecadores homosexuales sino que atraerán infortunios sobre la comunidad en que viven. Orosio se refiere específicamente a las calamidades que se ciernen sobre el imperio romano en la forma de repetidas invasiones por parte de diferentes pueblos bárbaros (Carden 2004, 125-126).

Jerónimo (c. 340–420) es una de las grandes figuras de la historia de la interpretación bíblica. En el contexto de Sodoma, hace hincapié en la vida despreocupada de la ciudad combinada con arrogancia y orgullo, óptica que le une a la visión del profeta Ezequiel. Asimismo, Jerónimo aplica una alegoría a Sodoma y a Samaria según la cual una ciudad viene a representar a los herejes y la otra a los gentiles. Por otra parte, emplea por momentos la palabra *sodomita*. Jerónimo no define el término con claridad pero el contexto indica que alude a problemas sexuales. En resumidas cuentas, la imagen que presenta Jerónimo de Sodoma es compleja (Jordan 1997, 33-34).

También en las obras de Agustín de Hipona (354-430) encontramos una visión plurifacética de Sodoma. Para Agustín todas las formas del deseo sexual son potencialmente pecaminosas y no hay que darles rienda suelta. En este contexto interpreta el castigo que cae sobre Sodoma como señal de que los habitantes no supieron gobernar su sensualidad. Al mismo tiempo comenta que hubo ruptura del orden natural aludiendo en tal sentido a todo comportamiento sexual sin fines procreativos. Además de ello, Agustín reflexiona sobre el concepto de violación sexual preguntándose, por ejemplo, si es más aceptable para una mujer sufrir tal agresión que para un varón. Para él la respuesta es afirmativa, si bien es cierto que en el fondo lo que más preocupa a Agustín es la erupción violenta del deseo desenfrenado (Jordan 1997, 34-35).

Juan Casiano (c. 365–c. 435) es uno de los pioneros del movimiento monástico. En su ascetismo le inquieta cualquier manifestación de riqueza en lo material, previniendo a los frailes contra la entrega a los placeres de la buena mesa porque pueden llevar a momentos de libertinaje y acarrear graves consecuencias morales (Carden 2004, p. 134). Con relación a Sodoma, la interpretación de Juan Casiano se basa en una visión de los peligros inherentes a la sensualidad desenfrenada (p. 126).

A ciertos intervalos vuelve a aparecer en nuevos contextos el hilo interpretativo lanzado primero por Pablo Orosio. Por ejemplo, el emperador Justiniano (483–565) emite en 538 y 544 decretos contra el trato sexual entre varones con la motivación de que tales actos provocan la ira divina. El monarca teme que ocurran desastres generalizados al estilo de la destrucción de Sodoma refiriéndose concretamente a terremotos y epidemias de peste (Bailey 1955, 74-77).

En esta sección hemos visto que, a partir de la era helenística, aparece cierta variedad de inquietudes en la literatura que comenta Sodoma y Gomorra. De todos modos, se impone una clara tendencia histórica: cada vez más comentaristas se inclinan a interpretar la leyenda desde una óptica sexual al tiempo que comienza a predominar el enfoque problematizador de las relaciones homoeróticas.

La invención de la sodomía

En los países del antiguo Levante mediterráneo (Oriente Próximo), los idiomas principales de la iglesia cristiana son el griego, el siríaco y el arameo. De interés para nuestro tema son unos escritos siríacos aparecidos en los siglos VIII y IX compuestos por los teólogos Teodoro bar Koni e Isodad de Merv. En la obra de este último encontramos el sustantivo s'*domayotha*, derivación del nombre bíblico de Sodoma que significa "prácticas de los sodomitas" (Carden 2004, 159). El concepto parece aludir primordialmente a los malos tratos sufridos por extranjeros (p. 158).

Mientras tanto, hacia las regiones de habla latina se propaga otra óptica ya que el relato de Sodoma se interpreta en la iglesia romana con una frecuencia cada vez mayor como ilustración de las relaciones sexuales prohibidas, y muy concretamente de la intimidad erótica entre varones. Esta nueva situación se produce en un clima religioso en que la

Biblia se estudia exclusivamente en latín. La versión más importante es la *Vulgata*, obra de Jerónimo terminada alrededor del año 400.

En los escritos del papa Gregorio Magno (c. 540-604) el nombre de Sodoma figura repetidamente en clave de advertencia. Gregorio no especifica con exactitud a qué pecados alude pero el vocabulario empleado parece indicar situaciones homoeróticas descritas como "delitos carnales" y "deseos perversos". Para este pontífice es significativo que el castigo a los pecadores de Sodoma les caiga en la forma de fuego y azufre. En el universo que describe Gregorio, el azufre emite hedor y se asocia bien con la idea de pasiones descontroladas. Para erradicar tal desenfreno se necesita fuego, y según Gregorio la represalia se ajusta perfectamente a la transgresión (Jordan 1997, 35-36).

Varios escritores medievales echan mano de la palabra *sodomita*. Por un lado la usan para referirse a los habitantes de la ciudad de Sodoma y, por otro, describen con ella a personas impresentables de dudosa moral. Gregorio Magno habla del "crimen del sodomita" (Jordan 1997, 36), locución parecida a la voz latina *vitium sodomiticum*, "el vicio del sodomita", que aparece con frecuencia en alusión a las relaciones sexuales entre varones (p. 3).

En el siglo XI se produce en la iglesia católica romana una innovación que tendrá consecuencias históricas para todo el segundo milenio d. C. Nace en un monasterio italiano el término *sodomía*, apareciendo por vez primera en una obra polémica escrita en latín y titulada *Liber Gomorrhianus*, "El libro de Gomorra". Su autor es fray Pedro Damián (1007-1072). En el libro no se explica directamente en qué consiste la sodomía pero entre líneas se intuye que se refiere a alguna actividad sexual, que esta actividad ocurre entre varones y que tal vez sea producto de posesión demoníaca (Jordan 1997, 55). En el mundo literario de Pedro Damián, los sodomitas son personas que viven de forma clandestina entre los frailes, sacerdotes y obispos de la época y de quienes hay que tener cuidado constantemente. La presencia de esta gente es tan masiva que el fenómeno adquiere características de una epidemia crónica (pp. 48-51).

Si bien es cierto que la palabra sodomía no aparece en la Biblia, para cualquier lector es lógica su asociación con el nombre de la ciudad de

Sodoma. Cabe anotar otro detalle de importancia. El vocablo sodomía, en latín *sodomia*, se introduce junto a varios otros conceptos medievales de uso frecuente en los tratados de teología, a saber, lujuria y blasfemia (Jordan 1997 pp. 38, 43, 161). De hecho, vemos cómo la sodomía no se limitará a la esfera de la intimidad física entre dos personas sino que adquiere más adelante gran relieve en el campo de la teología puesto que el concepto se clasificará en una serie de casos como pecado contra Dios y su obra creadora.

A partir del teólogo francés Pedro Cantor (siglo XII) se amplía el campo semántico de la sodomía. En su comentario bíblico Pedro extiende el significado de la palabra hasta el punto de abarcar las relaciones íntimas entre mujeres (Carden 2004 pp. 164, 182). Para su tiempo aún no está generalizado el uso del término y, por tanto, Pedro Cantor prefiere a menudo el arcaísmo "vicio sodomítico" para referirse a cualquier relación sexual entre dos personas del mismo sexo. En ese contexto Pedro procede a realizar reflexiones teológicas. En su óptica, el vicio sodomítico debe recibir un trato análogo al homicidio. Tanto es así que el lector se queda con la impresión que el pecado cometido por los sodomitas es para Pedro Cantor peor que el asesinato (pp. 180-181).

Al igual que las demás figuras literarias de la Edad Media, el gran teólogo Tomás de Aquino (1224-1274) escribe en latín. Vistas en su conjunto sus reflexiones sobre los pecados relacionados con Sodoma con complejas y, a veces, paradójicas (Jordan 1997, 137). Tomás habla de Sodoma en varios libros suyos, incluida la importante *Summa theologiae*, recurriendo a varios vocablos distintos para refererise al concepto de sodomía lanzado dos siglos antes por Pedro Damián. Así vuelve a aparecer en la prosa de Aquino el término "vicio sodomítico" que en su caso se asocia estrechamente con "lujuria" y "vicio antinatural", conceptos que contrastan en su vocabulario con los vicios denominados "naturales" en la forma de adulterio, promiscuidad y violación de mujeres (*sic*). Como en el caso de Pedro Cantor, el vicio sodomítico abarca en las obras de Tomás cualquier relación íntima entre personas del mismo sexo, es decir, incluye el lesbianismo.

De todos modos, sería erróneo suponer que Aquino habla de "homosexualidad" en el sentido moderno de la palabra porque el concepto no se ajusta a su ideario. Es más, el término "homosexual" no tiene equivalente directo en ninguna palabra medieval (Jordan 1997 pp. 155-156, 161; Karras 2005, 190 n. 18). Insistimos que en el caso de Tomás, lo que le importa es el problema de los llamados vicios (Jordan 1997, 155). Según Aquino los vicios naturales serán en todo caso preferibles a los antinaturales (Carden 2004, 185). El problema mayor planteado por estos últimos sería para él que constituyen como la blasfemia — o, tal vez, aun más — transgresiones del orden cósmico instituido por mandato divino. El aspecto más preocupante resulta ser la ausencia de procreación puesto que ésta representa para Aquino la finalidad esencial del instinto sexual (Jordan 1997, 147).

Uno de los grandes problemas que surgen a la hora de querer explicar los puntos de vista expresados por Aquino en relación con Sodoma radica por un lado en su dispersión por diferentes obras teológicas y, por otro, en el hecho de que no constituyen un todo lógico o coherente. Lo cierto es que por momentos Tomás se deja inspirar por Aristóteles al incorporar en sus reflexiones sobre las relaciones sexuales entre varones conceptos polémicos como bestialidad y canibalismo (Jordan 1997, 149-150). De esta forma, consigue matar dos pájaros de un tiro al presentar el "vicio sodomítico" como inaceptable en el ámbito teológico y repugnante a nivel moral (p.150).

En este contexto, cabe resaltar un fenómeno que subyace prácticamente todos los escritos teológicos del Medioevo europeo: la misoginia. El horror que manifiestan los pensadores de la Iglesia ante el concepto de sodomía está íntimamente ligado al constante menosprecio expresado por los mismos escritores de la condición femenina y de todo lo femenino. De ahí la repugnancia que les inspira cualquier hombre que se rebaje "voluntariamente" a actuar "como una mujer", ante todo en el orden sexual (Jordan 1997 pp. 57, 169).

A partir del siglo XIII la imaginada dimensión homosexual de la leyenda de Sodoma está tan sólidamente implantada en el ideario católico que es lógica y casi inevitable la aceptación teológica del concepto de sodomía por parte de la jerarquía eclesiástica (Jordan 1997, 80). Evidentemente la palabra sodomía es más concisa y de mayor utilidad práctica que "vicio sodomítico". Desde entonces, y a pesar de su indefinición, la noción medieval de sodomía proporciona el filtro obligado a través del cual los lectores nos acercamos al relato de Sodoma y Gomorra (Jordan 1997, 1).

Renacimiento y Reforma

El florentino Dante Alighieri (1265-1321) se dio a conocer internacionalmente con su obra maestra *La divina comedia*. En dos partes del libro tituladas *Infierno* y *Purgatorio*, Dante habla de un grupo de gente llamada "sodomitas". En el *Infierno* vemos cómo están condenados a correr eternamente para no ser alcanzados por una lluvia de fuego que está a punto de caerles encima. Las mismas personas vuelven a aparecer en el *Purgatorio* y entre ellas hay varias caras conocidas de la época del autor (Woods 2001, 56).

En líneas generales Dante se refiere a esta gente y a su suerte con cierta benevolencia siendo que deja abierta la posibilidad de que los "sodomitas" lleguen a acceder, con el paso del tiempo y habiendo cumplido con los duros requisitos del purgatorio, a entrar finalmente en el paraíso. No obstante, son dignos de notarse los cambios que ocurren en el clima cultural de Italia a los pocos años de la muerte de Dante. Numerosos comentaristas de la posteridad critican la actitud del autor hacia los sodomitas por ser demasiado "blanda".

En la novela segunda de su famosa obra *Decamerón*, el italiano Giovanni Boccaccio (1313-1375) describe un viaje que realiza un judío francés llamado Abraham desde París a la ciudad de Roma. Al llegar el visitante observa la vida del papa, de los obispos, sacerdotes y monjas y se asombra al descubrir que todos y todas sin el menor remordimiento de conciencia se entregan a diferentes placeres sensuales y carnales. Entre los vicios enumerados por Boccaccio figura "la variante sodomítica". El contexto indica que se trata por un lado de relaciones eróticas entre adultos del mismo sexo y, por otro, de relaciones íntimas entre hombres adultos y varones adolescentes (pederastia). Del estilo de Boccaccio se desprende que desaprueba sin lugar a dudas de los fenómenos comentados.[47]

---

[47] www.ciudadseva.com/textos/cuentos/ita/bocca/deca01.htm (2010).

Tanto Dante como Boccaccio ofrecen ejemplos de cómo la literatura de la Baja Edad Media y del Renacimiento refleja problemáticas eclesiásticas y teológicas de su época. En relación con el tema de Sodoma, es evidente que se va imponiendo la perspectiva lanzada por el concepto de sodomía.

En materia de estudios bíblicos se producen grandes novedades durante el Renacimiento. En 1482 se publica en Boloña la primera edición impresa del Pentateuco (los cinco libros de Moisés) en lengua hebrea, y a los pocos años aparecen otras partes de la Biblia hebrea en versión original. El siguiente hito es el Nuevo Testamento griego editado por Erasmo de Rotterdam publicado en Basilea en 1516 seguida en 1520 por la *Biblia políglota complutense* impulsada en España por el cardenal Cisneros. Gracias al acceso a estos recursos esenciales, los reformadores protestantes, en primera instancia Martín Lutero, se ven capacitados para desligarse de la tradidicón católica puesto que las traducciones a las lenguas vernáculas ya no dependen de la Vulgata o de la Septuaginta.

A partir de este periodo se comienza a traducir el libro del Génesis directamente del texto hebreo. Sin embargo, en cuanto al relato de Sodoma y Gomorra, no surgen planteamientos que discrepen de la teología medieval.[48] Un lema característico de la Reforma es la locución latina *sola scriptura*, "la Escritura únicamente", con lo cual la Biblia es asignada el lugar de honor. Es una ironía histórica que en el caso de Sodoma suceda todo lo contrario porque en este tema continúa sin oposición alguna, hasta bien entrado el siglo XX, la poderosa influencia de la tradición eclesiástica basada en el concepto de sodomía nacido en el siglo XI. Prácticamente hay consenso sobre este particular entre las teologías católica y protestante.

Otro factor que ha contribuido a la longevidad de la noción de sodomía es la fusión medieval entre los poderes político y eclesiástico. En el momento en que el gobierno de un país dado penaliza las relaciones homoeróticas aduciendo argumentos bíblicos, la legislación y la

---

48 Podría aducirse la excepción parcial de Juan Calvino quien al menos por momentos considera la hipótesis de que los sodomitas pretenden verificar la identidad de los desconocidos que se encuentran en casa de Lot (Bailey 1955, 5).

hermenéutica bíblica van de la mano hasta el punto de no permitir ningún espacio libre o neutro para que surjan interpretaciones alternativas o contestatarias. En tales circunstancias cualquier voz disidente corre el riesgo de ser denunciada, perseguida y en el peor de los casos, ejecutada por el delito de herejía. De hecho, en esta época es común en amplias zonas de Europa acusar a los herejes de prácticas de "sodomía" (Vanggaard 1969, 131; Boswell 1980, 283; Karras 2005, 132).

Si bien es cierto que el concepto de herejía queda algo debilitado en los ambientes reformados, no deja de existir del todo. El autoritarismo reinante durante la época feudal tiende a bloquear cualquier innovación teológica que no goce de aprobación oficial, circunstancia que dificulta la expresión de criterios independientes o críticos. En el caso del tema de Sodoma, pasarán muchos años antes de producirse las condiciones para que broten interpretaciones capaces de cuestionar las rígidas normas hermenéuticas impuestas por las autoridades eclesiales y políticas.

El triunfo de la sodomía

Tras las importantes reflexiones homofóbicas en materia de hermenéutica bíblica ocurridas durante la Edad Media, el panorama teológico se queda prácticamente estancado por lo a Sodoma se refiere. Donde hay movimiento es en derecho penal. El concepto de sodomía se extiende a amplias partes del mundo occidental y desde allí hasta las nuevas colonias conquistadas en otros continentes. En el código penal de muchos países el vocablo se aplica a distintos fenómenos sexuales no deseables.

Por ejemplo, en Inglaterra *sodomy* se define como el coito entre dos individuos donde el pene de uno se introduce en el ano de la otra persona. Uno de ambos tiene que ser varón mientras que su pareja puede ser masculina o femenina (Friends 1963, 34; Vanggaard 1969, 106). En Inglaterra la sodomía puede acarrear la pena de muerte a partir del reinado de Enrique VIII cuando la llamada *Buggery Act* entra en vigor en 1533. La ley permanece prácticamente intacta durante 300 años. Hasta bien entrada la segunda mitad del siglo XX continúan otras medidas represivas.

En la España de la Baja Edad Media se comienzan a confundir la usura, la herejía, el judaísmo y la sodomía. Entre 1250 y 1300 aparecen las primeras leyes que imponen la pena de muerte a los que practican la sodomía. En varios casos los presos son torturados para obtener las confesiones. En el siglo XIII, las *Siete Partidas* de Alfonso X el Sabio aplican la pena capital a los "pecados contra natura". Las *Partidas* incorporan elementos del Código de Justiniano que, como se ha visto más arriba, hace alusión a los supuestos peligros sociales propagados por el "pecado sodomítico".[49]

En el reino de Castilla los primeros ajusticiamientos por sodomía se dan hacia 1495. A su vez, los Reyes Católicos modifican y endurecen las leyes sobre la sodomía con la *Pragmática* de 1497 elevando la gravedad del crimen al nivel de la herejía y de la traición e instituyendo la tortura sistemática incluso para miembros del clero y de la nobleza. Así, por ejemplo, entre 1567 y 1616 se queman públicamente en Sevilla a 71 personas por sodomía. A principios del siglo XIX comienzan a cobrar importancia las libertades individuales, eliminándose en 1822 la sodomía del Código Penal de España (Wikipedia 2010).

En el caso de Dinamarca, la sodomía se entiende en la Edad Media como prácticas de sexo anal entre varones. Vista como delito el concepto pertenece exclusivamente al ámbito eclesiástico hasta la Reforma de 1536, momento en que el término sodomía se transfiere al Código Penal civil pero manteniéndose su justificación con alusiones a la Biblia. A partir de la década de 1830, la sodomía recibe en Dinamarca el mismo trato judicial que otros delitos. Entra en vigor un nuevo código penal en 1866 en el cual el concepto de sodomía se define como una relación sexual entre dos partes: por un lado, un hombre adulto y, por otro, un hombre, un adolescente varón o una mujer. El codigo penal revisado, que eliminia la sodomía, se adopta en 1933 (Rosen 1993).

En otras partes del mundo, las normas penales que castigan actos definidos como sodomía se mantienen en uso en varios países. Tal fue el caso, hasta años recientes, de algunos estados de EE. UU., hasta que en 2003 el tribunal supremo de la nación las declaró inválidas por inconstitucionalidad (Greenberg 2004, 236).

---

49 Wikipedia, *Homosexualidad en España*, 2010.

La sodomía en la literatura

En la literatura universal del siglo XIX abundan los indicios de que el concepto de sodomía quedó firmemente implantado con todas sus connotaciones legales, penales y religiosas. Un ejemplo elocuente lo encontramos en la monumental obra *En busca del tiempo perdido* del famoso escritor francés Marcel Proust (1871-1922), cuyo volumen IV se titula *Sodoma y Gomorra*. En el libro Proust habla de un segmento de la población que nominalmente desciende de los sodomitas de la Biblia. Sus integrantes se portan al estilo de una logia secreta y están presentes en todas las capas sociales.

Proust se pone a reflexionar sobre el peligro latente de que a los sodomitas se les ocurra crear su propia comunidad urbana, una especie de reinvención y reconstrucción de la Sodoma del Génesis. La idea le parece grotesca y la compara con lo absurdo del sueño zionista de establecer un Estado judío en Palestina. En este contexto, lo interesante es comprobar la facilidad y naturalidad con las que Proust emplea las palabras Sodoma y sodomitas. Su libro nos deja la impresión que la terminología es de fácil comprensión para los lectores de la época.[50]

Si hemos de comparar la Sodoma decimonónica descrita por Proust con la medieval de Pedro Damián, observamos un paralelismo: en ambos casos la gente aludida pertenece a una especie de movimiento clandestino. Sin embargo, también es apreciable la diferencia. Si los sodomitas de la Edad Media, según Damián, existen primordialmente en las filas de la Iglesia y en el monasterio, en el universo de Proust la misma gente ha salido del ambiente eclesiástico para instalarse en la comunidad civil y a todos los niveles.

Por otra parte, hacia el final de la década de 1860 – durante la vida de Proust – se produce una trascendental innovación lingüística al nacer una palabra curiosa. Es el periodista húngaro Karl-Maria Benkert (Károly Mária Kertbeny, 1824-1882) quien crea los flamantes términos "homosexual" y "homosexualidad". Pasadas unas pocas décadas estos nuevos vocablos cobran tanto auge que se introducen en la literatura psicoanalítica y psiquiátrica logrando desplazar en gran medida al término sodomía.

---

50 (http://en.wikipedia.org/wiki/Marcel_Proust).

En nuestros días se habla poco de sodomía, al menos como referencia a las relaciones homoeróticas. Tan pronunciada ha sido la tendencia que inclusive los escritos oficiales de la iglesia católica, en los cuales ha reinado intacto el concepto de sodomía desde el siglo XIII, adoptan en el siglo XX la palabra homosexualidad gracias a su aire de modernidad. Sin embargo, cabe señalar que con la modificación del lenguaje no cambia el contenido. Manteniendo su fidelidad a la prolongada tradición medieval la jerarquía católica sigue manteniendo hoy por hoy su discurso homofóbico en prácticamente los mismos términos que en tiempos pasados.

Sodoma en el judaísmo

La problemática de Sodoma y Gomorra asoma desde una óptica diferente en el judaísmo si la comparamos con la clara tradición sexualizada que gobierna la exégesis cristiana. En primer lugar, la diferencia obedece a la insistencia de los biblistas judíos en la importancia de llevar a cabo sus estudios de la sagrada escritura basándose en la lengua original, es decir, en el texto redactado en hebreo clásico. En segundo lugar, la tradición judía ha engendrado una amplia literatura interpretativa redactada en hebreo tardío, arameo y hebreo medieval.

Un notable género literario del judaísmo recibe el nombre de midrás o *midrash* (plural *midrashim*) que significa "exégesis" o "interpretación". El concepto se aplica a una serie de textos cuyos autores o autoras permanecen en el anonimato. Los *midrashim* nacen en respuesta a una percibida necesidad de llenar "lagunas" en los relatos bíblicos que nos dejan con interrogantes. Tal es el caso, por ejemplo, del relato de Sodoma y Gomorra cuyo texto hebreo contiene ambivalencias y enigmas con claves exegéticas que se pierden aparentemente en la prehistoria.

Una característica general de la literatura midrásica es su forma de acomodar distintos puntos de vista. No se plantea ninguna necesidad de llegar a cierta interpretación unificada o "autorizada" de un relato o pasaje determinado a la cual todo el mundo tenga que adherirse. En el marco de la hermenéutica judía, la exégesis y el comentario bíblico en sus vertientes académicas y literarias forman parte de un largo proceso continuo que probablemente no termine nunca. Por un lado podemos como lectores siempre aprovechar los conocimientos acumulados por la tradición. Por otro lado conviene dejar un espacio abierto para que surjan nuevas perspectivas y ópticas innovadoras. Por estas razones los midrashim hacen gala de flexibilidad, creatividad y espíritu aventurero.

Dicho con otras palabras, la tradición midrásica permite que florezca la imaginación. Gracias a esta tendencia el género constituye una especie de apéndice entretenido que amplía y enriquece el entorno del relato bíblico por un lado y, por otro, le hace "competencia" a los comentarios de índole académica. Desde hace tiempo, una gran parte de los midrashim ocupan un lugar de cierto prestigio en los estudios bíblicos del judaísmo y, por otra parte, circulan como material de lectura apreciada entre los ciudadanos judíos de todas las edades.

Prácticamente todos los midrashim relativos a Sodoma y Gomorra son de autoría anónima. Dado el carácter lapidario y opaco del hebreo de la redacción bíblica, no es casualidad que justamente este relato haya despertado el interés de numerosos escritores midrásicos. En este cuerpo literario ambas ciudades representan y ejemplifican fenómenos censurables en la forma de falta de hospitalidad, egoísmo y crueldad.

La fecha de redacción del apócrifo *Génesis Rabba* es difícil de determinar con exactitud pero es posible que el libro vea la luz del día alrededor del siglo VI. Contiene una serie de comentarios sobre el Génesis bíblico compuestos en gran parte en hebreo tardío y con algunas secciones en arameo. *Génesis Rabba* cuenta con varias secuencias midrásicas. Por ejemplo, el libro presenta a Abraham como el anfitrión ideal mientras que Lot y la gente de Sodoma encarnan su negación (Carden 2004, 87-89). Según el narrador de *Génesis Rabba* imperan en la ciudad unas leyes draconianas que prohíben so pena de muerte a los habitantes dar limosna a los pobres. Se describe cómo los visitantes corren el riesgo de que les roben todas sus pertenencias y que los sometan al mismo tiempo a vejaciones de orden sexual (p. 97). *Génesis Rabba* dedica bastante espacio al tema de Lot y su familia insinuando la existencia de tensiones sexuales entre padre e hijas (p. 91).

Algunos de los temas esbozados aparecen en otros escritos en diversas variantes. Entre los midrashim más famosos figura la historia de la fingida hospitalidad que demuestran los habitantes de Sodoma para con los forasteros que llegan de visita. A la hora de llevar al viajero a su habitación, le asignan una especie de lecho de Procrustes explicando que la cama tiene la medida ideal y que él tiene que adaptarse a ella. Para asegurar una simetría absoluta, se aplican dispositivos mecánicos que permiten un "ajuste" físico. Si la cama le queda grande, al visitante le estirarán el cuerpo. Si el lecho le resulta pequeño, le cortarán el pedazo "sobrante" de los pies (Greenberg 2004, 66).

Otro midrash describe cómo los ricos sodomitas en su egoísmo le amargan la vida a los mendigos que se atreven a entrar en su ciudad. Cada habitante de la ciudad posee una o varias monedas de oro con las letras iniciales del dueño grabadas en la superficie. Si un sodomita ve a un mendigo en la calle, se acerca para dejar una moneda de oro en el cuenco de éste. El pordiosero se pone contento y, en un momento dado, va al mercado a comprar alimentos. El comerciante recibe la moneda de oro y la examina detenidamente. Acto seguido le dice al forastero que esa moneda no es suya y que la ley prohíbe a la gente realizar compras con el dinero ajeno. Confiscan la moneda para devolvérsela al dueño y de esta manera el mendigo se queda sin comer. Si elige quedarse dentro de los confines de la ciudad se morirá de hambre (Greenberg 2004, 65).

Un episodio midrásico tiene como protagonista a la joven Pelotit. En algunas versiones aparece como hija de Lot. Un día, al recorrer la ciudad, la muchacha ve en la calle a un nuevo mendigo por el que siente simpatía. Resuelve hacer caso omiso de las rigurosas prohibiciones vigentes y empieza cada día a dejar caer con disimulo unas rebanadas de pan en el cuenco del mendigo. Pasados unos días las autoridades locales comienzan a sospechar que la ley está siendo violada puesto que el mendigo aparece todos los días en el mismo lugar y parece estar bien alimentado. Resuelven vigilar discretamente la zona para descubrir al delincuente y así es como cogen a Pelotit in fraganti dando limosna. Acto seguido ella va detenida y la sentencian a morir ejecutada. Su castigo consiste en ser desvestida, atada de pies y manos, embadurnada de miel desde la cabeza hasta los pies y, por último, colocada sobre la parte superior de la muralla que rodea la ciudad. En esa posición sufre una muerte dolorosa al convertirse en alimento de las hambrientas abejas silvestres (Greenberg 2004, 65).

Un concepto típico del judaísmo es "la medida de Sodoma", en hebreo *middat Sedom*. No es midrásico sino que aparece primordialmente en contextos jurídicos para referirse a los conflictos entre vecinos y sobre todo para caracterizar aquellos procederes que parecen injustificados o poco generosos. A menudo *middat Sedom* se aplica a situaciones concretas en que un ciudadano judío sin motivación razonable se niega a concederle un favor a un conciudadano que se lo pide. Por ejemplo, podría tratarse de darle permiso para que transite por un rincón de su propiedad para llegar más cómoda o rápidamente a la vía pública. Siempre y cuando la solicitud se presente con cortesía, y si el permiso deseado no conlleve gastos para el propietario del terreno, su denegación altiva y tajante se clasifica como *middat Sedom* (Greenberg 2004, 71).

El extranjero residente de Sodoma

En la pseudoepigrafía de la era helenística, encontramos con respecto a Lot una perspectiva distinta de los planteamientos bíblicos. Por ejemplo, en el libro de los *Jubileos* no son las jóvenes hijas de Lot quienes toman la iniciativa para los episodios incestuosos que ponen fin al relato de la destrucción de Sodoma sino que Lot mismo aparece como iniciador (Carden 2004, 52-53). Es más, se insinúa que en tal sentido este personaje ha aprendido mucho de la corrupción moral que impera en Sodoma, según el autor de *Jubileos*. Al mismo tiempo se sugiere que las costumbres de la gente de Moab y de Amón se ajustan muy bien al camino trazado por su ancestro (p. 53).

El filósofo judío Filón (siglo I) es uno de los primeros exegetas que se propone leer los relatos bíblicos a manera de alegorías, método que lo impulsa a menudo a extraer el significado "simbólico" de los sucesos o de los personajes (Carden 2004, 63). Las obras de Filón contienen algunas reflexiones sobre Lot. En su libro *De ebrietate* el escritor adopta una postura sumamente crítica puesto que Lot representa a su manera de ver el colmo de "ignorancia" combinada con engreimiento (p. 64).[51] No obstante, en *Quaestiones et solutiones in Genesim* Filón describe a Lot

---

51 http://www.earlychristianwritings.com/yonge/book13.html, párrafo XL (160-164).

con cierta comprensión. En este caso el sobrino de Abraham aparece como un ser que huye de Sodoma con el fin de abandonar un ambiente que se caracteriza por su inmoralidad y materialismo para emprender un viaje espiritual hacia "las montañas", es decir, hacia las esferas más elevadas de la vida inmaterial (pp. 65, 68).

Generalmente la literatura rabínica presenta a Lot en términos poco halagüeños. Frecuentemente establece comparaciones con Abraham quien se mantiene fiel a la religión verdadera mientras que Lot es el apóstata que se propone integrarse con los paganos habitantes de Sodoma. El retrato negativo del sobrino de Abraham se inspira en Gn 13 donde se indica la manera en que Lot escoge un camino radicalmente distinto del que lleva su tío. Tanto el midrásico *Génesis Rabba* (siglo VI) como Rashi (siglo XI) se inclinan a pensar que para Abraham es ventajoso liberarse de la compañía de un sobrino tan materialista, egoísta y sensual como Lot (Carden 2004, 90).

Por su parte, la obra rabínica *Pirke del Rabbi Eliezer* (siglo VIII) compara a Lot en términos muy favorables con Moisés. Como este último entregó su vida para el bien del pueblo, Lot sacrificó la vida de sus hijas en aras de la virtud inherente a la hospitalidad (Carden 2004, 92). La literatura rabínica se caracteriza generalmente por su gran ambivalencia frente a Lot y su familia oscilando entre la crítica y el elogio.

Con respecto a la literatura cristiana, la obra griega *Primera epístola de Clemente* (siglo I) indica que Lot se salvó de la destrucción de Sodoma gracias a su "hospitalidad y piedad" (Carden 2004, 120). Consideraciones similares aparecen en el libro copto del siglo IV de carácter apócrifo *Apocalipsis de Pablo* y en los escritos del obispo Paulino de Nola, del siglo V (p. 121). A su vez Orígenes (siglo III) se acerca más a las voces críticas del judaísmo que comparan a Lot con Abraham, pero el teólogo concede que a Lot lo salva su entrega a la virtud de la hospitalidad (pp. 131-132).

El obispo Basilio (siglo IV) invita a los frailes de su época a dejarse inspirar por el ejemplo de Lot en Sodoma porque su interpretación del relato bíblico le indica que Dios no abandonará a los varones que consagran a él su vida. Al mismo tiempo, no obstante, a Basilio le escandaliza la supuesta sensualidad de Lot, hecho que le motiva para recordar a los monjes la importancia de mantenerse firmes en el celibato y de practicar la castidad a todos los niveles (Carden 2004, 134-135).

Para Juan Crisóstomo (siglo IV), patriarca de Constantinopla, Lot es un hombre bueno y justo que aprendió mucho de Abraham en materia de hospitalidad. A Crisóstomo le llama la atención la forma en que Lot se lanza activamente a convidar a los visitantes y que él mismo se encarga de preparar la cena. En contraposición con los habitantes de Sodoma, que en este contexto aparecen como libertinos anárquicos, Lot actúa como una especie de médico colocado por la deidad en esa ciudad con el fin de corregir sus peores excesos y defectos. Dicho de otra manera, para Crisóstomo Lot es una especie de héroe (Carden 2004, 142-143).

Asimismo, Ambrosio (siglo IV), arzobispo de Milán, considera que Lot es un "santo ejemplo" para todos los que le cierran la puerta al pecado y a los excesos y prefieren huir lejos a exponerse al contagio del mal (p. 145). Por contraste, en la obra de Pedro Damián (siglo XI), inventor del término *sodomía*, Lot interviene como un personaje que no sabe gobernar sus pasiones y que no se resiste a la tentación de vivir en un ambiente impregnado por la sodomía (Carden 2004, 175).

A su vez, el franciscano Nicolás de Lira (siglo XIV) comparte hasta cierto punto el criterio de Damián sobre la leyenda de Sodoma y Gomorra (Carden 2004, 186). Por lo que se refiere a la persona de Lot, Nicolás reconoce expresamente las cualidades que exhibe el sobrino de Abraham a la hora de actuar como anfitrión. En este contexto dedica un amplio espacio a reflexiones sobre el momento en que Lot se dispone a entregar a sus jóvenes hijas a cambio de los huéspedes varones, preguntándose si tal acción fue correcta o no. Nicolás concluye diciendo que en el fondo Lot obró bien porque logró evitar males mayores en el sentido de alguna agresión física en contra de los mensajeros divinos (pp. 187-188).

Conclusión

Este capítulo ha mostrado cómo cada época histórica se inclina a interpretar el drama de Sodoma y Gomorra a su manera. En primer lugar, la literatura de la era helenística, que se redacta en varios idiomas clásicos, exhibe una creciente preocupación por determinados temas sexuales. Al llevarlos al texto bíblico, se produce una reinterpretación que se aparta notablemente de la tradición profética. En segundo lugar, es a partir de Filón cuando irrumpe en el panorama de la hermenéutica bíblica la innovación de entender Sodoma como un hervidero de pederastia. Este detalle resultará fundamental para la futura evolución de la teología cristiana puesto que ésta retoma la propuesta de Filón convirtiéndola con el paso del tiempo en una clara postura de rechazo al homoerotismo en todas sus manifestaciones.

En tercer lugar, una brecha se abre entre las visiones de Sodoma presentes en los evangelios del Nuevo Testamento y las inquietudes de orden ascético que inspiran las reflexiones de una serie de teólogos patrísticos y medievales. De hecho, a partir de la iglesia primitiva se instala en el seno del cristianismo una creciente tendencia a glorificar la vida ascética, fenómeno que conlleva la renuncia a cualquier tipo de placeres carnales. Cada vez más la procreación se percibe como finalidad exclusiva de la vida sexual, con lo cual toda actividad erótica que se aparte de tal norma se clasificará como ilícita y contraria al plan divino.

Llegado el siglo XI el clero cristiano lee la Biblia exclusivamente en latín. La invención del concepto de sodomía representa la culminación de un largo proceso en que las palabras "sodomita" y "vicio sodomítico" van adquiriendo connotaciones sexuales como términos referidos a gente con inclinaciones homoeróticas. En el siglo XIII la sodomía se incorpora al ideario oficial del catolicismo con rango de doctrina al mismo nivel que la blasfemia y la lujuria. Entre católicos la Biblia se sigue leyendo en latín hasta muy entrado el siglo XX.

Si bien es cierto que la Reforma protestante rompe con una amplia parte de la tradición eclesiástica al proclamar el principio rector de *sola scriptura*, la problemática ideológica inherente al vocablo sodomía pasa intacta a las iglesias reformadas donde continúa vigente prácticamente hasta nuestros días. Prueba de ello es la longevidad de la palabra sodomía como término jurídico que ha figurado hasta tiempos muy recientes en el código penal de numerosos países.

Finalmente, la interpretación de la actuación de Lot, personaje central de la leyenda de Sodoma, varía considerablemente a partir de la era helenística. En la pseudoepigrafía el sobrino de Abraham aparece a menudo como varón sensual de carácter dudoso. En otros casos es una persona compleja con cierta ignorancia y engreimiento unidos al deseo de huir de la pecaminosidad que prevalece en el ambiente que lo rodea. La literatura rabínica no presenta un criterio uniforme con respecto a Lot pero tiende a compararlo desfavorablemente con Abraham encontrándolo muy distinto de su tío.

Para la iglesia primitiva y la época patrística, Lot representa generalmente cualidades positivas gracias a su hospitalidad y dedicación a sus ideales. Varios teólogos lo consideran respetable y hasta santo ya que defiende lo divino y huye del mal. Sin embargo, la Edad Media no está exenta de cierta polémica en torno a la figura de Lot ya que Pedro Damián lo censura como personaje atraído por un ambiente libertino caracterizado por prácticas de sodomía.

Durante la era posbíblica, los principales enfoques hermenéuticos en lo referente a Sodoma son éstos:

- para la literatura helenística, Sodoma representa una serie de peligros sexuales, por ejemplo en la forma de matrimonios mixtos indeseables;
- el primero en identificar Sodoma con un escenario de pederastia homoerótica es el judío helenista Filón, residente de la ciudad de Alejandría;
- el creciente ascetismo de la iglesia primitiva asocia Sodoma con una vida llena de placeres sensuales, siendo de uso cada vez más frecuente los términos "sodomita" y "vicio sodomítico";
- nace en el siglo XI la palabra "sodomía" que se impondrá pronto en la teología católica y sobrevive hasta el siglo XX en todos los sectores del cristianismo;
- dado el estrecho vínculo entre Iglesia y Estado, el concepto de sodomía pasa en muchos países al código penal.

7

Sodoma y Gomorra hoy

> *La piedra de toque de toda histeria emocional, religiosa y social en torno a la homosexualidad es el relato de Sodoma y Gomorra.*
> Witi Ihimaera[52]

Gagnon: la lectura tradicional

Desde la Edad Media se acostumbra pensar que Sodoma y Gomorra es un lugar lleno de desmanes sexuales de signo homosexual. Hoy en día esta visión sigue vigente en algunos ambientes cristianos si bien es cierto que ya no goza del monopolio que tuvo en tiempos pasados. En la obra del académico Robert Gagnon titulada *The Bible and Homosexual Practice* (2001) encontramos una serie de observaciones sobre Sodoma y Gomorra que la colocan firmemente en el seno de la corriente tradicionalista.

Para entender la lente hermenéutica que aplica Gagnon al texto de Sodoma (Gn 19) es importante tener claro hasta qué punto su criterio obedece a la teología que le sirve de punto de partida. En términos generales, resulta que el autor se esfuerza por presentar toda la Biblia

---

[52] Witi Ihimaera, *Nights in the Gardens of Spain*, 1995, 107.

como un código de derecho infalible cuya interpretación se debe ajustar en todo momento a la particular visión del cristianismo de corte literalista o fundamentalista defendida por él mismo.

Entre las normas sexuales tradicionales manejadas por Gagnon, encontramos, por ejemplo, la noción de "santidad sexual". El autor se declara convencido de que el concepto está presente en las escrituras (p. 26). A su manera de ver, todos los autores bíblicos desaprueban lo que él mismo califica de conductas pecaminosas porque Dios no tolera las transgresiones morales (p. 27). Gagnon define el pecado como una conducta que perjudica la salud de las personas (p. 26), que tiene consecuencias destructivas para el individuo o para toda la comunidad que lo rodea, o que simplemente está reñida con la voluntad divina (p. 27). Según el autor tales comportamientos incluyen lo que denomina la práctica homosexual porque ésta desencadena, en su opinión, una serie de secuelas nefastas (p. 30).

Por lo que al tema concreto de Sodoma y Gomorra se refiere, Gagnon reconoce que el drama apenas sirve para una reflexión sobre ética cristiana (p. 71). Al mismo tiempo está convencido de que el narrador bíblico pretende provocar en el lector una sensación de repugnancia ante la mera idea del coito entre hombres. El análisis del texto de Sodoma que emprende Gagnon contiene una serie de referencias cruzadas a otros pasajes bíblicos que, a su manera de ver, apuntalan su criterio. Por ejemplo, traza un puente directo entre Gn 19 y Lv 18,22 gracias al cual un texto sirve para interpretar el otro. Tal procedimiento permite a Gagnon extraer de Lv 18,22 y del capítulo 16 de Ezequiel el concepto de "abominación", insertándolo como clave para su propio análisis de la leyenda de Sodoma (p. 80).

Por momentos Gagnon reflexiona sobre la noción de violación sexual colectiva. A su modo de ver, el ingrediente más infame del pecado de Sodoma es lo que califica de agresión homosexual (p. 76). Subraya en seguida que la violación sexual en sí suele expresar agresividad pero que contiene también elementos de deseo (p. 77). De este razonamiento deriva la hipótesis de que los sodomitas se ven impulsados por una especie de apetito homo o bisexual unido a un brutal afán de humillar a ambos visitantes desconocidos sometiéndolos a tratos repugnantes y vergonzosos.

En este contexto Gagnon no se limita a condenar las agresiones sexuales. Para él lo esencial es, de todos modos, censurar las relaciones homosexuales (pp. 72-77, 84, 137, 438). Siendo éste el objetivo principal de su trabajo, procede expresamente a rechazar la diferenciación recién planteada entre la agresión sexual por un lado y, por otro, las relaciones íntimas entre dos personas del mismo sexo basadas en el libre consentimiento. Gagnon está convencido de que tal razonamiento es erróneo porque el erotismo entre personas del mismo sexo conlleva siempre lo que él califica de humillación (p. 78). Desde su punto de vista, a sus opositores les incumbe aportar pruebas, si es posible, de lo contrario. Al parecer todos los que expresen desacuerdo con los postulados de Gagnon serán acusados de haber entendido muy mal el texto bíblico.

Si hemos de evaluar la utilidad del trabajo realizado por Gagnon, uno de sus defectos es tal vez su carácter regresivo. Sus reflexiones no amplían el horizonte con nuevas perspectivas y no invitan a explorar los textos bíblicos desde ángulos innovadores. La posición de Gagnon está claramente endeudada con dos milenios de tradición eclesial (p. 29). En otras palabras su obra se nutre de aquella rama de la historia del cristianismo en que abundan las imaginaciones homofóbicas en torno a Sodoma. En una medida considerable sus posiciones sobre el erotismo entre personas del mismo sexo se aproximan a las doctrinas oficiales de la Iglesia católica.

Las explicaciones de la problemática de Sodoma entregadas por Gagnon revelan que el autor no duda en ningún instante de su propia capacidad analítica. Tanto es así que su metodología no consiste en lanzar hipótesis de trabajo sino que la absoluta confianza que deposita en sus criterios personales hace que sus interpretaciones bíblicas sean a la vez previsibles y monocolores. Las múltiples notas al pie de página y demás datos proporcionados ponen en evidencia una intensa actividad académica, pero por momentos el lector llega a sentirse abrumado por el tono didáctico de la prosa y por el carácter polémico de la cruzada antihomosexual que para Gagnon es la misión principal de su quehacer bíblico.

Otro motivo para mantener cierta distancia prudente ante la obra de Gagnon lo encontramos en algunas de las fuentes por él citadas. A primera vista su bibliografía resulta impresionante, pero un escrutinio de la misma demuestra que el índice de autores modernos contiene una serie de nombres con un perfil académico insignificante y, en varios casos, cuestionable. Quizás no deba sorprendernos descubrir que Gagnon se adhiere al ciento por ciento a la filosofía de aquella corriente controvertida que propugna una "curación" del impulso homoerótico mediante psicoterapias prolongadas presentadas como netamente cristianas (pp. 420-429).

Freud de visita en Sodoma

La biblista Ilona Rashkow (1998) ha realizado un estudio psicoanalítico y freudiano del relato de Sodoma con atención especial a Lot, el sobrino de Abraham. Específicamente le interesa la relación entre Lot y sus dos hijas. Es evidente que la autora trata a Lot como un individuo en el sentido moderno de la palabra ya que lo describe como un vividor sensual entregado al vino y con rasgos antipáticos en la forma de determinados placeres eróticos como pueden ser la alcahuetería, el voyeurismo, el incesto y posiblemente el sadismo.

En los estudios bíblicos el psicoanálisis es un fenómeno poco visto y, por tanto, es de agradecerse cualquier aporte innovador en este sentido. Sin embargo, el experimento ejecutado por Ilona Rashkow adolece de algunas insuficiencias que ponen en duda sus conclusiones. Por ejemplo, casi desde el principio de su ensayo la autora confiesa que le sientan mal aquellos aspectos del relato bíblico que ella califica de "complicados" e "inquietantes" (p. 98). Tanto es así que por momentos las sombras psicológicas atribuidas por Rashkow a Lot le producen un rechazo casi total a lo que dice y hace ese extranjero habitante de Sodoma. Describe la actuación del hombre como "extraña", "misteriosa", "criticable", "chocante" (p. 99) y hasta "inconcebible" (p. 100).

Distanciándonos algo del enfoque de Rashkow, pensamos que para producir un retrato convincente del protagonista de Gn 19 se necesita algo más que un examen crítico de sus supuestas tendencias lascivas. Concretamente echamos de menos en el ensayo de Rashkow una reflexión sobre los efectos psicológicos sobre Lot de la intimidación masiva de que fue objeto a altas horas de noche (Gn 19,9). Seguidamente Lot y su familia sufren el trauma de tener que salir huyendo de Sodoma dejando atrás todas sus pertenencias (Gn 19,17). Añádase a esto la repentina pérdida de la mujer de Lot (Gn 19,26). La agitación continúa al temer Lot nuevamente por su vida hasta el punto de salir huyendo del primer lugar de refugio (Gn 19,30).

Ya en el siglo IV el teólogo Efrén de Siria describía el estado psicológico en que quedaron Lot y sus hijas. El cuadro clínico sugerido por Efrén tiene mucho que ver con el fenómeno descrito modernamente como trastorno por estrés postraumático (Carden 2004, 137). Por contraste, el método individualista empleado por Rashkow deja la impresión de que ella juzga a Lot y su familia como si se tratara de cualquier núcleo familiar del moderno mundo occidental sin dolorosas experiencias perturbadoras en su haber.

En realidad la Sodoma que presenta Rashkow es un lugar oscuro y repugnante con un retrato poco caritativo de Lot como manipulador indecente. Si examinamos más de cerca el ensayo de la biblista, es probable que intervengan otros factores añadidos. Varios elementos literarios indican que su visión de Lot tiene poco que ver con el texto canónico tal y como aparece en el Génesis masorético (TM). De hecho, el análisis de Rashkow se inspira en gran medida en la tradición rabínica ya que la autora concuerda claramente con los planteamientos presentes en los escritos apócrifos conocidos como *Libro de los Jubileos* y *Génesis Rabba* además de los comentarios bíblicos del ilustre teólogo judío medieval Rashi.

Desafortunadamente Rashkow no cita textualmente ninguna de estas fuentes (siendo tal vez *Génesis Rabba* la única excepción indirecta puesto que en su artículo sí menciona de paso esta obra en relación con un comentario sobre la vida de Noé). Tal vez el problema principal del ensayo sea su falta de distinción entre el texto bíblico original y los comentarios posbíblicos derivados ya que al parecer concede a todas estas obras la misma importancia como si de una cadena literaria ininterrumpida se tratara.

En los ambientes académicos judíos esta metodología es bien conocida ya que los estudiantes de la Biblia leen los textos originales en paralelo con una amplia gama de comentarios surgidos en épocas posteriores (Perdue 2005, 29). Ahora bien, para los lectores no judíos sin conocimiento previo de la literatura rabínica de la antigüedad y de la Edad Media el empleo de esta metodología en el ensayo de Ilona Rashkow puede resultar desconcertante.

Sodoma como humillación

A lo largo de los siglos diferentes comentaristas han formulado la hipótesis de que lo que se presencia en los primeros párrafos de Gn 19 es el intento por parte de un grupo de hombres inmorales de violar sexualmente a los mensajeros hospedados en casa de Lot. La maniobra defensiva de Lot en el sentido de que propone entregar a sus hijas pequeñas a manera de trueque se interpreta como reflejo de su convicción de que más vale que violen a las niñas que a sus invitados varones. Reflexiones de esta índole están presentes ya en los escritos de Juan Crisóstomo, Ambrosio y Agustín (Carden 2004 pp. 143, 146, 148), tendencia hermenéutica que continúa hasta nuestros días.

En la década de 1960 surge una nueva óptica aplicable al relato de Sodoma y Gomorra. El psiquiatra danés Thorkil Vanggaard describe en su libro *Phallós* (1969) cómo los sodomitas se ven impulsados por unas "ganas triunfalistas de rebajar y humillar a otro varón" (p. 94). Los habitantes expresan un "elemento agresivo desprovisto de todo erotismo" al actuar en masa como "turba violenta". Vanggaard puntualiza que tal impulso agresivo busca su cauce y resolución mediante la penetración anal (p. 95). En otras palabras el autor no observa en el relato de Sodoma indicio alguno de lo que pudiéramos llamar deseos de intimidad, pero sí detecta la expresión de inclinaciones violentas.

A partir de la década de 1970 aparece en todo el mundo occidental una gran cantidad de libros de debate en los que va incluida la problemática de Sodoma. Paulatinamente se cristaliza un nuevo consenso académico planteado en primer lugar por aquellos teólogos que se identifican como homo y bisexuales. Ante todo se lanzan a criticar los graves errores hermenéuticos cometidos en el pasado. Señalan específicamente que este relato bíblico no habla de relaciones homoeróticas propiamente dichas porque no aporta ningún dato sobre la intimidad amorosa entre dos personas del mismo sexo. La brutalidad que se manifiesta en los primeros versículos de Gn 19 tiene más bien las características de un intento de violación grupal o colectiva.

Este nuevo argumento rompe decisivamente con la rutina del pensamiento tradicional. Se basa en razonamientos lógicos y ha logrado tener amplia repercusión entre los comentaristas modernos. Gracias a este avance, el consenso académico dice hoy por hoy que el relato de Sodoma de Gn 19 refleja el tema de la violación colectiva. Entre otras cosas, y siguiendo la línea trazada por Vanggaard, se expresa que los sodomitas pretenden humillar a los dos mensajeros que están cenando en casa de Lot. Según esta hipótesis, tratan de infligir a estos forasteros desconocidos dolor físico, humillación personal y vergüenza sexual con el fin de neutralizarlos en el caso de que alberguen planes hostiles en la forma de espionaje o cualquier otra actividad subversiva.

De acuerdo con esta óptica, Lot aparece como el anfitrión nervioso deseoso de prevenir un atentado de tal magnitud contra su dignidad personal. Debido a la crisis que estalla a la puerta de su casa se ve obligado a mover ficha de una manera extraordinaria. De ahí que opte por la solución de emergencia más obvia que es una maniobra evasiva: los señores sodomitas pueden hacer con las dos muchachas lo que mejor les parezca siempre y cuando dejen en paz a los visitantes. Dicho de otro modo, y de acuerdo con esta visión del texto, Lot utiliza a las menores como cebo sexual. Como queda dicho, este nuevo consenso hermenéutico se ha impuesto en numerosos ambientes académicos.[53]

Lot en los comentarios de hoy

Lot, el sobrino de Abraham, es una figura prominente en la literatura académica de nustro tiempo. A continuación veremos algunos ejemplos de cómo interpretan los comentaristas la actuación de este personaje bíblico en el relato de Sodoma. Uno de los pocos escritores modernos que presentan a Lot como héroe es Mark Sturge (2001).

---

53 Hanks 2000, 243-244; Helminiak 2000, 45-46; Brodie 2001, 243, 251; Heard 2001, 52; Goss 2002, 194; Carden 2004, 21; Greenberg 2004, 67; Milgrom 2004, 206; Lipka 2006, 44; Boyarin 2007, 139-141.

En su escala de valores Lot figura como un santo que debe vencer dificultades extremas en su vida y que también recibe el privilegio de conocer la gracia divina. Según Sturge, Lot se da cuenta de que al vivir en Sodoma le incumbe la responsabilidad de tratar de convencer a sus conciudadanos de modificar sus malas costumbres. Lot es para Sturge el remitente de las protestas en contra de los sodomitas que llegan a oídos de la deidad en Gn 18,21.

Un retrato de Lot que es fundamentalmente positivo pero más plurifacético nos viene de la pluma de Lyn Bechtel (1998b). La investigadora explica que la ocurrencia de Lot de entregar a sus dos hijas menores es a primera vista una oferta disparatada si se trata de desviar la atención de los sodomitas porque la preocupación de éstos no es el sexo sino la posible amenaza que representan para su comunidad los recién llegados (p. 123). Esto lo sabe Lot y precisamente por esa razón no duda en decir a los hombres que rodean su casa que traten *bien* a las niñas, comportamiento que por supuesto no incluye la violación sexual (p. 124). La intención de Lot es lograr aplacar los ánimos en medio de una situación potencialmente explosiva (p. 123). Sin embargo, los habitantes del lugar se ofenden al verse juzgados por un extranjero porque según ellos Lot es el que viola las normas comunales (p. 125).

Ahora bien, tales criterios positivos o neutros sobre Lot distan mucho de ser mayoritarios en la literatura actual. La verdad es que los observadores de hoy suelen aportar una visión muy distinta de Lot ya que muchos le asignan a él —y no a los hombres de Sodoma— el papel del malo de la película y, por consiguiente, lo critican acérrimamente. Los analistas modernos ponen al sobrino de Abraham en la picota porque la actuación de Lot la consideran irresponsable, gravemente indecente y hasta cruel. A menudo se insinúa que Lot es en el fondo un repugnante viejo verde que no deja escapar una oportunidad como ésta para sacrificar la virtud de sus hijitas inocentes en aras de la violación masiva.

Así es que muchos lectores de nuestro tiempo se escandalizan ante la percepción de que Lot expone a ambas niñas a sufrir humillación, agresión física y peligro mortal.⁵⁴ También Thomas Brodie (2001) critica a Lot calificando de "limitada" la hospitalidad que ofrece. Para este autor el sobrino de Abraham es un comunicador fracasado y su propuesta de entregar a ambas hijas levanta sospechas (p. 250).

Por su parte Brian Doyle (1998, 96-97) encuentra motivos para censurar la personalidad de Lot encontrándola no solo compleja sino también ambigua y hasta impenetrable. Le llama la atención lo que percibe como la gran ignorancia y el bajo nivel de comprensión que exhibe Lot en Gn 19. Doyle opina que Lot no conoce lo divino y, por ende, no entiende las instrucciones que recibe de los enviados. Según Steven Greenberg (2004, 73) la manera en que Lot ofrece entregar a sus hijas a los sodomitas demuestra lo mucho que ha aprendido de ellos durante su permanencia en esa ciudad. Si esto es así, para el sobrino de Abraham la fraternidad entre hombres vale más que cualquier consideración para con mujeres, y al juicio de Greenberg las normas de conducta de Lot son mucho más patriarcales y más retorcidas que la ética que rige la vida de su tío.

Uno de los críticos más implacables que tiene hoy la figura de Lot es Michael Carden (2004). Este analista se siente motivado a cuestionar el carácter de Lot hasta tal punto que en su óptica el inmigrante de Sodoma se queda sin rasgo positivo alguno. Según Carden Lot se salva del cataclismo única y exclusivamente gracias a su parentesco con Abraham (p. 21). Lot aparece generalmente como una débil persona de mente dudosa y calculadora que no acepta en primera instancia las afirmaciones de los mensajeros divinos. Carden concluye que espiritualmente Lot se ajusta perfectamente al ambiente que reina en Sodoma ya que comparte los elementos fundamentales de su ideología (p. 39).

De forma análoga muchas comentaristas feministas se enfurecen con Lot. Por ejemplo, Mieke Bal (1988, 92) está convencida de que sus buenos modales son superficiales puesto que la manera en que deja desamparadas a sus propias hijas es una monstruosidad. A su vez, Miriam Winter (1992) lo encuentra frío e insensible viendo que se le

---

54 Trible 1984, 75; Hamilton 1990, 36; Fields 1997, 124-25; Rashkow 1998, 104; Goss 2002, 195; Carden 2004, 21; Greenberg 2004; 64; Schneider 2008, 188.

ocurre regalar a sus hijitas a una turba que, según la analista, tiene claras intenciones de cometer violación.

Redescubriendo Sodoma

Hasta bien entrado el siglo XX predominaba en el cristianismo la interpretación medieval de Sodoma y Gomorra. En 1955 se produce un intento de releer el relato bíblico al publicar el teólogo británico Derrick Sherwin Bailey su libro *Homosexuality and the Western Christian Tradition*. Este autor tiene una visión clara de la evolución histórica de la tradición interpretativa y en ese contexto se propone estudiar la presencia en el relato de Sodoma del verbo hebreo YADA', "conocer", especialmente en Gn 19,5. Según Bailey los sodomitas pretenden examinar la identidad de los visitantes desconocidos para establecer el carácter de esa improvisada visita a casa de Lot (p. 3).

En toda la Biblia hebrea encontramos el verbo YADA' y palabras derivadas 943 veces. Según los diccionarios, un total de diez casos (algunos dicen doce) pertenecen al ámbito sexual, incluido Gn 19,5. Por su parte Bailey señala que este caso concreto no parece ser de carácter sexual ya que tal vez responda a impulsos de curiosidad y ganas de inspeccionar a los visitantes por razones de seguridad. En las múltiples alusiones a Sodoma que figuran a lo largo de la Biblia hebrea no hay indicio alguno de que los habitantes de la ciudad tengan inclinaciones homoeróticas. Si Lot se dispone a entregar a sus dos hijas, en la interpretación de Bailey el gesto puede revelar que en el apuro no se le ocurre otra solución mejor (p. 6).

Para entender el problema de fondo planteado por el relato de Sodoma y Gomorra, Bailey sugiere cotejarlo con otras leyendas de la antigüedad que hablan de intervenciones divinas y de hospitalidad humana (o de la ausencia de ésta). Se acuerda del cuento de Ovidio sobre el anciano matrimonio de Filemón y Baucis quienes sin conocer a los visitantes que llegan a su puerta acogen en su humilde casa a los dioses olímpicos Zeus y Hermes disfrazados de caminantes. Anteriormente estos seres divinos se han visto rechazados por otra gente, pero gracias a su acogida y generosidad Baucis y Filemón se ven ampliamente recompensados y se salvan del diluvio que se desata sobre toda la tierra.

Por otra parte, Bailey traza un paralelismo con la torre de Babel en Gn 11. Hace hincapié en la maldad de la gente como causante de la confusión generada por su vana ambición y demuestra que no hay alusiones a desmanes sexuales. Además, Bailey señala que la lectura de Sodoma que encontramos en las cartas de Judas y Segunda de Pedro se basa en la literatura intertestamentaria y no en el Génesis. Para la evolución de la tradición cristiana en lo que a Sodoma se refiere, el autor es consciente de la importancia del filósofo judío Filón de Alejandría (siglo I) para quien Sodoma es un hervidero de pederastia (p. 22).

Gracias a su carácter innovador los planteamientos de Bailey causaron cierto impacto en los ambientes teológicos de su día y, de hecho, varios comentaristas le han seguido la pista. Entre éstos figura el jesuita estadounidense John McNeill (1993) quien recalca el tema de la hospitalidad de que hacen gala Abraham en Gn 18 y Lot en Gn 19 (pp. 44-45). McNeill observa que Jesús va por la misma línea en Lc 10,10-13 (p. 45) y que el nombre de Sodoma representa en toda la Biblia los pecados de arrogancia, falta de hospitalidad e injusticia (p. 46).

En 1980 se publica en inglés la monumental obra del historiador John Boswell titulada *Cristianismo, tolerancia social y homosexualidad* (versión española de 1992). Para su análisis de Sodoma Boswell tiene en cuenta los aportes interpretativos de Bailey y se inclina a darle a éste la razón cuando plantea que el relato bíblico no habla de sexo. Asimismo, a Boswell le llama la atención que otros textos bíblicos que mencionan Sodoma apunten a inquietudes de otra índole (1980, 93-94). Por otra parte, aporta como marco interpretativo un episodio de la antigua Roma en el cual un padre en apuros se dispone a entregar a sus propios hijos menores para evitar males mayores (p. 95). Boswell recuerda que tanto la Biblia como la antigua religión de Grecia presentan la hospitalidad como una de las virtudes máximas para la vida humana. Tanto es así que el mismo Zeus actúa como protector de todos los viajeros indefensos (p. 96).

Por otra parte, Boswell se distingue de sus contemporáneos al observar la existencia de varias corrientes interpretativas respecto a Sodoma (p. 93). Enumera cuatro razones plausibles para la destrucción de la ciudad: (1) maldad generalizada; (2) falta de hospitalidad; (3) un intento por parte de los habitantes masculinos de acceder sexualmente a los dos visitantes; (4) un intento de violación colectiva. Sin entrar en polémicas, Boswell parece opinar que las opciones (1) y (2) son las más lógicas si tenemos en cuenta las interpretaciones presentes en la Biblia hebrea (p. 93).

En 1997 aparece *The Invention of Sodomy in Christian Theology* del historiador y teólogo Mark Jordan. Esta obra ofrece un detallado análisis literario de los escritos emanados de la tradición medieval y demuestra cómo nace durante esa época el concepto de "sodomía". La palabra está ausente de la Biblia y de la teología de la iglesia primitiva, apareciendo por vez primera en el *Libro de Gomorra*, escrito en latín y publicado en el siglo XI por el fraile italiano Pedro Damián (p. 46). Otros teólogos medievales influyentes en el desarrollo del concepto son Ambrosio, Agustín, Jerónimo, Gregorio Magno y Tomás de Aquino (pp. 33, 154).

De todas maneras la tradicional lectura de Sodoma ejercida por la iglesia católica se basa en la Vulgata (p. 31) y hay que entenderla en el contexto del celibato y de la vida monástica. Jordan rechaza que Sodoma tenga que ver con un desenfrenado apetito sexual entre personas del mismo puesto que "sodomía" nunca ha sido sinónimo de "homosexualidad" (p. 161). El pecado concreto de Sodoma es otro (p. 162): su falta de hospitalidad y arrogancia (p. 32). Algunos diccionarios y varias versiones modernas traducen de forma irresponsable éste y otros textos bíblicos (pp. 4, 36, 160).

Tradición e innovación

A la luz de la omnipresencia del consenso académico sobre Sodoma en la literatura teológica del momento, nos limitaremos a continuación a hacer hincapié en el trabajo de algunos investigadores que por un lado se unen al proceso consensuado y, por otro, aportan datos propios o independientes. En su libro *Sodom and Gomorrah* (1997) el biblista Weston Fields hace resaltar algunos elementos significativos que entrelazan tres relatos biblicos: Sodoma (Gn 19), los espías de Josué en Jericó (Jos caps. 2 y 6) y el crimen de Guibeá (Jc 19 y 20). Fields afirma estar de acuerdo con el consenso actual en el sentido de que los sodomitas albergan intenciones violentas (pp. 40, 109, 117). Al mismo tiempo reconoce que la amenaza de violación sexual no llega a consumarse. El autor presenta la hipótesis de que el delito sexual que se avecina es de carácter tan inaudito que tal vez por esta misma razón no sale mencionada en ninguna colección de leyes de la Biblia hebrea (p. 123).

Fields insinúa asimismo que quizás el mismo Lot se convierta en blanco de amenazas de violación física (p. 124). Dicho esto, es interesante notar que el analista se aparta del consenso de nuestro tiempo al enfatizar otro aspecto. A su manera de ver el castigo del cielo cae sobre la población sodomita principalmente a causa de sus medidas represivas en contra de un inmigrante indefenso: Lot (p. 137). Fields observa que el tema de la inmigración aparece repetidamente en amplias partes del Antiguo Testamento (pp. 178-179). En este sentido el autor mantiene una postura independiente al conceder una importancia primordial a los escritos bíblicos a la hora de interpretar el relato de Sodoma.

En el panorama académico de hoy, el análisis más detallado del drama bíblico y, sobre todo, de la tradición hermenéutica surgida a lo largo de los siglos, es obra del académico Michael Carden (2004). Su obra *Sodomy. A History of a Christian Biblical Myth* reúne un amplísimo material histórico basado en fuentes tanto cristianas como judías. Desde el principio Carden manifiesta su rechazo rotundo del ángulo antihomosexual por dos razones específicas. En primer lugar, esa interpretación se ha alejado excesivamente de su fundamento bíblico y, en segundo lugar, la ideología que la inspira se impregna de una notable homofobia entendida como aversión y miedo a las relaciones íntimas entre personas del mismo sexo (pp. 5-6). Por otra parte, el trabajo de Carden se ubica en el marco del consenso establecido actualmente.

Al mismo tiempo Carden admite que el texto bíblico de Gn 19 contiene varias lagunas (p. 5). Por ejemplo, el lector no se entera nunca de la naturaleza exacta de la maldad que reina en la ciudad ni está muy claro en qué consiste la manzana de la discordia entre Lot y sus vecinos. No obstante, Carden opina que el relato de Sodoma trata sobre una situación de violación sexual o al menos sobre una amenaza de la misma (pp. 9, 21), si bien es cierto que las interpretaciones rabínicas son distintas (p. 10). Al igual que algunos otros investigadores Carden observa que cualquier exégesis del relato dependerá de cómo se perciba y traduzca el verbo hebreo YADA', "conocer", especialmente en Gn 19,5. Él mismo supone que en este contexto neurálgico YADA' reviste un sentido sexual (p. 20).

Desde muy temprano las tradiciones judía y cristiana han tomado rumbos diferentes. Sin embargo, en años recientes hay indicios de que algunos estudiosos judíos están cediendo ante la presión del consenso cristiano por lo que a Sodoma se refiere. Tal es el caso del rabino estadounidense Steven Greenberg quien se ocupa del tema en su libro *Wrestling with God & Men* (2004, 64-73). Por un lado Greenberg se apoya principalmente en las antiguas fuentes judías incluyendo el mismo Génesis en versión original pero, por otro lado, menciona varias veces el tema del supuesto intento de violación sexual (pp. 67, 72-73).

En el marco del consenso actual, los comentaristas tienden a enlazar consecuentemente el relato de Sodoma con otro drama bíblico: el crimen de Guibeá narrado en Jc 19 y 20. Tal marco referencial tiene la ventaja de permitir al intérprete hacer resaltar los paralelismos literarios entre ambos relatos de modo que las aparentes lagunas de uno se pueden suplir mediante los detalles presentes en el otro. No obstante, el procedimiento no está exento de escollos. Por ejemplo, no pocos investigadores pasan por alto los múltiples detalles que los diferencian entre sí y suelen hacer caso omiso del entorno literario específico en que se desenvuelve cada texto (véase el cap. 10).

La colectividad de Sodoma

La biblista Lyn Bechtel (1998a; 1998b) puntualiza que el Israel de la antigüedad se organizaba de acuerdo a un sistema social de carácter grupal o colectivista. La investigadora observa que existen varias discrepancias entre la cosmología que impera en la Biblia hebrea y los enfoques que adoptan los comentaristas modernos en su inmensa mayoría debido al marcado individualismo que impregna la ideología occidental de nuestro tiempo.

Para Bechtel los relatos hebreos giran principalmente en torno a grupos, clanes, tribus, ciudades, pueblos y naciones mientras que los estudiosos de hoy tienden a centrarse en individuos prominentes como, por ejemplo, Abraham, Sara, Hagar, Ismael, Isaac y Lot. Según Bechtel el cambio de rumbo desde el paradigma grupal al individualismo se produce durante el periodo grecorromano. No cabe duda que esta trascendental transformación ideológica ha influido grandemente en las lecturas de Sodoma que surgen entre los teólogos de la era posbíblica.

Si aceptamos el análisis de Bechtel basado en la psicología social, la intención primaria del narrador hebreo sería esbozar una serie de extralimitaciones y sus consecuencias. En sociedades colectivistas como las antiguas ciudades cananeas y el Israel bíblico la seguridad y el bienestar de una ciudad-estado se definen con bastante rigor, es decir, dentro de los límites físicos o fronteras existentes. Cualquier violación de los límites se percibe como una amenaza. A caminantes pacíficos como los dos mensajeros llegados a Sodoma en Gn 19 se los juzga como sospechosos y más todavía en una coyuntura en que se acaban de producir revueltas políticas y derrotas militares (Gn 14). También el forastero residente intramuros (Lot) corre el riesgo de convertirse en blanco de la vigilancia atenta de las autoridades, especialmente cuando forma lazos de amistad con viajeros de nacionalidad desconocida. Surge un problema análogo cuando Lot se dispone a convencer a los sodomitas de que su criterio sobre el bien y el mal es el correcto (19,7-8).

Un elemento sobresaliente de la narración de Gn 19 es, según Bechtel, su ambivalencia. La actuación de los hombres de Sodoma se caracteriza por una notable carga de desconfianza, temor y conjeturas no comprobadas, todo lo cual deja al lector con una amplia gama de preguntas sin aclarar. Tal ambigüedad generalizada es deliberada (1998a, 28). Para Bechtel es obvio que los sodomitas son incapaces de comportarse como personas adultas con criterios maduros (p. 24) puesto que no consiguen distinguir entre el bien y el mal (p. 35). Así es que el narrador recalca un aspecto significativo: la importancia de saber aceptar la diversidad humana (p. 36). La conclusión que saca Bechtel es que el pecado de Sodoma no tiene nada que ver con cuestiones de homoerotismo sino con la inmadurez de la población y su torpeza a la hora de enfrentarse con diferentes posturas y criterios (pp. 29, 35).

La autora puntualiza que un enfoque grupal nos puede ampliar el campo interpretativo considerablemente (1998a, 22). Reflexiona sobre la importancia de pertenecer al círculo interno de los ciudadanos en oposición a aquellos que están al margen. Es posible que el temor que demuestran los sodomitas ante los forasteros se base en la turbulenta situación política que rodea su ciudad. Tanto ellos mismos como Lot tratan, cada uno a su manera, de conjurar cualquier peligro para su seguridad y en el camino se extralimitan ambas partes (p. 29).

El incisivo análisis de Sodoma ofrecido por Lyn Bechtel es innovador puesto que amplía el campo interpretativo de forma significativa. A Bechtel no la convence la tradicional lectura antihomosexual del relato (1998a, 22). Ahora bien, cabe añadir que la biblista sí deja abierta la posibilidad de insinuaciones de agresión sexual (pp. 28-33) ya que el verbo YADA' tiene para ella connotaciones sexuales tanto en Gn 19,5 como en 19,8. Según la autora, el narrador recurre justamente a este elemento para impregnar el texto de insinuaciones amenazadoras, hecho que contribuye a hacer el velo de ambigüedades narrativas prácticamente impenetrable (p. 28). Al igual que muchos comentaristas modernos le interesa establecer comparaciones entre Sodoma y el drama de Guibeá en Jueces 19.

El punto más débil del análisis de la problemática de Sodoma realizado por Lyn Bechtel tal vez radique en el hecho de que, como tantos otros exegetas, la biblista reduce el drama a los primeros once versículos de Gn 19 sin aclarar el por qué (1998a). En justicia no comete ese error en otro artículo suyo donde indica con exactitud el tamaño del texto analizado (1998b). En una sola ocasión, y de paso, Bechtel menciona el importante capítulo precedente, es decir, Gn 18 (1998b, 113).

Recalquemos en este contexto un problema concreto que se hace patente una y otra vez en los comentarios académicos sobre Sodoma: quedan ignoradas las estrechas conexiones textuales y conceptuales entre los capítulos 18 y 19 del Génesis. De forma análoga, se rompe el nexo orgánico entre los primeros once versículos del capítulo 19 y todo el texto restante.

"Conocer" según Brian Doyle

¿Cómo los injustos y brutales habitantes de Sodoma pueden pretender conocer a Dios? Es ésta la pregunta que se plantea el teólogo Brian

Doyle (1998). Pone el dedo en una llaga frecuentemente ignorada al observar que el mero hecho de la aparición casi constante de nuevos análisis del relato de Sodoma parece indicar que la misma redacción original hebrea está llena de ambivalencias (p. 86). En tal sentido Doyle está de acuerdo con Lyn Bechtel.

Según Doyle, hasta que los exegetas de nuestro tiempo aprendan a descifrar la finalidad literaria del carácter pluridimensional de la narración, el texto seguirá estando lleno de secretos, misterios y trampas. Ante todo, el analista se declara dispuesto a desentenderse del conocido argumento de la falta de hospitalidad de Sodoma porque esta interpretación se convierte a menudo en una maniobra evasiva que permite eludir las dificultades inherentes a los controvertidos versículos de Gn 19,4-11. De hecho, si estamos ante una agresión sexual tal acto es, desde cualquier punto de vista, un procedimiento inhospitalario (p. 86).

Gracias a la inspiración del trabajo realizado por otros investigadores Doyle se ha lanzado a analizar dos elementos clave del relato de Sodoma: el elenco que interviene en el drama y el marco narrativo en que se desenvuelve. Especialmente le llaman la atención el lenguaje del narrador y su énfasis en determinados vocablos siendo, por ejemplo, un interrogante de primer orden qué piensan conseguir concretamente los sodomitas al expresar su intención de "conocer" a los dos enviados (p. 88). El significado del verbo hebreo YADA' hay que aclararlo a lo largo y ancho de los capítulos 18 y 19 del Génesis. Otro tema de importancia es lo ambiguo de los enunciados de Lot al interactuar con sus conciudadanos. Según Doyle, toda esta problemática está muy lejos de quedar esclarecida.

En resumidas cuentas, para aproximarse a las opacidades fundamentales del texto hebreo Doyle se propone enfocar específicamente el uso de YADA'. Observa que el verbo aparece cuatro veces en el relato de Sodoma: dos en el capítulo 18 y dos en el 19. Los diferentes matices que contiene YADA' permiten al narrador utilizar la misma raíz verbal en varios contextos. Doyle es consciente de la popular idea de que YADA' tiene connotaciones sexuales en diez casos de un total de 943 en el Antiguo Testamento, pero para él la constatación de un dato estadístico de esa naturaleza es insuficiente. Su presencia en una serie de diccionarios y comentarios bíblicos no aporta en sí ninguna información valiosa, porque para obtener una imagen clara de cómo funciona realmente una palabra se requiere un examen detenido de su actuación en un contexto específico (p. 91).

En general Brian Doyle se resiste a creer que los habitantes de Sodoma formulen una petición imperativa de carácter sexual al expresar en Gn 19,5 su deseo de "conocer" a los recién llegados (p. 88). Opina que una orden en tal sentido sería absurda ya que implicaría postular que los seres humanos podemos imponernos sobre la voluntad divina. Doyle intuye que los enigmas presentes en el texto original no están allí por casualidad sino todo lo contrario (p. 89). A Abraham le toca recibir la bendición de Dios hasta el punto de llegar a conocer a YHWH personalmente (Gn 18), mientras que Lot y los sodomitas jamás podrán aspirar a un privilegio de tal índole (pp. 88, 91).

Entre los comentaristas de nuestros días Doyle se distingue por su posición singular al distanciarse del consenso actual respecto al verbo YADA'. De hecho, mantiene un criterio independiente al afirmar con convicción que muchos elementos textuales contradicen una interpretación sexual de YADA' en Gn 19,5. A su modo de ver el contexto es lo suficientemente ambiguo como para preguntarse qué motivaciones no sexuales estarán impulsando el comportamiento de los habitantes de la ciudad en esta escena.

No obstante, Doyle sí opina que YADA' se impregna de contenido sexual en Gn 19,8 (pp. 92, 95). Para llegar a tal conclusión se apoya en la traducción griega del relato ya que la Septuaginta discrimina entre ambas apariciones de YADA' reproduciendo el verbo con dos términos griegos distintos (p. 92). Al mismo tiempo Doyle observa que si el mismo YHWH dice "conocer" a Abraham en Gn 18,19, el significado de esta frase necesariamente tiene que influir en las demás intervenciones del verbo a lo largo del texto. Según Doyle, el objetivo principal que se plantea el narrador es ilustrar quién es digno de conocer de cerca a YHWH y quién no (pp. 93-94).

Para sus reflexiones finales sobre el pecado de Sodoma, Brian Doyle se inspira en el capítulo 16 del profético libro de Ezequiel donde sobresale el concepto de la arrogancia. Doyle subraya su anterior observación de que nada indica que los habitantes de Sodoma estén dominados por el ímpetu de sus instintos sexuales. El error de fondo que cometen los sodomitas consiste en la manera en que se proponen llegar a conocer algo, o a alguien, que no se merecen desde ningún punto de vista. Para Doyle el relato muestra una colectividad de opresores injustos que recurren a la violencia en contra de los débiles y vulnerables. Tal procedimiento equivocado los lleva a un callejón sin salida donde buscan ciegamente y en vano la puerta del conocimiento (pp. 98-100).

Conocer: un verbo esencial

Como ya se habrá notado, numerosos comentaristas de hoy han identificado el elemento clave para una hermenéutica bíblica del relato de Sodoma y Gomorra: el verbo hebreo YADA', "conocer". Tanto es así que de su interpretación depende toda nuestra visión del drama. Por consiguiente, es importante emprender un rigoroso examen literario y gramatical centrado en YADA'.

Lo cierto es que la prominencia de este verbo en el texto hebreo de Sodoma ha dado lugar a mucha especulación entre los biblistas. A partir de la temprana Edad Media se piensa que YADA' en Gn 19,5 y 19,8 tiene connotaciones sexuales. De esta hipótesis nace el concepto medieval de sodomía (siglo XI) que a su vez impone la interpretación homofóbica de la leyenda, enfoque que se convierte en exclusivo y cuyo monopolio se mantiene firme hasta la segunda mitad del siglo XX (Carden 2004, 20).

Dada la popularidad del enfoque sexualizado, es lógica la omnipresencia de esta interpretación de YADA' en los comentarios sobre Sodoma publicados en las últimas décadas.[55] Ya hemos podido comprobar cómo los biblistas contemporáneos declaran en su inmensa mayoría que la leyenda de Sodoma presenta un cuadro de violencia sexual. Al

---

55 Ejemplos representativos son: Hamilton 1990, 220; McNeill 1993, 47; Hugenberger 1994, 272; Fox 1995, 80; Hamilton 1995, 34; Alter 1996, 85; Fields 1997, 123-125; Nissinen 1998, 46; Helminiak 2000, 44-45; Brodie 2001, 250; Gagnon 2001, 72-74; Heard 2001, 54; Carden 2004 pp. 20-21 y 26; Greenberg 2004, 65; Lipka 2006, 44; McKeown 2008, 107; Schneider 2008, 186.

mismo tiempo, hay cierta discrepancia en las filas de los comentaristas ya que algunos opinan que el narrador introduce hábilmente una dosis de ambigüedad (Bechtel 1998, 28). Unos pocos se pronuncian claramente en contra de la interpretación sexual de YADA' indicando que la problemática de fondo hay que buscarla en otros aspectos (Jordan 1997, 161; Doyle 1998, 91).

En el caso de Sodoma, muchos biblistas parecen estar acostumbrados a pensar que el texto va esencialmente desde Gn 19,1 hasta 19,11. Tal limitación del material estudiado los lleva a considerar que el verbo YADA' aparece dos veces, concretamente en Gn 19,5 y en 19,8. Sin embargo, omiten así algunas claves exegéticas de importancia. No hay que olvidar que la división en capítulos del Génesis es tardía ya que data de la Edad Media.

Bien mirado, y desde el punto de vista literario, la primera parte del drama de Sodoma y Gomorra comienza en Gn 10,19, continúa en Gn 13,10-13 y culmina en Gn 14. La segunda parte, que es la que más nos interesa, se inicia en Gn 18,16 y termina en 19,38. Si analizamos esta segunda parte en su conjunto, veremos que YADA' hace acto de presencia no en dos ni en cuatro sino en **seis** ocasiones: dos veces al principio del relato en Gn 18,19; 18,21; dos veces en el centro en 19,5 y 19,8; y dos veces al final en 19,33 y 19,35.

El arte de la repetición

Indudablemente el anónimo narrador del relato de Sodoma hace gala de un gran refinamiento literario y cultural. En todo momento su prosa revela un agudo sentido poético y una impresionante economía de palabras. Con seis posiciones en el texto hebreo de Sodoma, el verbo YADA', "conocer", se coloca tan estratégicamente que se convierte en una pieza clave para cualquier análisis literario. Este fenómeno nos permite apoyarnos en la teoría literaria sobre la importancia de los elementos repetidos en la prosa clásica de la Biblia hebrea formulada en la década de 1930 por los teólogos judíos Martin Buber y Franz Rosenzweig (Korsak 1993, 223).

De hecho, la repetición de algunos términos clave forma parte de la estrategia artística del escritor hebreo (Provan 1998, 200-201). Tanto es así que la "repetición significativa" constituye un importante elemento de coherencia retórica. Al recurrir seis veces a YADA' en el texto de Sodoma, el narrador logra una considerable ventaja estilística. Prácticamente YADA' se convierte en el principal eje literario al proporcionar un elemento de constancia aglutinadora en medio de la creciente turbulencia que van suscitando los dramáticos sucesos de Sodoma. Dicho de otra manera, YADA' aporta unidad en medio de la diversidad ya que sus actuaciones intermitentes hacen que los lectores nos demos cuenta de la interconexión de los episodios así hilvanados.

Varios biblistas se han inspirado en el concepto llevándolo a la práctica en la medida de lo posible a la hora de producir sus propias versiones de la Biblia hebrea. Ejemplos en el mundo anglosajón son los traductores Mary Phil Korsak (1993, 223), Everett Fox (1995 pp. ix y xv) y Robert Alter (1996, xxvi).

La tabla 25 brinda una visión esquemática del tejido literario en que YADA' forma el eje o elemento clave.

Tabla 25 Seis versículos con YADA'		
Versículo	Hebreo	Significado
18,19	yĕda'ĕtīw	lo he *conocido*
18,21	'ēdā'â	quiero *conocer*
19,5	nēd'â	queremos *conocer*
19,8	yād'û	(ellas) han *conocido*
19,33	yāda'	(él) *conoció*
19,35	yāda'	(él) *conoció*

Según Groom (2003, 119), es importante para cualquier investigación semántica definir con precisión el contexto en que se mueven los vocablos y la frecuencia relativa con que actúan. En el caso de Sodoma, delimitamos el contexto que nos interesa como el relato hebreo que abarca la segunda mitad del capítulo 18 y todo el capítulo 19 del Génesis. Por primera vez desde el capítulo 14, el nombre de Sodoma reaparece en Gn 18,16 para figurar en el drama un total de ocho veces. La narración concluye con la instalación en una cueva montañosa de los tres refugiados de la ciudad seguida por el nacimiento de Moab y de Ammón (19,38).

La tabla 25 demuestra la manera en que las apariciones emparejadas de YADA' se agrupan con elegancia en tres secciones del texto, según lo que parece ser un claro plan estructural del narrador: 18,19 + 18,21; 19,5 + 19,8; 19,33 + 19,35. Un pasaje se ubica al comienzo del argumento, otro en el centro y el tercero hacia el final. De esta manera, los pasajes ilustran dos fenómenos textuales esenciales: (a) la centralidad de YADA' en el texto de Sodoma y Gomorra; (b) la unidad literaria del relato (cf. Cotterell & Turner 1989, 247).

Conclusión

Hoy por hoy coexisten en el ámbito de los estudios bíblicos varios enfoques distintos con respecto a Sodoma y Gomorra. Entre otros, la óptica tradicional es defendida por Robert Gagnon quien está convencido de que el Génesis presenta en Sodoma un escenario donde florecen las relaciones homosexuales. El espectro hermenéutico incluye el freudianismo ensayado por Ilona Rashkow cuyo análisis del relato bíblico se inspira en el apócrifo *Génesis Rabba*.

Lo que sí queda claro es que ya no existe la unanimidad de antaño que describía Sodoma como un hervidero de homosexualidad desenfrenada. Los biblistas de hoy son más concisos al considerar que estamos ante un escenario de agresividad sexual. En efecto, se produce un sólido consenso académico que expresa la problemática de Sodoma en términos de "intento de violación grupal".

Junto a este planteamiento, y casi sin excepción, los biblistas juzgan duramente la conducta de Lot en Gn 19, particularmente por la supuesta frivolidad con que decide entregar a sus hijas a los portavoces de la ciudad. La opinión mayoritaria sobre Lot expresa claramente que estamos ante un caso perdido de degeneración moral y derrota total frente a la barbarie que reina en Sodoma.

No obstante, hay suficientes voces discrepantes para concluir que el consenso del momento no logra resolver todas las dudas que suscita el texto hebreo. Algunos estudiosos (Lyn Bechtel, Brian Doyle, Mark Jordan) declaran que en Gn 19,5, el verbo YADA', "conocer", no tiene necesariamente connotaciones sexuales. Un análisis de numerosas fuentes de nuestro tiempo nos permite comprobar que es precisamente este verbo el que se ubica en el centro del enigma de lo que sucede en Sodoma.

Con seis apariciones en el texto hebreo, YADA' es un ejemplo ilustrativo del arte de la "repetición significativa", metodología narrativa estudiada y aplicada por varios biblistas y traductores del siglo XX. Estando precisamente YADA' presente en los pasajes neurálgicos de Gn 18 y 19, urge emprender un análisis literario y semántico de las actuaciones del verbo a lo largo del texto original. Por tanto, dedicaremos el siguiente capítulo específicamente a los posibles significados de YADA' en el drama de Sodoma. Del análisis de este verbo dependerá la respuesta a la pregunta si en este texto está presente o no algún problema de carácter homoerótico.

8

Conocer en el sentido bíblico

> *Tu padre practicaba justicia y equidad.*
> *¿No es esto conocerme?*
> Jeremías 22,15-16

Conocer en el sentido "bíblico"

> El ADAM *conoció* a su mujer JAWÁ que concibió y dio a luz a Caín...
> (Gn 4,1).

Fundándose en la presencia del verbo YADA', "conocer", en Gn 4,1, numerosos comentaristas y traductores de la Biblia opinan que el versículo describe el primer acto sexual relatado en las Sagradas Escrituras.[56] Así el sacerdote filólogo Luis Alonso Schökel (1994, 307) afirma que el YADA' bíblico "es uno de los eufemismos más frecuentes del trato o relaciones sexuales" (1994, 307). Está de acuerdo la biblista Athalya Brenner (1997 pp. 8, 22-23, 29, 137-138). A su vez, el académico Jesper Svartvik califica YADA' de "término técnico" del trato sexual (2006, 277).

---

56 Cf. Botterwerk & Ringgren 1986, 464; Browning 1998, 104; Nelson 1998, 207; Jenni & Westermann 1978, 954; Bruce, Marshall, Millard, Packer & Wiseman 2003, 273.

Tan generalizada ha sido la clasificación de "conocer" como indicador de relaciones sexuales que la recogen numerosos diccionarios de la lengua española incluido el DRAE. A fuerza de la insistencia académica sobre este tema, el supuesto aspecto sexual de YADA' pasa a la literatura y da origen a un eufemismo que ha llegado a pertenecer al lenguaje cotidiano: "conocer en el sentido bíblico". El escritor y filósofo Miguel de Unamuno recoge la expresión en *La agonía del cristianismo* (1931, 71):

> Conocer en el sentido bíblico, donde el conocimiento se asimila al acto de la unión carnal—y espiritual—por el que se engendra hijos, hijos de carne y de espíritu.

El diccionario BDB (1952) indica que YADA' aparece en la Biblia hebrea un total de 943 veces mientras que Larry Mitchel (1984, 2) contabiliza 924 casos. Recalquemos, de todos modos, que se trata de un verbo muy común en la literatura bíblica. De un total de 943 apariciones, si escogemos este cálculo, Robert Gagnon (2001, 72-74) apunta que YADA' tiene claras connotaciones sexuales en dieciséis ocasiones. Esta cifra representaría un 17 por mil del total (el 1,7 por ciento).

Para Derrick S. Bailey (1955, 2-3) el número exacto es diez (10,6 por mil), pero reconoce que YADA' aparece en cinco casos adicionales en combinación con la palabra MISHKAB, "lecho", en alusión a mujeres que han conocido, o no, "el lecho de un varón". Llega así a un total de quince casos (16 por mil). Gordon Hugenberger (1994, 272) localiza catorce apariencias del YADA' sexualizado (14,9 por mil). Por su parte, Martti Nissinen (1998, 46) sugiere que las actuaciones sexuales de YADA' constituyen "una docena", o sea, el 13 por mil. John Boswell (1980, 94) cita la enumeración sugerida por Bailey quedándose con diez actuaciones sexuales de YADA' en la Biblia hebrea (10,6 por mil), ejemplo seguido por Brian Doyle (1998, 91) y Daniel Helminiak (2000, 45).

En otras palabras, no hay unanimidad total acerca de la pretendida actuación sexual de YADA' en la Biblia hebrea. De todas maneras, las cifras indicadas revelan que es una exageración hablar de YADA' como término "frecuentísimo" en el ámbito sexual. Está claro que para algunos biblistas las actuaciones sexuales de YADA' no superan la decena, es decir, no llegan al once por mil. El cálculo más optimista sugiere el 17 por mil. Convertidas a porcentajes estas cifras representarían el 1,1 y el 1,7 por ciento del total, respectivamente. Además, téngase en cuenta que el supuesto uso sexual de YADA' se queda muy atrás comparado con los activos verbos BOO y SHÁKHAB cuyo desempeño sexual en el libro del Génesis se refleja en treinta casos, sin contar una serie de apariciones de ambos verbos en otros escritos bíblicos.

En este contexto cabe reconocer que algunos analistas le conceden a YADA' cierta ambigüedad.[57] Como veremos más adelante, conviene insistir en este aspecto por varias razones. Ante todo, quedará patente el problema de YADA' como agente sexual cuando comentemos las características del lenguaje hebreo del relato de Sodoma y Gomorra. En este texto el narrador utiliza YADA' como piedra angular del edificio literario y, repetidamente, lo presenta acompañado por BOO y SHÁKHAB.

El ADAM "conoció"

El primer caso de YADA' como término verbal ambiguo se plantea efectivamente en el capítulo 4 del Génesis. Antes de abordarlo, hemos de recordar el trascendental detalle de la reciente expulsión del Edén (3,23-24). Hasta ese momento Adán y Eva han sido compañeros (2,18) y para ello su relación no ha requerido ninguna normalización. Sin embargo, las circunstancias cambian a la hora de quedar alejados del jardín de su infancia y adolescencia, siendo que han dejado atrás a su progenitor que es a la vez "padre y madre" (2,24).

Dicho de otra manera, la despreocupada vida del Edén ya es cosa del pasado y, a partir de ahora, Adán y Eva dejan de contar con la anterior comunicación directa con el ser divino. A partir de esta nueva situación, se impone para ambos seres humanos la necesidad de formar una alianza recíproca en reconocimiento de su interdependencia. Sintiéndose por vez primera abandonados a su suerte, se les plantea el imperativo de hacerse adultos y asumir las responsabilidades propias de las nuevas condiciones. Ahora sí cada uno tiene que servir de auxiliador o sostenedor del otro (2,18).

---

[57] Bailey 1955, 3; McNeill 1993, 47; Bechtel 1998, 117; Doyle 1998, 91-94; Carden 2004, 20.

En Gn 4,1 Eva se queda embarazada y da a luz a su primer hijo llamado Caín. Sobre esta base parece lógico suponer que si el ADAM "conoció" (YADA') a su mujer, se trata de una alusión al inicio de la vida sexual de la primera pareja de toda la Biblia. En efecto, en estos términos se expresa la exégesis presentada por muchos analistas.[58] Como se verá, la suposición tiene la desventaja de basarse en un número muy escaso de referencias textuales. Señalaremos a continuación algunos de los problemas que plantea una visión puramente sexual de YADA' en Gn 4,1.

En primer lugar, ésta no es la primera intervención de YADA' en el Génesis sino que tiene varios precedentes. En Gn 2,9, 2,17 y 3,22 aparece la palabra DA'AT, "conocimiento" o "ciencia", derivada de YD', la misma raíz consonántica que dio origen a YADA'. En 3,5 la serpiente dice que Dios "sabe" (YADA') que si los humanos comen del árbol de la ciencia serán "conocedores" del bien y del mal. Una vez realizado el acto, Adán y Eva se dan cuenta en 3,7 que están desnudos, es decir, toman "conciencia" (YD') de su estado físico.

En segundo lugar, recordemos que actúan en el Génesis, cuando se trata de denotar actividad sexual, los conocidos verbos BOO y SHÁKHAB. Ninguno aparece en los primeros capítulos del libro, hecho que podría indicar que a estas alturas la vida sexual como tema no está presente. Más bien, en esta etapa inicial de características mitológicas, lo importante es señalar cómo evolucionan las instituciones o estructuras sociales (Brodie 2001, 142).

En tercer lugar, muchos analistas parecen ignorar que en la antigüedad las relaciones sexuales se producen en el marco de una estructura social bien definida (Hugenberger 1994, 156; Thatcher 1999, 68). En todo el Pentateuco la vida sexual de las parejas no es "libre" para iniciarse en cualquier momento sino que, para ser legítima, se desarrolla según la normativa que regula el matrimonio. Si es violado este precepto social, como lo demuestra el atrevimiento de Siquem en Gn 34, el castigo puede ser fulminante.[59]

---

58 Hammershaimb 1957, 16; Hamilton 1990, 220 ; Alter 1996, 16; Nissinen 1998, 46; Fox 1995, 25 ; Gagnon 2001, 73; etc.
59 Cf. Dt 22,20-21 y 23-24.

CAP 8: CONOCER EN EL SENTIDO BÍBLICO

Siendo esto así, recalcaremos que YADA' se refiere generalmente, con relación a la interacción de dos personas en el Génesis, a una situación donde interviene el factor de legitimidad. En cuatro casos se aplica al contrato matrimonial (4,1.17; 19,8; 24,16). Si en Gn 4,1 YADA' cumple una función jurídica al tratarse de la iniciación formal del primer matrimonio, se concreta la solemne predicción intercalada por el narrador en 2,24: "el hombre dejará a su padre y a su madre y se unirá a su mujer".[60]

De hecho, en Gn 4,1 es justamente Adán quien se une a su mujer "conociéndola". Dicho de otra manera, tal "conocimiento" primario equivale a "reconocimiento formal", o sea, Adán reconoce a Eva como esposa en cumplimiento de lo estipulado en Gn 2,24. Recordemos que la palabra hebrea ISHSHÁ significa tanto "mujer" como "esposa" (Alonso Schökel 1994, 93).

Como es lógico, la formalización del lazo matrimonial incluye su consumación posterior a partir de la cual empiezan las relaciones sexuales. Surge, por tanto, una situación normal en la cual Eva se queda embarazada. Lo notable es, a estas alturas del Génesis, que la vida sexual propiamente dicha no se especifica mediante BOO o SHÁKHAB sino que se sobreentiende.

Situaciones análogas aparecen en Gn 4,17 y 4,19-22. En la mayoría de los casos, el narrador omite el nombre de la mujer apuntando sencillamente el nombre del varón y de su primer hijo varón (4,18.26 ss.). A partir de Gn 5,3 se menciona a menudo que hay hijas pero éstas permanecen casi siempre anónimas. En todos estos casos observamos la ausencia de referencias concretas a la vida sexual de los protagonistas. Al narrador lo que le importa ante todo es la genealogía en que se inscriben.

En el mundo de la Biblia hebrea tanto un hombre como una mujer puede "conocer" formalmente al o a la cónyuge mediante el verbo

---

[60] Es posible traducir la frase en tiempo presente: "El hombre deja a su padre y su madre y se une a su mujer". Mediante tal acto el hombre transfiere la lealtad antes debida a sus padres a la nueva relación que inicia con su mujer (Hugenberger 1994, 160). Sobre esta base se deduce que el contrato matrimonial entre Adán y Eva tiene fuerza paradigmática, es decir, constituye un ideal digno de imitarse (pp. 6, 151).

YADA'. En Gn 4,1 el varón "conoce" a la mujer estableciendo un contrato social y no una simple unión libre. En este contexto es lógico que Eva exclame en 4,1 ante el nacimiento de Caín: "He hecho un varón con YHWH", puesto que está cumpliendo debidamente con el mandamiento divino de Gn 1,28 ("multiplíquense") y la relación entre ella y Adán se desenvuelve en el marco del matrimonio iniciado correctamente.

En todos los idiomas del mundo, la terminología legal tiende a fosilizarse y muchos vocablos del derecho civil y penal revisten un aire anticuado o arcaizante. Resulta que YADA' en su vertiente jurídica aparece también en otros contextos solemnes, arcaicos o mitológicos. Por ejemplo, el verbo anuncia a veces la creación formal de un contrato o pacto al estilo de la alianza que establece YHWH con Abraham. Téngase en cuenta que la deidad evoca este mismo hecho diciendo en Gn 18,19 "lo he conocido" en clara alusión al capítulo 17 donde se estipula el contenido de lo contratado (Hamilton 1995, 18). En lo formal, el pacto entre Adán y Eva iniciado en 4,1 se inscribe en este mismo marco (Hugenberger 1994, 163).

Conocimiento y descendencia

Como estamos viendo, en el Génesis el verbo "conocer" reviste cierta complejidad que le permite adoptar alguno de varios significados según el contexto. En primer lugar YADA' significa simple y llanamente "saber" (Gn 3,5). En segundo lugar, el verbo asume el sentido de "conocer las cosas de la vida", concepto que se expresa en el relato como "discernir", literalmente "distinguir entre el bien y el mal" (Gn 2,17; 3,5.22). En tercer lugar, estamos ante un término jurídico que interviene en determinados contextos solemnes o arcaicos para indicar el establecimiento formal de un pacto o alianza entre dos partes contratantes.

Si en Gn 2,24 el hombre dejará a su padre y a su madre para "unirse", en hebreo DÁBAK, a su mujer, diremos que en este contexto específico DÁBAK actúa como sinónimo de YADA'. Por consiguiente, en Gn 4,1 es justo que muchas versiones bíblicas digan que Adán "conoció" a la mujer ya que ella se convierte mediante tal paso en esposa suya.[61]

---

61 BA, MK, NBJ, NC, JMP, RV.

También es aceptable la traducción "se unió a" gracias al paralelismo con DÁBAK, si bien esta opción castellana es algo menos exacta.[62]

Un hecho análogo ocurre en Gn 4,17. Aquí se nos cuenta cómo Caín, hijo adulto de Adán y de Eva, "conoce" a una mujer que se convierte mediante este procedimiento en su cónyuge. De esa unión nace un hijo, siendo la fraseología casi idéntica a Gn 4,1. En todos estos casos el narrador hebreo recurre a un lenguaje de estilo elevado para describir momentos significativos de la primera etapa de la vida humana sobre la tierra. Si Adán y Eva representan la primera generación, el casamiento de Caín marca el principio de la segunda al formarse mediante ese "conocimiento" un nuevo lazo familiar. Dado el carácter mitológico y paradigmático del texto, parece ser deliberada la presencia de un verbo digno, formal y arcaizante de la categoría de YADA'. En estos primeros capítulos de la Biblia, el término sirve justamente para recalcar los momentos culminantes de las existencias primarias.

A la luz de estos precedentes, puede sorprender la aparición de YADA' en relación con otro momento significativo de la vida de Adán y de Eva descrito en Gn 4,25. Sin embargo, veremos que la actuación de YADA' responde en todo momento a la progresión lógica de la narración. La pérdida de Abel representa para sus padres un trauma difícil de superar porque la tragedia se ve agravada por el penoso destierro de Caín (4,16). De esta manera se quedan privados de ambos hijos prácticamente de la noche a la mañana. Una vez superado el duelo, Adán y Eva deciden reanudar su compromiso inicial y revitalizar su relación como quien vuelve a empezar a partir de cero. Es significativo que tomen medidas formales para que llegue un nuevo hijo a llenar el vacío. Para ello YADA' hace nuevamente acto de presencia en 4,25:

> Y Adán *conoció* nuevamente a su mujer. Ella dio a luz un hijo, llamándole Set.

Con anterioridad Adán ya "conoció" a Eva en Gn 4,1. Si el mismo verbo reaparece en 4,25 y ella queda embarazada en ambos casos, algunos lectores pensarán que "conocer" adquiere de todos modos un sentido sexual. Sin embargo, nosotros planteamos que tal interpretación de

---

[62] BP, *Biblia Latinoamericana* (Gn 4,1), DHH, *Edición Popular*, NVI.

YADA' ignora la sutileza literaria del contexto. Tomemos por ejemplo el nacimiento de Abel en Gn 4,2. En este caso no consta ningún "conocimiento" previo como tampoco se menciona ningún verbo del ámbito sexual (BOO o SHÁKHAB).

Dicho de otro modo, Abel viene al mundo sin que se especifique el coito concreto que produce su concepción. Lo que sí sabemos es que Abel nace en el marco del matrimonio formalmente establecido y, salvo algunos casos anecdóticos que pertenecen a otros relatos del Génesis, al narrador no le interesan los pormenores de las relaciones sexuales de la pareja. Si a Adán y a Eva les nacen tres hijos, es más que probable que hayan hecho el amor en algunas ocasiones y, sin lugar a dudas, tres veces como mínimo. Por consiguiente, es desafortunada la expresión "tuvo relaciones" sugerida por varias versiones a la hora de traducir YADA' en Gn 4,1, 4,17 y 4,25. En el caso de Adán y Eva la frase nos deja la errónea impresión de que la pareja sólo tuvo intimidad física en dos ocasiones, es decir, en Gn 4,1 y 4,25.[63]

Téngase en cuenta otro factor significativo. Si Adán y Eva renuevan el compromiso matrimonial mediante YADA' en 4,25, resulta que Set, fruto del lazo revitalizado, no es un hijo añadido cualquiera. Al contrario, el nacimiento del niño confirma y refuerza el vínculo formal entre Adán y Eva. Asimismo, este importante detalle queda reflejado en los párrafos que siguen. Por derecho le tocaría a Caín como primogénito llevar adelante el abolengo familiar, y brevemente nos enteramos de su descendencia en Gn 4,17-24. Sin embargo, a raíz del fratricidio se debilita el nexo entre Caín y sus padres y él mismo deja de ser el cabeza de linaje ideal.

El narrador indica que la situación de Set es distinta ya que este hijo no va incluido en el primer contrato matrimonial de sus progenitores que terminó mal con la muerte de Abel y el destierro de Caín (4,16). Bien mirado, la pareja se quedó en ese momento sin hijos. Sobre este telón de fondo, el nacimiento de Set corona el nuevo pacto conyugal y es este hijo quien cargará con el honor de llevar adelante el árbol genealógico (McKeown 2008, 44). Entre los nombres ilustres incluidos en su descendencia figurarán Matusalén (5,21-22) y Noé (Gn 5,28-29).

---

63 Opción escogida por las versiones EMN y la *Biblia Latinoamericana*.

La gramática de YADA'

Pasando ahora al relato de Sodoma, los diferentes matices inherentes a las seis intervenciones de YADA' constituyen todo un reto para los traductores de nuestro tiempo. Para tener una visión más clara de las funciones concretas que adopta el verbo, un pequeño análisis gramatical puede ser ilustrativo.

La siguiente tabla brinda una impresión de cómo actúa YADA' en la leyenda de Sodoma visto desde el paradigma verbal del hebreo clásico (cf. la tabla 25). En la tabla están representados dos modos. Uno recibe en hebreo el nombre de KAL, palabra que significa "básico" o "simple". Cuatro de las seis apariciones de YADA' actúan en KAL mientras que el verbo en dos ocasiones adopta el llamado modo cohortativo, como lo demuestra la tabla 26.

Tabla 26 Formas de YADA' en el texto de Sodoma			
Versículo	**Hebreo**	**Persona**	**Modo**
18,19	yĕda'ĕtīw	1ª singular	KAL
18,21	'ēdā'â	1ª singular	cohortativo
19,5	nēd'â	1ª plural	cohortativo
19,8	yād'û	3ª plural	KAL
19,33	yāda'	3ª singular	KAL
19,35	yāda'	3ª singular	KAL

Dentro de esta estructura repetitiva de YADA' observamos cierta distribución sistemática. En primer lugar, el verbo aparece tres veces en la primera persona y tres veces en la tercera persona. En segundo lugar, el modo verbal más frecuente es KAL (cuatro casos) mientras que dos casos revisten la forma del cohortativo, modalidad infrecuente de carácter enfático que pertenece exclusivamente a la primera persona (Weingreen 1959, 88). En tercer lugar, las dos apariciones de YADA' en la última parte (19,33.35) son idénticas, hecho que recalca aun más el aspecto de la repetición significativa.

Cuando YADA' actúa en el marco de KAL, la modalidad simple, se traduce generalmente como "conocer". La acción de los verbos hebreos no admite las categorías de "tiempo presente" o "tiempo pasado" que caracterizan el sistema verbal de las lenguas indoeuropeas sino que se clasifica bajo la rúbrica de "aspecto". En hebreo el aspecto de la acción se clasifica de dos maneras: (a) concluida; (b) inconclusa (Weingreen 1959, 56; Johnstone 1998, 137).

"Conocer" y "acostarse"

En el drama de Sodoma, el primer caso digno de atención relativo a YADA' se presenta en los versículos 4 y 5 de Gn 19. El narrador hebreo explica en 19,4 que el drama nocturno de Sodoma rompe un momento antes de la hora del *acostarse* (SHÁKHAB). Seguidamente en 19,5, los hombres de Sodoma anuncian su deseo de *conocer* (YADA') a los visitantes en la calle, o sea, en la vía pública. Mediante el uso de estos verbos el narrador nos deja ver que se presentan dos escenarios distintos.

La tabla 27 muestra el proceder escogido por los traductores a la hora de abordar ambos verbos en este pasaje.

Tabla 27 Gn 19,4-5: Traduciendo SHÁKHAB y YADA'		
Versión	SHÁKHAB 19,4	YADA' 19,5
BA	acostarse	conocer
BP	acostarse	*acostarse*
DHH	acostarse	*acostarse*
EMN	acostarse	*abusar*
JMP	acostarse	conocer
MK	acostarse	conocer
NBJ	acostarse	*abusar*
NC	acostarse	conocer
NVI	acostarse	*acostarse*
RV	acostarse	conocer

Como se desprende de la tabla 27, todas las versiones traducen correctamente SHÁKHAB en Gn 19,4. Sin embargo, no hay unanimidad a la hora de abordar YADA' en 19,5. En primer lugar, sólo cinco versiones logran ajustarse perfectamente al lenguaje hebreo reproduciéndolo con exactitud (BA, JMP, MK, NC, RV). En segundo lugar, tres versiones castellanas postulan que YADA' es sinónimo de SHÁKHAB, o sea, que pertenece a la esfera de la intimidad física (BP, DHH, NVI). En tercer lugar, dos versiones van aun más lejos traduciendo YADA' como "abusar", es decir, planteando que el verbo es portador de violencia (EMN, NBJ).

A pesar de la evidente diferencia semántica entre "conocer" y "acostarse", algunos traductores bíblicos de nuestro tiempo hace que no distinguen entre YADA' y SHÁKHAB en cuanto a su significado. Dicho de otro modo, los tratan como si fueran sinónimos. En español, como en cualquier otro idioma, media una distancia considerable entre los conceptos de "conocer", "acostarse" y "abusar" (Hamilton 1995, 34). El hebreo clásico no es ninguna excepción puesto que se expresa en tales casos con los verbos YADA', SHÁKHAB y 'ANAH, respectivamente. Por tanto, es motivo de preocupación que sólo la mitad de las versiones castellanas consultadas se ciñan adecuadamente al significado del original en el caso de YADA'. Es evidente que la otra mitad modifica sustancialmente el contenido del verbo cayendo en un turbio ejercicio de alteración o circunloquio.

"Conocer" y "reconocer" en Sodoma

Como hemos visto en el capítulo 7, son seis las actuaciones de YADA' en el relato de Sodoma. A continuación las iremos desgranando y comentando por orden de aparición.

El contexto de Gn 18 y 19 abunda en lenguaje formal y terminología jurídica (Bruckner 2001, 131). Gracias a este marco estilístico, señalaremos en cada caso los aspectos jurídicos o judiciales inherentes a YADA' que pueden ser pertinentes, y hasta decisivos, a la hora de traducir el texto. Resulta que YADA' no sólo significa "conocer" sino que equivale en determinados casos a "reconocer" (Ex 18,11; Dt 34,10; Jr 1,5).

Proponemos aplicar esta perspectiva lexicográfica a YADA' en el texto de Sodoma. De esta manera lograremos dos ventajas: (1) contemplaremos la actuación del verbo como un caso de repetición significativa; (2) la óptica jurídica aportará nuevos elementos interpretativos que pueden resultar esenciales.

Gn 18,19: "Lo he conocido"

La solemne alianza que establece YHWH con Abraham en los capítulos 15 y 17 del Génesis se parece en varios sentidos a ciertos tratados políticos establecidos en la era prebíblica del antiguo Oriente Medio. De estos documentos procedentes de las culturas hitita, acadia, sumeria y ugarítica se deduce que un soberano político puede "conocer" a alguien, expresión que refleja el carácter formal y vinculante de la relación que entabla el monarca con un vasallo (Huffmon 1966, 31-37). Entre otros detalles es característico que el soberano tome la inciativa (Huffmon & Parker 1966, 36-38). Este último hecho corresponde en todo momento a los pasos dados por YHWH para concretar su alianza con Abraham (Gn 12,1.7; 13,14; 15,1.13; 17,1; 18,1).

Si no nos parece claro a primera vista qué significa "lo he conocido" en Gn 18,19, en la Biblia hebrea se encuentra un material amplio que nos permite informarnos. En efecto, varios otros escritos bíblicos revelan familiaridad con el solemne uso arcaizante de YADA' plasmado en Gn 18,19. El verbo aparece en determinadas ocasiones de carácter especial en las cuales se menciona o se sobreentiende la existencia de una alianza formal. Como veremos, "conocer" adopta en determinados contextos solemnes un importante sentido jurídico.[64]

En primer lugar, el narrador describe el caso de Abraham dejándonos ver que su relación con YHWH se desenvuelve en el marco de un pacto pormenorizado (Gn 15 y 17). En segundo lugar, se nos indica en 18,19 que para que Abraham sea "conocido" está obligado a seguir el "camino de YHWH". La naturaleza de este camino queda especificada en el mismo versículo con la frase "hacer derecho y justicia". En otras partes del Génesis leemos que el camino incluye conceptos como fe y

---

[64] Jr 1,5; 9,23; 22,15-16; 31,34; Ez 16,62; Os 2,22; 5,3-4; 8,2; etc.

devoción (Gn 12, 13 y 15), obediencia (Gn 14, 17, 21 y 22), humildad (Gn 17 y 18), hospitalidad y generosidad (Gn 18), además de solidaridad espontánea con un familiar en situaciones de crisis (Gn 14 y 18).

En tercer lugar, el ser conocido por YHWH requiere que el sujeto humano asuma la responsabilidad de enseñar a sus descendientes la práctica de las virtudes antes enumeradas (18,19). La compasión y aguda preocupación por el concepto de justicia que exhibe Abraham en la segunda mitad de Gn 18 demuestran que él ha comprendido lo que significa llevar a la práctica la alianza con YHWH. El cuarto elemento pertenece al orden físico: para los varones la circuncisión se hace obligatoria (Gn 17).

El quinto y último elemento incluido en el conocimiento divino se manifiesta en el caso de Abraham en el hecho de recibir una abundante recompensa que durará siglos: "todos los pueblos de la tierra se bendecirán en él" (Gn 12,3; 15,1; 17,5). Además, varios pasajes del Génesis revelan en qué aspectos se traduce la bendición. Implica el conocer a YHWH personalmente (12,7; 15,1; 17,1; 18,1), enterarse de los planes divinos (Gn 15 y 18), el poder interceder por otros y ser escuchado (18,23-32), además de una larga serie de favores especiales recogidos en los capítulos 12-15, 17-19, 21-22 y 24 del Génesis.

El YADA' formal en la Biblia hebrea

En paralelo con Gn 18,19, la Biblia hebrea presenta ejemplos de la manera en que YHWH "conoce" a seres humanos. En el capítulo 33 del Éxodo, Moisés conversa con YHWH citando las palabras de éste: "Te conozco por tu nombre, has obtenido mi favor" (Ex 33,12.17). En Dt 34,10 el narrador hace constar que YHWH "conoció" a Moisés cara a cara. Asimismo, en una oración dirigida a YHWH, el rey David hace referencia a la relación entre él y la deidad expresando: "Tú has conocido a tu siervo" (2 S 7,20).

En los escritos proféticos YADA' interviene con referencia al concepto de alianza, por ejemplo en Ezequiel 16,62 y Oseas 2,22. Dirigiéndose a las tribus de Israel, YHWH declara por boca del profeta Amós (3,2; cursiva añadida):

> Solamente a ti te he *conocido*
> entre todas las familias de la tierra.

En este pasaje de Amós es evidente que "conocido" significa "reconocido" y que el verbo se vincula directamente con Abraham y sus descendientes que reciben el nombre de "familia". La situación se reproduce una y otra vez en los libros hebreos donde se comenta el vínculo entre YHWH y su pueblo.[65]

Hay momentos en que se declara que el debido conocimiento está ausente. En Oseas 8,2 los israelitas afirman "conocer" a su Dios, expresión que según la alianza debe traducirse en reconocimiento de la autoridad divina. No obstante, YHWH demuestra a lo largo del capítulo 8 hasta qué punto la declaración carece de fundamento ya que no concuerda con los hechos.

Especialmente en el libro de Jeremías aparece con frecuencia la terminología basada en los aspectos formales de YADA'. Varios pasajes ilustran cómo el ser "conocido" por YHWH conlleva aspectos religiosos y un firme compromiso de carácter jurídico y social. Al principio del libro, el profeta describe cómo él mismo llegó a entrar en el servicio de la deidad. En Jr 1,5 deja que YHWH hable en primera persona (cursiva añadida):

> Antes de haberte formado yo en el vientre
> te *conocí*
> y antes que salieras del seno materno
> te santifiqué.
> Yo profeta de las naciones te consagré.

También en el siguiente ejemplo del libro de Jeremías es YHWH quien habla (9,23, cursiva añadida):

> Pues quien se gloríe, que se gloríe en esto:
> En tener seso y *conocer*me a mí
> porque yo soy YHWH
> que hago merced, derecho y justicia sobre la tierra
> porque en eso me complazco.

---

65 Jr 1,5; 9,24; 22,15-16; 31,33; Ez 16,62; Os 2,22; 5,3-4; 8,2.

En este contexto específico el "conocimiento" actúa en ambas direcciones, es decir, desde YHWH hacia el ser humano y a la inversa. En cuanto a la alianza de Abraham, él es el objeto del conocimiento por parte de YHWH. Según Jeremías, todo el que guarde los preceptos contenidos en la alianza llegará a conocer a YHWH, o quizás ipso facto estará conociendo a YHWH en el sentido de "reconociendo". Tanto de Gn 18,19 como de Jeremías se desprende que el conocimiento de YHWH está íntimamente ligado a la práctica de las virtudes en que se complace la deidad, a saber, compasión, justicia y respeto por el derecho del vulnerable.

Jeremías proporciona otro ejemplo de un ser que vive en armonía con los preceptos divinos. Se trata del rey Josías de Judá. Hablando del compromiso social de éste, YHWH se dirige a Joaquín, hijo de Josías (Jr 22,15-16, cursiva añadida):

> Tu padre, ¿no comía y bebía?
> Y practicaba justicia y equidad.
> Por eso todo le iba bien.
> Juzgaba la causa del cuitado y del pobre.
> Por eso todo iba bien.
> ¿No es esto *conocer*me?

En el versículo citado, "conocerme" equivale a "reconocerme como soberano" (Huffmon 1966, 36). A la luz del carácter jurídico del panorama, sugerimos que el uso de YADA' en Gn 18,19 se ajusta perfectamente a la terminología del antiguo derecho hebreo. La palabra compuesta YEDA'ETIW, "lo he conocido", pertenece a KAL, el modo simple del verbo, y lo interpretamos gramaticalmente como perteneciente al aspecto concluido. Si el verbo significa a veces "reconocer", podríamos optar por la traducción "lo he reconocido", notando que la frase puede tomarse en el sentido de "con él he establecido mi alianza".

Gn 18,21: "Que lo conozca"

Muy pronto YADA' vuelve a aparecer al emplearlo nuevamente YHWH en Gn 18,21. La presencia repetida del verbo le confiere cierto énfasis. En este segundo caso, YADA' actúa en un modo específico del paradigma verbal hebreo que recibe el nombre de *cohortativo*. El cohortativo de YADA' se escribe en 18,21 EDA'A, forma singular. En hebreo el alcance del cohortativo es reducido ya que su uso se limita a la primera persona del singular y del plural indicando una acción no concluida. Su carácter es enfático y refleja la intención, determinación o esfuerzo del que habla (Weingreen 1959, 88).

El cohortativo de 18,21 se traduce generalmente como "que conozca", "quiero conocer" o "que lo sepa". En este lugar YHWH expresa su voluntad de bajar a Sodoma con el fin de "conocer" el origen del "clamor" que a él ha llegado. Los términos jurídicos que abundan en el contexto indican que no se trata de un simple paseo motivado por la curiosidad.

Para analizar el caso concreto de YADA' en Gn 18,21, los exegetas nos vemos favorecidos por los diccionarios y comentarios ya que muchos autores han detectado y reconocido la presencia del cohortativo. No todos lo nombran pero una gran mayoría lo traduce correctamente. Por tanto, la exégesis resulta sencilla. La forma EDA'A expresa que la deidad está emprendiendo una pesquisa policial o judicial de lo que sucede en Sodoma motivada por el "clamor" que le llega desde la ciudad (Hamilton 1995, 19-20; Brodie 2001, 249). De hecho YHWH está iniciando una inspección judicial para averiguar a fondo los hechos ocurridos (Bruckner 2001, 92-95). Sus palabras van dirigidas a Abraham indicándole que no hay que juzgar a nadie sin realizar una investigación previa.

También en este caso concreto podríamos considerar la posible ventaja de traducir YADA' (EDA'A) como "quiero reconocer" o "que lo reconozca". Para ello tenemos en cuenta que "reconocer", según el DRAE, significa a veces "examinar". Si en Gn 18,21 escogemos decir "quiero reconocer", o "que lo reconozca", esta opción nos proporcionará dos ventajas: (1) refleja la dimensión investigadora; (2) establece un vínculo inequívoco con "lo he reconocido" de 18,19.

Gn 19,5: "Que los conozcamos"

En el relato de Sodoma se introduce por segunda vez el cohortativo de YADA', concretamente en 19,5 donde los sodomitas piden "conocer" a los visitantes hospedados en casa de Lot. Si nos atenemos estrictamente al sentido fundamental y gramatical del cohortativo plural NED'A, el verbo revela que la gente agolpada delante de la puerta está determinada a realizar una investigación, tal vez en la forma de interrogatorio, para establecer el motivo de la visita de los dos mensajeros desconocidos.

Sobre esta base, y para conservar el nexo con las demás intervenciones de YADA', proponemos dos traducciones posibles. En primer lugar, la traducción "queremos conocerlos" o "para que los conozcamos" quedaría bien desde el punto de vista del uso cotidiano del idioma, puesto que en cualquier lugar es normal que pidan conocer a una persona desconocida. La desventaja en este caso sería que la tensa situación dramática sugerida por el narrador indica que se trata de algo más serio que una simple presentación o interacción social.

En segundo lugar, podríamos elegir "queremos reconocerlos" o "para que los reconozcamos". En este último caso lograríamos incluir tanto el aspecto examinador como el nexo con las demás apariciones de YADA' en el texto.

La tabla 28 recoge de manera gráfica el paralelismo literario y psicológico sugerido por la presencia de los cohortativos de YADA' en Gn 18,21 y 19,5.

Tabla 28 Dos cohortativos significativos	
Gn 18,21: Quiero conocer	Gn 19,5: Queremos conocer
YHWH investigando Sodoma	Sodoma investigando a los visitantes
YHWH respondiendo al clamor	Sodoma respondiendo a sospechas
Objetivo: establecer hechos	Objetivo: establecer hechos
Encargados: dos mensajeros	Encargados: todos los habitantes varones

Gn 19,8: "No han conocido marido"

Como lo ha demostrado la antropóloga Carol Meyers (1988, 38), la Biblia hebrea no contiene ninguna colección sistemática de las normas legales que regulan el matrimonio entre los israelitas. Por tanto, con el fin de adquirir una visión realista de la antigua terminología aplicable debemos explorar varios textos que comentan el tema. Siendo el caso de YADA' en Gn 19,8 uno de los más comentados del relato de Sodoma, se trata al mismo tiempo de uno de los más complejos y menos entendidos.

Habiendo empleado YADA' una vez en alusión al pacto entre YHWH y Abraham y dos veces en un sentido inquisitivo mediante el cohortativo, el narrador vuelve a introducir el verbo en 19,8, esta vez en plural: YAD'U, "han conocido". Nuevamente el modo verbal es el simple KAL. El narrador retoma así el hilo de 18,19 donde YHWH hace constar que ha (re)conocido a Abraham. Concretamente Lot se refiere en Gn 19,8 a sus dos hijas menores que "no han (re)conocido marido", es decir, que aún no están casadas. La expresión se emplea generalmente para aquellas muchachas casaderas que viven en casa de su padre. Otro caso comparable es el de la hija de Jefté (Jc 11,39).[66]

Respecto al orden gramatical de los factores matrimoniales relativos a YADA', se invierten a veces convirtiéndose el hombre o marido en sujeto gramatical. Así es que el criado de Abraham se topa en Gn 24,16 con Rebeca. El texto hebreo cuenta de la muchacha que "ningún esposo la ha conocido".[67] Con esta frase el narrador no revela detalles indiscretos sobre la condición física de la muchacha sino que deja claro y de manera pertinente un dato factual sobre su estado civil: Rebeca

---

[66] En el siglo I la costumbre sigue viva como lo demuestra el evangelio según Lucas. María, madre de Jesús, explica que no ha conocido marido (Lc 1,34).

[67] Se equivocan varias versiones haciendo que Rebeca aparezca como sujeto: "que no había conocido varón" o frase similar (BP, MK, NBJ, NC), añadiéndose en NVI una fuerte carga sexual ("virgen, pues no había tenido relaciones sexuales con ningún hombre"). Es más correcta la sintaxis propuesta por DHH, EMN, JMP y RV, pero en lo semántico convierten el giro en una simple cuestión de virginidad diciendo, por ejemplo, "ningún hombre la había tocado". La exégesis más exacta la proporciona BA: "ningún hombre la había conocido".

es soltera. En cumplimiento del mandato de Abraham, el criado ha salido justamente en busca de una joven en edad casadera y de familia respetable con el fin de llevársela de vuelta para que se convierta en esposa de Isaac (Gn 24,4).

Para la interpretación de YADA' en 19,8 es importante recordar que la palabra hebrea ISH no se limita a significar "hombre" (Gn 2,24) o "varón" (Gn 7,2) sino también "marido" o "esposo" (Gn 30,15; Nm 5, 12-31). Del texto se desprende que las muchachas ya están prometidas y que los novios de ambas viven en Sodoma. El narrador los describe como "yernos" de Lot (19,14), término que sugiere que en el mundo antiguo el carácter del noviazgo, o los esponsales, es prácticamente tan vinculante como el matrimonio (Fields 1997, 117 n. 5; Thatcher 2002, 123).[68] Los esponsales pueden durar años (Gn 29,18-21). En función de tal formalidad, Lot está obligado a avisar a sus yernos antes de irse con su familia de Sodoma y, en el mejor de los casos, los llevaría consigo.

En efecto, son estos yernos los que van a "tomar" a las hijas de Lot. El verbo hebreo LÁKAJ, "tomar", se usa comúnmente en referencia a un hombre que se casa con una mujer.[69] Por consiguiente, cuando Lot se refiere a sus hijas en 19,8, quiere decir que aún no se ha llevado a cabo el "conocimiento", o sea, falta algo para la boda que convertirá formalmente a los novios en cónyuges. Hasta ese día la prometida vive en casa de sus padres para asegurar su castidad. A partir del casamiento ella entra a residir en casa de su esposo (Thatcher 2002, 122).

---

68 En tiempos del Nuevo Testamento, la mujer era prometida a los doce años aproximadamente. Los esponsales surtían efectos legales como preludio al contrato matrimonial propiamente dicho. Según Tertuliano (155-222 d.C.) la mejor edad para casarse era doce años para la novia y para el varón catorce años (Thatcher 2002 pp. 119, 121, 148).

69 Gn 4,19; 6,2; 24,3-4.7.37-38.40.48.67; 25,1; 28,2; 29,14; 34,21. La misma expresión se emplea en la antigua lengua acadia de Babilonia, que pertenece a la era prebíblica; cf. Driver & Miles (eds.) 1952 pp. 246 y 248. Si el novio es quien "toma", la parte que "da" (hebreo NATHAN) es el monarca o el padre de la novia; cf. Gn 34,21; 41,45. También en este caso existe un antecedente acadio en el verbo *nadánum* (Driver & Miles I, 1952, 323). En la época del Nuevo Testamento esta costumbre milenaria continúa como cuando José "toma" a María (Mt 1,24).

Sobre esta base, el YADA' de Gn 19,8 puede interpretarse como una repetición significativa de la actuación del verbo en 18,19. Si la formalidad de la alianza entre YHWH y Abraham se expresa mediante YADA', su intervención en 19,8 refleja otro contexto contractual como es el matrimonio. Hay indicios que el lenguaje del contrato entre los esposos se modeló antiguamente sobre los términos que regían para el pacto establecido entre YHWH y el pueblo de Israel (Thatcher 1999, 68). Un ejemplo ilustrativo figura en Oseas 2,22 (cursiva añadida):

> Te desposaré conmigo en fidelidad
> y tú *conocerás* a YHWH.

Una alianza con lo divino tenía a Dios (o a los dioses) por testigo mientras que los pactos formales entre las personas requerían la presencia de testigos humanos (Thatcher 1999, 68). Un factor característico es que el pacto matrimonial no se establecía entre dos partes iguales (p. 70). La conclusión que nos permite sacar estas observaciones es que tanto en Gn 18,19 como en 19,8 la actuación de YADA' responde a los requisitos formales del lenguaje de los contratos.

De todos estos contextos deducimos que en el Génesis el acto de "conocer" equivale en determinados casos a la ceremonia pública donde los novios se "reconocen" delante de testigos. A menudo el evento se celebra con un banquete (Gn 29,22). La posterior consumación sexual, que marca el final del noviazgo y el inicio del matrimonio, se expresa mediante el verbo BOO (Gn 29,23.30; cf. Hugenberger 1994, 251).

En varias ocasiones la Biblia hebrea aporta una frase más extensa hablando de mujeres que "no han conocido marido acostándose con varón" (Nm 31,17; Jc 21,12). En otros casos se dice que "no han conocido el lecho de un varón" (Nm 31,18; Jc 21,11). El nombre hebreo MISHKAB, "lecho", deriva del verbo SHÁKHAB, "acostarse". Según nuestra interpretación, estas locuciones aluden a mujeres que pueden o no estar formalmente casadas. Lo que al narrador le importa en el contexto es dejar constar que la boda, si es que se ha celebrado, aún no ha llegado a consumarse.

Por otra parte, cualquier mujer que no haya tenido esa experiencia definitoria vive, de acuerdo con las normas de la época, esperando el día en que la "tome" un hombre determinado o en que ella sea "dada" a él (Jc 21,14) para que se "(re)conozcan", acto indispensable que precede en todo caso la consumación del matrimonio.

Gn 19,33 + 35: "Él no conoció"

La quinta y la sexta vez que YADA' hace acto de presencia en el relato de Sodoma y Gomorra es en el episodio final. Llegados aquí observamos cómo YADA' vuelve a desempeñar un papel de importancia cumpliendo la misma función y teniendo un significado idéntico en dos oraciones paralelas.

Se narra lo que acontece una vez ocurrida la destrucción de Sodoma y de varias ciudades vecinas. El escenario es una cueva ubicada en una remota zona montañosa, lugar poco transitado donde se han refugiado Lot y sus dos hijas. Debido al aislamiento de su vida, las jóvenes resuelven quedarse embarazadas por el único hombre disponible, es decir, su padre. Con gran pragmatismo recurren al estratagema de emborracharlo para utilizarlo como donante de semen. Reproducimos a continuación el versículo 33 con cursiva añadida:

> Y a su padre le dieron vino que beber esa noche
> y la mayor entró
> y se acostó con su padre.
> Y él no *conoció* en su acostarse
> ni en su levantarse.

Seguidamente, en el versículo 35 la hermana menor imita el experimento llevado a cabo por la mayor en términos prácticamente idénticos. En ambos casos, o sea, con énfasis, el narrador deja constar que Lot no "conoció" lo que pasaba en su lecho. Al mismo tiempo, el ambiente está cargado de sexo. Una gran parte de la acción la lleva adelante el verbo SHÁKHAB, "acostarse", cuyo protagonismo se concreta en siete actuaciones entre 19,32 y 19,35.

Entonces vemos que actúan juntos YADA' y SHÁKHAB y que YADA' está negado. Esta yuxtaposición nos enseña que si Lot no "conoce" durante el rato en que sus hijas se acuestan con él, YADA' y SHÁKHAB no pueden ser sinónimos. Nadie puede tener relaciones sexuales y al mismo tiempo no tenerlas. De esta manera el texto demuestra con nitidez que tanto YADA' como SHÁKHAB tiene su propio contenido específico. Obviamente ambos verbos pueden intervenir en el mismo contexto, como de hecho acaece en algunas ocasiones, pero llevan connotaciones muy distintas.

El Génesis ofrece varios ejemplos análogos. Anteriormente hemos visto que SHÁKHAB en 19,4 alude a la hora de acostarse y que va seguido de YADA' en 19,5 donde se sugiere el comienzo de un interrogatorio. Asimismo, en Gn 39 ambos verbos actúan juntos y diferenciados. Aquí la esposa de Putifar invita a José a compartir su cama por medio de SHÁKHAB diciéndole: "acuéstate conmigo" (39,7). En seguida José rehúsa la oferta aduciendo, entre otras razones, que no quiere engañar a su amo quien no "conoce" nada de los asuntos domésticos (39,8). En este caso concreto YADA' significa que Putifar no inspecciona o controla la gestión de su esclavo mayordomo porque le tiene plena confianza.

Volviendo al incidente ocurrido en la cueva entre las muchachas y Lot, es esencial fijarnos que ellas llevan a cabo su plan sin solicitar el consentimiento de su padre. Por tanto, el no "conocer" de Lot significa que él no tuvo conocimiento del suceso al estar prácticamente inconsciente. Las jóvenes lo utilizan como donante de semen y nada más. Dada la dimensión jurídica que lleva YADA' en otros párrafos del relato, este episodio incestuoso nos permite quizás interpretar el verbo desde la misma perspectiva. Legalmente hablando Lot no es responsable del embarazo de sus hijas.

En otras palabras, puede argumentarse que la prole que nacerá no serán hijos de Lot en el sentido estricto de la ley. Como consecuencia de ello, él no los "conocerá". La Biblia hebrea presenta un ejemplo análogo donde YADA' reviste tal significado. En Dt 33,9 se menciona un hombre que no quiere "reconocer" (YADA') a sus propios hijos.

En el episodio analizado, el narrador revela su maestría literaria al describir la estratagema de las jóvenes. La repetición textual de la frase que contiene YADA' en 19,33 para describir el suceso de la segunda noche en 19,35, hace que las chicas actúen prácticamente de forma idéntica. De esta manera, se consigue un efecto literario de carácter ritual y casi mecánico. No obstante, detectamos una pequeña variación en el segundo texto que, por muy insignificante que parezca, puede aportar un elemento de interés estilístico y hasta psicológico.

En 19,33 la hermana mayor "entra" donde Lot con el fin de "acostarse". La sencillez del lenguaje indica que la decisión está tomada y que para ella no hay marcha atrás. En 19,35 el cambio de una sola palabra puede sugerir otro estado de ánimo en la hermana menor. Ella sabe que ya le toca entrar pero, cuando llega el momento, no va simplemente al lecho de Lot como lo hizo ayer su hermana. El narrador observa primero que "se levanta" (KUM). Tal vez este pequeño detalle nos permita comprender que la pequeña tiene que hacer un esfuerzo para llevar a cabo la aventura que la espera. La chica sigue adelante con el proyecto, sintiéndose obligada por el trato hecho con su hermana y siguiendo el ejemplo de ésta, pero sin ganas.

Al lector moderno le resulta difícil digerir este último incidente del relato de Sodoma porque nos toca la fibra sensible. A pocos nos gusta enterarnos de situaciones de incesto. No obstante, se trata de una realidad ineludible en muchas culturas. Una serie de encuestas realizadas en las últimas décadas demuestran que el fenómeno del incesto ocurre con cierta frecuencia en los hogares del mundo occidental. Al mismo tiempo, sin embargo, se trata de un tema tabú para la inmensa mayoría.

Si analizamos el tono literario del texto hebreo de Sodoma, veremos que es neutro y factual siendo que el narrador mantiene una especie de equilibrio periodístico frente a su material como para entregar un reportaje. El argumento de los incidentes de la cueva está fuertemente estilizado y se adapta perfectamente a una explicación mitológica del origen de Amón y Moab, dos pueblos vecinos del antiguo Israel asentados al oriente del río Jordán (Gn 19,37-38).

Si bien no detectamos ninguna censura moral por parte del narrador hebreo, nada indica que el incesto estuviera permitido en la era bíblica. Por ejemplo, el libro del Levítico recoge una larga serie de prohibiciones (capítulos 18 y 20). Estos mismos textos insinúan, probablemente con fines polémicos, que las relaciones incestuosas abundaban en la tierra de Canaán, región geográfica que abarca las ciudades de Sodoma y Gomorra.

Teniendo en cuenta este hecho, no hay que descartar cierta intencionalidad política detrás de la escena final de Gn 19. Realmente el texto proyecta una imagen poco halagüeña de los orígenes de los pueblos moabita y amonita. Comparados con los israelitas, que descienden de Abraham y de Sara, los ancestros de Moab y de Amón pueden clasificarse como hijos ilegítimos de las anónimas hijas de Lot.

Cuando conocer es "indagar"

Habiendo recorrido el texto de Sodoma y Gomorra con el fin de esclarecer la función de YADA', conviene terminar esta exploración literaria y semántica comentando una aparición curiosa del verbo en Gn 38,26. Según algunos traductores, YADA' juega aquí un papel sexual, situación que nos invita a examinar el contexto detenidamente.

Hacia el final de Gn 38 es cuando ha quedado embarazada la viuda Tamar, nuera de Judá. Tres meses antes ella se disfrazó para seducir a su suegro sin que él se diera cuenta de su identidad (38,16). Cuando la detienen acusándola de fornicación e inmoralidad, ella responde devolviendo a Judá los objetos que él le entregó en aquella ocasión a manera de garantía de pago. Judá los reconoce inmediatamente y se acuerda de la promesa que le hizo a Tamar y que nunca cumplió. Traducido literalmente el versículo que nos interesa reza como sigue (cursiva añadida):

> Y los identificó Judá y dijo: "Es más justa que yo, porque no se la di a mi hijo Sela". Y no volvió más a *conocer*la.

En el texto hebreo, "conocer" es YADA'. Sin embargo, la frase traducida es difícil de entender porque "conocer" no suele combinarse en español con una acción repetida. Por tanto, no es evidente el significado de "no volvió a conocerla". Veamos a continuación si las diez versiones castellanas aportan algún dato de interés al interpretar el YADA' de este versículo.

Tabla 29 Traduciendo YADA' en Gn 38,26					
BA	BP	DDH	EMN	JMP
tener relaciones	tener relaciones	acostarse	tener relaciones	tener trato carnal
MK	NBJ	NC	NVI	RV
conocer	tener trato	conocer	acostarse	conocer

Si DHH y NVI dicen que Judá no volvió a "acostarse" con Tamar, es evidente que han escogido un claro enfoque sexual para YADA'. Afirmando que Judá ya no "tuvo trato carnal" con su nuera, JMP comparte tal visión sexualizada. Menos explícitas son BA, BP, EMN y NBJ puesto que "tener relaciones" o "tener trato" puede o no indicar intimidad física. Las versiones neutras en este pasaje son MK, NC y RV quienes optan por la literalidad estricta de "Judá no la volvio a conocer".

Desafortunadamente ninguna traducción de la tabla 29 es completamente satisfactoria. Antes hemos dicho que en el texto de Sodoma, es recomendable traducir YADA' como "conocer" o "reconocer". No obstante, en este episodio la presencia de "conocer" deja al lector prácticamente a oscuras. Si bien es formalmente correcto decir que Judá no "volvió a conocer" a Tamar, la frase requiere una explicación. ¿Qué significará YADA' en este contexto?

Para responder, podemos empezar planteándonos otra pregunta: ¿Ha habido alguna clase de "conocimiento" oficial entre Judá y Tamar en algún momento anterior? Revisando la historia contada en Gn 38, vemos que la respuesta es negativa. Hace años Judá conoció a una mujer cananea anónima a la que decidió "tomar" para sí, o sea, se casó con ella (38,2). La relación con Tamar es distinta ya que Judá la "tomó", eso sí, pero para casarla con su hijo mayor llamado Er (38,6). A partir de ese momento Tamar se convierte en nuera suya. Hasta llegar a 38,26 no se habla de ninguna otra relación entre Tamar y Judá.

Las cuatro versiones que dicen que Judá no volvió a "tener relaciones" (o "trato") con Tamar pueden andar en lo cierto puesto que el texto indica que dejó de haber comunicación entre ambas personas. Sin embargo, la expresión "tener relaciones" es quizás insatisfactoria ya que hacía tiempo que Judá a su nuera ya no le dirigía la palabra. De hecho, él mismo ordenó a Tamar salir de su casa para volver como viuda al hogar paterno (38,11). Entonces, al emplear YADA' el narrador no se refiere al simple trato social sino que debe esbozar una situación de otra índole.

¿Es posible imaginarse que Judá no volvió, como sugieren DHH, JMP y NVI, a "acostarse" con Tamar? Suponemos que no porque, de todos modos, la breve aventura que tuvo con ella fue irrepetible. Lo cierto es que la propuesta de estas versiones adolece de varios defectos. En primer lugar, YADA' no equivale a SHÁKHAB, "acostarse". En segundo lugar, Judá no se acercó en Gn 38,16 a la mujer velada sentada al borde del camino para "conocerla". Concretamente pidió "entrar" a ella (verbo: BOO). En tercer lugar, el narrador explica con claridad en 38,16 que a Judá jamás se le habría ocurrido acostarse con Tamar la primera vez si hubiera "conocido" su identidad (verbo: YADA').

Por consiguiente, es un error afirmar que Judá nunca volvió a tener relaciones sexuales con Tamar. Ni siquiera se le pasaba por la cabeza. Es más, de haberlo intentado, incurriría en grave pecado y delito incestuoso (Lv 18,15). Todo el argumento de Gn 38 demuestra que el coito entre Tamar y Judá fue un episodio único tramado hábilmente por ella en pos de un objetivo específico: tener un hijo. Por todo ello, parece probable que el narrador quiera sugerir una interpretación distinta para YADA' en Gn 38,26.

De hecho, tal posibilidad existe. Afortunadamente la resolución del enigma aparece a poca distancia. Entre los capítulos 38 y 39 del Génesis existe una serie de nexos lingüísticos y temáticos (Spina 2005, 37). Si buscamos YADA' en Gn 39 descubrimos que José, convertido en mayordomo en Egipto, emplea el verbo en su discusión con la esposa de Putifar (39,8). Un momento antes lo utiliza el narrador en el mismo sentido (39,6).

Nos interesa ahora averiguar cómo interpretan los traductores estas actuaciones específicas de YADA'. Los datos se recogen en la tabla 30.

Tabla 30
Traduciendo YADA' en Gn 39,6 y 39,8

Gn	BA	BP	DDH	EMN	JMP
39,6	preocuparse	preocuparse	preocuparse	preocuparse	tener cuidado
39,8	preocuparse	ocuparse	preocuparse	preocuparse	saber

Gn	MK	NBJ	NC	NVI	RV
39,6	ocuparse	ocuparse	cuidarse	preocuparse	preocuparse
39,8	pedir cuentas	controlar	pedir cuentas	preocuparse	preocuparse

En estos versículos es donde se explica el nivel de confianza que Putifar ha depositado en José. Tanto es así que el oficial egipcio ha dejado de "conocer" las gestiones de la casa. El contexto indica que Putifar ya no indaga sobre nada porque ve que todo marcha perfectamente gracias a las habilidades administrativas desplegadas por José.

Si esto es así, comprobamos que aciertan todas las versiones castellanas. De hecho, el amo de José no se "preocupa", no "tiene cuidado", no "controla" y no le "pide cuentas" a su esclavo. He aquí un caso notable en que todos los traductores se han puesto de acuerdo en cuanto al significado de YADA'. Si procedemos ahora a aplicar este mismo sentido al verbo en 38,26, el versículo empieza a dejarse interpretar de una manera lógica que se ajusta bien al entorno literario: Judá no volvió a preocuparse por la vida de Tamar, es decir, desistió de pedirle cuentas. En otras palabras, la dejó en paz.

Por consiguiente, en estos pasajes YADA' equivale a "indagar" o "inquirir". Este aspecto averiguador o inquisitivo de YADA', nos trae de vuelta a Sodoma y Gomorra. Es en Gn 18,21 donde YHWH anuncia su intención de "conocer" los hechos denunciados, es decir, investigarlos. Asimismo, los habitantes de Sodoma reclaman en 19,5 la entrega de los visitantes con el fin de "conocerlos", es decir, investigarlos o someterlos a interrogatorio. De esta manera comprobamos cómo un texto del Génesis puede iluminar el contenido de otro, siendo que los cohortativos de YADA' en 18,21 y 19,5 se vinculan a nivel semántico con las indagaciones implicadas por YADA' en 38,26, 39,6 y 39,8.

Conclusión

Sin duda, el verbo "conocer", hebreo YADA', es el que más controversia, curiosidad y reflexión ha suscitado en el relato de Sodoma. El popular dicho "conocer en el sentido bíblico" se funda en una larga tradición interpretativa que sigue tan vigente hoy como en siglos pasados. Sin embargo, la tendencia generalizada a atribuir YADA' una vertiente sexual carece de una firme base textual en los escritos de la Biblia hebrea. Hasta el presente ha faltado en el análisis académico la dimensión jurídica del verbo, aspecto importante que aparece repetidamente en diferentes contextos solemnes o arcaizantes, cuando de contratos se trata, y en situaciones donde se hacen averiguaciones o investigaciones con implicaciones judiciales.

Si en Gn 4,1 el terrícola ADAM "conoció" a su mujer Eva significa que la "reconoció" como esposa iniciando con esa formalidad la convivencia matrimonial. El hecho del reconocimiento se repite en 4,25 con el fin de restablecer el pacto entre los esposos que quedó trunco al morir Abel y salir desterrado Caín. Así nace Set en el marco jurídico adecuado convirtiéndose en el vástago ideal para fundar una genealogía de largo alcance.

Puesto que YADA' no pertenece al ámbito sexual, ya hemos visto cómo el hebreo clásico recurre a otros verbos muy activos que sirven para tal fin: BOO y SHÁKHAB. Los tres verbos intervienen juntos en el drama de Sodoma y Gomorra, cada uno cumpliendo una función determinada, o varias funciones concretas. Nueve veces aparece BOO, significando en ocho casos simplemente "entrar" o "llegar". El noveno caso reviste cierta ambigüedad (Gn 19,31). A su vez SHÁKHAB actúa ocho veces, siete de las cuales se impregnan de contenido sexual.

Respecto a YADA', si analizamos rigurosamente las seis intervenciones del término en el texto de Sodoma descubriremos que obedecen a una marcada lógica gramatical y literaria. El aspecto que une las seis actuaciones del verbo es el jurídico. En Gn 18,19 la frase "lo he conocido" significa "lo he reconocido", es decir, "con él he establecido mi alianza". En 18,21 YHWH se propone "reconocer" o investigar lo que sucede en Sodoma. De modo análogo, los sodomitas exigen en 19,5 "reconocer" o interrogar a los visitantes instalados en casa de Lot.

En 19,8 Lot se refiere a sus jóvenes hijas que no han "conocido marido", es decir, no están casadas porque no les ha llegado el día de la boda, momento en que se formaliza o se "reconoce" el contrato matrimonial. A todas luces se trata de un modismo tradicional. Finalmente, el "no conocer" de Lot durante los sucesos nocturnos de la cueva puede implicar su desconocimiento o, tal vez, falta de "reconocimiento" de los hechos. El jurídicamente responsable de lo sucedido no es él. La iniciativa partió de las chicas quienes se convierten en antepasadas de los pueblos amonita y moabita.

Donde aparece YADA' en Gn 38,26, bastantes versiones castellanas se equivocan sugiriendo que Judá no volvió a tener "relaciones sexuales" con Tamar. Resulta que Judá jamás se acostó a sabiendas con su nuera sino que cayó en una trampa (38,16). Por contraste, todas las versiones traducen correctamente YADA' en 39,6 y 39,8, versículos donde el verbo significa "indagar". Semánticamente estas actuaciones de YADA' se unen al sentido inquisitivo que reviste el verbo en dos ocasiones en el relato de Sodoma, concretamente en 18,21 y 19,5.

Lo que han ignorado generalmente los comentaristas (salvo en Gn 18,21) es la importante vertiente jurídica de YADA'. En el hebreo clásico, "conocer" a una persona significa a veces "reconocer", ya sea como vasallo o soberano (Gn 18,19), ya tratándose de una mujer que reconoce a su esposo el día de la boda (19,8), o de un varón que reconoce a su esposa (4,1; 24,16).

Por último, el material estudiado nos permite concluir que los contextos bíblicos examinados no abarcan las relaciones de tipo homoerótico. Esta observación es importante puesto que toda la interpretación del drama de Sodoma depende de nuestra manera de traducir YADA' en Gn 19,5 y 19,8. Si esta famosísima leyenda del Génesis habla realmente de temas alejados del ámbito sexual, al menos en la primera mitad del capítulo 19, se impone la necesidad urgente de buscar una nueva hermenéutica que tenga en cuenta otros aspectos.

9

Traduciendo Sodoma

Cada documento del Antiguo Testamento tiene su propio estilo.
Cada libro debe expresar su propio mensaje a su manera,
incluso en una traducción.
Bruce Metzger[70]

El lenguaje sexual de Sodoma

Recordando que el Génesis recurre generalmente a los verbos BOO y SHÁKHAB para referirse a las relaciones sexuales, cabe destacar una vez más que ambos están presentes en el texto de Sodoma y que cada uno contribuye de forma decisiva al desenlace del drama. Respecto a BOO el verbo interviene en la narración en once ocasiones. Al combinarse con la preposición EL, "a", indica el punto de llegada de una persona que se desplaza de un lugar a otro. Gn 19 tiene nueve casos de esta índole.[71]

---

[70] Bruce Metzger, *The Bible in Translation*, 2001, 115, citando el prefacio de la versión *The Complete Bible: An American Translation*.
[71] Gn 19 vv. 1, 3, 8, 9, 10, 22, 23, 33, 34.

BOO en Sodoma

Asimismo sabemos que para señalar una situación de coito BOO se acopla con EL. El relato de Sodoma ofrece un ejemplo ambiguo en Gn 19,5 donde los habitantes de Sodoma piden a Lot que saque a la calle a los hombres "que han *llegado a* ti". En teoría podría tratarse de una insinuación sexual. Sin embargo, en el contexto parece más lógico pensar que se trata de una simple constatación de que ya saben los vecinos de la ciudad que Lot tiene en su casa a dos extranjeros hospedados. Dicho de otra manera, este caso de BOO se une a los nueve anteriores al indicar el punto de llegada de los visitantes.

Una vez ocurrida la destrucción de Sodoma y Gomorra, BOO se presenta en Gn 19,31 rodeado de cierta ambigüedad. Hablan las hijas de Lot (cursiva añadida):

> Un hombre no hay en la tierra que *llegue hacia* nosotras según la manera de toda la tierra.

La parte cursivada refleja el verbo BOO pero ya no combinado con EL sino con 'AL, otra preposición hebrea que significa a veces "sobre" o "encima de" y, en otros momentos, "hacia" o "al lado de". Por consiguiente, el narrador le confiere a la expresión BOO + 'AL un sentido algo distinto del que tiene BOO + EL. Entendemos que la hija de Lot está señalando la improbabilidad de que aparezca por esa comarca deshabitada algún hombre que llegue a ser novio suyo de la manera habitual.

El único otro ejemplo de BOO combinado con 'AL en el Génesis aparece en 34,25-27, pasaje que describe la manera en que los airados hijos de Jacob les "caen encima" a los habitantes de la ciudad de Siquem. Por otra parte, en el Deuteronomio 25,5 la combinación de BOO y 'AL implica un vínculo especial entre dos personas, concretamente la obligación del levirato (Hamilton 1995, 50; Fields 1997, 132).

Aplicando esta última perspectiva a Gn 19,31 se podría argüir que las hijas de Lot están diciendo que ya no quedan hermanos varones vivos de los novios que tuvieron (19,12; 19,14), porque todos perecieron en el reciente cataclismo (19,25) y no hay manera de establecer ningún tipo de levirato. Intuimos que la la variante BOO + 'AL es otro detalle estilístico que contribuye al refinamiento literario característico del relato entero.

En la tabla 31 comprobamos cómo interpretan las diez versiones españolas el giro BOO + 'AL en Gn 19,31.

Tabla 31 Traduciendo BOO + 'AL en Gn 19,31	
Versión	BOO + 'AL en castellano (cursiva añadida)
BA	no hay ningún hombre... que *se llegue* a nosotras
BP	no hay un hombre que *se acueste* con nosotras
DHH	no hay... ningún hombre que *se case* con nosotras
EMN	no queda varón... que pueda *juntarse* con nosotras
JMP	no ha quedado... ni un hombre que pueda *casarse* con nosotras
MK	no hay varón en la tierra para *llegarse* a nosotras
NBJ	no hay ningún hombre... que *se una* a nosotras
NC	no hay aquí hombres que *entren* a nosotras
NVI	no quedan hombres... para que *se casen* con nosotras
RV	no queda varón en la tierra que *entre* a nosotras

La tabla 31 muestra un panorama de cierta confusión ya que los traductores no aplican todos la misma lente exegética. La opción menos afortunada para BOO + 'AL en este contexto parece ser "casarse" (DHH, JMP, NVI). Exceptuando un caso de levirato (cf. Dt 25,5), el concepto de casamiento no se expresa de esta manera en hebreo clásico. Tampoco es conveniente "acostarse" (BP), idea que se asocia con SHÁKHAB.

Tanto NC como RV proponen "entrar a". Esta opción tiene la desventaja de confundir la preposición 'AL con la conocida EL, perdiéndose así la ingeniosidad literaria que caracteriza la redacción hebrea de Gn 19,31. Las propuestas "unirse" (NBJ) y "juntarse" (EMN) no concuerdan del todo con la constelación de BOO + 'AL ya que tal unión se expresa normalmente con el verbo hebreo DÁBAK, "unirse" (Gn 2,24). La opción menos problemática tal vez sea "llegarse" (BA, MK).

SHÁKHAB en Sodoma

Pocos analistas se han percatado de la presencia en el relato de Sodoma de SHÁKHAB, "acostarse", verbo que abunda en connotaciones sexuales. No obstante, SHÁKHAB es muy activo en Gn 19. Una sola vez, concretamente en 19,4, el verbo interviene en su sentido básico de "ponerse en posición horizontal" o "ir a la cama". En todos los demás casos significa "tener relaciones sexuales".

Anteriormente hemos visto cómo hacia el final del relato de Sodoma, la acción se centra en SHÁKHAB cuando las hijas de Lot resuelven acostarse con su padre (Gn 19,32 y 19,34). Aquí el verbo interviene siete veces en secuencia rápida. De estas siete actuaciones entre Gn 19,32 y 19,35, cinco son de claro contenido sexual y dos lo son de manera implícita. A continuación reproducimos nuevamente el entramado que forma SHÁKHAB en este pasaje dejando el verbo en cursiva (texto abreviado):

> "Demos a nuestro padre vino para que beba y *nos acostaremos* con él de modo que demos vida a semilla por nuestro padre". Y aquella noche... la mayor entró y *se acostó* con su padre quien no conoció en el *acostarse* de ella o en su levantarse. Al día siguiente la mayor le dijo a la menor: "Anoche *me acosté* con mi padre. Esta noche démosle vino nuevamente... y entra tú, *acuéstate* con él..." Y también esa noche le dieron vino a su padre... y la menor *se acostó* con él. Y él no conoció en el *acostarse* de ella o en su levantarse.

Uno de los detalles textuales más dignos de atención en este episodio es la manera en que interactúan yuxtapuestos SHÁKHAB, "acostarse", y YADA', "conocer" (19,33 y 1935).

YADA' en Sodoma

En el contexto de las traducciones "formales" (literales) y aquellas que son "dinámicas" (libres), el caso del verbo hebreo YADA' nos puede servir de modelo ilustrativo. Antes de proceder a examinar las soluciones propuestas por las versiones históricas, conviene recordar cómo se estructura la acción de YADA' en los capítulos 18 y 19 del Génesis. Por su importancia repetimos a continuación algunos datos ya comentados en el capítulo anterior (tablas 25 y 26). La tabla 32 ofrece una visión esquemática de la presencia de YADA' en el texto hebreo (cf. la tabla 28).

Tabla 32
YADA' en el texto de Sodoma

Versículo	Hebreo	Persona	Significado
18,19	yĕda'ĕtīw	1ª singular	lo he conocido
18,21	'ēdā'â	1ª singular	que (yo) conozca
19,5	nēd'â	1ª plural	que conozcamos
19,8	yād'û	3ª plural	(ellas) han conocido
19,33	yāda'	3ª singular	(él) conoció
19,35	yāda'	3ª singular	(él) conoció

Gramaticalmente las seis apariciones de YADA' se insertan en una cadena que podríamos representar como A-Ax-Ax-A-A-A. La secuencia se recoge en la tabla 33. La letra A se refiere al modo KAL y la combinación Ax alude al llamado aspecto cohortativo, una especie de extensión enfática de KAL (Weingreen 1959, 88).

Tabla 33
YADA' en Sodoma según el paradigma verbal

Versículo	Modo	Secuencia
18,19	KAL	A
18,21	cohortativo	Ax
19,5	cohortativo	Ax
19,8	KAL	A
19,33	KAL	A
19,35	KAL	A

"Conocer" en la Septuaginta

Como vehículo de la cultura y de las comunicaciones el griego asumió un papel de primer orden en amplias partes del imperio de Alejandro Magno. Las comunidades judías de la diáspora acogieron con entusiasmo la primera versión griega del Antiguo Testamento conocida bajo el nombre de *Septuaginta* (LXX), es decir, la Biblia de los Setenta. Asimismo, en el seno del cristianismo primitivo esta obra ocupó una posición privilegiada convirtiéndose prácticamente en versión oficial de la Biblia.

Entre los escritos incluidos en la LXX, el Génesis parece ser uno de los que se tradujeron primero (Metzger 2001, 16). En líneas generales la versión griega se aproxima bastante al texto hebreo que hoy conocemos, el llamado texto masorético (TM). Sin embargo, en algunas ocasiones al traductor de la LXX le ha resultado difícil reproducir adecuadamente los sutiles juegos de palabras de que hace gala el texto hebreo. Un caso emblemático se ubica en el lenguaje de la creación del ser humano donde el estilo literario y filosófico de la Septuaginta diverge del espíritu del original (Loader 2004, 33-34). Si el texto de base resalta aspectos mitológicos y filosóficos, el tono de la LXX tiende por momentos a insinuar la presencia de relaciones sexuales (pp. 41-42).

En múltiples casos el traductor de la LXX se basa en criterios formales o literales, procedimiento que se ajusta perfectamente a los ideales planteados por los traductores de la antigüedad. En otros momentos, sin embargo, se aparta de este ideal optando por un procedimiento "flexible". La traducción al griego de YADA' en la leyenda de Sodoma se muestra en la tabla 34.

Tabla 34 "Conocer" en Sodoma según la LXX			
Versículo	Griego	Significado	Secuencia
18,19	*oida*	conocer, saber	A
18,21	*gignōskō*	conocer, percibir	B
19,5	*syngígnomai*	juntarse, estar con	C
19,8	*gignōskō*	conocer, percibir	B
19,33	*oida*	conocer, saber	A
19,35	*oida*	conocer, saber	A

La manera en que el traductor de la Septuaginta abordó este verbo indica que se ha visto ante ciertas dificultades. Donde el narrador hebreo utilizó seis veces la misma raíz verbal YADA', la LXX ha optado por otro camino recurriendo a tres verbos griegos distintos: *oida*, *gignōskō* y *syngígnomai*. Desde el punto de vista formal, estos diferentes ecos griegos propuestos para YADA' forman una cadena "circular" en la forma de A-B-C-B-A-A. Dentro de este grupo predomina *oida* con tres casillas seguido por *gignōskō* con dos. Por su parte, *syngígnomai* aparece una sola vez.

Si procedemos a comparar la tabla 34 con las dos anteriores, vemos cómo el narrador hebreo establece en el TM un nexo entre los cohortativos de YADA' de 18,21 y 19,5, vínculo inexistente en la LXX. Una situación análoga la observamos entre la conjugación simple del verbo en 18,19 y 19,8. En el texto hebreo estas conexiones son gramaticalmente evidentes pero el griego no hace la menor alusión al respecto. El único elemento que une *gignōskō* a *syngígnomai* son las dos sílabas *-gigno-* que se integran en la morfología de ambos verbos revelando algún parentesco.

Un nexo apreciable que sí establece la LXX es el que va entre 18,19 y 19,33. Al menos queda claro que estamos ante el mismo verbo en ambos contextos. Sin embargo, es curioso que la Septuaginta recurra a *oida* en dos situaciones tan distintas. En 18,19, YHWH se refiere a su alianza con Abraham. Cuando el verbo reaparece en 19,33 y 19,35, describe el estado de embriaguez en que acaba Lot de modo que no "conoce" lo que le pasa.

Al mismo tiempo la LXX plantea con la repetida presencia de *gignōskō* un nexo particular, o incluso una especie de identidad compartida, entre el YADA' de 18,21 y el de 19,8. En este caso se trata de una clara discrepancia con el original hebreo porque en este último es notable la diferencia gramatical entre el cohortativo de 18,21 y el modo KAL que adopta YADA' en 19,8. En base a este examen de un texto concreto de la Septuaginta queda claro que el cuadro verbal que presenta esta versión con relación a YADA' difiere en varios detalles significativos del TM. Ante todo, la presencia de los tres verbos griegos *oida*, *gignōskō* y *syngígnomai* para traducir un solo verbo hebreo revela cierta proclividad al procedimiento libre o "dinámico".

"Conocer" en el sentido griego

Por lo que se refiere a la manera en que la Septuaginta traduce YADA' en el texto de Sodoma, tal vez el detalle más extraordinario sea la posición solitaria de *syngígnomai* en Gn 19,5. Se imponen dos observaciones al respecto. En primer lugar, se trata de un verbo compuesto cuyo significado básico y más frecuente es "estar" o "reunirse" con alguien, por ejemplo conversando. En segundo lugar, en la literatura griega clásica el uso del verbo se amplía abarcando el terreno de los eufemismos sexuales. De esta última acepción hay una serie de ejemplos en las obras de Heródoto, Platón y Jenofonte (Mather & Hewitt 1962, 498). En estos casos *syngígnomai* viene a significar "tener trato carnal" con una persona, especialmente tratándose del varón con la mujer.[72]

---

[72] Liddell & Scott, *A Greek-English Lexicon*, 1940, consultado en 2010 en: www.perseus.tufts.edu/hopper/resolveform?type=start&lookup=suggignomai&lang=greek.

Para la exploración de nuestro tema, cabe insistir en la importancia de este hecho. Los ilustres escritores mencionados vivieron en los siglos V y IV a. C.: Heródoto 484-425, Jenofonte 431-354 y Platón 428-347 a. C. El prestigio de la *Ilíada*, de la *Anábasis* y del *Simposio*, entre otras obras famosas, llegó a ser tal que el lenguaje de sus autores influiría poderosamente en toda la producción literaria subsiguiente a lo largo y ancho del mundo helénico. Si tenemos en cuenta que la LXX se tradujo al griego entre los siglos III y II a. C., es evidente que para esas fechas ya estaban bien establecidos aquellos pilares de las letras clásicas.

En algunos casos infrecuentes el verbo *gignōskō* es capaz de llevar una función análoga, es decir, puede actuar como eufemismo sexual. De ello hay ejemplos en escritos redactados por Heráclides Póntico y Menandro, ambos del siglo IV a. C. (Liddell & Scott, 1940). Sin duda, este hecho se hará patente en la manera en que algunos traductores interpretan la presencia de *gignōskō* en Gn 19,8 con respecto a las hijas de Lot que no han "conocido" hombre o esposo.

Por un lado, entonces, hay indicios que el lenguaje de la Septuaginta se inscribe en un panorama literario bien establecido donde los escritores echan mano de los eufemismos sexuales de uso. Por otro lado, la misma LXX llega a ocupar una posición privilegiada durante los primeros siglos del cristianismo con lo cual su propio lenguaje influirá en las traducciones de otras épocas. Sobre esta base será lógico sacar la conclusión que esta legendaria versión sentó un precedente de peso para la labor interpretativa de la leyenda de Sodoma. Como veremos más adelante, la óptica interpretativa para YADA' adoptada por la LXX será imitada por una serie de versiones ejecutadas en siglos posteriores.

A la luz de la investigación realizada en estas páginas, podemos formular una hipótesis específica. La popular tendencia a atribuir al verbo "conocer" una dimensión sexual, supuestamente de origen bíblico, no se nutre de la Biblia hebrea. Parece mucho más probable que se derive directamente de la Septuaginta e indirectamente de la antigua literatura clásica de Grecia. Sobre esta base, proponemos rebautizar el dicho idiomático "conocer en el sentido bíblico". Modificando el adjetivo para que se ajuste a la realidad histórica y literaria, llegaremos a tener "conocer en el sentido *griego*".

"Conocer" en la Vulgata

La Vulgata, y no el texto hebreo o el griego, fue determinante para la construcción de la categoría de sodomía (Jordan 1997, 31 n. 6).

Conservando el griego su posición privilegiada en el imperio bizantino, el latín se fue imponiendo como idioma oficial de la iglesia romana. Durante varios siglos circuló un buen número de traducciones latinas de la LXX y del Nuevo Testamento pero sin que ninguna abarcara todos los escritos bíblicos (Metzger 2001, 30). En cuanto a la *Vulgata* de Jerónimo (ca. 347-420), y a pesar de la oposición inicial expresada por Agustín de Hipona, esta versión completa de la Biblia se convirtió paulatinamente en la preferida por los ambientes cristianos de habla latina (Hargreaves 1993, 73; Long 2001, 3; Metzger 2001, 34).

La Vulgata vio la luz del día alrededor del año 400 mediando así una distancia de 600 años entre ella y la Biblia de los Setenta. Al principio Jerónimo pensó utilizar la LXX como texto de base para su versión del Antiguo Testamento porque de esa manera sólo tendría que traducir su material del griego al latín sin preocuparse de los problemas exegéticos del original hebreo. Sin embargo, con el paso del tiempo empezó a percatarse de una larga serie de errores textuales que se habían introducido en las ediciones existentes de la Septuaginta. Como consecuencia de ello, Jerónimo cambió de opinión y resolvió aprender hebreo para poder entender y traducir las fuentes originales de forma directa (Metzger 2001, 33-34).

En el caso de la LXX hemos visto cómo el traductor griego trató, de alguna manera, de acomodar las seis apariciones de YADA' en Gn 18 y 19 aplicando tres soluciones distintas. Por su parte, Jerónimo siguió un camino análogo. También él se decantó por adoptar tres interpretaciones diferentes de YADA' llegando a proponer *scio* ("saber"), *cognosco* ("conocer") y *senso* ("sentir"). La tabla 35 refleja la presencia de estos verbos en el texto latino de Jerónimo.

Tabla 35
"Conocer" en Sodoma según la Vulgata

Versículo	Verbos	Significado	Secuencia
18,19	scio	saber	A
18,21	scio		A
19,5	cognosco	conocer	B
19,8	cognosco		B
19,33	senso	sentir	C
19,35	senso		C

La tabla 35 demuestra cierta elegancia en la sistematización literaria que realizó Jerónimo siendo que cada uno de los tres verbos latinos aparece duplicado formando la cadena A-A-B-B-C-C. He aquí una innovación decisiva frente a la secuencia A-B-C-B-A-A escogida por la LXX (tabla 34). En otras palabras, observamos que Jerónimo mantiene un criterio independiente a la hora de traducir YADA' sin dejarse influir por la prestigiosa Septuaginta que le precede.

Ahora bien, recordando la clara interconexión establecida en el TM entre las seis actuaciones de YADA', deseamos verificar cómo la Vulgata maneja esta situación. Resulta que las dificultades inherentes a la metodología aplicada por Jerónimo aparecen pronto. De hecho, en el texto latino no es posible establecer ningún vínculo entre, por ejemplo, la presencia de YADA' en 18,19 ("yo sé") y la de 19,8 ("no han conocido"). Un distanciamiento análogo se plantea entre "que lo *sepa*" en 18,21 y "que los *conozcamos*" en 19,5. Finalmente, si Jerónimo sugiere que Lot no "sintió" en 19,33 y 19,35, esta opción nos priva de cualquier nexo con las demás actuaciones de YADA' puesto que "sentir" no casa con ningún otro versículo de los seis referidos.

A propósito del uso que hace Jerónimo en 19,5 y 19,8 de *cognosco*, "conocer", es importante señalar que en la literatura clásica del imperio romano este verbo sirve en determinados momentos como eufemismo. Sus connotaciones sexuales se desprenden de las obras de varios escritores latinos como Catulo, Julio César y Ovidio (Adams 1982, 190).

Dos versiones clásicas

El examen de las dos versiones bíblicas más influyentes en la historia del cristianismo ha revelado tres factores que vienen aquejando a los traductores desde la antigüedad a la hora de interpretar el verbo YADA' en el relato de Sodoma. En primer lugar, está el problema de la ambigüedad que rodea el "conocer" pedido por los sodomitas en Gn 19,5. En segundo lugar, con la introducción en la Septuaginta del verbo *syngígnomai* aparece un segundo nivel de ambigüedad, ejemplo emulado sutilmente por el *cognosco* de la Vulgata. En tercer lugar, ambos verbos llevan connotaciones sexuales en las respectivas literaturas clásicas.

Una vez consolidada la presencia de tales eufemismos, es inevitable su impacto en las interpretaciones bíblicas que se llevan a cabo durante los siglos subsiguientes. En efecto, no cabe duda que los precedentes sentados por la LXX y la Vulgata fueron determinantes en el pasado. Como veremos, continuarán haciéndose sentir en el siglo XXI. Por ejemplo, la LXX sigue considerándose el testigo literario más antiguo y, por ende, el reflejo más cercano en el tiempo de aquella Biblia hebrea primitiva que existía al iniciarse la era cristiana (Groom 2003, 75).

En base a los datos que venimos acumulando, podemos quizás ya proceder a sacar una conclusión provisional en cuanto a la popular interpretación sexual de YADA' en Gn 19,5 y 19,8 que sigue gobernando la exégesis del relato de Sodoma. Si nos atenemos exclusivamente a la insinuación sexual en potencia que contienen los verbos *syngígnomai* y *cognosco*, por inducción lógica estamos frente a un relato bíblico lleno de lascivia y de agresividad sexual.

La tabla 36 compara el TM con las dos versiones históricas para poner de relieve su metodología en la traducción de YADA'.

Tabla 36
"Conocer" según el TM y las versiones clásicas

Versículo	TM	LXX	Vulgata
18,19	A	A	A
18,21	A	B	A
19,5	A	C	B
19,8	A	B	B
19,33	A	A	C
19,35	A	A	C

La tabla 36 facilita varias comparaciones. En primer lugar, observamos que el trazado fundamental de YADA' desplegado en el TM no se ve reflejado en ninguna de las versiones. En segundo lugar, la LXX y la Vulgata acumulan ambas tres propuestas distintas para reproducir el significado de un solo verbo hebreo. En tercer lugar, cada versión sigue su propio camino.

La dispersión de criterios entre la LXX y la Vulgata en cuanto a la traducción de YADA' en este texto parece revelar que algunos aspectos del verbo no quedan esclarecidos. La metodología de los traductores ha consistido en ir avanzando caso por caso sin llegar a obtener una visión de conjunto de la actuación del verbo a lo largo del texto hebreo. El vocabulario usado por los traductores revela que gramaticalmente no se han percatado de la función del llamado cohortativo que une a nivel gramatical y semántico el YADA' de los versículos 18,21 y 19,5.

El detalle literario más digno de atención se plantea en el dramático contexto de Gn 19,5. Allí es donde tanto la LXX como Jerónimo han tratado de salir de dudas interpretando YADA' sexualmente o, al menos, dejando abierta tal posibilidad hermenéutica.

"Conocer" en castellano

Vistos los precedentes históricos más importantes procedemos ahora a escudriñar las Biblias que leemos actualmente los lectores de habla hispana. De nuevo se trata concretamente de enfocar la manera en que los traductores interpretan la actuación de YADA' en el texto de Sodoma. La tabla 37 recoge la labor de diez versiones castellanas.

\multicolumn{6}{c}{Tabla 37 "Conocer" en Sodoma según diez versiones}
Versión	18,19	18,21	19,5	19,8	19,33 + 19,35
BA	escoger	saber	conocer	conocer varón	saber
BP	escoger	(omisión)	acostarnos	tener que ver con hombres	darse cuenta
DHH	escoger	saber	acostarnos	estar con hombre	darse cuenta
EMN	poner al corriente	comprobar	abusar de	vírgenes	darse cuenta
JMP	saber	saber	conocer	doncellas	sentir
MK	conocer	saber	conocer	conocer hombre	saber
NBJ	conocer	saber	abusar de	conocer varón	enterarse
NC	saber	saber	conocer	conocer varón	sentir
NVI	elegir	saber	acostarnos	vírgenes	darse cuenta
RV	saber	saber	conocer	conocer varón	(a) sentir; (b) echar de ver

En primer lugar, leyendo la tabla 37 en sentido vertical descubrimos varios detalles de interés. Para "lo he conocido" en Gn 18,19, la opción preferida por tres versiones es "escogido" secundada por "elegido" (NVI). Las demás versiones proponen "saber" y "conocer", siendo EMN la excepción con "poner al corriente". En la columna siguiente, es reducida la diversidad entre las versiones para YADA' en Gn 18,21. Junto a "saber", la opción de "comprobar" aportada por EMN es la más cabal al reflejar correctamente el aspecto indagatorio inherente a YADA' en esta posición gracias al llamado cohortativo (EDA' Á). Por otra parte, llama la atención la omisión de BP.

Sin duda, la presencia de YADA' en Gn 19,5 es la más debatida de todas. Cinco versiones siguen el ejemplo del hebreo apuntando precisamente "conocer". Sin embargo, tres versiones se apartan del TM ofreciendo "acostarnos con ellos". Aun más alejado del hebreo sale el "abusar de" introducido por EMN y NBJ.

La cuarta columna refleja las traducciones de YADA' en Gn 19,8 con relación a las hijas de Lot que "no han conocido". Cinco versiones recurren correctamente a "conocer". Dos versiones echan mano de una perífrasis: "no han tenido que ver con hombres" (BP) y "no han estado con hombre" (DHH). Las tres versiones restantes convierten toda la frase verbal en sustantivo hablando de "vírgenes" y "doncellas". En cualquier caso, todos los traductores parecen estar de acuerdo en señalar que Lot está explicando el estado de "pureza" sexual de sus dos hijas.

La última columna vertical revela pocas sorpresas. Siete versiones expresan correctamente el conocimiento inherente a YADA' como "saber", "enterarse" o "darse cuenta". Sin embargo, dos versiones se ajustan, con bastante menos fortuna, a la Vulgata poniendo que Lot no "sintió" (JMP, NC). Por su parte, RV está indecisa al introducir dos variantes: "sintió" y "echó de ver".

El "desconocimiento" de las versiones

Subrayemos ahora los problemas exegéticos encontrados. En Gn 18,19 hemos de resaltar la relativa inexactitud de la perífrasis "lo he escogido" ("elegido") aportada por cuatro versiones. En primer lugar, "escoger" dista bastante del concepto de "conocer". En segundo lugar, existen otros contextos análogos en la Biblia hebrea donde las versiones traducen YADA' correctamente como "conocer" (Dt 34,10; 2 S 7,20). En tercer lugar, detectamos en esta columna una considerable incongruencia semántica entre, por ejemplo, "lo he escogido" y "le pondré al corriente".

En cuarto lugar, el hebreo clásico ya cuenta con un verbo concreto que significa "escoger" o "elegir", que es BÁJAR. Esta palabra figura con cierta prominencia en el breve "prólogo" al relato de Sodoma en Gn 13,11. Aquí Lot, sobrino de Abraham, se ve ante varias posibilidades y "elige" establecerse en la vega del Jordán en las cercanías de Sodoma. Asimismo, en Ex 18,25 Moisés "elige" a hombres capaces para que administren justicia al pueblo. Deducimos que BÁJAR es aplicable tanto a cosas como a personas.

Directamente comparables con el párrafo que nos interesa son algunos versículos del Pentateuco donde YHWH escoge mediante BÁJAR a seres humanos. El libro que más ejemplos presenta es el Deuteronomio: "eligió a su descendencia" (Dt 4,37); "a ti te ha elegido para que seas el pueblo de su propiedad" (Dt 7,6); "a él lo ha elegido YHWH tu Dios" (Dt 18,5). En estos casos concretos, prácticamente todas las versiones españolas coinciden de manera atinada en decir "escoger" o "elegir".

Por consiguiente, si la intención exacta del narrador a la hora de insertar YADA' en Gn 18,19 fuera expresar el concepto de elección, le habría sido lógico y fácil recurrir a BÁJAR, verbo de contenido claro y de uso relativamente frecuente. La presencia de YADA' en este pasaje nos permite intuir que el verbo aporta un matiz distinto. Recordando aquí el principio rector de la repetición significativa empleado por algunos exegetas modernos, podemos someter a prueba la popular opción de "escoger" vinculándola a las demás apariciones de YADA' en el texto de Sodoma. Avanzando por este camino veremos pronto que el significado de "escoger" no concuerda en absoluto con YADA' en Gn 18,21. Asimismo no tiene sentido pensar en alguna "elección" por parte de los sodomitas cuando exigen en Gn 19,5 "conocer" a los visitantes.

En Gn 19,8 sí parece haber cierta armonía entre el TM y las versiones. De todos modos sería razonable, a primera vista, decir que las hijas de Lot aún no han "escogido" a los varones con quienes se vayan a casar. Sin embargo, al mismo tiempo no tiene mucho sentido pensar que las niñas tienen libertad de elección ya que a su padre le toca escoger a los novios, trámite que ya se realizó (Gn 19,14). Finalmente, la prosa traducida en Gn 19,33 y 19,35 saldría un tanto extraña si se nos ocurriera afirmar que Lot no "escogió" cuando las muchachas se acostaban con él.

Es cierto que los diccionarios del hebreo clásico y muchos comentarios sugieren "escoger" para YADA' en Gn 18,19 (DBHE p. 307). Sin embargo, por todas las anteriores razones "escoger" no parece la opción ideal. De alguna manera es una incoherencia hacer que YADA' sea sinónimo de BÁJAR en un solo caso y en ningún otro. Es evidente que tanto YADA' como BÁJAR ocupa su propio espacio en la Biblia hebrea. A nuestro juicio sería más fructífero explorar las maneras en que se puede interpretar YADA' en su propio territorio, por así decirlo.

Respecto a Gn 19,5, el verbo "acostarse" salta a la vista en la tabla 37 por mal colocado. Recordemos que, para decir "acostarse", el narrador hebreo emplea generalmente —y concretamente en el texto de Sodoma— el verbo SHÁKHAB (19,4 y 19,32 ss.). Aun más difícil de aceptar para este versículo es "abusar". En ningún idioma "abusar" y "conocer" son intercambiables. Es más, para expresar una acción abusiva el hebreo clásico cuenta con un verbo específico, notablemente 'ANAH, "humillar" (Gn 34,2).

En cuanto a Gn 19,8, observamos al menos dos problemas exegéticos. En primer lugar, cuatro versiones traducen ISH como "varón". Esta opción es cuestionable ya que pocas veces ISH se utiliza para expresar el concepto "varón". Normalmente la Biblia hebrea recurre en tales circunstancias al sustantivo ZÁKHAR (Gn 1,27; Lv 18,22). En segundo lugar, tres versiones sugieren "hombre". Es cierto que el objeto del conocimiento es la palabra hebrea ISH y que significa generalmente "hombre". Sin embargo, los traductores parecen ignorar que ISH significa, con respecto a una mujer, "marido" (Gn 30,15; Nm 5,14). Se sabe que las muchachas están prometidas ya que en Gn 19,14 el narrador menciona a los novios que son vecinos de la ciudad de Sodoma. En resumen, para este versículo la traducción más lógica de YADA' sería "no han (re)conocido esposo", opción que lamentablemente está ausente de la tabla 37.

Por lo que se refiere a Gn 19,33 y 19,35, el "sentir" propuesto por JMP, NC y RV es problemático por varias razones. En primer lugar, el verbo actúa en el vacío al faltarle cualquier correspondencia con las demás intervenciones de YADA' en el texto de Sodoma y en el resto del Génesis. Obviamente "sentir" no es aplicable a 18,19 o a 18,21 como tampoco a 19,5 y 19,8. En segundo lugar, YADA' es un verbo que pertenece al campo semántico cognitivo, es decir, se refiere a los conceptos de conocimiento, entendimiento, percepción y consciencia.[73] En cambio, "sentir" responde a otras características de tipo sensual o corporal.[74] Por tanto, al decir "sentir" JMP, NC y RV es evidente que se han dejado influir por el verbo *senso* empleado por Jerónimo en la Vulgata (tabla 35).

Conocer y no conocer

De manera significativa, existe en el TM un claro nexo lingüístico entre los últimos sucesos de Gn 19 y otros episodios del Génesis donde interviene YADA'. También por esta razón es lamentable que tantos traductores eviten el uso de la palabra "conocer" en el texto de Sodoma. De haberla mantenido con fidelidad, habría mejores oportunidades para encontrar determinados vínculos textuales y conceptuales entre el final de Gn 19 y, por ejemplo, Gn 3 y Gn 9.

En Gn 3,7 es donde la primera pareja humana se da cuenta de su desnudez. El TM explica que "conocieron" (YADA') que estaban desnudos. En este caso YADA' conlleva la idea de adquirir un conocimiento nuevo. Tal vez el proceso se deje explicar como un paso que les permite "tener conciencia" o "entrar en conocimiento" en el sentido de "evolucionar psicológicamente".

Ya hemos visto cómo la embriaguez de Lot le priva del conocimiento, hecho que el narrador expresa como "no conoció" (Gn 19,33). En Gn 9,21 sucede exactamente lo mismo en la gran borrachera de Noé, acción que lo deja inconsciente y expuesto a la mirada impertinente de Cam. Una vez pasado el efecto del vino consumido es cuando Noé,

---

73 El DRAE define así "conocer": "Averiguar por el ejercicio de las facultades intelectuales la naturaleza, cualidades y relaciones de las cosas".
74 DRAE: "Experimentar sensaciones producidas por causas externas o internas".

sereno, vuelve a tener capacidad para "conocer". En ese instante se entera (YADA') del comportamiento de su hijo (9,24).

En ambas situaciones descritas en el Génesis el "conocimiento" inherente a YADA' es incompatible con el consumo excesivo de las bebidas alcohólicas. El idioma español cuenta con un par de locuciones que se aproximan a esta dimensión de YADA': "perder el conocimiento" y "recobrar el conocimiento".

Volvamos brevemente al tema de la actuación del YADA' negado en un contexto sexualmente cargado. El Génesis presenta cinco casos concretos donde un personaje no "conoce" en episodios donde intervienen los verbos BOO y SHÁKHAB. Lot no "conoce" durante el coito iniciado por sus hijas (19,33.35), y Judá no "conoce" la identidad de la mujer velada con quien se acuesta (38,16). Por su parte, Putifar dejó de "conocer" los asuntos de la casa confiando plenamente en la gestión de José (39,6), hecho que resalta éste en el momento en que la esposa del oficial lo acosa para "acostarse" con él (39,8).

¿Escoger, acostarse o abusar?

Procediendo ahora a analizar la tabla 37 horizontalmente nos percatamos de varios hechos sorprendentes. Para los seis casos de YADA' en el texto de Sodoma, sólo MK consigue alinearse grosso modo con el TM al limitarse a dos verbos emparentados semánticamente: "conocer" y "saber".

En alguna medida, cada una de las versiones restantes ofrece soluciones dispares. Las versiones más problemáticas constituyen dos subgrupos. El primero incluye BP, DHH y NVI dado que para YADA' en Gn 19,5 proponen "acostarse". Las dificultades que genera este verbo español son dos: (a) para decir "acostarse" en hebreo se usa SHÁKHAB; (b) "acostarse" no sirve para ocupar ninguna otra de las cinco casillas horizontales de la tabla 37. Concretamente, pongamos por caso, en Gn 18,19 —donde YHWH habla de su relación con Abraham— la presencia de "acostarse" en el lugar de YADA' constituiría no sólo una incoherencia sino una barbaridad. Asimismo, sería disparatado afirmar en 19,33 y 19,35 que Lot no "se acostó" durante los sucesos nocturnos de la cueva.

En resumidas cuentas, es obvio que en varios casos las opciones escogidas por estas versiones son tan distintas entre sí que merecen ser calificadas de incompatibles. Estemos claros: ni en hebreo ni en castellano tiene sentido afirmar que "acostarse", "darse cuenta" y "escoger" son verbos intercambiables y sinónimos. En cualquier discurso narrativo, cada verbo tiene su propio significado y su propia función. Además, no pueden todos representar adecuadamente el concepto de "conocer".

Los lectores de NVI, por ejemplo, se verán inducidos a pensar que los cuatro verbos castellanos "elegir", "saber", "acostarnos" y "darse cuenta" responden a otros tantos del hebreo clásico, a pesar de la presencia constante de YADA' en el TM. Asimismo el lector creerá que la palabra "vírgenes" refleja un sustantivo hebreo como pudiera ser BETHULÁ, "doncella" (Gn 24,16). Sólo en dos casos se puede intuir un elemento cognitivo derivado de YADA': "saber" (18,21) y "darse cuenta" (19,33 + 19,35).

El segundo pequeño subgrupo es el que plantea la idea de "abuso", también en Gn 19,5 (EMN, NBJ). Nuevamente surge el grave problema de la incompatibilidad. El verbo "abusar" no sirve para ocupar ninguna de las cinco casillas restantes reservadas para YADA'. Sería absurdo decir que YHWH "abusó" de Abraham (18,19), que YHWH quiere bajar hasta Sodoma para "abusar" (18,21), o que las hijas de Lot no han "abusado" de un marido (19,8). Totalmente ilógico sería proponer que Lot no "abusó" en 19,33 y 19,35. La realidad textual nos obliga a ser tajantes: la presencia de "abusar" en Gn 19,5 es desatinada.

La impresión evidente que nos llevamos de la tabla 37 es que los traductores no se han dado cuenta —siendo MK la única excepción— de las incongruencias que insertaron en el texto de Sodoma. En la terminología lingüística tales situaciones responden al fenómeno de "transferencia ilegítima de significado", hecho que ocurre cuando se postula que dos o varias palabras distintas tienen el mismo sentido sin que tal sea realmente el caso (Cotterell & Turner 1989, 122). En materia de lexicografía es importante observar las oposiciones entre los vocablos presentes y contrastarlos para delimitar el campo semántico que corresponde a cada uno (Groom 2003, 62).

Las versiones comparadas

Tabla 38
Cuadro que presenta YADA' en las diez versiones

Gn →	18,19	18,21	19,5	19,8	19,33	19,35
TM	A	A	A	A	A	A
Versiones ↓						
BA	A	B	C	C	B	B
BP	A	-	B	C	D	D
DHH	A	B	C	D	E	E
EMN	A	B	C	D	E	E
JMP	A	A	B	C	D	D
MK	A	B	A	A	B	B
NBJ	A	B	C	A	D	D
NC	A	A	B	B	C	C
NVI	A	B	C	D	E	E
RV	A	A	B	B	C	D

La tabla 38 nos ofrece una imagen de conjunto de la medida en que las versiones castellanas se debaten entre la traducción y la perífrasis de YADA' en el texto de Sodoma. En el TM, el texto original hebreo, la A representa las seis actuaciones de YADA'. En las versiones españolas la A simplemente se refiere al primer caso traducido (18,19). Las demás letras B-C-D-E indican las otras opciones insertadas en el texto que son distintas a la opción A.

De esta manera se comprueba que ninguna versión se ciñe totalmente al TM. La más fiel es MK que se limita a dos propuestas. Las menos fieles, o más "libres", son DHH, EMN y NVI, con cinco propuestas distintas cada una, seguidas por las cuatro soluciones sugeridas por

BP, JMP, NBJ y RV. En resumen, es muy difícil justificar la dispersión de criterios que prevalece en estas versiones. El lector se queda, a fin de cuentas, con un texto castellano cuyo argumento se aleja notablemente del relato original.

Por tanto, la conclusión es inevitable: en su mayoría los traductores se han dejado influir por la tendencia generalizada a modificar la actuación de YADA'. Prevalece una especie de metodología "dinámica" ad hoc según la cual las versiones avanzan caso por caso sin lograr tener una visión integral del verbo. Como ya hemos demostrado, el fenómeno está presente desde la antigüedad a raíz de los importantes precedentes sentados por las versiones "clásicas", es decir, la Septuaginta y la Vulgata. Dicho de otra manera, para entender el panorama que presentan las versiones de nuestro tiempo es indispensable tener en cuenta la exégesis ejecutada durante los primeros siglos de la era posbíblica (Groom 2003, 65).

"Como lo bueno en vuestros ojos", I.

Hablando de la exégesis de Sodoma y Gomorra, no debemos ignorar otro factor de peso que parece haber influido considerablemente en la tradicional hermenéutica cristiana. Nos referimos a la ambigüedad de una frase que figura en Gn 19,8. Argumentando con los sodomitas y proponiéndoles un trato, Lot sugiere la posibilidad de entregar a sus dos jóvenes hijas diciendo textualmente: "Haced con ellas como lo bueno en vuestros ojos". Si la tomamos en sentido estrictamente literal, la finalidad de la oración es rogar a los interlocutores que traten bien a las menores según las normas que rigen normalmente entre ellos.

No obstante, una serie de comentaristas de nuestro tiempo van más lejos. Debido a la popular óptica sexualizada aplicada a YADA', suelen pensar que Lot está sugiriendo a los ciudadanos de Sodoma que se diviertan sexualmente con las niñas o, simplemente, que las violen.[75] Hay pocas voces discrepantes. La biblista Lyn Bechtel argumenta que si

---

[75] Fox 1995, 81; Hamilton 1995, 35; Vasey 1995, 125; Alter 1996, 85; Fields 1997, 123; Nissinen 1998, 46; Helminiak 2000, 45; Carden 2004, 20; Greenberg 2004, 64; Boyarin 2007, 139; McKeown 2008, 107; Schneider 2008, 188.

a otras personas les pedimos que se comporten como lo "bueno" en sus ojos, eso no implica violación sexual, ni mucho menos (1988b, 122).

Para nuestro estudio es de interés averiguar de dónde procede la certeza con la cual se expresan tantos exegetas refiriéndose a las palabras de Lot en Gn 19,8. Con el fin de buscar alguna clave antigua, nos dirigimos ahora a las versiones clásicas para ver cómo interpretan este críptico enunciado del sobrino de Abraham. En primer lugar, observamos en la Biblia de los Setenta que se expresa en estos términos griegos: *kai jrēsasthe autais katha an areskē umin*.[76] Una traducción directa al castellano sería ésta: "*Haced uso de* ellas como os plazca" (cursiva añadida).

A primera vista la LXX ha conseguido verter bien el sentido del original hebreo. Sin embargo, un escrutinio pormenorizado revelará que Lot se expresa en el TM con palabras neutras y que justamente en ese aspecto radica su ambigüedad. Comparado con la oración hebrea, el texto griego sale perdiendo en opacidad y aumentando en claridad. De hecho, la abstracción del original cede en la versión griega a cierta contundencia concreta. Desde la indefinición inherente a "haced con ellas como lo bueno en vuestros ojos" se pasa en la LXX al plano fisiológico con la locución "haced uso".

Para que un hombre "haga uso" de una muchacha, a cualquier lector le viene a la mente un escenario de características sexuales, tal vez con alguna medida de fuerza o violencia incluida. En otras palabras, la traducción ofrecida por la LXX incluye un aspecto sexual. Según la Septuaginta el sentido de la frase pronunciada por Lot en Gn 19,8 parece relativamente evidente: Lot intenta sobornar a los habitantes y autoridades de Sodoma. Resulta que el verbo *jraomai*, "usar", adopta por momentos en la literatura griega clásica una vertiente sexual aplicada a una relación hombre-mujer. De esto traen ejemplos las obras de Demóstenes, Heródoto, Isócrates y Jenofonte.[77]

---

76 Según http://studybible.info/interlinear/Genesis%2019 (página consultada en 2010), existe otra variante del texto griego que dice: *kai jrasthe autais katha an areskoi*.

77 www.perseus.tufts.edu/hopper/resolveform?type=exact&lookup=xrao mai&lang=greek, página consultada en 2010.

Seguidamente nos toca enfocar la manera en que la Vulgata vierte al latín la velada frase "haced con ellas como lo bueno en vuestros ojos". Resulta que en este contexto Jerónimo nos tiene preparada una sorpresa. En su versión encontramos *et abutimini eis sicut placuerit vobis*. Una traducción literal al español sería "y *abusad de* ellas como os plazca" (cursiva añadida).

Cotejada con la LXX, la propuesta de Jerónimo va más allá al dar un paso decidido hacia un escenario caracterizado por la violencia sexual. A todas luces es ésta la primera vez en la historia de las traducciones bíblicas en que una versión adopta un enfoque sobre el drama de Sodoma basado en dos elementos combinados: el sexo y la violencia. Si el lenguaje de la LXX en este pasaje es relativamente moderado, la Vulgata lo sube de tono mediante la contundencia del verbo *abutimini*, "abusad". En otras palabras, del "uso" en griego se ha pasado en latín al "abuso".

De hecho, en Gn 19,8 Jerónimo se ha alejado considerablemente del texto original hebreo. Vista desapasionadamente, no hay ningún motivo lingüístico de peso para traducir la frase "haced con ellas como lo bueno en vuestros ojos" con palabras que inciten a los interlocutores de Lot a la violencia sexual. En realidad, es posible que Lot quiera expresar todo lo contrario. En esta situación tan penible para él, debatiéndose entre el ancestral deber de la hospitalidad para con los visitantes y la obligación de quedar bien con la gente de la ciudad donde vive, tal vez Lot esté intentando entregar a su prole a modo de prenda o garantía. En una coyuntura tan difícil para él se ve obligado a demostrar que a los portavoces de Sodoma les tiene confianza pidiéndoles al mismo tiempo que traten bien a las niñas.

Teniendo en cuenta el carácter moderado de las tres traducciones de YADA' presentadas por la Vulgata ("saber", "conocer" y "sentir"), sorprende en Gn 19,8 la vehemencia de "abusad de ellas". Dicho de otra manera, la forma categórica en que Jerónimo vierte las diplomáticas palabras de Lot destierra cualquier ambivalencia dejando al lector frente a una situación impregnada de concupiscencia y de agresividad sexual.

A continuación la tabla 39 compara el TM con la LXX y la Vulgata por lo que se refiere a la oración que venimos estudiando en Gn 19,8. En cada caso la presentamos traducida al castellano.

Tabla 39
"Como lo bueno en vuestros ojos": dos interpretaciones

Texto	Traducción
TM	*haced con ellas como lo bueno en vuestros ojos*
LXX	haced uso de ellas como os plazca
Vulgata	abusad de ellas como os plazca

En este cuadro los tres fragmentos de texto representan tres gradas en una escala ascendiente, desde la neutralidad del lenguaje del TM hasta el rotundo imperativo "abusad" introducido por la Vulgata.

"Como lo bueno en vuestros ojos", II.

Seguidamente pasamos a examinar las diez versiones castellanas con el fin de averiguar su manera de interpretar Gn 19,8. Concretamente deseamos comprobar hasta qué punto están endeudadas, o no, con las ilustres precursoras de siglos pasados. Las traducciones al español de "haced con ellas como lo bueno en vuestros ojos" se recogen en la tabla 40.

Tabla 40
"Como lo bueno en vuestros ojos" en español

Versión	Traducción
BA	*haced con ellas como mejor os parezca*
BP	*para que las tratéis como queráis*
DHH	*para que hagáis con ellas lo que queráis*
EMN	*haced con ellas lo que queráis*
JMP	*haced de ellas lo que gustareis*
MK	*…hagáis con ellas lo que os plazca*
NBJ	*haced con ellas como bien os parezca*
NC	*para que hagáis con ellas como bien os parezca*
NVI	*hagan con ellas lo que les plazca*
RV	*haced de ellas como bien os pareciere*

En primer lugar, lo más notable de la tabla 40 es la sencillez con que todas las versiones presentes traducen la frase bajo estudio. En segundo lugar, tres han incluido el concepto "bien" que forma parte del texto hebreo (NBJ, NC y RV) y una versión lo expresa en la forma de "mejor" (BA). El resto omite la referencia explícita a "bien" o "bueno". En tercer lugar, ninguna edición castellana se ha dejado impactar o contaminar por la fuerza del "haced uso" propuesto por la LXX. Más notable todavía es que ninguna reproduce la vehemencia del "abusad" insertado por la Vulgata (tabla 39).

Sobre esta base nos veríamos tentados a pensar que ya está esclarecido el texto bajo estudio en cuanto a las versiones modernas. No obstante, un examen detenido revelará que, para algunos traductores, el contexto presenta complicaciones de consideración. En efecto, recordemos cómo el concepto de "abusar", ausente de la tabla 40, lo adoptan dos versiones en otro momento. De acuerdo con la tabla 37, tanto EMN como NBJ recogen la noción de abuso. En ese caso no la aplican directamente a Gn 19,8 sino que la transfieren a otro versículo del mismo texto. De esta manera, es en su interpretación de YADA' en Gn 19,5 donde sugieren que los sodomitas desean "abusar" de los visitantes de Lot.

Hay razones para pensar que entre los casos concretos de "abusar" en 19,5 y el "abusad" de la Vulgata en 19,8 va una especie de cordón umbilical. Es más, tal enlace no está aislado sino que se extiende hacia atrás hasta conectar históricamente con el verbo *syngígnomai* propuesto en 19,5 por la Septuaginta. Consideramos, por tanto, que la marcada tendencia histórica entre los traductores y comentaristas cristianos a adentrarse en el terreno de la violencia sexual para explicar el drama de Sodoma y Gomorra se fundamenta en tres elementos principales:

1. la deuda histórica del dogmatismo cristiano con la Septuaginta y la Vulgata;
2. el carácter ambiguo del lenguaje de ambas versiones antiguas en Gn 19,5 (*syngígnomai* y *cognosco*);
3. la dureza de lo enunciado en 19,8 tanto en griego ("haced uso de ellas") como en latín ("abusadlas").

Conclusión

En el texto hebreo de Sodoma el verbo sexualmente activo es SHÁKHAB, "acostarse". Aparece hacia el final del relato donde las hijas de Lot planifican y ejecutan el proyecto incestuoso que les permitirá tener hijos (Gn 19,32-35). También interviene en el texto el verbo BOO, "entrar" o "llegar", pero sin que adopte una función sexual (salvo un posible caso ambiguo en 19,31).

El verbo que sobresale en el TM es, sin duda, YADA', "conocer", con seis apariciones. Con el paso de los siglos, se han sugerido diferentes interpretaciones. Para su versión griega, la Septuaginta propone tres opciones distintas para YADA'. Al menos una de éstas puede tener connotaciones sexuales (19,5). Tanto la LXX como la Vulgata dejan entrever que en Sodoma reina un clima de lujuria. Tal impresión se refuerza en 19,8 donde la LXX insinúa que Lot invita a los sodomitas a "hacer uso" de sus hijas. La Vulgata va más allá haciendo que Lot diga "abusar de" las muchachas.

Sin duda, los versículos clave para la interpretación sexual de Sodoma son Gn 19,5 y 19,8. Hemos comprobado que tanto la Septuaginta como la Vulgata admite cierta dosis de ambigüedad en un caso (19,5) y bastante menos en el otro (19,8). Ambas versiones gozaron durante siglos de un prestigio tal en el mundo del cristianismo que llegaron a eclipsar totalmente el texto masorético hebreo. Por tanto, la imagen de Sodoma que proyectaron estas obras clásicas han influido grandemente en las versiones españolas de hoy, muchas de las cuales han imitado a sus ilustres precursoras.

En efecto, algunos traductores modernos se aventuran a una especie de ejercicio de traducción libre o dinámica llegando a proponer hasta cinco opciones diferentes para YADA'. Las desventajas del procedimiento son importantes. En primer lugar, tal dispersión de criterios impide que el lector se percate de la interconexión literaria entre los versículos donde actúa YADA'. En segundo lugar, está ausente el concepto de "conocer". En tercer lugar, las versiones que siguen la metodología dinámica producen lamentables incoherencias que se convierten en algunos casos en incompatibilidades. De hecho, desentonan entre sí propuestas tan variadas como "saber", "escoger", "acostarse", "abusar" y "sentir". En tales casos, la ausencia de una rigurosa metodología exegética lleva a los traductores a introducirse en el terreno de la eiségesis.

En paralelo con este prolongado proceso hermenéutico que ha permitido la desnaturalización del concepto de "conocer", los biblistas cristianos se han ido alejando de los planteamientos expresados por los profetas hebreos respecto a Sodoma y Gomorra. Recuérdese que los comentarios proféticos carecen de insinuaciones sexuales al tiempo que hacen hincapié en una serie de intolerables situaciones sociales, políticas y religiosas. Históricamente hemos presenciado la transformación radical de un antiguo drama social en prototipo universal de leyenda sexual. A partir de la Edad Media, y de manera injustificada, es la gente con orientaciones homoeróticas la que sufre las consecuencias.

10

El crimen de Guibeá

Los textos siempre dialogan.
Umberto Eco[78]

Introducción

Tal vez las lectoras y los lectores de estas páginas se pregunten cómo es posible que el dramático relato de un masivo asalto sexual a una mujer joven tenga algo que ver con las relaciones íntimas entre dos personas del mismo sexo. La respuesta es sencilla: el texto original de Jueces 19-20 exhibe varios paralelismos con Sodoma y Gomorra. Tanto es así que muchos exegetas interpretan el relato de Guibeá a la luz de los sucesos nocturnos de Sodoma y a la inversa. Este hecho se desprende de una serie de versiones de la Biblia, así como de algunos comentaristas, que aportan referencias cruzadas entre Gn 19 y Jc 19.[79]

---

78 Umberto Eco, *Mouse or Rat?*, 2003, 114.
79 JMP, NBJ, NC, RV 1995; cf. Fox 1995, 81; Nissinen 1998, 50; Goss 2002, 196-197; Greenberg 2004, 67; Carden 2006, 37-38; Boyarin 2007, 140-141.

Mediante este procedimiento logran encadenar unos pasajes bastante diferentes entre sí en cuanto a su entorno literario de modo que aparecen bajo la misma perspectiva sexual (Lings 2008, 27-28). Resulta que en determinados momentos históricos el relato de Guibeá ha servido para la misma finalidad hermenéutica que Sodoma, es decir, para deslegitimizar las relaciones íntimas entre personas del mismo sexo.[80] En efecto, el relato de Guibeá se ha explicado en una manera hostil a la intimidad homoerótica haciendo que ésta se asocie con conductas violentas y delictivas (Guest 2006, 182).

Para entender cómo ha surgido tal conexión, conviene someter a escrutinio el texto hebreo de Jc 19 y 20. Pronto nos daremos cuenta que se trata de una composición literaria compleja trazada por un escritor con dones artísticos.

El argumento

La narración de Guibeá se inicia en Jc 19 con un hombre anónimo que pertenece a la tribu de Leví, hecho que le confiere rango de sacerdote. Vive en el norte del territorio de Israel, concretamente en la tierra de Efraín, y se casa con una anónima muchacha de Belén de Judá, región ubicada hacia el sur. La joven se describe como PILÉGUESH, término algo opaco sobre el que los exegetas no están completamente de acuerdo (Hugenberger 1994, 106-107). Algunos proponen la traducción "concubina", pero a menudo este vocablo sugiere en español una relación de concubinato que no se ajusta necesariamente al contexto israelita. Sería más apropiado señalar que PILÉGUESH se refiere a una mujer cuyo casamiento ocurre según una fórmula menos rígida, o menos elaborada, que la que gobierna generalmente los contratos matrimoniales.[81]

---

[80] Un ejemplo representativo es Gagnon 2001, 432. El autor agrupa en una colección unificada 21 textos bíblicos que son, a su modo de ver, de carácter antihomosexual.

[81] Exum 1993, 177; Schneider 2000, 128-129; Thatcher 2002, 128. En el mundo antiguo, por ejemplo en Atenas, hay vestigios de una posición social análoga a la PILÉGUESH hebrea. En griego esta mujer recibe el nombre de *pallakis* (*pallaké, pallax*). No se debe descartar la posibilidad de que la palabra PILÉGUESH constituya una adaptación al hebreo clásico del

Debido a las connotaciones que evoca la palabra "concubina" preferimos adoptar para el presente texto un vocablo más acorde con el mundo social de la antigüedad. Hemos escogido el mismo término hebreo refundiéndolo de acuerdo a la fonética castellana como PILEGUÉS. La presencia del término en el texto de Jc 19 puede indicar que el casamiento del levita con la chica se ha decidido y llevado a cabo en cuestión de días u horas, es decir, sin que medie el tradicional compromiso previo o noviazgo que puede durar años. Al mismo tiempo es posible que la PILEGUÉS sea esclava. Por ejemplo, tal suele ser el caso cuando el padre de la joven la cede a un acreedor como amortización definitiva de una deuda contraída. En otras situaciones, cuando la dueña de la esclava es una mujer casada, ésta puede decidir convertirla en concubina del marido. Recurre a esta maniobra Raquel, esposa de Jacob, entregándole a su marido a la esclava Bilhá (Gn 30,4; 35,22).

Retomando el hilo de Jc 19, vemos que a las pocas semanas de la contracción de matrimonio en el versículo 1 la PILEGUÉS abandona el hogar del levita para regresar sola a la casa paterna de Belén. El narrador califica en 19,2 tal manifestación de independencia rebelde como un acto de "infidelidad" (Brenner 1997, 150). Pasado un tiempo el levita sale con un mozo suyo a buscar a la joven con el fin de convencerla de que vuelva con él a Efraín. Tanto la PILEGUÉS como su padre acogen con gusto al levita ofreciéndole hospedaje. Incluso el padre agasaja al yerno y trata por todos los medios de retenerlo en su casa.

Una vez que el levita, la PILEGUÉS y el mozo emprenden el viaje de regreso a Efraín ya se está haciendo tarde y se ven obligados a pernoctar en algún lugar imprevisto. La población cananea de Jebús está convenientemente ubicada, pero el levita rechaza la idea de pasar la noche en ella. Prefiere seguir su camino hasta Guibeá ya que esta ciudad pertenece al pueblo de Israel. Los viajeros llegan en el justo momento de ponerse el sol (19,14). Sin embargo, los habitantes de Guibeá ignoran al pequeño grupo de viajeros instalado temporalmente en la plaza principal dejando que esperen en balde durante varias horas una invitación que no llega.

---

    término griego. En filología tal fenómeno ocurre con frecuencia (Groom 2003, 65).

Al final se acerca un señor de cierta edad, oriundo de la tierra de Efraín, que reside en Guibeá. Lleva a los forasteros a su casa invitándolos a cenar y a ponerse cómodos. Pasado un rato se interrumpe la amenidad del ambiente al aparecer en la calle un grupo de personas de baja ralea. Golpean con fuerza la puerta gritando que desean "conocer" al forastero recién llegado. El efraimita anfitrión sale a la calle, rechaza la pretensión de los intrusos calificándola de impertinente y tratando de hacerlos desistir. Ante su empeñamiento les hace una oferta: pueden divertirse sexualmente tanto con su propia hija como con la PILEGUÉS.[82] De ninguna manera el anfitrión está dispuesto a permitir que se acerquen al levita en son de agresión. Sin embargo, sus esfuerzos fracasan ya que los canallas hacen oídos sordos.[83]

Al levita le queda clara una cosa: de nada les vale a los pocos hombres presentes en la casa intentar ofrecer resistencia a las exigencias expresadas por los obstinados que tienen la casa asediada. Rápidamente toma una decisión. En cuestión de segundos empuja a la PILEGUÉS por la puerta de la calle dejándola fuera y abandonándola a su suerte. En seguida ella se convierte en blanco de atención de los violentos. El narrador cuenta que proceden a "conocerla" y a "divertirse" con ella toda la noche hasta el alba.

Cuando finalmente la sueltan, la maltrecha mujer se arrastra hasta la puerta de la casa donde su dueño y señor ha pasado la noche. Allí se queda inmóvil. Al amanecer el levita se dispone a continuar el viaje. Abriendo la puerta descubre a la mujer sin vida tumbada en el umbral, la carga sobre su asno y regresa a su domicilio. Nada más llegar agarra un cuchillo para desmembrar el cuerpo de la difunta. Acompañados por el relato de terror de lo sucedido en Guibeá, los doce trozos son enviados a todas las tribus de Israel. El carácter repugnante de lo ocurrido levanta una ola de indignación contra la ciudad y contra toda la tribu de Benjamín.

---

[82] Tres versiones (BP, EMN, NBJ) reducen el texto haciendo que el anciano sólo mencione a su hija. Pierden así una pista importante para el posterior desarrollo del argumento.
[83] La descripción de este episodio es sucinta y algunos de los elementos clave para su interpretación sólo aparecerán más adelante.

Acto seguido, el pueblo se reúne en Mispá para deliberar (20,1). Aquí el levita entrega a la asamblea un brevísimo resumen de su amarga experiencia en Guibeá. Explica que los residentes de la ciudad lo amenazaron de muerte y que a su PILEGUÉS la mataron "humillándola" (20,5). La asamblea del pueblo convocada en Mispá resuelve exigir la pena de muerte para los culpables. Sin embargo, la ciudad de Guibeá y toda la tribu de Benjamín no se dan por aludidas. El resultado es inevitable: la guerra civil (Jc 20 y 21). Las hostilidades se prolongan y terminan momentos antes de producirse la eliminación total de la tribu de Benjamín. Paradójicamente los israelitas ayudan a los pocos benjaminitas que sobreviven a conseguir esposas. Los métodos empleados para tal fin son novedosos y crueles (Jc 21,14.23).

Guibeá y la tradición

El historiador judío Josefo del siglo I es autor de un extenso comentario sobre el drama de Guibeá incluido en la obra titulada *Antigüedades judías* (V.136-149). En el panorama que pinta Josefo, la PILEGUÉS de Belén ocupa una posición céntrica. El levita la ama con pasión y ternura, pero ella no le corresponde. En la óptica de Josefo los mozos de Guibeá se fijan en la belleza de la visitante durante el rato en que los viajeros se quedan esperando en la plaza de la ciudad. Debido al atractivo de la mujer, a los lugareños les entran ganas de estar con ella. Para llevar a cabo tal propósito, acuden en masa a la puerta de la casa del efraimita pidiendo que les entreguen a la joven (Fields 1997, 63; Carden 2004, 76). No les importan las objeciones y contraofertas del anfitrión. Sin más, rompen la puerta para penetrar en la casa y se llevan a la PILEGUÉS por la fuerza (Josephus 1998b, 223-229).

En las tradicionales fuentes judías Guibeá se menciona pocas veces. Para Rashi (siglo XI) la palabra "conocer" en Jc 19,22 es de carácter sexual, pero por lo demás sus comentarios sobre el texto indican que en su óptica el levita y la PILEGUÉS no han firmado ningún contrato matrimonial. Discrepa el comentarista Ramban (Nahmánides, siglo XIII), quien afirma que la relación entre los dos protagonistas de Jc 19 sólo se distingue del matrimonio convencional en el sentido de que no ha habido noviazgo previo. No obstante, Ramban reconoce que una categoría matrimonial no es igual a la otra. Por otro lado, opina que la

PILEGUÉS tiene la culpa, al menos en parte, de lo que le sucede puesto que ella misma tomó la decisión de irse de la casa del levita para llegar al hogar paterno en Belén. Ramban opina que los bandidos de Guibeá no la dejan muerta sino que la sueltan al alba (Carden 2004, 84).

En la teología histórica cristiana se producen pocas reflexiones sobre el relato de Guibeá. Atanasio de Alejandría (siglo IV) interpreta el texto como alegoría de los combates que libran los teólogos de su época (Carden 2004, 155). Para Ambrosio (siglo IV) es vital recalcar la importancia de la castidad. Ambrosio nota una considerable diferencia de edad entre el levita y la PILEGUÉS y se muestra de acuerdo con Josefo en que los desenfrenados de Guibeá pretenden desde el principio acercarse con propósitos deshonestos a la mujer. En todo momento Ambrosio es respetuoso con Josefo citándolo a menudo (Carden 2004, 155).

Para el cristianismo medieval el libro de los Jueces deja de tener interés más allá de la historia de Sansón en el capítulo 16 (Carden 2004, 160). La excepción que confirma la regla es Nicolás de Lira (1270-1349) cuyo comentario bíblico abarca el drama de Jc 19 y 20. Nicolás traza varias conexiones entre Guibeá y Sodoma. Dado que estudia generalmente la Biblia en latín (Vulgata) es extraordinario comprobar que se refiere también al texto hebreo y que ha leído a Josefo. Para Lira, Guibeá es una ciudad aterrorizada por un régimen mafioso. Por ejemplo, está prohibido mostrarse hospitalario con los forasteros que llegan de visita. Nicolás parece pensar que en 19,22 el levita recibe amenazas de muerte y de ser penetrado sexualmente, detalle que Lira describe con la voz latina *carnali concubito et nephario* ("trato carnal y nefasto"). En su óptica la finalidad de las amenazas proferidas es una sola: obligar al levita a entregar a su joven esposa (Carden 2004, 190-191).

Guibeá en la literatura de hoy

Hasta la segunda mitad del siglo XX Guibeá es objeto de poca atención entre los académicos cristianos. Gradualmente el panorama va cambiando gracias a una nueva imagen social de la mujer combinada con una profunda revisión de los temas tabú, incluida la violación sexual. Cada vez más comentaristas reflexionan sobre el drama de

Guibeá, frecuentemente al alimón con un análisis de Sodoma. De hecho, se hace habitual la práctica de encadenar ambos relatos comentando tanto el uno como el otro.

A mucha gente moderna le resultan indigestos los sucesos de Jc 19 y 20. Produce consternación la brutalidad con la que se entrega a una joven indefensa a un grupo de desconocidos a altas horas de la noche para que la agredan, violen y lesionen hasta dejarla herida de muerte. Para colmo de males, su cuerpo maltrecho es descuartizado por el marido.

En la literatura de nuestros días, el relato de Guibeá se presenta a menudo como reportaje documental sobre hechos reales ocurridos en la antigua Palestina. Los protagonistas son percibidos como individuos de carne y hueso con personalidades propias aplicándose este enfoque especialmente al levita y al efraimita vecino de Guibeá. Como veremos a continuación, a estos varones los comentaristas de hoy los convierten en blanco de una fuerte indignación moral acusándolos de cómplices en el trágico destino de esa joven mujer natural de Belén.

Un "texto de terror"

En 1984 aparece el libro *Texts of Terror* de la feminista Phyllis Trible, cuyo subtítulo indica "lecturas literarias feministas de narraciones bíblicas". En esta obra Trible presenta su análisis literario de cuatro relatos de la Biblia hebrea. La precisión del término "texto de terror" ha permitido su adopción en el mundo de los estudios bíblicos por parte de numerosos comentaristas (Goss 2002, 206; Guest 2006, 188).

En el tercer capítulo de su libro Trible estudia el relato de Guibeá centrando pronto su atención en el estremecedor sufrimiento de la joven PILEGUÉS. Para Trible el texto ejemplifica ante todo un momento en que la legendaria hospitalidad de Oriente Medio se bloquea para dar lugar a una orgía de violencia (p. 71). Ya en Jc 19,19 Trible sospecha la presencia de cierta falsedad en el lenguaje adoptado por el levita, porque percibe de alguna manera que él utiliza a la PILEGUÉS como anzuelo con el fin de conseguir alojamiento (p. 72).

En cuanto al verbo "conocer" en 19,22 Trible reconoce su ambigüedad. Sin embargo, el contexto la induce a sacar la conclusión que este YADA' revela las intenciones violentas y sexuales de los agresores (pp. 73-74). La interacción entre el viejo efraimita y los ciudadanos demuestra para Trible que el anfitrión acepta sacrificar la virtud de dos jovencitas disponiéndose a "regalarlas", actuando de "rufiano" y "despejando el camino a la violación" (p. 74). La exegeta observa que el anfitrión no se adelanta como voluntario para reemplazar a su invitado masculino (p. 75).

Lo que sigue en Guibeá obra, según Trible, contra "toda razón". Es cierto que el trazo del episodio nocturno no es ni pornográfico ni amarillista pero el narrador se inquieta poco ante las tribulaciones de la PILEGUÉS. Trible comprueba que el levita en un abrir y cerrar de ojos empuja a su mujer hacia la calle para salvar su propio pellejo y que nadie intenta socorrerla. En la óptica de la escritora YADA' vuelve en 19,25 a reflejar violencia sexual (p. 76). A la hora de asignar responsabilidades por la infamia ocurrida en Guibeá, Trible no vacila señalando al levita como el culpable principal. Califica su comportamiento de "despreciable" y "pervertido" (p. 77). A su manera de ver, el sacerdote actúa con "manipulación" (p. 78) y "cobardía" (p. 79).

Al regresar a los altos de Efraín el levita agarra "el cuchillo". Para Trible es una "provocación" que el narrador recurra a la misma frase que la empleada en Gn 22,10 donde Abraham se dispone a sacrificar a su hijo Isaac. La escritora considera que el desmembramiento del cuerpo de la mujer representa una "escalada" de la brutalidad que exhibe el levita en todo momento. Posiblemente el asesino de su esposa sea él. A Trible le resulta difícil sacar una conclusión inequívoca del texto, pero la ambigüedad de la redacción en estas escenas le parece indicar que el narrador varón protege a su protagonista varón (p. 80).

Guibeá después de Trible

El polémico análisis ejecutado por Phyllis Trible del crimen de Guibeá ha llamado la atención a muchos ensayistas. A continuación resumiremos las reflexiones de algunas figuras representativas.

La biblista Mieke Bal (1988, 92) opina que la mayor responsabilidad por el horror desatado recae sobre el levita (p. 93). En el momento en que los insolentes sueltan finalmente a la PILEGUÉS, ella ya no es mujer en el sentido normal de la palabra porque su muerte ha comenzado (pp. 123-124). Basándose en las acciones del levita, Bal saca la conclusión que el hombre busca y crea situaciones de violencia. La analista califica el relato de Guibeá como el más "aterrador" de todo el libro de los Jueces y, tal vez, de toda la Biblia (p. 186). Reconoce que no le proporciona placer alguno analizar los detalles ocurridos a lo largo de la noche, pero agrega que la violencia extrema sólo se logrará domar si entendemos bien los mecanismos que la desata.

Hablando de la idea de agresión de signo homosexual Bal la entiende como expresión de desequilibrios sociales (p. 92). Para ella varias partes del relato describen una especie de sadismo ejecutado ritualmente (p. 119). Aparecen en la narración elementos exagerados que rozan la parodia (p. 121). Al mismo tiempo Bal es consciente que en todo análisis de género influye poderosamente el mundo ideológico en que se ha criado o vive el/la exegeta (p. 86). Por ende previene al lector de hoy contra la tentación de dejarse llevar por una sensación de indignación "fácil" basada en las normas culturales de nuestra época (p. 159).

La teóloga Cheryl Exum (1993, 77) confiesa a manera de introducción que piensa "extralimitarse" en su interpretación del drama de Guibeá. Su intención es socavar la ideología "falocéntrica" subyacente y cuestionar la manera en que atemoriza a las mujeres israelitas. Exum opina que el narrador no es misógino de forma consciente sino que actúa en el marco de un orden social regido por criterios autoritarios (pp. 181, 183). Si hoy nos tocara aprovechar este material bíblico para escribir el guión de una película, muchos juzgarían el resultado como "pornográfico" (p. 196). El relato de Guibeá constituye un ejemplo relevante del fenómeno calificado por Exum de "violación literaria" (p. 201). Significativamente el capítulo pertinente de su libro lleva el título "Violada por la pluma" (*Raped by the Pen*).

Según Exum el levita es amenazado de humillación sexual (p. 182). Al parecer una agresión de esa índole resulta prácticamente inefable para un narrador criado en el seno de una cultura androcéntrica (p. 183).

Exum encuentra "extraña" la síntesis que hace el levita del episodio nocturno ya que él se autodefine como víctima principal de la tragedia. Para la analista ese personaje se revela como "indeciso", "testarudo" e "insensible" (p. 186). El mismo narrador se convierte en objeto de crítica por parte de Exum quien intuye en él cierto "sentimiento de culpa" generado por el horrífico destino que sufre la PILEGUÉS (pp. 187, 188).

Si el protagonista del drama es levita y pertenece a la casta sacerdotal, a la biblista Tammi Schneider (2000, 247) le parece que este hecho no le honra en absoluto. Al contrario, debemos cuestionar sus conceptos de moralidad. A Schneider le caen mal el viejo anfitrión y su huésped masculino dado que ambos se libran juntos de todo peligro obligando a las muchachas a arriesgarse (p. 261). Todo el episodio le resulta "doloroso" y el texto acusa al levita de complicidad (p. 262). Al protagonista Schneider lo califica de "insensible" (p. 263) e "irresponsable", al tiempo que se pregunta si el verdadero asesino es él (p. 264). Se estremece al pensar que quien convoca a todas las tribus de Israel es tal vez culpable de homicidio (p. 267).

Investigando Sodoma y Guibeá

Un comentarista que combina consecuentemente su análisis de Sodoma con un escrutinio de Guibeá es Michael Carden (2004, 7). Observa numerosos paralelismos de temática y evolución dramática entre ambos relatos (p. 15). En cuanto a Guibeá, Carden describe el drama como reportaje de un desastre (p. 22). Para él la historia está llena de horror y se desenvuelve en un angustiado mundo masculino. El levita trata a la joven pilegués como propiedad personal y como mercancía que sirve convenientemente para pedir hospedaje. Para Carden el levita y el viejo efraimita se hacen cómplices de la desgracia que desciende sobre la mujer (p. 30).

Carden se fija en el mozo del levita mencionado en Jc 19,3 y en varios momentos posteriores (19,9.11.13.19). Sin embargo, a la hora de salir el levita de Guibeá en 19,26 no hay constancia del muchacho. Esta disyuntiva invita a Carden a especular preguntándose si el anfitrión exigió que el joven se quedara con él a cambio de la PILEGUÉS que le hubiera gustado pero que en vista de lo ocurrido ya no sirve para nada (p. 26).

En la óptica de Carden, la violación de viajeros indefensos es el hilo conductor que une los relatos de Sodoma y Guibeá (p. 28). A su modo de ver el tema se vincula con la cultura machista que impera en los países ribereños del Mediterráneo. Dentro de ese horizonte cultural está plenamente aceptado ejercer el papel "activo" en el coito anal entre varones, mientras que la misma relación para la parte "pasiva" despierta connotaciones de vergüenza. El objetivo de la violación homosexual consiste en rebajar a la víctima al nivel social de una mujer (pp. 30-35). En el drama de Guibeá el levita experimenta esto indirectamente ya que su autoestima y prestigio social quedan rebajados cuando su mujer se convierte en víctima de un asalto sexual (pp. 30, 37).

Carden reconoce que la interpretación de este episodio depende del significado atribuido al verbo YADA', "conocer", en Jc 19,22. A él no le cabe duda que hay que tomar el verbo en el sentido sexual (p. 26). Por otra parte, Carden detecta en el relato varias alusiones literarias que predisponen al lector contra el rey Saúl y todo lo que él representa (p. 44).

Tres ciudades con visitantes

Otro biblista que ha escrutado tanto Sodoma como Guibeá es Weston Fields (1997). Si comparamos su obra con la de Carden, Fields da un paso más allá al incorporar a su análisis un tercer suceso dramático: los dos espías israelitas que visitan la ciudad cananea de Jericó (Josué cap. 2). Fields ha encontrado varios temas o motivos recurrentes que intervienen en los tres relatos. Al mismo tiempo se percata de los rasgos distintivos de cada texto (p. 17).

Según Fields, un motivo concreto que aparece repetidamente es "el forastero en la puerta de la ciudad". Ahora bien, en el hebreo clásico la voz que corresponde a "forastero" es GUER, palabra cuyo uso no se limita a los caminantes que vienen de paso sino que abarca también al residente marginado por cualquier motivo (p. 9). A esto se juntan varios paralelismos secundarios entre los cuales Fields señala los siguientes: hospitalidad; caminantes que aparecen sin aviso previo; lugareños hostiles; ambientes nocturnos intimidatorios; agresividad sexual; ciudades destruidas por incendio (p. 23).

Para Fields una serie de elementos literarios de Guibeá evocan los sucesos de Sodoma (p. 47). Esto se desprende de varios detalles filológicos y estilísticos que figuran primero en Sodoma para reaparecer ligeramente modificados en Guibeá (p. 62). Por ejemplo, la falta de hospitalidad combinada con hostilidad exhibida en ambas ciudades indica que el nivel moral de Guibeá es comparable con el de Sodoma (p. 71).

En Guibeá se observa no sólo un ejemplo clásico de violación grupal sino que se trata de un asalto adúltero a una mujer casada (p. 125). Para el criterio de Fields el texto de Guibeá es lo suficientemente ambiguo para dejar un residuo de duda puesto que no sabemos a ciencia cierta quién expulsa en el momento crítico a la PILEGUÉS de la casa dejándola desprotegida en la calle. Puede tratarse tanto del levita como del viejo anfitrión (p. 82). Sin embargo, a juzgar por la redacción original hebrea Fields concluye que probablemente el levita sea el que actúa en ese instante (p. 127).

En la óptica de Fields, lo que escandaliza e indigna al pueblo israelita reunido en Mispá es, ante todo, el desacato por parte de los habitantes de Guibeá a las normas de hospitalidad más elementales para con otros israelitas (p. 63). Finalmente, está clarísimo uno de los objetivos principales subyacentes al drama de Guibeá: denigrar a la tribu de Benjamín (pp. 47, 48). Si no fuera por tal motivación política, es dudoso que el narrador se hubiese lanzado a escribir esta sangrienta historia (p. 71).

Guibeá en clave política

Según el biblista Marc Brettler (2000), si nos limitamos a dejarnos impactar por el terror desatado en Guibeá corremos el peligro de perdernos algunas claves esenciales. En efecto, el texto hebreo contiene una larga serie de elementos inverosímiles que nos indican que no estamos ante una suerte de historiografía bíblica. Sin duda, el narrador no describe sucesos vividos o reales sino que los crea. Dicho de otra manera, el drama de Guibeá no es ficción histórica sino literatura con fines didácticos (pp. 90-91). De hecho, Jueces 19 es "un texto erudito, alusivo y polémico opuesto al reinado de Saúl" (p. 90).

Brettler opina que la finalidad de todo el libro de los Jueces es política (pp. 104-105, 109-116). En el caso concreto del drama de Guibeá, el objetivo es vilipendiar a Saúl de Guibeá y favorecer a David de Belén (p. 115). Para Brettler, el descuartizamiento del cuerpo de una mujer representa en el plano simbólico la disgregación de la federación tribal israelita de la época premonárquica. El macabro episodio se hace eco del insistente lamento narrativo: "En aquellos días no había rey en Israel" (Jc 17,6; 18,1; 19,1; 21,25). Indirectamente el mensaje principal del relato parece ser que Saúl, el rey designado, fue incapaz de restablecer la unidad del pueblo (p. 91).

Asimismo, la exegeta Yairah Amit reconoce la dimensión política de Guibeá viendo el argumento como una virulenta polémica en clave literaria contra Saúl, Guibeá y la tribu de Benjamín en general (1999 pp. 342, 348-349). En términos similares se expresa la académica Tammi Schneider (2000 pp. 169, 246, 249, etc.). Para el biblista Renato Lings el relato contiene una serie de alusiones intertextuales que permiten entender la intencionalidad política que motiva al narrador hebreo (2007, 203). Denunciar a un enemigo por supuestas atrocidades es una táctica clásica en la propaganda política y militar. La consternación que produce el relato de Guibeá en tantos lectores modernos atestigua los impresionantes dones literarios del narrador hebreo (p. 204).

Si nos concentramos en tal perspectiva política y literaria llevándola a la Biblia hebrea, veremos que el nombre de Guibeá aparece 52 veces en diferentes contextos, a saber, el libro de los Jueces (24), los dos libros de Samuel (19), el libro de Josué (3), Oseas (3), los dos libros de las Crónicas (2) e Isaías (1). El hecho sobresaliente es que Guibeá se presenta repetidamente como la ciudad donde nace y crece Saúl y donde establece su sede una vez proclamado rey de Israel por el profeta Samuel.[84] En varias oportunidades encontramos el nombre compuesto "Guibeá de Saúl".[85]

---

84 1 S 10,26; 14,2.16; 22,6; 23,19; 26,1.
85 1 S 11,4; 15,34; 2 S 21,6; Is 10,29.

Uno de los aspectos curiosos del sangriento drama que estalla en los últimos capítulos de Jueces es que Saúl no sale nombrado en ningún momento. En cambio sí aparecen Guibeá y la tribu de Benjamín en calidad de coprotagonistas. Evidentemente el narrador hebreo domina el recurso literario de escribir en clave gracias a una serie de indirectas y alusiones que habrán sido perfectamente descifrables para el público al que va dirigido el relato.

"Conocer" según los traductores

Entre los detalles filológicos presentes en el texto de Guibeá hay un problema que permanece hasta la fecha sin examinarse a fondo. Se trata de la función del verbo YADA', "conocer". Como en el caso de Sodoma, la lectura tradicional y más frecuente de esta voz hebrea dice que está cargada de contenido sexual.[86] No obstante, algunos comentaristas reconocen que el verbo merece un análisis detallado (Lings 2008, 28).

Conviene detenernos un instante para meditar sobre esta problemática porque es justamente la óptica que apliquemos a YADA' la que determinará nuestra visión del argumento. Concretamente afectará a nuestra manera de entender la actuación del levita. En dos momentos el verbo ocupa una posición neurálgica en el relato de Guibeá, a saber, en 19,22 y 19,25. Una traducción literal de los pasajes hebreos diría: "Haz salir al hombre que ha entrado en tu casa y lo conoceremos" (19,22), y "la conocieron" (19,25).

Entre las diez versiones bíblicas españolas se plantea cierta diversidad digna de atención. La tabla 41 recoge las traducciones al castellano de YADA' en Jc 19,22 y 19,25.

---

[86] Fields 1997, 81; Nissinen 1998, 49-50; Gagnon 2001, 73-74; Carden 2004, 26.

Tabla 41
Traduciendo "conocer" en Jueces 19

Versión	YADA' 19,22	YADA' 19,25
TM	*lo conoceremos*	*la conocieron*
BA	para que tengamos relaciones con él	la ultrajaron
BP	que nos aprovechemos de él	se aprovecharon de ella
DHH	queremos acostarnos con él	la violaron
EMN	para que abusemos de él	(omisión)
JMP	queremos abusar de él	sus ultrajes
MK	para que le conozcamos	la conocieron
NBJ	para que lo conozcamos	la conocieron
NC	para que le conozcamos	la conocieron
NVI	queremos tener relaciones sexuales con él	la violaron
RV	para que lo conozcamos	entraron a ella

La tabla 41 documenta que tres versiones se ajustan perfectamente al significado del original (TM) sin entrar en interpretaciones arriesgadas o "embellecimientos" literarios (MK, NBJ y NC). RV sigue este camino a medias diciendo en 19,22 "para que lo conozcamos". Sin embargo, en 19,25 cambia de rumbo al insertar "entraron a ella".

Leyendo primero la columna vertical que corresponde a Jc 19,22 nos damos cuenta de la amplitud de criterios exegéticos desplegados. A juzgar por estas diez propuestas, YADA' es capaz de extender su significado desde "conocer" pasando por "tener relaciones" y "acostarse" hasta llegar a "aprovecharse" y "abusar". Es difícil imaginarse otro verbo en este mundo que haga gala de tan asombrosa flexibilidad y adaptabilidad contextual. Por ejemplo, si tomamos el caso del idioma español, cualquiera se da cuenta que "conocer" no llega en ningún momento a abarcar tanta diversidad semántica.

Algo parecido ocurrre en hebreo clásico. Es importante señalar una vez más que "conocer" no equivale ni a "acostarse" ni a "abusar". De todos modos, para hablar de la intimidad sexual, los narradores hebreos tienden a emplear los verbos BOO y SHÁKHAB. Cuando se trata de describir alguna relación abusiva o violenta, aparece frecuentemente 'ANAH, "humillar". Este último verbo lo comentaremos más adelante ya que interviene en el texto de Guibeá en dos ocasiones.

Llegados a la segunda columna vertical (19,25) nos percatamos de varios hechos. Ante todo observamos de nuevo en siete versiones — el setenta por ciento — la confusión semántica que rodea YADA' en la mente de los traductores. RV confunde en 19,25 YADA' con BOO, "entrar". En otros casos comprobamos la fuerte tendencia ya comentada en capítulos anteriores a atribuir a YADA' el significado de SHÁKHAB, "acostarse", y de 'ANAH, "humillar". En la mayoría de los casos, lo grave de esta situación es que cualquier lector dotado de alguna dosis de curiosidad se pierde la importante conexión entre YADA' en 19,22 y 19,25 que en el hebreo es obvia.

Por otra parte, la segunda columna vertical revela un detalle curioso. En el hebreo el verbo es el mismo (YADA'), pero para describir su actuación las versiones suben de pronto su lenguaje de tono. Aparecen ahora nuevos matices bastante más violentos que los primeros en la forma de "ultrajar" y "violar". Así se acentúa la referida tendencia a modificar radicalmente el significado de YADA'. El cambio tonal se hace muy apreciable cuando estudiamos la tabla 41 horizontalmente. BA y NVI proponen primero "tener relaciones" para dar en seguida un impresionante salto exegético a "ultrajar" (BA) y "violar" (NVI). Un proceso análogo se observa en DHH con el giro algo abrupto desde "acostarse" hasta "violar".

En resumen, lo que encontramos mediante este breve ejercicio son cuatro problemas concretos: (1) una confusión considerable respecto al campo semántico que pertenece a YADA'; (2) una innecesaria introducción en los textos traducidos de conceptos que corresponden a otros verbos hebreos como 'ANAH, BOO y SHÁKHAB; (3) una marcada tendencia entre las versiones de hoy hacia la traducción "libre" que deja abierto un amplio margen para los criterios subjetivos; (4) una fuerte subida de tono estilístico cuando el traductor se ve impactado por el suceso que describe. El fenómeno se aprecia en 19,25 donde YADA' actúa en medio de un entorno literario impregnado de brutalidad y violencia.

La violencia sexual

Vistos todos los problemas comentados, en Jc 19 hay varias razones de peso para asignar a YADA' un papel no sexual. En efecto, el refinamiento inherente a los juegos de palabras y los matices gramaticales de la redacción hebrea revelan la mano de un narrador experto muy consciente de los recursos literarios que tiene a su disposición. Su selección de vocabulario no es casual sino perfectamente controlado. Así es que la ejecución de la violencia que expresa el texto fluye concretamente a través de dos verbos que sirven adecuadamente para tal fin. Se trata de 'ANAH (19,24; 20,5) y 'ALAL (19,25).

Es la presencia de ambos verbos la que permite describir con precisión el carácter de la agresión sexual que se produce. Respecto a 'ANAH la palabra se utiliza en otras partes de la Biblia hebrea en relación con asaltos sexuales ocurridos o planeados. Su significado primario es "oprimir" o "humillar" (Hanks 1984, 16). En Gn 34,2 leemos cómo el príncipe Siquem vio a Dina, hija de Jacob, y se la llevó para acostarse con ella "humillándola". Asimismo, la situación invita una comparación con 2 S 13 donde Tamar, bellísima hija de David, se convierte en víctima de un asalto sexual. También aquí YADA' brilla por su ausencia. En cambio 'ANAH interviene dos veces (vv. 12 y 14).

Volviendo a la complejidad del texto de Guibeá, cabe aclarar que 'ANAH primero hace acto de presencia en Jc 19,24. Aquí es donde el viejo anfitrión trata por todos los medios de desviar un asesinato en potencia dirigido al sacerdote huésped (cf. 20,5). Recurriendo a un gesto de solidaridad con el pequeño grupo de visitantes se muestra dispuesto a entregar a su propia hija para que acompañe a la PILEGUÉS.

No consiente que los delincuentes se acerquen al levita, pero les permitirá a modo de compensación que "humillen" ('ANAH) a ambas mujeres. Quizás la presencia de este término evoque la suerte que corre una mujer violada después de producirse el hecho. En muchos casos le tocará pasar el resto de sus días prácticamente en el anonimato y alejada de la vida social en general.[87]

A su vez el verbo 'ALAL (Jc 19,25) significa "maltratar" o "burlarse" de alguien.[88] En la Biblia hebrea es poco frecuente, pero como señala el teólogo Samuel Kader (1999, 50-52), es curioso notar que el verbo reaparece en un episodio de 1 S 31 cuyo protagonista es Saúl. En esta ocasión el derrotado rey ha quedado gravemente herido e incapaz de huir de las tropas filisteas que avanzan rápidamente. Teme que el enemigo lo vaya a "atravesar", en hebreo DÁKAR, y que "hagan mofa" ('ALAL) de él. Agréguese a este vocabulario de sugerentes ambigüedades la observación de que Saúl se siente mal al imaginarse los genitales "incircuncisos" de los soldados filisteos (31,4).

Sin que Saúl lo exprese abiertamente, y como observa Kader, al menos el narrador deja abierta la posibilidad de que el rey de los israelitas prevea el horror de convertirse en objeto de humillación y de burla grosera, probablemente en la forma de penetración anal, si el enemigo lo encuentra con vida. Recuérdese que en el mundo antiguo los vencedores en el campo de batalla son capaces de infligir precisamente ese oprobio a los derrotados (Vanggaard 1969, 93-99; Dover 1978, 105). Antes que sucumbir a tal situación límite, Saúl prefiere suicidarse (1 S 31,4-5).

Retomando el hilo de Guibeá, y en vista de la dimensión burlona que puede adoptar el verbo 'ALAL, no se debe descartar que la joven PILEGUÉS se encuentre en 19,25 al centro de una juerga de mal gusto celebrada en plena calle. En efecto, la aparición de 'ALAL nos lleva a sospechar que los mequetrefes organizan juegos y competencias soeces con la PILEGUÉS colocada al centro. De todos modos, los excesos duran

---

87 2 S 13,20; 16,20-22; 20,3.
88 DBHE registra sólo "maltratar", "vejar" y "abusar" (p. 568). Sin embargo, el diccionario BDB (1996) amplía el significado del verbo para incluir "hacer mofa" y "burlarse". De hecho, una situación de tal índole ocurre en Nm 22,29.

toda la noche. No hay mención de vino, pero en vista de lo avanzado de la hora y dado el dudoso carácter de la gente reunida, tal vez haya que imaginarse la presencia de bebidas alcohólicas.

"Conocer" en un ambiente violento

Es importante volver a hablar de la función que cumple YADA' en este texto. Como ya queda dicho, no hay razones lingüísticas para considerar que el verbo sea sinónimo de 'ANAH y 'ALAL. De hecho, no lo es. Es digno de notarse que solamente aquí, y en ningún otro relato de la Biblia hebrea, YADA' interviene activamente en relación con una violación consumada. Al fin y a la postre YADA' pertenece al dominio cognitivo y no es un verbo de percepción sensorial. De todas maneras significa "conocer" o "saber", aun cuando aparezca en medio de una situación turbulenta o extremadamente violenta.

Desde el punto de vista literario, la impresión que nos deja el narrador en Jc 19 es que introduce a sabiendas YADA' en su significado básico. Respecto a 19,22, en cualquier parte del mundo es lógico y natural que un grupo de personas exprese su deseo de "conocer" al recién llegado. Es más, según las normas de una cultura jerárquica como ésta, la gente acostumbra a dirigirse al marido para cualquier comunicación relativa a su esposa (cf. Gn 18,9.13; 26,7). En efecto, con relación a la PILEGUÉS el levita es dueño y "señor", en hebreo ADÓN (19,26; cf. Gn 18,14).

Es cierto que la plebe está tramando cosas nefastas, pero esta dimensión no se manifiesta mediante YADA' sino que el narrador la recalca de varias maneras explícitas. En primer lugar, a la gente que rodea la casa la califica de BENEY-BELIYA'AL, "hijos de inutilidad". En segundo lugar, el hecho de aparecer a altas horas de la noche para golpear con insistencia la puerta es un indicio del plan siniestro que motiva a estos indeseables puesto que la noche denota inseguridad y peligro (Fields 1997, 108, 110-112).

Un poco más adelante, en 19,25, el narrador constata lacónicamente que "la conocieron". En vista de la cruda brutalidad desencadenada justamente en ese instante tal sencillez de lenguaje produce el efecto de una lítote. En efecto, la cotidianidad y sencillez de YADA' contribuyen a poner de relieve el salvajismo que arranca en el momento de aparecer los verbos 'ANAH y 'ALAL. El carácter factual, como de reportaje, de "la conocieron" casi nos permite a los lectores presenciar la escena, percibiendo el diálogo entre los canallas y sintiendo su humor cínico al comentar lo bien que se sienten "conociendo" a la joven. En otras palabras, podríamos decir que el YADA' de 19,22 ("para que lo conozcamos") es voz directa mientras que la segunda aparición del verbo en 19,25 ("la conocieron") representa la voz indirecta. En ambos casos el sujeto agente es el mismo.

Obviamente a los gamberros de Guibeá no les interesa la hija del anfitrión. Desean a la PILEGUÉS del levita. Esto queda patente si consideramos que la chusma olvida totalmente al sacerdote viajero en el instante en que tiene delante a la mujer indefensa y sola. Resulta que el uso de YADA' en 19,22 es eufemístico dado que sí han querido "conocer" al forastero pero con la única y siniestra finalidad de amenazarlo y quitarle a su esposa. Por esta razón el levita se limita más adelante, concretamente en Jc 20,5, a sintetizar el escalofriante episodio recalcando dos hechos: (1) a él los lugareños lo amenazaron de muerte; (2) a ella la violaron y maltrataron de manera que murió.

Dos verbos de violencia

Para los traductores la perícopa de Jc 19,24-25 constituye todo un reto ya que aparecen tres verbos neurálgicos en sucesión rápida: 'ANAH, YADA' y 'ALAL. En relación con la tabla 41, ya salió comentada la presencia de YADA'. Lo importante ahora es observar la interacción en el drama de 'ALAL y 'ANAH. En el texto hebreo, cada verbo aporta una pincelada especial al cuadro de terror que se instala en las calles de Guibeá.

El verbo que más peso lleva es 'ANAH puesto que aparece en 19,24 y, con relación al mismo tema, en 20,5. La tabla 42 ilustra la manera en que las diez versiones abordan 'ANAH y 'ALAL.

Tabla 42
Traduciendo dos verbos de violencia

Versión	'ANAH 19,24	'ANAH 20,5	'ALAL 19,25
BA	abusar (de)	violar	abusar
BP	abusar	abusar	maltratar
DHH	humillar	abusar	abusar
EMN	abusar	abusar	abusar
JMP	abusar	abusar	abusar
MK	humillar	humillar	abusaron
NBJ	abusar	abusar	maltratar
NC	abusar	hacer fuerza	abusar
NVI	usar	violar	ultrajar
RV	humillar	humillar	abusar

Recordando que el significado básico de 'ANAH es "oprimir" o "humillar" y que 'ALAL equivale generalmente a "maltratar" o "burlarse" de alguien, examinaremos ahora las opciones presentadas por las versiones. En seguida nos damos cuenta que prácticamente todas se mantienen adecuadamente dentro de un campo semántico afín a los verbos que estamos analizando.

En la primera columna vertical observamos que figuran tres opciones. La preferida es "abusar" (seis versiones) seguida por "humillar" (DHH, MK, RV). NVI se queda sola con "usar". En términos muy similares hemos de hablar de la segunda columna vertical, también referida a 'ANAH. No obstante, aquí las opciones propuestas aumentan a cuatro: "abusar", "hacer fuerza", "humillar" y "violar". Pasando a la tercera columna ocupada por 'ALAL, las propuestas vuelven a ser tres: "abusar", "maltratar" y "ultrajar".

De todos los verbos españoles mencionados, el preferido por los traductores es "abusar" con 18 apariciones en tres columnas. El segundo en popularidad, pero aplicado exclusivamente a 'ANAH, es "humillar" (cinco casos). En cuanto al concepto de literalidad, las propuestas más logradas son para 'ANAH "humillar" (cinco casillas) y, para 'ALAL, "maltratar" (BP, NBJ).

Del total de siete verbos utilizados, ninguno desentona con el contexto literario en que se introduce. No obstante, al estudiar la tabla 42 horizontalmente observamos que tan sólo cuatro versiones logran distinguir adecuadamente entre 'ALAL y 'ANAH (BP, MK, NBJ, RV). NVI sí distingue pero sin llegar a una solución convincente. Otras cinco los interpretan como si fueran de alguna manera sinónimos (BA, DHH, EMN, JMP, NC).

Curiosamente, BA varía su traducción de 'ANAH poniendo dos opciones para este verbo: "abusar" y "violar", aplicando nuevamente "abusar" a 'ALAL. Sorprende la imprecisión de tal procedimiento. En la misma situación anómala está NC con "abusar" y "hacer fuerza". Agregaríamos a estas ópticas algo ilógicas la actuación de DHH. Sin que lo justifique el texto hebreo, DHH hace distinción entre dos apariciones de 'ANAH al tiempo que postula sinonimidad entre el 'ANAH de 20,5 y 'ALAL de 19,25.

Sin duda, la versión más libre es NVI al aportar tres verbos diferentes: "usar", "violar" y "ultrajar". Evidentemente la introducción de "usar" es la menos lograda puesto que en ningún otro contexto 'ANAH se traduce así. El verbo aparece fundamentalmente en situaciones de opresión (DBHE p. 578), tratándose a menudo de opresión psicológica (Hanks 1984, 15). Por otra parte, objetivamente es grande la distancia semántica entre "usar" y "violar", ambos aplicados a 'ANAH. En cambio, el significado de "violar" se acerca en alguna medida a "ultrajar". Al proponer "violar" para 'ANAH (20,5) y "ultrajar" para 'ALAL (19,25), NVI los coloca prácticamente en la misma categoría.

De esta manera, y sin que se entienda bien la lógica, NVI ha abierto una clara separación semántica entre ambas apariciones de 'ANAH como si de dos verbos distintos se tratase. Como consecuencia de ello, nos quedamos con la impresión de una metodología incoherente. No obstante, en la tabla 42 las versiones menos inspiradas son EMN y JMP ya que se limitan a tratar 'ANAH y 'ALAL como sinónimos ignorando el significado básico de cada verbo.

CAP 10: El crimen de Guibeá

"Lo bueno en vuestros ojos"

En Gn 19,8 es donde Lot habla a los portavoces de Sodoma a la hora de hacerles la oferta de entrega diciendo de sus hijas: "Haced con ellas como lo bueno en vuestros ojos". Nadie sabe exactamente en qué hubiera quedado el trato, de haberlo aceptado la otra parte, pero una cosa sí está clara: en el contexto ningún elemento verbal sugiere que Lot pretenda crear un escenario de violencia física.

En Jc 19,24-25 la situación es distinta. En primer lugar, el enunciado de "hagan con ellas lo bueno en vuestros ojos" va precedido de un verbo muy significativo: "humíllenlas" ('ANAH). Es decir, en este escenario no hay ambigüedad alguna. En segundo lugar, el narrador de Jc 19 omite la partícula hebrea KE, "como", incluida en Gn 19,8 ("como lo bueno"). En tercer lugar, el narrador suprime una parte del diálogo entre el anfitrión y la plebe reunida delante de su puerta. Únicamente deja entrever que el ambiente está tenso cuando sintetiza la respuesta de los lugareños con una sola oración: "los hombres no quisieron escucharle" (19,25).

El trabajo de los traductores hispanos en la frase "hagan con ellas lo bueno en vuestros ojos" se muestra en la tabla 43.

Tabla 43 "Lo bueno en vuestros ojos" en español	
Versión	Traducción
BA	*que hagáis con ellas lo que queráis*
BP	*hacéis con ella (sic) lo que queráis*
DHH	*que hagáis con ellas lo que queráis*
EMN	*que hagáis con ella (sic) lo que queráis*
JMP	*que abuséis de ellas y saciéis vuestra pasión*
MK	*haced con ellas lo que más os plazca*
NBJ	*haced con ella (sic) lo que os parezca*
NC	*que hagáis con ellas como bien os parezca*
NVI	*que hagan con ellas lo que les parezca*
RV	*haced con ellas como os parezca*

En el cuadro aquí presentado no hay diferencias mayores en la manera de traducir salvo en el caso de JMP que se aventura a proponer con rimbombancia: "que *abuséis* de ellas y *saciéis vuestra pasión*". Llama la atención lo que sucede en BP, EMN y NBJ. Al decir "ella" y no "ellas", a diferencia de la mayoría, han optado por una tradición minoritaria según la cual el viejo anfitrión de Guibeá ofrece entregar solamente a su propia hija a los insolentes. El uso del singular "ella" hace que el efraimita se refiera únicamente a su hija en edad casadera (hebreo BETHULÁ; cf. Jc 19,24). De acuerdo con esta óptica, el anciano deja a la PILEGUÉS al margen de la conversación.

De todas maneras, las versiones en su mayoría siguen el texto original (TM) poniendo en este pasaje "ellas". La presencia del plural nos permite deducir que el anfitrión parece estar autorizado para cerrar algún trato con sus interlocutores que abarque a ambas mujeres. Evidentemente el episodio transcurre en un ambiente caractericado por estructuras patriarcales o androcéntricas donde la mujer pertenece al varón que la engendró (padre) o con el que está casada (esposo). Si el escenario aquí trazado nos parece chocante, no hay que olvidar que la Biblia hebrea no inventó el patriarcado sino que nació en medio de una cultura patriarcal (Fontaine 1997, 93).

Diferencias entre Guibeá y Sodoma

Ya hemos visto que muchos ensayistas tienden a enlazar consecuentemente el crimen de Guibeá con el relato de Sodoma. Tal marco referencial tiene la ventaja de permitir al intérprete resaltar los paralelismos literarios entre ambos textos de modo que las aparentes lagunas de uno se suplen mediante los detalles presentes en el otro. No obstante, el procedimiento es problemático porque invita a los investigadores a ignorar los múltiples elementos literarios, contextuales y políticos que a cada texto le son propios.

A continuación resaltamos las diferencias entre ambos relatos que merecen ser estudiadas, aspectos que se recogen en la tabla 44.

Tabla 44
Algunas diferencias entre Guibeá y Sodoma

ELEMENTOS	GUIBEÁ Jc 19–20	SODOMA Gn 18–19
viajeros	19,3: dos varones 19,15: 2 varones + 1 mujer	18,2: tres varones 19,1: dos varones
escalón social	sacerdote, esposa, mozo	mensajeros divinos
grupo étnico	19,1-3: Leví, Efraín, Judá 19,14: Benjamín	18: extranjero (Abraham y Sara) 19: cananeo, Amón, Moab
anfitrión	19,3-9: suegro, israelita 19,16: israelita forastero	18: Abraham, extranjero 19: Lot, extranjero
anfitrión y huésped	lugar de origen común	sin origen común
viajeros	llevan provisiones	llegan con las manos vacías
esposa del anfitrión	19,4: sin mencionar 19,21: sin mencionar	18: Sara 19,15.26: esposa de Lot
hijos del anfitrión	19,1-4: una hija 19,24: una hija	18,10: promesa de un hijo 19,8: dos hijas
nombres de persona	anonimato	Abraham, Sara, Lot
lugares	Belén, Guibeá, Benjamín, Jebús, Mispá, Ramá, Yabés	18: Mambré, Sodoma 19: Sodoma, Tsoar, montaña
tribus de Israel	Benj., Efraín, Judá, Leví	0
acuden	canallas	todos los habitantes varones
objetivo	sexo con mujer visitante	interrogatorio
método	amenaza de muerte	exigen entrega

maniobra defensiva	cebo sexual (dos mujeres)	fianza humana (dos menores)
oferta	violación ("humíllenlas")	ruego ("trátenlas bien")
víctima de agresión	19,22 + 20,5: levita 19,25: PILEGUÉS	anfitrión (extranjero Lot)
forma de violencia	19,25: violación grupal	19,9: intento de detención; asalto a domicilio
duración de tumulto	toda la noche	unos minutos
interviene la deidad	no	sí
víctima	fallece	sale ilesa
destino del anfitrión	sin mencionar	sobreviven Lot y sus hijas
testigos acusadores	uno: el levita	dos: los mensajeros
castigo	guerra, exterminio	catástrofe natural
destino de la ciudad	reconstrucción	ruinas permanentes
la vida sigue	Jc 21: casamientos forzados	18: embarazo milagroso 19: incesto tramposo
apariciones de YADA'	dos	seis
cohortativo de YADA'	0	dos
violación (verbos)	19,24; 20,5: 'ANAH 19,25: 'ALAL	0 0
transformación	19,29: descuartizamiento	19,26: conversión en estatua
temas (selección)	crimen, conflictos tribales, guerra civil, venganza y castigo, lucha personal y política (Saúl y David)	alianza entre YHWH y Abraham, el renegado (Lot), intercesión, salvación, origen de Moab y Ammón

Alusiones literarias

Todo relato incluido en la Biblia hebrea se sitúa externamente en un marco literario determinado. Las alusiones que se introducen a nivel interno en la redacción son las que revelan su carácter literario, como lo señala el biblista Robert Alter (1992, 107):

> Nada confirma el carácter literario de la prosa y poesía bíblicas de manera más convincente que el empleo constante, creativo y necesario de las alusiones.

El drama de Guibeá se enmarca en el libro de los Jueces. Los capítulos 17 y 18, que preceden el crimen de Guibeá, aportan una serie de detalles notables. A esta narración le ponemos el nombre de Micá-Dan por sus protagonistas que son Micá, un rico hombre residente del territorio de Efraín, y Dan, una de las doce tribus de Israel. Como en Jc 19,1 se menciona en 17,1 la zona montañosa de Efraín, y en ambos casos un levita se encuentra en el centro de la acción.

Tabla 45
Temas recurrentes entre Micá-Dan y Guibeá

ELEMENTOS	MICÁ-DAN Jc 17-18	GUIBEÁ Jc 19-21
Efraín	17,1.8; 18,2.13	19,1.16.18
Belén	17,7-9	19,1-2.18
Dan	18	20,1
levita	17,7-12 18,3-6.15- 20.24.27.30	19 20,1-11
santuarios	17,5; 18,14-20.30-31	19,18; 20,1.18.23.26-28; 21,4
consultas a YHWH	18,5-6	20,18.23.27; 21,2-3
"no había rey"	17,6; 18,1	19,1; 21,25
genocidio	18,27	20,37; 21,10

Los elementos textuales recogidos en el cuadro permiten apreciar claramente los vínculos literarios entre ambos relatos. Por ejemplo, a lo largo de los capítulos 17-21 el lector encuentra cuatro veces la información "no había rey en Israel". Es decir, el argumento de ambos relatos transcurre en un periodo anterior a la vida y muerte del déspota Abimélec, hijo natural de Gedeón (Jc 9), y antes de que Samuel proclame a Saúl rey de todo Israel (1 S 10).

Por otra parte, el drama de Guibeá trae evidentes alusiones literarias al Génesis (Alter 1992, 112). Tales referencias incluyen el peligro que corre un viajero indefenso acompañado por una esposa hermosa (12,12; 20,1-13; 26,7); el peligro que se cierne sobre una mujer joven que viaja sola a tierras extrañas (34,2); el santuario de Betel (12,8; 28,19); Sodoma y Gomorra (18-19); Abraham tomando el cuchillo del sacrificio (22,10); el fulminante castigo ejecutado sobre una comunidad entera para vengar un delito sexual (34,25); el liderazgo de Judá, antepasado de David (44,14-18; 49,8-9).

Otras numerosas alusiones literarias presentes en el texto de Guibeá evocan pasajes de los libros de Josué, 1 Samuel y 2 Samuel. La tabla 46 recoge las más destacadas.

Tabla 46
Alusiones literarias en Guibeá

TEXTOS	TEMAS
Génesis 12,12; 20,1-13	Peligro: Abraham y Sara llegando a tierras extrañas
Gn 12,8; 28,19, etc.	El santuario de Betel (Jc 20,18)
Génesis 18 y 19	Sodoma y Gomorra
Génesis 22,10	Sacrificio: Abraham tomando "el cuchillo"
Génesis 26,7	Peligro: Isaac y Rebeca llegando a Guerar
Génesis 34,2	Siquem extralimitándose con Dina (violación)
Génesis 34,25	Cruento castigo ejecutado por los hermanos de Dina
Gn 44,14-18; 49,8-9	Liderazgo de Judá, tribu de David (Jc 20,18)
Josué 18,1 y 22,9-12	Santuario de Siló (Jc 21,19)
1 Samuel	"Guibeá de Saúl" (doce referencias)
1 Samuel 8,5	El pueblo pide un rey
1 Samuel 10	Coronan a Saúl en Mispá (Jc 20,1)
1 Samuel 11,7	Saúl descuartiza una yunta de bueyes para convocar a todas las tribus de Israel (Jc 19,29)
1 S 18,11; 19,10	Saúl atentando contra la vida del joven David
1 Samuel 31,4	El horror imaginado por Saúl ('ALAL; cf. Jc 19,25)
2 Samuel 3,1	Guerra prolongada entre la casa de David y la casa de Saúl

Conclusión

El drama de Guibeá es una narración intensa con un desenlace francamente chocante. Sin embargo, en las tradiciones eclesiástica y rabínica su importancia es limitada. Solamente en las últimas décadas, el interés por el relato de Jc 19 y 20 ha experimentado un auge considerable, sobre todo por parte de las biblistas feministas que tienden a calificar Guibeá como "texto de terror".

Entre los académicos se ha implantado la costumbre de comentar la leyenda de Sodoma en paralelo con Guibeá. Frecuentemente el nombre de Guibeá sale mencionado en la literatura producida por los biblistas deseosos de comentar el tema de Biblia y homosexualidad. Al origen de este fenómeno hermenéutico están, sin lugar a dudas, dos hechos concretos: (1) el parecido relativo que tiene el drama de Guibeá con Sodoma y Gomorra; (2) la tradicional interpretación sexualizada de YADA', verbo que interviene en Jc 19 en dos ocasiones.

Tres verbos esenciales destacan en el texto hebreo de Guibeá: YADA', 'ALAL y 'ANAH. El narrador utiliza YADA' en su significado básico de "conocer" o "relacionarse". Al yuxtaponerlo con 'ANAH y 'ALAL consigue agregar pinceladas de precisión al terrorífico cuadro nocturno presentado en Guibeá ya que 'ANAH significa "humillar" y 'ALAL equivale a "burlarse" o "maltratar".

A la hora de traducir estos verbos, las versiones castellanas revelan cierta tendencia a la imprecisión. Evidentemente se apoyan por momentos en metodologías incoherentes que no facilitan la comprensión del lector hispano sino que enturbian el argumento de un drama muy complejo. Por ejemplo, desde el punto de vista lingüístico y semántico no se justifica la fuerte tendencia a atribuirle a YADA' un contenido sexual. Cuando el problema no se reconoce, los traductores corren el riesgo constante de equivocarse como lo demuestra la tabla 41. Incluso llegan a desnaturalizar el carácter cognitivo de YADA' presentándolo como sinónimo virtual de 'ALAL y de 'ANAH. Por estas razones, no nos cansaremos de insistir: en cualquier circunstancia YADA' significa "conocer", también cuando actúa en medio de sucesos tumultuosos.

Habida cuenta de todos los factores comentados, y leído en su contexto bíblico y traducido con esmero, el relato de Jc 19 no tiene por qué asociarse con las relaciones homoeróticas sino que se inscribe en otros contextos. Algunos analistas resaltan el carácter eminentemente literario del texto de Guibeá. De hecho, está repleto de alusiones a los libros del Génesis y 1 Samuel, entre otros. La inspiración sacada del Génesis no se limita a Sodoma y Gomorra sino que abarca una serie de situaciones de la vida de Abraham y de sus descendientes. Las múltiples referencias a 1 Samuel hacen que el relato sirva para fines polémicos: el narrador consigue denigrar el reinado de Saúl, su ciudad Guibeá y a su tribu Benjamín, favoreciendo al mismo tiempo a la tribu de Judá a la que pertenece David.

Conclusiones generales

¿La Biblia comenta la homosexualidad? Para formular una respuesta bien fundada el presente libro ha examinado primero el lenguaje que caracteriza generalmente las relaciones sexuales en la Biblia hebrea. Los verbos que intervienen en el ámbito sexual son BOO, "entrar", y SHÁKHAB, "acostarse". Provistos de esta herramienta exegética hemos podido analizar los textos bíblicos más citados en relación con el tema del homoerotismo.

De los textos estudiados, solamente en el Levítico se verifica la presencia de alguna actividad sexual entre dos personas del mismo sexo, concretamente entre varones. Se trata de la prohibición de Lv 18,22 y 20,13 donde actúa el verbo SHÁKHAB. No hay alusión alguna a las relaciones lésbicas. De todos modos, la interpretación antihomosexual que se suele aplicar al versículo es tardía (a partir del siglo IV). Por otra parte, sigue existiendo un problema exegético en torno al giro MISHKEBEY ISHSHÁ, "yaceres de una mujer", cuyo significado no está del todo esclarecido. A la vista de tal opacidad es injustificada la tendencia generalizada a afirmar que Lv 18,22 condena las relaciones homoeróticas.

Los datos históricos demuestran que las preocupaciones sexuales en torno a la Biblia hebrea comienzan a manifestarse durante la era helenística, concretamente en la llamada literatura intertestamentaria o pseudoepigráfica. Los anónimos autores responden a una serie de inquietudes provocadas por las grandes transformaciones políticas, sociales, culturales, religiosas y lingüísticas ocurridas en la época. El primer testimonio literario que de manera indiscutible expresa sentimientos contrarios al homoerotismo aparece en el siglo I en las obras griegas de Filón de Alejandría donde el filósofo interpreta Sodoma y Gomorra como un hervidero de pederastia. Las reflexiones de Filón no se basan en la Biblia hebrea en versión original sino en la Septuaginta (LXX).

La tradición eclesiástica que impone un enfoque hermenéutico contrario al homoerotismo nace en la era patrística. Esta tradición está fuertemente endeudada con el pensamiento de Filón y sigue utilizando la LXX. A partir de la Vulgata, traducción latina de la Biblia entera, se consolida la óptica represiva. Durante casi dos milenios, ambas versiones antiguas han servido de Escritura canónica para la iglesia cristiana. A pesar de las innovaciones teológicas introducidas por la Reforma protestante, persiste la hostilidad a la intimidad homoerótica hasta nuestros días.

¿Se equivocaron los traductores? A la hora de buscar una respuesta clara a esta pregunta esencial, el presente libro ha demostrado que los errores de traducción ocurren con cierta frecuencia. Los casos más graves y notables parecen haber ocurrido en el relato de Sodoma y Gomorra. El problema ya comienza en la antigüedad donde tanto la LXX como la Vulgata permiten interpretar algunos de los pasajes estudiados desde una óptica sexual. Históricamente ha sido defectuoso el análisis aplicado por los traductores al verbo YADA', "conocer", en Gn 18 y 19. Hoy en día, apenas si hay conciencia sobre tal circunstancia desafortunada puesto que numerosas versiones castellanas de nuestro tiempo siguen reproduciendo los errores del pasado. En varios capítulos hemos detectado y comentado ejemplos lamentables en el Génesis, el Levítico, el Deuteronomio y el libro de los Jueces.

Si los traductores de la Biblia se equivocan una y otra vez, como lo hemos observado, no significa necesariamente que todos sean malos exegetas. Para ejecutar bien su trabajo, cualquier profesional depende en gran medida de la calidad de los instrumentos disponibles vinculados a su oficio. El traductor de la Biblia hebrea necesita tener a mano buenos diccionarios, buenas gramáticas del hebreo clásico y algunas otras versiones de la Biblia, tanto antiguas como modernas, en diferentes idiomas. Por otra parte, a todo traductor le conviene actualizar sus conocimientos hermenéuticos revisando con regularidad la literatura académica publicada en tiempos recientes.

En las versiones citadas repetidamente en el presente libro se producen casos de eiségesis en tres casos específicos: (1) cuando se impone la tradición eclesiástica desplazando las metodologías derivadas de la lingüística y del análisis literario; (2) cuando el traductor recurre con excesiva facilidad o subjetividad a la metodología "dinámica" o "libre"; (3) si el traductor pierde de vista la interconexión entre las diferentes actuaciones de una palabra determinada y las trata de manera injustificada como si fueran vocablos muy distintos.

En resumen, lo que los creyentes debemos evitar es quedarnos estancados en los planteamientos erróneos de siglos pasados que tanto daño han hecho a cientos de miles de personas. Para mejorar la situación de la hermenéutica bíblica en materia de sexualidad en general, y particularmente en lo tocante a las relaciones homoeróticas, urge replantear el cometido del traductor. El presente libro ha demostrado que hay una necesidad apremiante de adoptar un nuevo paradigma interpretativo acorde con la lingüística y el análisis literario. Por tanto, invitamos a los traductores, biblistas, editores y educadores universitarios a enfocar y perseguir con decisión los siguientes objetivos:

- Realizar un riguroso análisis filológico, lingüístico, semántico y literario de los textos bíblicos citados;
- Producir unos diccionarios y comentarios bíblicos que recojan y asimilen los resultados de los análisis exegéticos más recientes;
- Preparar mejor a los biblistas en general para que conozcan todas las disciplinas pertinentes a la hermenéutica bíblica;
- Incluir cursos de antropología cultural y de sexología en la formación académica ofrecida por las facultades de teología y de filología.

Por último, de todas maneras es de justicia recordar que amplias partes de la Biblia hebrea demuestran una clara tendencia a favorecer la inclusión de los grupos marginados (Ex 22,20; Is 56). En otras palabras, lo que rechaza hoy el común de las gentes no concuerda siempre con lo que plantean los narradores y poetas de la antigua cultura israelita, como nos lo recuerda Sal 118,22:

> La piedra desechada por los constructores
> se ha convertido en la piedra angular.

Apéndices

"CONOCER" EN ALEMÁN Y EN INGLÉS

"Conocer" según Lutero

> La gran hazaña de Lutero como traductor fue romper con la influencia perjudicial de las lenguas clásicas (Flood 2001, 48).

En el mundo de la Reforma protestante, la Biblia alemana de Martín Lutero, publicada en 1545, constituyó una innovación de gran alcance. Gracias al reciente invento de la imprenta la obra obtuvo en pocos años una difusión extraordinaria. Por vez primera después del triunfo del cristianismo en Europa, amplios sectores de la población pudieron acceder a las Sagradas Escrituras en lengua vernácula.

Lutero se educó en una época en que las únicas versiones bíblicas existentes en el idioma alemán adolecían de un estilo literario opaco, latinizante y casi ilegible para el común de las gentes. Él reaccionó convirtiéndose en un ardiente defensor del derecho del público lector en general a tener acceso directo a los escritos bíblicos presentados en un lenguaje cotidiano. Las traducciones literales que imitaban la LXX y la Vulgata le parecían injustificadas porque alejaban del pueblo la esencia del mensaje bíblico (Flood 2001, 49).

A Lutero le favoreció la publicación de la Biblia hebrea (TM) en 1488 y del Nuevo Testamento en griego en 1516. Disponiendo desde entonces de los textos en versión original, ningún traductor de la Biblia tendría ya que contentarse con la Septuaginta y la Vulgata como fuentes únicas y exclusivas.

En la tabla 47 examinamos la traducción alemana que hizo Lutero del relato de Sodoma, especialmente con el fin de verificar su metodología respecto a YADA'.

Tabla 47
"Conocer" en Sodoma según Lutero

Versículo	Verbos	Significado	Secuencia
18,19	*wissen*	saber	A
18,21	*wissen*		A
19,5	*erkennen*	conocer	B
19,8	*erkennen*		B
19,33	*gewahr werden*	darse cuenta	C
19,35	*gewahr werden*		C

En primer lugar, notamos que la versión de Lutero no se ciñe a la estructura A-Ax-Ax-A-A-A del texto original (TM), como sería quizás de esperarse. En segundo lugar, puede extrañarnos que tampoco se apoye en la Septuaginta que es, a fin de cuentas, la primera traducción del Génesis conocida históricamente. En tercer lugar, y he aquí una sorpresa mayúscula, Lutero ajusta generalmente su exégesis al precedente A-A-B-B-C-C establecido por la Vulgata de Jerónimo.

Cuando Lutero inicia su labor bíblica, ya existe una larga tradición académica de recurrir a la Vulgata. La imitación de la misma en cuanto a la presentación de YADA' revela que Lutero se siente convencido de su justificación, a pesar de su gran batalla reformista en que se distancia enfáticamente de amplias partes de la teología católica. Recordemos que la Vulgata es, en la época de Lutero, prácticamente la Biblia oficial de la Iglesia romana.

Al enfocar los verbos alemanes empleados por Lutero para reproducir los matices percibidos en YADA', notamos en primer lugar que no hay nexo lingüístico entre las tres perícopas estudiadas. En segundo lugar nos fijamos en el uso del verbo *erkennen* en 19,5 y 19,8 —a todas luces correctísimo—, cuyo significado general es "conocer", "reconocer" y "distinguir". Al mismo tiempo, sin embargo, nos llama la atención que *erkennen* adquiera por momentos connotaciones sexuales en la literatura alemana, significado que aplican numerosos biblistas a estos versículos del texto de Sodoma (Brinkschröder 2006, 189).

Es probable, pues, que el uso que hace Lutero de *erkennen* en Gn 19,5 y 19,8 se inscriba en el cuadro de las interpretaciones sexuales de YADA' que observamos históricamente a partir de la era helenística, tendencia que se consolida durante la Edad Media.

Donde Lutero sí se aparta del precedente sentado por Jerónimo es en 19,33 y 19,35. Su traducción *gewahr werden*, "darse cuenta", es más exacta que el "sentir" de la Vulgata desde el punto de vista semántico puesto que el carácter fundamental de YADA' no es sensorial sino cognitivo.

"Conocer" según la versión King James

En el mundo anglosajón la versión bíblica mejor conocida de la Edad Media es la que realizó John Wycliffe (siglo XIV) sobre la base de la Vulgata. Posteriormente William Tyndale (1494-1536) tradujo al inglés los manuscritos hebreos y griegos recién publicados. En el siglo XVI apareció *The Geneva Bible* (La Biblia de Ginebra), nombrada así porque fue ejecutada por un grupo de traductores protestantes británicos que residían exilados en esa ciudad suiza. *The Geneva Bible* tuvo una difusión considerable y es citada frecuentemente en la literatura de la época, por ejemplo, en las obras de William Shakespeare (Metzger 2001, 66).

La más importante versión inglesa de todos los tiempos data del siglo XVII. Se trata de la llamada *King James Version* (versión del Rey Jaime, abreviada VKJ), obra que recibió tal nombre gracias a la participación activa del rey en los preparativos oficiales. Todos los 47 traductores que intervinieron en el proyecto pertenecían a la iglesia anglicana. Una vez publicada, la VKJ fue muy bien recibida por numerosos usuarios de diferentes comunidades cristianas. Hoy por hoy, la versión King James sigue gozando de un prestigio indiscutible entre amplios sectores a pesar de las múltiples versiones nuevas publicadas en inglés a lo largo del último siglo. Una de las ventajas indiscutibles que acumula la VKJ es la elegancia literaria y expresividad poética de su lenguaje.

En el texto de Sodoma, nos interesa observar cómo la VKJ percibe y presenta el verbo YADA'. Los detalles están a la vista en la tabla 48.

Tabla 48
"Conocer" en Sodoma según la versión King James

Versículo	Inglés	Castellano	Secuencia
18,19	*known*	conocido	A
18,21	*I will know*	conocer	A
19,5	*that we may know*	conocer	A
19,8	*known*	conocido	A
19,33	*perceive*	percibir	B
19,35	*perceive*	percibir	B

Si comparamos la VKJ con la LXX, la Vulgata y la Biblia de Lutero, veremos pronto que esta veterana versión del mundo anglosajón es la que más se acerca y mejor se ajusta al original hebreo. De forma atinada consigue limitarse al uso de los dos verbos ingleses *know*, "conocer", y *perceive*, "percibir", siendo que ambos pertenecen al campo semántico de YADA'. Así se conforma la secuencia literaria A-A-A-A-B-B.

Referencias bibliográficas:
John Flood (2001); Bruce Metzger (2001);
Michael Brinkschröder (2006).

Sodoma y la teología

Teólogos solidarios con Sodoma

En el contexto de Sodoma se han producido dos aportes extraordinarios, uno de Marcella Althaus-Reid (2003) y otro de Michael Carden (2004). Althaus-Reid ha escogido una interpretación pro cananea del relato y por momentos Carden recurre a la misma perspectiva. Ambos han entrado sin titubear en un espinoso terreno eludido por la inmensa mayoría de exegetas: el genocidio y la destrucción masiva. Plantean abiertamente la pregunta que pocos se han atrevido a formular para sus adentros: "¿Es posible justificar teológicamente el exterminio de pueblos enteros?"

Tanto Althaus-Reid como Carden responden a la pregunta poniendo los procedimientos convencionales patas arriba. Su originalidad consiste en enfocar el horror sufrido por las víctimas de la destrucción de Sodoma, rebelándose contra la hermenéutica tradicional y expresando al mismo tiempo indignación y protesta (Althaus-Reid 2003, 92-93; Carden 2004 pp. 13-14, 40-41, 169, 174).

La óptica de Althaus-Reid la lleva a apartarse de los demás teólogos al visualizar a los habitantes de Sodoma como mujeres lesbianas y hombres gays perfectamente respetables. Es más, se solidariza incondicionalmente con todas y todos. A su manera de ver, la gente de Sodoma sufre lo que califica de iniciativas "malvadas" y "homofóbicas" por parte del dios de Lot. Para Althaus-Reid esta deidad aparece como ciega, irascible y destructiva (2003, 92-93).

Por su parte Carden sí acepta el consenso académico vigente puesto que se imagina que el problema principal planteado por el relato de Sodoma es un intento de violación colectiva (2004 pp. 9, 14, 29). Sin embargo, no se limita a considerar el terreno sexual ya que se atreve a criticar la reducción a escombros de la ciudad calificando tal acción de "asesinato", "crimen", "genocidio" y "masacre" (pp. 13-14, 40-41, 169, 174).

Carden reflexiona sobre la estatua de sal en que se convierte la esposa de Lot interpretando su gesto congelado como expresión de un terror mudo y una denuncia frustrada contra la eliminación de su ciudad natal. Carden invita a los lectores de hoy a unirnos a la esposa de Lot para condenar el crimen que ella observa como testigo ocular (p. 41). El autor incluso llega a insinuar que nosotros, espectadores modernos del holocausto de Sodoma, somos de alguna manera cómplices (p. 40).

Referencias bibliográficas:
Marcella Althaus-Reid (2003);
Michael Carden (2004).

Denuncias poscoloniales

Desde hace varias décadas está presente en el mundo de la teología la llamada corriente poscolonialista. Este movimiento rompe radicalmente con las bases y metodologías habituales enfocando principalmente la estrecha relación entre el ejercicio del poder hegemónico y la ideología que le subyace (Sugirtharajah 1998, 93). El poscolonialismo se propone detectar y denunciar el pensamiento colonizador y dominador exportado desde la Europa imperial a otros continentes (Sugirtharajah 2002 pp. 12, 74).

Si intentáramos examinar detenidamente el relato de Sodoma desde una óptica poscolonial, es plausible que salga a la superficie una perspectiva política antes ignorada. Hasta la fecha son muy escasos los comentarios críticos sobre la posible intencionalidad política detrás del argumento desarrollado en los capítulos 18 y 19 del Génesis. Echando mano de una expresión tomada del poscolonialismo, podríamos decir que, hasta la fecha, el relato de Sodoma ha quedado colonizado por la tradición cristiana con su enfoque unilateral sobre el supuesto delito sexual de los habitantes.

Para hablar de política en el Génesis el componente étnico es significativo habida cuenta de la ascendencia de los habitantes de Sodoma y Gomorra. Todos descienden de Cam y de su hijo Canaán (Gn 9,6; 9,20; 10,19). Sin duda ambas ciudades son netamente cananeas, hecho que las coloca bajo la maldición pronunciada por Noé en Gn 9,25-27. En Gn 13,10 se presagia su destrucción como consecuencia de una "maldad" sin especificar (13,13; 14,23). Generalmente Sodoma se presenta como un lugar indeseable, característica que comparte con los demás cananeos quienes hacen las veces del malo de la película a lo largo de la Biblia hebrea. El rey de Sodoma lleva el nombre de Bera (14,2.22-23). Se recalca el contraste entre él y el patriarca Abraham (Gn 14,22), hombre justo "conocido" por Dios (Gn 18,19).

Analizado desde este ángulo el relato de Sodoma adquiere muy pronto un papel de relieve en el prolongado conflicto de carácter étnico-religioso entre los israelitas y la población autóctona de la tierra de Canaán (Horsley 1998, 153). De hecho, la leyenda de Sodoma y Gomorra puede calificarse de punto de arranque para el desenlace de una extensa propaganda anticananea. El poco halagüeño cuadro que el narrador hebreo pinta de Sodoma podemos verlo como un retrato polémico ejecutado por un artista israelita, o sea, un escritor que pertenece a un grupo étnico rival. Si esta ciudad cananea es mala al ciento por ciento, intuimos los lectores entre líneas que todos los cananeos son bárbaros o salvajes.

De alguna manera, el relato de Sodoma es "políticamente correcto" desde el punto de vista israelita. Indirectamente, pero de manera sumamente eficaz, esta narración sienta las bases para las constantes escaramuzas entre Israel y Canaán en el Antiguo Testamento. A raíz de la liberación de la esclavitud en Egipto y las posteriores peregrinaciones por el desierto, el conflicto interétnico se agudiza inmediatamente cuando los israelitas comienzan a invadir la tierra de Palestina (libro de Josué).

Los teólogos poscolonialistas señalan que históricamente y analizada con criterios modernos la imagen de los antiguos cananeos presentada a lo largo del Pentateuco apenas puede calificarse de auténtica. Tiene muchos elementos de propaganda y pocos datos factuales. Tal vez este fenómeno sea deliberado. Si exceptuamos la interacción entre Abraham y las comunidades palestinas que lo rodean, proceso que se desenvuelve generalmente en paz y armonía, la Biblia hebrea describe de manera consecuente a los cananeos como gente indeseable. Al mismo tiempo hemos de suponer que estos grupos étnicos, que bien mirado son víctimas de la colonización israelita, con toda probabilidad han considerado como opresoras a las tribus llegadas del desierto (Horsley 1998, 153).

Al poscolonialismo le parece lógico y natural establecer comparaciones entre el hilo narrativo de los cinco libros de Moisés y otros procesos históricos donde diferentes naciones y territorios del mundo quedaron conquistados y sometidos a poderes extranjeros. Por ejemplo, podemos trazar paralelismos con las campañas militares que emprendieron varios países europeos en otros continentes a partir del Renacimiento. Durante esa etapa se nota una clara tendencia a describir a los colonizadores europeos como representantes de la "civilización" mientras que los pueblos colonizados aparecen una y otra vez como "salvajes".

La manipulación política y cultural que se hace patente en estas situaciones queda expuesta en un ensayo redactado por el periodista norteamericano

Robert Allen Warrior (1991). Compara la situación de los indígenas de América del Norte con los cananeos de la antigüedad. Tienen elementos comunes de gran importancia: en ambos casos las naciones vencidas fueron objeto de odio, estigmatización y exterminio sistemático. Tradicionalmente el relato de la liberación del pueblo hebreo de la esclavitud en Egipto que figura en el libro del Éxodo, se ha leído como una epopeya de liberación, pero muy poco se ha dicho de la otra cara de la moneda.

Warrior enfoca directamente el Éxodo, pero su análisis es también aplicable a amplias partes del Génesis. En toda su complejidad el relato de Sodoma constituye una herramienta potencial para examinar la ideología del colonialismo y de sus paralelismos modernos.

Quizás algunos representantes del poscolonialismo se sientan impulsados a ir aun más lejos. Si dejamos de emprender un análisis político del texto de Sodoma, la trama se quedará con determinados aspectos sin esclarecer. Es cierto que los criterios literarios, psicológicos y de género son todos importantes y necesarios a la hora de embarcarnos en el estudio bíblico, y muchos investigadores se han dado cuenta de la utilidad de las metodologías interdisciplinarias.

Sin embargo, cuando se trata de un texto tan legendario como Sodoma y Gomorra, el poscolonialismo nos invita a tener en cuenta la plausible intencionalidad colonizadora del narrador original. Sobre esta base nos percataremos mejor de las sutilezas manipuladoras que anidan en el desenlace del argumento. Es posible que no consigamos por esta vía que la lectura de la Biblia sea más amena, pero sí lograremos que los lectores adquieran una visión más realista tanto de la Biblia como del mundo en que hoy vivimos.

Referencias bibliográficas:
Robert Allen Warrior (1991); R. S. Sugirtharajah (1991; 1998; 2002); Richard Horsley (1998); Marcella Althaus-Reid (2000; 2003).

Sodoma: asignaturas pendientes

Temas de Sodoma

En vista de lo endeble del fundamento sobre el cual descansa la exégesis tradicional respecto a Sodoma y Gomorra, urge emprender un nuevo análisis del texto original teniendo en cuenta su entorno literario: la Biblia hebrea. Quedan pendientes una serie de temas, de los cuales sugeriremos algunos:

- en el contexto de la Biblia hebrea, definir de qué manera(s) los oprimidos *residentes* son víctimas del pecado de Sodoma;
- determinar a partir de qué momento histórico los exegetas empiezan a presentar como víctimas a los *visitantes*;
- estudiar los términos jurídicos que abundan en el texto original;
- establecer el nexo entre el lenguaje de Sodoma y otras partes de la Biblia incluido el libro del Éxodo;
- analizar la relación padre-hijo(s) y padre-hija(s) en el Génesis y otros escritos;
- resaltar las diferencias significativas y simbólicas entre las vidas de Abraham y Sara por un lado y, por otro, de Lot y su familia;
- comentar en su contexto bíblico el tema del genocidio, su justificación y sus consecuencias;
- reflexionar sobre los aspectos políticos que subyacen el relato de Sodoma teniendo en cuenta la ascendencia cananea de los habitantes.

¿Acercarse o alejarse?

El verbo hebreo NÁGASH significa principalmente "acercarse". Aparece en el relato de Sodoma en tres ocasiones: 18,23 y 19,9 (bis). En 18,23 es Abraham quien se acerca a YHWH de la misma manera en que lo hace un abogado defensor ante el juez. El narrador puntualiza en 18,25 que YHWH es "juez de toda la tierra". El mismo significado lo adopta NÁGASH en Ex 24,14, Dt 25,1 y Jos 14,6.

Apéndice 3

En Gn 19,9 los portavoces de Sodoma critican a Lot porque "quiere hacerse el juez". Acto seguido le ordenan literalmente "acércate", aparentemente en el sentido de "quedas detenido". A continuación se acercan ellos mismos a la casa para romper la puerta. La tabla 49 muestra cómo los traductores visualizan esta escena de Gn 19.

Tabla 49 Traduciendo NÁGASH			
Versión	Gn 18,23	Gn 19,9 (A)	Gn 19,9 (B)
BA	acercarse	Hazte a un lado	estar a punto de
BP	acercarse	Quítate de ahí	intentar
DHH	acercarse	Hazte a un lado	acercarse
EMN	acercarse	Quítate de ahí	tratar de
JMP	arrimarse	Quita allá	estar a punto de
MK	0	Apártate	disponerse a
NBJ	abordar	Venga ya	estar a punto de
NC	acercarse	Quítate allá	estar a punto de
NVI	acercarse	Quítate de ahí	acercarse
RV	acercarse	Quita allá	acercarse

Comprobamos aquí que las versiones traducen bien NÁGASH en dos momentos (18,23 y 19,9B). Sin embargo, en 19,9A se equivocan una vez más. En este ejemplo se alejan prácticamente todas del significado de NÁGASH al sugerir "hazte a un lado" o "quítate de ahí". En realidad dicen exactamente lo opuesto de lo que plantea el narrador hebreo. Únicamente NBJ se ajusta en alguna medida al significado de NÁGASH al proponer "venga ya". No obstante, bastantes versiones incurren en grandes incoherencias al plantear tres opciones muy distintas entre sí como lo son "abordar", "quítate allá" y "estar a punto de".

El problema que aquí señalamos tiene una explicación histórica. Al menos nueve de estas diez versiones reproducen casi al pie de la letra un error cometido por el traductor de la LXX quien en 19,9 (A) escribe en griego *aposta*, forma verbal que significa "apártate". Jerónimo repite y perpetúa el error diciendo en latín *recede*, con análogo significado. Desde entonces, queda establecida la tradición de diferenciar de manera injustificada entre ambas apariencias de NÁGASH en el versículo 19,9 como lo demuestran tanto las versiones examinadas como los diccionarios del hebreo bíblico (cf. Alonso Schökel 1994, 478).

En resumidas cuentas, para reflejar bien el texto original habría que ser consecuente a la hora de traducir NÁGASH. En los tres casos señalados conviene aportar un verbo como "acercarse", procedimiento recomendable por todas las razones aducidas.

Mujeres y niños en el patriarcado

Al lector moderno le resulta difícil comprender la lógica de Gn 19,8 donde un Lot en apuros se dispone a entregar espontáneamente a sus hijas a los portavoces de Sodoma. Sin embargo, el episodio se inscribe realmente en otra temática más amplia que se plantea una y otra vez en el Génesis: la autoridad asignada al paterfamilias en la cultura patriarcal y androcéntrica y la relación entre el varón y su esposa.

No hay que olvidar que en el Génesis abundan las situaciones comparables a la sorprendente actuación de Lot en Gn 19,8: Abraham presentando a Sara como hermana suya y enviándola al harén del rey (12,15; 20,2); Isaac haciendo que Rebeca corra el mismo riesgo (26,7-10); Abraham preparándose para sacrificar a su hijo Isaac (22,10); Jacob, de cara a una situación potencialmente desastrosa, colocando deliberadamente a sus mujeres e hijos pequeños en una posición vulnerable (33,1-2).

El denominador común para todos estos momentos es que el varón protagonista se encuentra entre la espada y la pared. Echa mano del único recurso que le queda: la indefensión de su mujer o de sus hijos e hijas. He aquí un material complejo, rico y multifacético que se presta para realizar una serie de investigaciones y reflexiones históricas, antropológicas, culturales, literarias y psicológicas (Brodie 2001 pp. 25, 27-29, 106). Tal vez por esos caminos podamos descubrir la clave que nos ayude a descifrar la lógica inherente a las palabras que pronuncia Lot en Gn 19,8.

Recuérdese que la manera escandalizada con la que comentan hoy los biblistas la actuación de Lot no la comparten los autores bíblicos. Siempre aluden al sobrino de Abraham en términos neutros (Dt 2,19; Lc 17,28-30) o de elogio (2P 2,7).

El derecho bíblico en Sodoma

Uno de los temas dignos de estudio en el relato de Sodoma y Gomorra es el carácter jurídico de su lenguaje. Pocos investigadores le han prestado la atención que merece (Boyce 1988, 50-51). No obstante, el texto hebreo contiene toda una serie de términos que pertenecen al ámbito judicial, específicamente el derecho procesal. Boyce se ha fijado en el vocablo TSA'AKÁ (ZA'AKÁ), "gemido", "protesta" o "clamor", que aparece tres veces, concretamente en Gn 18,20.21 y 19,13. El analista ve un profundo nexo entre tal "clamor" y la opresión que sufren los grupos sociales más débiles, especialmente los inmigrantes.[89]

De hecho, es precisamente el clamor salido de Sodoma el que sirve de denuncia ante YHWH y que desencadena todo el drama (Gn 18,20.21; 19,13). La palabra TSA'AKÁ (ZA'AKÁ) evoca pasajes del libro del Éxodo donde el mismo "clamor" aparece con insistencia en relación a la opresión de los israelitas esclavizados en Egipto. En efecto, el pueblo "clama" a YHWH (Ex 2,23-25; 3,7-9). Aplicando esta imagen a Sodoma, la persona oprimida es el extranjero Lot. Los lugareños lo desprecian, sospechan de él, interrumpen su quehacer de anfitrión, quieren obligarle a actuar de manera inhospitalaria, hacen que él realice dramáticos gestos inusitados, intentan llevárselo detenido, amenazan con tratarlo mal y pretenden invadir su casa (19,9).

La dura suerte de Lot y de su familia ilustra de forma sobrecogedora las condiciones precarias en que viven los inmigrantes en tiempos bíblicos. Ex 22,20-23 revela que la indefensión de las personas marginadas preocupa especialmente a YHWH (cursiva añadida):

> No maltratarás al extranjero ni lo oprimirás pues extranjeros fuisteis vosotros en la tierra de Egipto... Si lo vejas y *clama* a mí, yo escucharé su *clamor* y se encenderá mi ira...

La imagen de la ira encendida evoca la destrucción de Sodoma causada por el fuego caído desde el cielo.

---

[89] Ramírez-Kidd (2009, 47) observa en el verbo TSA'AK, "clamar", no solamente la expresión de "un sentimiento de desesperación, sino apelo a una instancia jurídica superior para una intervención eficaz y definitiva".

A su vez el biblista Pietro Bovati (1994) ha examinado una serie de términos jurídicos que están presentes en el texto de Sodoma como, por ejemplo, "juez" y "justicia" (18,25), "denuncia" (18,21), "culpable" e "inocente" (18,23), "testigo ocular" (19,13) e "investigación" (18,21). Verbos de la categoría de "investigar" y "juzgar" conllevan, entre otros aspectos, la capacidad para distinguir entre el bien y el mal. Por otra parte, en Sodoma los hechos denunciables ocurren al amparo de la oscuridad (19,4), mientras que la sentencia de YHWH se ejecuta al alba (19,15).

James Bruckner (2001, 91-93) ha reparado en las diferentes secuencias judiciales presentes en la narración hebrea. De hecho, el texto está repleto de terminología jurídica incluyendo el alegato de Abraham en defensa de los inocentes de Sodoma (Gn 18,23-33), la pesquisa que emprende YHWH para conocer de cerca los hechos que han motivado las denuncias emanadas de Sodoma (Gn 18,20-21), las interpretaciones irreconciliables de la situación que separan a los habitantes de la ciudad del inmigrante Lot (Gn 19,6-9), la sentencia definitiva sobre Sodoma dictada por los mensajeros de YHWH (Gn 19,13), la absolución de Lot y de su familia (Gn 19,15) y la ejecución devastadora de la condena (Gn 19,24-25).

Para Bruckner la composición del texto es tan sucinta que los lectores nos vemos obligados a formarnos una opinión propia de los sucesos. En tal sentido el narrador nos incorpora virtualmente en las deliberaciones del jurado convirtiéndonos en integrantes del mismo (p. 157).

Recientemente la académica Ellen van Wolde (2009) ha retomado el hilo jurídico detectado por los biblistas Boyce, Bovati y Bruckner reconociendo los resultados por ellos conseguidos. Al mismo tiempo la investigadora señala que continúa prácticamente ignorado el significado del verbo hebreo YADA', "conocer", en Gn 19,5, especialmente su vertiente jurídica. Van Wolde no encuentra satisfactoria la popular interpretación sexual del versículo.

Referencias bibliográficas:
Richard Boyce (1988); Pietro Bovati (1994); James Bruckner (2001); José E. Ramírez-Kidd (2009); Ellen van Wolde (2009).

Víctimas de la agresión sodomita

Como ya hemos señalado, son diferentes las visiones de la víctima de Sodoma aportadas por un lado por la Biblia hebrea y, por otro, por la tradición cristiana. Es a partir de la era helenística—concretamente en base a las obras de Filón—cuando los comentaristas de la Biblia empiezan a presentar como víctimas de la violencia desplegada por los sodomitas a los dos visitantes hospedados en casa de Lot. Esto es así debido al carácter ambiguo del verbo griego *syngígnomai*, "tener relaciones", en la LXX (Gn 19,5). Supuestamente el término sirve para traducir el hebreo YADA', "que los conozcamos", problema analizado en el capítulo 9 del presente libro.

En el contexto de la Biblia hebrea, sin embargo, brilla por su ausencia cualquier referencia a los mensajeros divinos enviados a Sodoma. En cambio, los profetas sí se refieren una y otra vez a la injusticia y opresión que sufren los sectores desamparados de la comunidad en que viven, concretamente las personas viudas, huérfanas e inmigrantes. Esta visión concuerda con los planteamientos del libro del Éxodo. Si llevamos esta interpretación al texto de Sodoma en el Génesis, es evidente que la persona que sufre opresión e injusticia es el inmigrante Lot que reside en la ciudad junto a su familia (véase el capítulo 5).

Visto en el contexto del Génesis, el episodio de Gn 19 muestra de forma dramática un fuerte choque de dos culturas con normas opuestas. En primer lugar, el sobrino de Abraham es extranjero residente en Sodoma (Gn 14,12; 19,9). En segundo lugar, se esfuerza por respetar las antiguas normas hospitalarias que aprendió de su tío (19,1-3; 19,8). En tercer lugar, Lot se expresa como un ciudadano bien integrado llamando "hermanos" a los portavoces de la ciudad (Gn 19,7). En cuarto lugar, ante la presión de la multitud Lot trata de aplacar los ánimos declarándose dispuesto a ir al extremo de entregar pruebas inequívocas de lealtad ciudadana, llegando a ofrecer como rehenes a miembros de su propia familia (19,8).

No obstante, los portavoces de Sodoma rechazan cualquier diálogo o negociación. No respetan a Lot a pesar de los años de residencia que acumula y llevan a cabo una serie de medidas de fuerza: (a) rodear su casa en horas de la noche; (b) interrumpir sus quehaceres de anfitrión; (c) obligarle a enfrentarse solo con una gran multitud; (d) exigir que Lot renuncie a las tradiciones hospitalarias que aprendió durante su juventud; (e) hacer que Lot se vea obligado a entregar pruebas de su lealtad, situación que lo lleva a proponer una transacción diplomática (19,8); (f) rechazar tajantemente el trato ofrecido negando legitimidad a la acción de Lot (19,9); (g) llamarle "forastero" (19,9); (h) forcejear con Lot profiriendo amenazas e intentando llevárselo detenido; (i) acercarse para derribar la puerta en un intento de violar su domicilio.

El relato de Sodoma y Gomorra dramatiza de forma literaria un agudo problema legal y social. De esta manera, la vida de Lot y de su familia se convierte en un reflejo fiel del desamparo que caracteriza la suerte de miles de extranjeros, entre inmigrantes y refugiados, del mundo antiguo, incluido el Israel bíblico.

¿Qué dice el Nuevo Testamento?

Tres cartas paulinas

El Nuevo Testamento es una colección de escritos redactados en griego *koiné*.[90] Contiene tres textos cortos que se introducen con frecuencia en la polémica que ha motivado la aparición del presente libro dado que muchos comentaristas los asocian con el tema del homoerotismo. Cada uno de estos textos merecería un análisis a fondo como el que hemos emprendido con varios pasajes de la Biblia hebrea. Sin embargo, por razones de espacio nos limitaremos a comentarlos muy por encima señalando, al mismo tiempo, que ya existen en castellano varias obras que aportan reflexiones detalladas.[91]

Los tres pasajes neotestamentarios citados comúnmente figuran en las cartas de Pablo, ubicándose el primero en Rm 1,26-27. Aquí el apóstol se refiere a un anónimo ambiente de gente pagana, tanto mujeres como hombes, que a todas luces se mueven en el marco de un templo romano, en un momento histórico determinado y en una situación específica. Las personas aludidas no son cristianas y no entablan relaciones íntimas a nivel de pareja. Lo que se describe son ciertas prácticas sexuales desenfrenadas llevadas a cabo en grupos, probablemente en la forma de orgías escandalosas.

Dos otros textos prominentes son 1 Co 6,9 y 1 Tm 1,10. En ambas epístolas Pablo alude a unas personas desconocidas descritas en griego como *arsenokoitai*. Esta palabra insólita es casi imposible de traducir. Una posibilidad hipotética sería "varones-cama". En la literatura griega de la antigüedad clásica—que abunda en alusiones al homoerotismo—no figura *arsenokoitai*. Lo único cierto parece ser que se trata de varones que cometen habitualmente algún acto censurable, tal vez abusivo, asociado con el ámbito sexual (Hanks 2000, 108).

Lamentablemente numerosas versiones modernas contribuyen a la confusión que reina en amplios sectores cristianos al traducir equivocadamente *arsenokoitai* como "homosexuales", "sodomitas" o vocablos similares (BA, BP, DHH, EMN, JMP, NBJ, NC, NVI, etc.).

---

90 Modernamente el Nuevo Testamento recibe a veces el nombre de "Segundo Testamento"; cf. Guest, Goss, West & Bohache (eds.), 2006.
91 Helminiak 2003; Hanks 2010.

Apéndice 4

Otra palabra griega que acompaña *arsenokoitai* en 1 Co 6,9 es *malakoi*. El significado básico de *malakoi* es "blandos". En el evangelio Jesús aplica el singular *malakós* a determinada clase de ropa "suave" o "fina", traducida por la versión NBJ como "elegante" (Mt 11,8). Teniendo en cuenta tal precedente, sorprende comprobar que NBJ abandona en 1 Co 6,9 el concepto de elegancia para presentar a los *malakoi* como "afeminados". De forma inquietante, otras muchas versiones dan un salto hermenéutico de dimensiones comparables (BA, BP, DHH, EMN, JMP, NC, NVI, RV, etc.)

En síntesis, no hay consenso académico sobre el significado de ninguno de los pasajes paulinos citados. Por tanto, es de suponer que continuará por mucho tiempo el debate entre los investigadores. Mientras persista la situación que estamos observando, habrá que insistir en el deber de todos los creyentes — traductores, biblistas, comentaristas y ensayistas incluidos — de evitar sacar conclusiones precipitadas, polémicas y gravemente perjudiciales para el prójimo.

Referencias bibliográficas:
Thomas Hanks (2000, 108, 172; 2006, 582-605); Daniel Helminiak 2000 (75-115); James Alison 2006 (123-140); Dale Martin 2006 (40-59).

La otra cara de la Biblia

La liberación de los teólogos

Quien desea recorrer otros caminos que los habituales para explorar la Biblia en busca de datos sobre el tema del homoerotismo, puede dejarse inspirar por varias corrientes creativas que se inscriben en el panorama de la teología contemporánea. Durante las últimas décadas han surgido varios planteamientos innovadores y liberacionistas. Cada uno de estos movimientos ha contribuido a ensanchar el horizonte de la interpretación bíblica en materia de sexualidad humana.

Numerosos académicos que se identifican como feministas, gay, lesbianas y bisexuales están explorando nuevos rumbos. En los países de habla inglesa la palabra *queer* funciona desde hace tiempo como peyorativo, tanto en el sentido de "raro" como "maricón". Sin embargo, durante las últimas décadas el término ha sufrido cierta transformación gracias a su uso específico por parte de investigadores, analistas y comentaristas que de alguna manera se autoubican en el amplio espectro de las orientaciones que abarcan los modernos conceptos de homo, bi y transexualidad. En el mundo académico, la gente *queer* se caracteriza por su oposición a la heteronormatividad reinante haciendo que la palabra signifique hoy por hoy algo así como "a contracorriente".[92]

Respecto a la literatura teológica producida por diferentes ambientes *queer*, destacan tres antologías. En el año 2000 sale en Estados Unidos la obra *Take Back the Word* ("Reivindicar la palabra"), colección de 21 ensayos dedicados a temas bíblicos (Goss & West, eds.). Ampliando tal esfuerzo académico, se publica en Londres en 2006 un comentario bíblico completo titulado *The Queer Bible Commentary* (Guest, Goss, West & Bohache, eds.). A su vez, la antología *Queer Theology* (Loughlin, ed.) analiza con criterios críticos y apasionados las tradiciones judeocristianas y su ubicación en el mundo de hoy.

Referencias bibliográficas
Goss & West, eds. (2000); Guest, Goss, West & Bohache, eds. (2006); Loughlin, ed. (2007).

---

92 En algunos ambientes de México, *queer* se traduce como "joto".

Apéndice 5

Un enfoque distinto

El presente libro ha analizado algunas partes de la Biblia que se citan a menudo cuando se comenta el tema de Biblia y homosexualidad. Sin embargo, la polémica actual suele pasar por alto un factor significativo: poquísimas personas de orientación lesbiana, gay o bisexual de hoy se identifican con alguno de los textos estudiados anteriormente.[93] En efecto, no vemos nuestra imagen reflejada en los habitantes de Sodoma y Gomorra ni entre los consagrados del Deuteronomio ni en el ámbito de las relaciones incestuosas censuradas por el Levítico. Lo grave de la situación actual es que los traductores y las iglesias nos han relegado a lugares de la Biblia que no nos corresponden.

Recordemos que ambos Testamentos de la Biblia traen esencialmente un mensaje de salvación y de liberación. Al centro de la teología del Primer Testamento no está el relato de la creación presentado en el Génesis sino la gran epopeya de la liberación del pueblo israelita narrada en el Éxodo (Hanks 1983, 4-6). A su vez, el mensaje más importante de los cuatro evangelios del Segundo Testamento no es hacer proselitismo sectario sino proclamar la salvación universal mediante la fe en Cristo.

Es importante señalar que la Biblia contiene otros textos y relatos que a los lectores homo y bisexuales nos llaman la atención y con los que nos identificamos en alguna medida, o tal vez mucho. De hecho, estos textos, ignorados en el pasado, merecen ser tenidos en cuenta por todos los que intervienen en las frecuentes controversias que hoy se producen en sectores cristianos del mundo entero. Seguidamente mencionaremos algunos de los pasajes más destacados.

Rut y Noemí

Este extraordinario relato redactado en hebreo clásico contiene una perla literaria: la apasionada declaración de amor y lealtad pronunciada por una mujer a otra (Rt 1,16-17). Dejando atrás los sucesos trágicos de su vida, Rut y Noemí crean juntas un nuevo núcleo familiar. El narrador resalta la primacía de la relación entre ambas mujeres relegando a los varones a un segundo término. Cuando Rut da a luz a su hijo Obed, las vecinas de Noemí exclaman: "¡A Noemí le ha nacido un hijo!" (4,17).

---

93 Véase en el Apéndice 4: "Teólogos solidarios con Sodoma".

Oriunda de la despreciada nación de Moab, Rut desciende de las hijas de Lot (Gn 19,37). No obstante, y gracias a su entrega y compromiso con una mujer israelita, Rut es bendecida. De esta manera, la extranjera Rut se convierte en antepasada del rey David (Rt 4,21-22).

La teóloga Celena Duncan (2000) ha releído la historia de Rut desde la perspectiva de una mujer bisexual. Según Duncan la biodiversidad creada por Dios a lo largo y ancho del universo abarca el ámbito de la sexualidad, siendo que la diversidad sexual humana se inscribe íntegramente en este marco. La inclusión bisexual conlleva una revisión profunda de nuestra manera de abordar la sexualidad humana y la moralidad que de ella deriva.

Referencias bibliográficas:
Celena Duncan (2000, 92-102); Frank Spina (2005, 117-136);
Mona West (2006, 190-194).

David y Jonatán

Una de las características notables de esta historia es la manera en que los jóvenes David y Jonatán establecen un pacto permanente ante YHWH, Dios de Israel, alianza que abarcará también a su descendencia.[94] El teólogo Gary Comstock (1993) ha realizado un análisis a fondo de la narración haciendo hincapié en la entrega incondicional de Jonatán a David. En esta historia la presencia de YHWH es un elemento vital. El narrador resalta la igualdad y reciprocidad de esta alianza que se formaliza y renueva en varias ocasiones: "Que YHWH esté entre tú y yo por siempre" (1 S 20,42).

A pesar de las acérrimas críticas de su padre Saúl, Jonatán escoge de manera voluntaria este arriesgado compromiso con David que no le acarreará ninguna ventaja política (1 S 20,30-34). Con la bendición divina, Jonatán forma con David un vínculo inquebrantable. El profundo amor que lo sostiene (2 S 1,26) sienta un importante precedente bíblico, junto con la historia de Rut y Noemí, para las relaciones íntimas entre dos personas del mismo sexo de cualquier época.

Referencias bibliográficas:
Gary David Comstock (1993 pp. 79-90, 128-129);
Daniel Helminiak 2000 (123-126); Ken Stone 2006 (205-208).

---

[94] 1 S 18,1-4; 19,1; 20,16-17.41-42; 2 S 1,26.

Apéndice 5

Los eunucos

Una minoría sexual frecuentemente ignorada es la de los eunucos, gente que interviene en varios textos de la Biblia hebrea. El Levítico y el Deuteronomio excluyen al eunuco del templo de YHWH de forma expresa (Lv 21,20-23; Dt 23,2). Para algunos observadores modernos se sugiere una comparación con el mundo de hoy puesto que la marginación social y religiosa del eunuco se parece en algunos aspectos esenciales a la situación que padecen en múltiples iglesias los creyentes lesbianas, gay y bisexuales.

A partir de los libros proféticos se produce un cambio notable en la manera de presentar al eunuco. Significativamente, Jeremías cautivo y agonizante es socorrido por un eunuco africano (Jr 38,7-13). Daniel goza del favor del eunuco principal del rey Nabucodonosor de Babilonia (Dn 1,9). A su vez, Isaías profetiza que YHWH invitará personalmente a los eunucos justos a entrar en su templo y que les dará nombre "mejor que hijos e hijas" (Is 56,5).

Referencias bibliográficas:
Daniel Helminiak 2000, 127; Victoria Kolakowski 2000, 103-114; Deryn Guest 2006, 136-139.

Eunucos y discípulos

En el Nuevo Testamento vuelven a aparecer los eunucos, concretamente en el evangelio según Mateo (19,12). Jesús habla de aquellos que nacen así y de los que "se hacen" eunucos por amor al reino de los cielos. A veces se producen entre las versiones modernas traducciones equivocadas como, por ejemplo, el eufemismo "incapacitados para el matrimonio" (DHH).

El eunuco más famoso del Nuevo Testamento es el funcionario etíope que viaja desde Palestina hacia Egipto leyendo a Isaías (Hch 8,26-39). Es bautizado por el apóstol Felipe. Con este significativo episodio la profecía de Is 56 se convierte en realidad. El suceso destaca que para el cristianismo las antiguas exclusiones basadas en la condición sexual del individuo ya no tienen validez. Lo importante es tener fe (Jn 3,16). El apóstol Pedro aprende la misma lección en Hch 10,15 a través de una visión: "Lo que Dios ha purificado no lo llames tú profano" (NBJ).

Por otra parte, el evangelio de Lucas habla en el capítulo 17 de dos varones que comparten una cama (Lc 17,34). Otro texto relevante para la gente lesbiana, gay y bisexual es Mt 8,5-13. Un oficial del ejército romano pide a Jesús que cure a su *pais* que yace enfermo, palabra griega que significa "muchacho". La presencia de *pais* se presta para dos interpretaciones: (1) puede tratarse de un criado querido, a secas; (2) la cultura romana permitía a los oficiales tener a su lado a un joven amante (Hanks 2000, 14).

Por último, mucho se ha especulado sobre la identidad del discípulo amado de Jesucristo que se menciona repetidamente en el evangelio de Juan. Algunos lo identifican con Juan Evangelista (Hanks 2000, 64). Sin embargo, otros señalan que una lectura atenta de Jn 11 nos permite salir de dudas: el nombre del discípulo entrañable más cercano a Jesús es Lázaro (Henson 2007).

Referencias bibliográficas:
Thomas Hanks (2000); Benjamin Perkins 2000, 196-205; Thomas Bohache 2006, 509-512; Robert Goss 2006, 537-538; Mona West 2006, 572-574; John Henson 2007, 12-13.

Lecturas deseables

Las tablas 50 y 51 indican en qué partes de la Biblia buscan inspiración numerosas personas creyentes que se autodefinen como lesbianas, gays, bisexuales y transexuales (LGBT).

Tabla 50 De la exclusión a la inclusión	
TEXTO	**TEMA**
Levítico 21,20	Excluyen al eunuco del sacerdocio
Deuteronomio 23,1	Excluyen al eunuco del templo
Jeremías 38,7-13; 39,15-18	El eunuco extranjero Ebed-mélec
Isaías 56,3-7	Inclusión de los marginados
Mateo 19,12	Los eunucos del reino
Hechos 8,26-39	El eunuco africano
Hechos 10,9-15.28.44-48	Lo que Dios ha purificado

Tabla 51
Textos bíblicos alentadores

TEXTO	TEMA
Salmo 118,22	La piedra desechada
Miqueas 6,8	Lo que Dios espera de ti
Cantar de los Cantares	Pasión de una pareja de amantes
Rut 1,16-17; 2,11-12; 4,13-17	Amor y fidelidad entre dos mujeres
1 Samuel 18,1-4; 19,1-2; 20,16-17	Amor y fidelidad entre dos varones
1 Sam 20,42; 23,18	Compromiso firme hasta la muerte
2 Samuel 1,26	Confesión de David
2 Sam 9,1-13	Fidelidad de David
Mateo 8,5-13 (cf. Lc 7,1-10)	Relación entre varones bendecida por Jesús
Marcos 10,21	Jesús siente amor por un joven
Lucas 8,19-21	La familia de Jesús
Lc 17,34	Dos (varones) en una cama
Juan 3,16	Todo el que crea en él
Juan 11,3.5.36	Lázaro, discípulo amado
Juan 13,23; 19,26-27; 20,2-4	El discípulo amado
Gálatas 1,10; 5,1-3	Ningún cristiano tiene que circuncidarse
Colosenses 3,9-11	No hay griego y judío
1 Corintios 13	Más importante es el amor (la caridad)

DEFINICIONES

a) Terminología bíblica

Apócrifo
Los libros apócrifos asociados con el Antiguo Testamento reciben en el catolicismo el nombre de "deuterocanónicos". Se trata de un cuerpo literario no reconocido como canónico por el judaísmo. Para el cristianismo la literatura apócrifa tiene cierto interés puesto que aparece en la Septuaginta, versión bíblica más importante para la iglesia primitiva.

Biblia hebrea
Colección de 24 obras literarias surgida durante el milenio anterior a la era cristiana. Se redacta en gran medida en hebreo clásico, mientras que una parte aparece en hebreo tardío. Contiene asimismo una parte sumamente reducida en lengua aramea. La Biblia hebrea en versión original constituye el principal fundamento literario del judaísmo en cuyo seno recibe el nombre de *Tánakh*. En la tradición cristiana la Biblia hebrea suele llamarse *Antiguo Testamento* (modernamente también *Primer Testamento*).

Eiségesis
Este vocablo griego significa "lectura insertada". La eiségesis aparece a menudo con relación a la lectura personal o limitada de un texto dado, siendo que el término implica una visión basada en criterios subjetivos. A menudo se habla de eiségesis para caracterizar, con desaprobación, un trabajo de investigación que parece encontrar en un texto determinado un significado ajeno a su contexto, quizás con la finalidad de procurar apoyo bíblico a una postura doctrinal ya tomada.

Exégesis
La palabra griega exégesis significa literalmente "lectura extraída" y se aplica generalmente al proceso de aclaración o explicación del significado de un escrito dado. Con respecto al texto bíblico, la exégesis se refiere al comentario que

pretende esclarecer oscuridades y relacionar una palabra, un versículo o párrafo con otros pasajes comparables para definir su significado exacto. La exégesis moderna hace uso de la crítica textual y de los conocimientos de la lingüística así como de las disciplinas histórica y literaria, y también puede aprovechar los descubrimientos arqueológicos.

Filología

Término de origen griego que significa "amor por las palabras". Modernamente se define como la ciencia que se ocupa del estudio detallado de los textos escritos.

Hermenéutica

El término proviene del verbo griego *hermeneuo* que significa interpretar, declarar, anunciar, esclarecer y, por último, traducir. Refleja el proceso en el cual alguna cosa es llevada a la comprensión o vuelta comprensible.

Hermenéutica bíblica

Se define como metodología aplicada a una interpretación correcta, objetiva y comprensible del contenido de la Biblia. La hermenéutica bíblica respeta siempre el sentido histórico y literario del texto a fin de permitir una interpretación sólida y pertinente, sin violentar lo que se quiso decir inicialmente. La hermenéutica bíblica se propone indagar en el contexto histórico bíblico y en su connotación, pertinencia y relevancia, teniendo en cuenta el ámbito actual. En este sentido la hermenéutica intenta trazar un puente de comprensión entre la palabra escrita del pasaje sagrado y la realidad vivida del lector.

Nombres divinos

En la Biblia hebrea los nombres de Dios Creador son dos: ELOHIM y YHWH. Según la tradición judía el primero se pronuncia *e-lo-ji-im*. En cambio YHWH, el llamado tetragrama (en griego: "cuatro letras"), es inefable debido a su carácter sagrado. De ahí nace la costumbre rabínica de pronunciar siempre este nombre como si fuera otro título de respeto del idioma hebreo: ADONAY, "El Señor".

Nuevo Testamento
Colección de 27 escritos canónicos que aparecen durante los dos primeros siglos de la era cristiana. El idioma de redacción es *koiné*, variante del griego que pertenece a la era helenística. Desde el punto de vista literario, el Nuevo Testamento es la fuente primaria de inspiración del cristianismo. Modernamente la colección recibe a veces el nombre de *Segundo Testamento*.

Pentateuco
Nombre griego aplicado a los llamados cinco libros de Moisés: Génesis, Éxodo, Levítico, Números y Deuteronomio.

Pseudoepigrafía
Nombre que recibe a veces la literatura intertestamentaria surgida durante la era helenística y que no quedó incluida en la Biblia. Generalmente la pseudoepigrafía es de origen judío y viene redactada en alguno de los tres idiomas comunes de la época: hebreo tardío, arameo o griego.

Septuaginta
Primera versión griega de la Biblia hebrea llamada a veces *Biblia de los Setenta*. La traducción es ejecutada en la ciudad de Alejandría, Egipto alrededor del año 200 a. C. por un grupo de 72 traductores anónimos. El nombre de Septuaginta obedece a la sigla latina LXX que significa "setenta" tratándose de una referencia al número aproximado de traductores que intervinieron en el proyecto.

Texto masorético (TM)
Edición más reconocida de la Biblia hebrea. Es obra de un grupo de biblistas judíos llamados masoretas asentados durante la Edad Media en la región de Tiberias, Palestina. Se calcula que el texto masorético que hoy se conoce quedó delimitado definitivamente hacia el siglo X.

Torá
Nombre hebreo que significa "instrucción" o "enseñanza". Se aplica en el judaísmo a los cinco libros de Moisés (Pentateuco). Por extensión, se refiere a menudo a la totalidad de la Biblia hebrea.

DEFINICIONES / TERMINOLOGÍA

Vulgata
Versión latina de la Biblia entera (Antiguo y Nuevo Testamento) que aparece hacia el año 400 d. C. como obra del teólogo Jerónimo. La Vulgata contiene algunas traducciones del Nuevo Testamento ejecutadas por académicos anteriores a Jerónimo, pero todas revisadas por él, siendo obra suya propia la traducción al latín de la Biblia hebrea. La Vulgata toma su nombre de la voz *vulgata editio*, "edición popular", al escribirse en un latín corriente (en contraposición con el refinado latín clásico de la aristocracia romana).

b) Terminología sexológica

Bisexual
Término moderno aplicado a la persona que se siente atraída a nivel afectivo y sexual por personas de ambos sexos.

Hermafrodita
Véase *Intersexual*.

Heterosexual
Palabra moderna aplicada a la persona que se siente atraída a nivel afectivo y sexual por individuos del sexo opuesto.

Homoerotismo
El homoerotismo se define como afecto, amor y atracción física entre personas del mismo sexo. Muchas veces el término sirve para profundizar en los sentimientos más que en la genitalidad. El concepto aparece a menudo aplicado a las artes visuales y a la literatura.

Homofobia
Término moderno utilizado por algunos comentaristas para describir una aversión irracional u obsesiva hacia las personas homosexuales. La homofobia se manifiesta en la forma de persecución violenta, prácticas discriminatorias y oposición visceral a la concesión de derechos civiles a las personas y parejas homo y bisexuales.

Homosexual
Este término moderno acuñado en el siglo XIX se aplica a la persona que siente atracción afectiva y sexual por individuos del mismo sexo.

Intersexual
Palabra recién acuñada utilizada con relación al individuo que presenta de forma simultánea características fisiológicas de ambos sexos. Antiguamente el término utilizado era *hermafrodita*.

Joto
La palabra *joto* parece nacer en 1910 en México. D. F. para designar a la gente recluida en la crujía **J** de la antigua cárcel de Lecumberri. Algunos ambientes mexicanos adoptan *joto* como equivalente del término inglés *queer*.

Queer
Anglicismo que significa en su origen "peculiar" o "raro". Como término despectivo, su significado ha sido "homosexual" o "maricón". En años recientes *queer* se utiliza ante todo como calificativo de una corriente ideológica que reivindica una posición de autonomía frente a las rígidas normas heterocéntricas establecidas por la tradición académica, social y eclesiástica, ante todo en materia de sexualidad.

Sexualidad
Toda la terminología de la sexología moderna refleja el pensamiento del mundo en que vivimos y es de acuñación relativamente reciente. Difícilmente se traducirían palabras como bisexual, heterosexual y homosexual a las lenguas bíblicas ya que no existen equivalentes en hebreo o en griego, como tampoco hay equivalencia directa entre una serie de vocablos bíblicos y los idiomas que hablamos en el siglo XXI. El mismo problema conceptual y cultural se plantea a la hora de querer expresar el pensamiento de la teología medieval con términos que respondan a fenómenos inherentes a la vida social del mundo moderno, y a la inversa (Jordan 1997, 3).

Sodomía

Término impreciso de origen medieval que aparece por vez primera en el *Libro de Gomorra*, obra redactada en latín, del fraile italiano Pedro Damián (siglo XI). A pesar de su indefinición, el concepto de sodomía se impuso en los ámbitos teológico, jurídico y social para adquirir en el siglo XIII rango de doctrina católica. Durante siglos el vocablo se ha aplicado a todos los fenómenos del ámbito sexual sin fines reproductivos incluidos la bestialidad (zoofilia), el sexo oral, la penetración anal (inclusive entre esposos) y las relaciones homoeróticas. Es en esta última acepción como el término sodomía ha logrado su mayor difusión siendo generalmente desplazada en el siglo XX por el neologismo *homosexualidad*.

Transgénero

Como término general transgénero se aplica a una variedad de individuos y grupos con conductas que se diferencian de los roles de género normativos (hombre o mujer) que suelen ser asignados al nacer. Transgénero es el estado de la identidad de género del individuo (autoidentificación como hombre o mujer, etc.) que no se corresponde con el "género asignado". El concepto no implica ninguna orientación sexual específica (heterosexual, homosexual, bisexual, asexual, etc.

Transexual

Término recién acuñado que se aplica a la persona que experimenta un conflicto entre su sexo anatómico y su autodefinición como perteneciente al sexo opuesto. A menudo las y los transexuales se someten a intervenciones quirúrgicas para lograr establecer un equilibrio entre el aspecto físico y el género percibido interiormente.

Glosario

HEBREO	ESPAÑOL
ADAM	terrígeno, terrizo, terrícola; Adán
ADAMÁ	tierra, suelo
ADÓN	señor
ADONAY	El Señor
ADONÍ	mi señor
ÁKHAL	comer
'ALAL	divertirse
'ALMAH	mujer joven
'ANAH	humillar, oprimir, violar
ANASHIM	hombres
'ARUMMIM	desnudos
'ASAH	hacer
'AWEL	injusto, inicuo
BÁJAR	elegir, escoger
BÁNAH	construir
BÁSAR	carne; núcleo familiar, parentesco
BELIYA'AL	canalla, mezquino
BEN	hijo
BENEY-BELIYA'AL	hijos de inutilidad, canallas
BETHULÁ	doncella
BOO	ir, venir, llegar, entrar
DÁBAK	unirse
EL	a
ELOHIM	Dios; dioses

ERWÁ	desnudez
ETH	con
ETHNAN	paga
'EZER KENEGDÓ	auxilio en su presencia, sostenedor a su lado
GÁLAH	destapar, descubrir
GUÉBER	hombre, varón
GUER	forastero, extranjero
HAADAM	el terrígeno, el terrícola
HÁYAH	estar, ser, existir
HÍ	ésa
'IKKESH	torcido
'IM	con, al lado de
'IR	ciudad, pueblo
ISH	hombre, varón, marido
ISHSHÁ	mujer, hembra, esposa
JAWÁ	Eva
JÁYAH	vivir
KADESH	consagrado
KADOSH	santo
KÁRAB	acercarse
KE	como
KEDESHÁ	consagrada
KEDESHIM	consagrados
KÉLEB	perro
KESHOKHEB	como el que se acuesta

KODESH	santidad
KOHÉN	sacerdote
KUM	levantarse
LAILA	noche
LÁKAJ	tomar; casarse (el varón)
LŌ	no
MEJIR	precio
MISHKAB	lecho, cama; acostamiento, yacer
MISHKEBEY	lechos, camas; acostamientos, yaceres
NAGA'	tocar, rozar
NALOZ	perverso
NÁSHIM	mujeres
NEDER	promesa, voto
NEKEBA	hembra
N-G-D	informar
PILEGUESH	esposa de rango secundario
RÁAH	ver
RASHA'	malvado, perverso
RÚAJ	respiración, viento, espíritu
SHÁKHAB	acostarse, echarse
TÉBEL	confusión, mezcolanza
TESHUKÁ	deseo, ganas, pasión; deseable, atractivo
THEGALLÉ	descubrirás
TISHKAB	te acostarás

TO'EBA	abominación, repugnancia
TO'EBOTH	abominaciones
TSA'AKÁ	clamor, gemido, protesta
TSELÁ	lado, costado; flanco, ladera
W	y
YADA'	conocer, reconocer, darse cuenta; casarse
YASHÉN	dormir
YATSUA'	cama, lecho, petate
YHWH	nombre inefable del Dios Eterno
YOM KIPPUR	Día de la Expiación
ZA'AKÁ	clamor, gemido, protesta
ZÁBAJ	sacrificar
ZÁKHAR	macho, varón
ZERÁ	grano, semilla, semen; descendencia
ZIMMÁ	depravación; intriga

Versiones castellanas

1960	*La Santa Biblia. Antiguo y Nuevo Testamento. Versión de Reina-Valera. Revisión de 1960.* Sociedades Bíblicas Unidas, México.
1972	*Biblia Latinoamericana.* Consultada en: www.bibliacatolica.com.br
1986	*Biblia de las Américas.* The Lockman Foundation, 1986, 1995, 1997.
1992	*Santa Biblia. Dios Habla Hoy. Edición Interconfesional.* Editorial Claret y Sociedades Bíblicas Unidas, Madrid.
1993	*La Biblia. Edición Popular. Cuarta edición.* La Casa de la Biblia, Madrid.
1995	*Sagrada Biblia traducida de la Vulgata latina teniendo a la vista los textos originales* por J. M. Petisco. Editorial Alfredo Ortells, Valencia.
1996	*La Biblia. Hebreo-español. Versión castellana de* Moisés Katznelson. Editorial Sinaí, Tel-Aviv.
1998	*Biblia de Jerusalén. Nueva edición revisada y aumentada.* Desclée de Brouwer, Bilbao.
1998	Luis Alonso Schökel, *Biblia del Peregrino. Cuarta edición.* Ediciones Mensajero, Bilbao.
1999	*Nueva Versión Internacional.* Sociedad Bíblica Internacional, Miami. Consultada en www.biblegateway.com
1999	*La Santa Biblia. Traducida en equipo bajo la dirección de* E. Martín Nieto. San Pablo, Madrid.
2001	*Sagrada Biblia. Versión directa de las lenguas originales* por E. Nácar Fuster y A. Colunga Cueto. Biblioteca de Autores Cristianos, Madrid.

Bibliografía

ADAMO, David Tuesday, & EGHWUBARE, Erivwierho Francis
    2010   "The African Wife of Abraham. An African Reading of Genesis 16:1-16 and 21:8-21", en:
                Brenner, Lee & Yee (eds.), pp. 275-292.

ADAMS, J. N.
    1982   *The Latin Sexual Vocabulary*.
                Duckworth, London.

ALISON, James
    2001   *Faith Beyond Resentment. Fragments Catholic and Gay*.
                Darton, Longman & Todd, London.
    2003   *On Being Liked*.
                Darton, Longman & Todd, London.
    2006   *Undergoing God. Dispatches from the scene of a break-in*.
                Darton, Longman & Todd, London.

ALONSO Schökel, Luis
    1987   *Manual de poética hebrea*.
                Ediciones Cristiandad, Madrid.
    1994   *Diccionario bíblico hebreo-español*.
                Editorial Trotta, Madrid.

ALPERT, Rebecca T.
    1989   "In God's Image: Coming to Terms with Leviticus", en:
                Balka & Rose (eds.), pp. 61-70.
    2000   "Do Justice, Love Mercy, Walk Humbly: Reflections on Micah and Gay Ethics", en:
                Goss & West (eds.), pp. 170-182.

ALTER, Robert
    1992   *The World of Biblical Literature*.
                SPCK, London.
    1996   *Genesis: Translation and Commentary*.
                W. W. Norton and Company, New York.

ALTHAUS-REID, Marcella
    2000   *Indecent Theology. Theological perversions in sex, gender, and politics*.
                Routledge, London.
    2003   *The Queer God*.
                Routledge, London.

AMIT, Yairah
  2010   "The Case of Judah and Tamar in the Contemporary
            Israeli Context. A Relevant Interpolation", en:
            Brenner, Lee & Yee (eds.), pp. 213-220.
AMPGYL
            *Asociación de Madres y Padres de Gays, Lesbianas,
            Bisexuales y Transexuales.*
            www.ampgyl.org
BACH, Alice
  1999   "Rereading the Body Politic. Women and Violence in
            Judges 21", en:
            Bach (ed.), pp. 389-401.
BACH, Alice (ed.)
  1999   *Women in the Hebrew Bible. A Reader.*
            Routledge, New York & London.
BAGEMIHL, Bruce
  1999   *Biological Exuberance. Animal Homosexuality and
            Natural Diversity.*
            Profile Books, London.
BAILEY, Derrick Sherwin
  1955   *Homosexuality in the Western Christian Tradition.*
            Longmans, Green & Co., London.
BAL, Mieke
  1988   *Death and Dissymmetry. The Politics of Coherence in the
            Book of Judges.*
            The University of Chicago Press, Chicago.
BALKA, Christia, & ROSE, Andy (eds.)
  1989   *Twice Blessed. On Being Lesbian or Gay and Jewish.*
            Beacon Press, Boston.
BARTON, John (ed.)
  1998   *The Cambridge Companion to Biblical Interpretation.*
            Cambridge University Press, Cambridge.
BECHTEL, Lyn
  1993   "Rethinking the Interpretation of Genesis 2.4b-3.24", en:
            Brenner (ed.), pp. 77-117.
  1998a   "Boundary Issues in Genesis 19.1-38", en:
            Washington, Graham & Thimmes (eds.), pp. 22-40.
  1998b   "A Feminist Reading of Genesis 19:1-11", en:
            Brenner (ed.), pp. 108-128.
BESEN, Wayne R.
  2003   *Anything But Straight. Unmasking the Scandals and Lies*

Behind the Ex-Gay Myth.
Harrington Park Press, New York.

BLEDSTEIN, Adrien Janis
   1993   "Are Women Cursed in Genesis 3.16?", en:
            Brenner (ed.), pp. 142-145.

BOHACHE, Thomas
   2000   "To Cut or Not to Cut: Is Compulsory Heterosexuality a Prerequisite for Christianity?", en:
            Goss & West (eds.), pp. 227-239.
   2006   "Matthew", en:
            Guest, Goss, West & Bohache (eds.), pp. 487-516.

BOSWELL, John
   1980   *Christianity, Social Tolerance, and Homosexuality.*
            The University of Chicago Press, Chicago.
   1992   *Cristianismo, tolerancia social y homosexualidad.*
            Muchnik Editores, Barcelona.

BOTTERWERK, G. Johannes, & RINGGREN, Helmer
   1986   *Theological Dictionary of the Old Testament. Volume V.*
            Translated by David E. Green.
            William B. Eerdmans, Grand Rapids.

BOVATI, Pietro
   1994   *Re-Establishing Justice. Legal Terms, Concepts, and Procedures in the Hebrew Bible.*
            Translated by Michael J. Smith.
            Sheffield Academic Press, Sheffield.

BOYARIN, Daniel
   1995   "Are There Any Jews in the History of Sexuality?", en:
            Journal of the History of Sexuality, Vol. 5, No. 3.
   2007   "Against Rabbinic Sexuality: Textual Reasoning and the Jewish Theology of Sex", en:
            Loughlin (ed.), pp. 131-146.

BOYCE, Richard N.
   1988   *The Cry to God in the Old Testament.*
            Scholars Press, Atlanta.

BRAYFORD, Susan
   2007   *Genesis. Septuagint Commentary Series.*
            Brill, Leiden.

BRENNER, Athalya
   1997   *The Intercourse of Knowledge. On Gendering Desire and "Sexuality" in the Hebrew Bible.*
            Brill, Leiden.

BRENNER, Athalya (ed.)
  1993   *A Feminist Companion to Genesis.*
          Sheffield Academic Press, Sheffield.
  1998   *A Feminist Companion to Genesis. Second Series.*
          Sheffield Academic Press, Sheffield.
BRENNER, Athalya, y FONTAINE, Carole R. (eds.)
  1997   *A Feminist Companion to Reading the Bible. Approaches,*
          Methods, and Strategies.
          Sheffield Academic Press, Sheffield.
BRENNER, Athalya; LEE, Archie Chi Chung, & YEE, Gale A. (eds.)
  2010   *Genesis. Texts & Contexts.*
          Fortress Press, Minneapolis.
BRETTLER, Marc Zvi
  2002   *The Book of Judges.*
          Routledge, London.
BRINKSCHROEDER, Michael
  2006   *Sodom als Symptom. Gleichgeschlechtliche Sexualität im*
          christlichen Imaginären – eine religionsgeschichtliche Anamnese.
          Walter de Gruyter GmbH, Berlin.
BRODIE, Thomas L.
  2001   *Genesis as Dialogue. A Literary, Historical, and*
          Theological Commentary.
          Oxford University Press, New York.
BROOTEN, Bernadette J.
  1996   *Love Between Women. Early Christian Responses to*
          Female Homoeroticism.
          The University of Chicago Press, Chicago & London.
BROWN, Peter
  1990   "Bodies and Minds: Sexuality and Renunciation in Early
          Christianity", en:
          Halperin, Winkler & Zeitlin (eds.), pp. 479-493.
BROWN, F., DRIVER, S. R., & BRIGGS, C. A.
  1952   *A Hebrew and English Lexicon of the Old Testament.*
          Based on the lexicon of W. Gesenius translated by E. Robinson.
          Clarendon Press, Oxford.
BROWNING, W. R. F.
  1998   *Diccionario de la Biblia.*
          Paidós, Barcelona.
BRUCE, F.; MARSHALL, I.; MILLARD, A.; PACKER, J.; WISEMAN, D. J.
  2003   *Nuevo Diccionario Bíblico Certeza. Segunda edición en castellano.*
          Traducción de David Powell.
          Certeza Unida, Barcelona – Buenos Aires – La Paz.

BRUCKNER, James K.
- 2001 *Implied Law in the Abraham Narrative. A Literary and Theological Analysis.*
  Sheffield Academic Press, London.

BRUEGGEMANN, Walter
- 1997 *Theology of the Old Testament. Testimony, Dispute, Advocacy.*
  Fortress Press, Minneapolis.
- 2007 *Teología del Antiguo Testamento.*
  Ediciones Sígueme, Salamanca.

CARDEN, Michael
- 2004 *Sodomy. A History of a Christian Biblical Myth.*
  Equinox, London.
- 2006 "Genesis/Bereshit", en:
  Guest, Goss, West & Bohache (eds.), pp. 21-60.

CARR, David M.
- 2003 *The Erotic Word. Sexuality, Spirituality, and the Bible.*
  Oxford University Press, New York.

CLEMENT of Alexandria
  The Instructor.
  www.ccel.org

COMSTOCK, Gary David
- 1993 *Gay Theology without Apology.*
  The Pilgrim Press, Cleveland.

CORNWALL, Susannah
- 2009 "»State of Mind« versus »Concrete Set of Facts«. The Contrasting of Transgender and Intersex in Church Documents on Intersexuality"
  en: *Theology & Sexuality*, Volume 15.1.,

COTTERELL, Peter, & TURNER, Max
- 1989 *Linguistics & Biblical Interpretation.*
  InterVarsity Press, Downers Grove.

COUNTRYMAN, William
- 1992 "¿Qué nos dice el relato bíblico de la creación acerca de la homosexualidad?", en:
  www.otrasovejas.org

DOUGLAS, Mary
- 2000 *Leviticus as Literature.*
  Oxford University Press, Oxford.
- 2004 *Jacob's Tears. The Priestly Work of Reconciliation.*
  Oxford University Press, Oxford.

DOVER, Kenneth
    1978   *Greek Homosexuality*.
                Duckworth, London.

DOYLE, Brian
    1998   "The Sin of Sodom: yada, yada, yada?", en:
                Theology & Sexuality, No. 9, September.

DUNCAN, Celena M.
    2000   "The Book of Ruth. On Boundaries, Love, and Truth", en:
                Goss & West (eds.), pp. 92-102.

ECO, Umberto
    2003   *Mouse or Rat? Translation as Negotiation*.
                Phoenix, London.

EXUM, Cheryl
    1993   *Fragmented Women. Feminist (Sub)versions of Biblical Narratives*.
                Trinity Press International, Valley Forge.

FIELDS, Weston W.
    1997   *Sodom and Gomorrah. History and Motif in Biblical Narrative*.
                Sheffield Academic Press, Sheffield.

FILÓN de Alejandría
                Véase PHILON d'Alexandrie.

FLOOD, John L.
    2001   "Martin Luther's Bible Translation in its German and
                European Context", en:
                Griffiths (ed.), pp. 45-70.

FONTAINE, Carole R.
    1997   "The Abusive Bible: On the Use of Feminist Method in
                Pastoral Contexts", en:
                Brenner & Fontaine (eds.), pp. 84-113.

FOX, Everett
    1995   *The Five Books of Moses: Genesis, Exodus, Leviticus, Numbers,*
                and Deuteronomy.
                Schocken Books, New York.

FRIENDS, A Group of
    1963   *Towards a Quaker View of Sex. Revised Edition*.
                Quaker Home Service, London.

GACA, Kathy L.
    2003   *The Making of Fornication. Eros, Ethics, and Political Reform in*
                Greek Philosophy and Early Christianity.
                University of California Press, Berkeley – Los Angeles –
                London.

GAGNON, Robert A. J.
    2001   *The Bible and Homosexual Practice. Texts and Hermeneutics.*
                Abingdon Press, Nashville.

GARCÍA-Estébanez, Emilio
    1992   *¿Es cristiano ser mujer? La condición servil de la mujer según la Biblia y la Iglesia.*
                Siglo XXI de España Editores, Madrid.

GORDON, Cyrus H., & RENDSBURG, Gary A.
    1997   *The Bible and the Ancient Near East. Fourth Edition.*
                W. W. Norton & Company, New York.

GOSS, Robert E.
    1993   *Jesus Acted Up. A Gay and Lesbian Manifesto.*
                Harper SanFrancisco.
    2002   *Queering Christ. Beyond Jesus Acted Up.*
                The Pilgrim Press, Cleveland.

GOSS, Robert E., & WEST, Mona (eds.)
    2000   *Take Back the Word. A queer reading of the Bible.*
                The Pilgrim Press, Cleveland.

GREEN, Tony; HARRISON, Brenda, & INNES, Jeremy
    1996   *Not for Turning. An Enquiry into the Ex-Gay Movement.*
                Publicado por los autores. Reino Unido.

GREENBERG, Steven
    2004   *Wrestling with God & Men. Homosexuality in the Jewish Tradition.*
                The University of Wisconsin Press, Madison.

GRELOT, Pierre
    2006   *The Language of Symbolism. Biblical Theology, Semantics, and Exegesis.*
                Hendrickson Publishers, Peabody, Massachusetts.

GRIFFITHS, Richard (ed.)
    2001   *The Bible in the Renaissance. Essays on Biblical Commentary and Translation in the Fifteenth and Sixteenth Centuries.*
                Ashgate Publishing Limited, Aldershot.

GROOM, Susan Anne
    2003   *Linguistic Analysis of Biblical Hebrew.*
                Paternoster Press, Carlisle.

GUEST, Deryn
    2006   "Deuteronomy", en:
                Guest, Goss, West & Bohache (eds.), pp. 122-143.
    2007   *When Deborah met Jael. Lesbian Biblical Hermeneutics.*
                SCM Books, London.

GUEST, Deryn; GOSS, Robert; WEST, Mona; BOHACHE, Thomas (eds.)
    2006   *The Queer Bible Commentary.*
             SCM Books, London.

HALPERIN, David M.; WINKLER, John J.; ZEITLIN, Froma I. (eds.)
    1990   *Before Sexuality. The Construction of Erotic Experience in the Ancient Greek World.*
             Princeton University Press, Princeton NJ.

HAMILTON, Victor P.
    1990   *The Book of Genesis. Chapters 1-17.*
    1995   *The Book of Genesis. Chapters 18-50.*
             William B. Eerdmans, Grand Rapids.

HAMMERSHAIMB, Erling
    1957   *Genesis. En sproglig analyse.*
             G. E. C. Gad, Copenhague.

HAMMERSHAIMB, Erling *et al.*
    1953-63 *De gammeltestamentlige pseudepigrafer.*
             G. E. C. Gad, Copenhague.

HANKS, Thomas D.
    1983   *God So Loved the Third World. The Biblical Vocabulary of Oppression.*
             Orbis Books, New York.
    2000   *The Subversive Gospel. A New Testament Commentary of Liberation.*
             The Pilgrim Press, Cleveland.
    2004   *La Biblia hebrea subversiva. Liberación para todos los oprimidos.*
             Otras Ovejas, Buenos Aires y Ciudad de México.
             Disponible en: www.fundotrasovejas.org.ar
    2006   "Romans", en:
             Guest, Goss, West & Bohache (eds.), pp. 582-605.
    2010   *El Evangelio subversivo.*
             Editorial Epifanía, Buenos Aires.

HARGREAVES, Cecil
    1993   *A Translator's Freedom. Modern English Bibles and Their Language.*
             Sheffield Academic Press, Sheffield.

HELMINIAK, Daniel A.
    2000   *What the Bible Really Says About Homosexuality. Millennium Edition.*
             Alamo Square Press, New Mexico.

2003   *Lo que la Biblia dice realmente de la homosexualidad.*
Editorial Egalés, Barcelona.

HOLLOWAY, Richard

1999   *Godless Morality. Keeping Religion out of Ethics.*
Canongate, Edinburgh.

HOLST, Søren

2007   *Kommentar til Første Mosebog.*
Bibelselskabets Forlag, Copenhague.

HORNER, Tom

1978   *Jonathan Loved David. Homosexuality in Biblical Times.*
The Westminster Press, Philadelphia.

HORSLEY, Richard A.

1998   "Submerged Biblical Histories and Imperial Biblical Studies", en:
Sugirtharajah (ed.), pp. 152-173.

HUFFMON, Herbert B.

1966   "The Treaty Background of Hebrew YADA'", en: *Bulletin of the American Schools of Oriental Research*,
Jerusalem & Baghdad, No. 181, pp. 31-37.

HUFFMON, Herbert B., & PARKER, Simon B.

1966   "A Further Note on the Treaty Background of Hebrew YADA'", en: *Bulletin of the American Schools of Oriental Research*,
Jerusalem & Baghdad, No. 184, pp. 36-38.

HÜGEL, Karin

2009   *Homoerotik und Hebräische Bibel.*
Diplomica Verlag, Hamburgo.

HUGENBERGER, Gordon Paul

1994   *Marriage as a Covenant. A study of biblical law and ethics governing marriage developed from the perspective of Malachi.*
E. J. Brill, Leiden–New York–Köln.

HUNT, Mary E.

1992   *Fierce Tenderness. A Feminist Theology of Friendship.*
The Crossroad Publishing Company, New York.

IHIMAERA, Witi

1995   *Nights in the Gardens of Spain.*
Reed Publishing (NZ) Ltd, Auckland.

ISASI-Díaz, Ada María

2006   *Teología mujerista. Una teología para el siglo XXI.*
Ediciones Mensajero, Bilbao.

ISHERWOOD, Lisa
 2006 *The Power of Erotic Celibacy. Queering Heterosexuality.*
    Continuum, London.

ISHERWOOD, Lisa (ed.)
 2000 *The Good News of the Body. Sexual Theology and Feminism.*
    Continuum, London.
 2008 *Patriarchs, Prophets and Other Villains.*
    Equinox, London.

ISHERWOOD, Lisa, & STUART, Elizabeth
 1998 *Introducing Body Theology.*
    Sheffield Academic Press, Sheffield.

ISHERWOOD, Lisa, & RUETHER, Rosemary Radford (eds.)
 2009 *Weep Not For Your Children. Essays on Religion and Violence.*
    Equinox, London.

JASPER, David
 1998 "Literary readings of the Bible", en:
    Barton (ed.), pp. 21-34.

JENNI, Ernst, & WESTERMANN, Claus
 1978 *Diccionario teológico manual del Antiguo Testamento. Tomo I.*
    Ediciones Cristiandad, Madrid.

JOHNSTONE, William
 1998 "Biblical Study and Linguistics", en:
    Barton (ed.), pp. 129-142.

JORDAN, Mark D.
 1997 *The Invention of Sodomy in Christian Theology.*
    The University of Chicago Press, Chicago.
 2000 *The Silence of Sodom. Homosexuality in Modern Catholicism.*
    The University of Chicago Press, Chicago.
 2002 *La invención de la sodomía en la teología cristiana.*
    Traducción de Lluís Salvador.
    Editorial Laertes, Barcelona.

JOSEPHUS
 1998a *Jewish Antiquities. Books I–III.*
    With an English Translation by H. St. J. Thackeray.

KADER, Samuel
 1999 *Openly Gay, Openly Christian. How the Bible Really is Gay Friendly.*
    Leyland Publications, San Francisco.

KARRAS, Ruth Mazo
    2005   *Sexuality in Medieval Europe. Doing unto Others.*
                Routledge, Abingdon.

KING, Christopher
    2000   "A Love as Fierce as Death. Reclaiming the Song of Songs for Queer Lovers", en:
                Goss & West (eds.), pp. 126-142.

KINNAMAN, David, & LYONS, Gabe
    2007   *UnChristian. What a New Generation Really Thinks about Christianity.*
                Baker Books, Grand Rapids.

KORSAK, Mary Phil
    1993   *At the Start. Genesis Made New.*
                Doubleday, New York.

LIDDELL, Henry George, & SCOTT, Robert
    1940   *A Greek-English Lexicon. Revised and augmented throughout by Sir Henry Stuart Jones with the assistance of Roderick McKenzie.*
                Clarendon Press, Oxford.

LINGS, Kjeld Renato
    2006   *Restoring Sodom. Towards a Non-sexual Approach.*
                Tesis doctoral sin publicar. University of Exeter, Reino Unido.
    2007   "Culture Clash in Sodom: Patriarchal Tales of Heroes, Villains, and Manipulation", en:
                Isherwood (ed.), pp. 183-207.
    2008   "Removing the Sexual Cobweb: To »Know« in a Text of Terror", en: Isherwood & Ruether (eds.), pp. 26-53.
    2009   "The »Lyings« of a Woman: Male-Male Incest in Leviticus 18.22?", en:
                Theology & Sexuality, Volume 15.2, Equinox, London.

LIPKA, Hilary B.
    2006   *Sexual Transgression in the Hebrew Bible.*
                Sheffield Phoenix Press, Sheffield.

LOADER, William
    2004   *The Septuagint, Sexuality, and the New Testament. Case Studies of the Impact of the LXX in Philo and the New Testament.*
                William B. Eerdmans, Grand Rapids.

LONG, Lynne
    2001   *Translating the Bible. From the 7th to the 17th Century.*
                Ashgate, Aldershot.

LONG, Ronald E.
> 2006 "Introduction", en:
> Guest, Goss, West & Bohache (eds.)

LOUGHLIN, Gerard (ed.)
> 2007 *Queer Theology. Rethinking the Western Body.*
> Blackwell Publishing Ltd, Oxford.

McCARSON, Bonnie
> 2002 "He/She – Jung's Concepts of the Archetypal Masculine and Feminine", en: www.suite101.com

McGRATH, Alister E.
> 1999 *Historical Theology. An Introduction to the History of Christian Thought.*
> Blackwell Publishing, Oxford.

McGUCKIN, John Anthony (ed.)
> 2006 *The SCM Press A–Z of Origen.*
> SCM Press, London.

McKEOWN, James
> 2008 *Genesis.*
> William B. Eerdmans, Grand Rapids.

McNEILL, John J.
> 1979 *La Iglesia ante la homosexualidad.*
> Grijalbo, Barcelona.
> 1993 *The Church and the Homosexual. Fourth Edition.*
> Beacon Press, Boston.
> 1996 *Taking a Chance on God. Second Edition.*
> Beacon Press, Boston.

MAGONET, Jonathan
> 2004 *A Rabbi Reads the Bible. Second Edition.*
> SCM, London.

MAGONET, Jonathan (ed.)
> 1993 *Jewish Explorations of Sexuality.*
> Bergahn Books, Providence.

MARTIN, Dale B.
> 2006 *Sex and the Single Savior. Gender and Sexuality in Biblical Interpretation.*
> Westminster John Knox Press, Louisville.

MATHER, Maurice W, & HEWITT, Joseph William
> 1962 *Xenophon's Anabasis. Books I–IV.*
> University of Oklahoma Press, Norman.

MEIN, Andrew
    2001   *Ezekiel and the Ethics of Exile.*
              Oxford University Press, Oxford.

METZGER, Bruce M.
    2001   *The Bible in Translation. Ancient and English Versions.*
              Baker Academics, Grand Rapids.

MEYERS, Carol
    1988   *Discovering Eve. Ancient Israelite Women in Context.*
              Oxford University Press, Oxford & New York.
    1993   "Gender Roles and Genesis 3.16 Revisited", en:
              Brenner (ed.), pp. 118-141.

MILGROM, Jacob
    2000   *Leviticus 17–22. A New Translation with Introduction and Commentary.*
              The Anchor Bible, Doubleday, New York.
    2004   *Leviticus. A Book of Ritual and Ethics.*
              Fortress Press, Minneapolis.

MILNE, Pamela J.
    1993   "The Patriarchal Stamp of Scripture. The Implications of Structuralist Analyses for Feminist Hermeneutics", en:
              Brenner (ed.), pp. 146-172.

MITCHEL, Larry A.
    1984   *A Student's Vocabulary for Biblical Hebrew and Aramaic.*
              Zondervan, Grand Rapids.

MOLLENKOTT, Virgina Ramey, & SCANZONI, Letha Dawson
    1994   *Is the Homosexual my Neighbor? A Positive Christian Response. Revised and Updated.*
              HarperSanFrancisco.

MONTI, Joseph
    1995   *Arguing about Sex. The Rhetoric of Christian Sexual Morality.*
              State University of New York Press, Albany.

MOORE, Gareth
    2003   *A Question of Truth. Christianity and Homosexuality.*
              Continuum, London.

MUSSKOPF, André
    2008   "Cristão e homossexual? Um desafio".
              Entrevista realizada por Graziela Wolfart en:
              rumosnovosarquivo3.no.sapo.pt/docs/am-cristao.pdf

NELSON, Wilton M. (ed.)
    1998   *Nuevo Diccionario Ilustrado de la Biblia.*
             Editor de la versión revisada y aumentada:
             Juan Rojas Mayo.
             Editorial Caribe, Miami.

NIDITCH, Susan
    1997   *Oral World and Written Word. Orality and Literacy in Ancient Israel.*
             SPCK, London.

NISSINEN, Martti
    1999   *Homosexuality in the Biblical World. A Historical Perspective.*
             Translated by Kirsi Stjerna.
             Fortress Press, Minneapolis.

OLYAN, Saul
    1994   "And with a Male You Shall Not Lie the Lying Down of a Woman". On the Meaning and Significance of Lev. 18:22 and 20:13", en:
             Journal of the History of Sexuality, Vol. 5, pp. 179-206.

ORIGEN
    1982   *Homilies on Genesis and Exodus.* Translated by Ronald E. Heine.
             Fathers of the Church, Volume 71.
             http://books.google.com

PARDES, Ilana
    1993   "Beyond Genesis 3. The Politics of Maternal Naming", en:
             Brenner (ed.), pp. 173-193.

PERDUE, Leo G.
    2005   *Reconstructing Old Testament Theology. After the Collapse of History.*
             Fortress Press, Minneapolis.

PERKINS, Benjamin
    2000   "Coming Out, Lazarus's and Ours. Queer Reflections of a Psychospiritual, Political Journey", en:
             Goss & West (eds.), pp. 196-205.

PETT, Peter
    2000   *Deuteronomy.*
             www.angelfire.com

PHILON d'Alexandrie
    1966   *De Abrahamo.* Introduction, traduction et notes par Jean Gorez.
             Éditions du Cerf, París.

PROUST, Marcel
1987   *A la recherce du temps perdu. Le côté de Guermantes. Sodome et Gomorrhe.*
        Éditions Robert Laffont, París.

PROVAN, Iain
1998   "The Historical Books of the Old Testament", en:
        Barton (ed.), pp. 198-211.

RAMÍREZ-Kidd, José E.
2009   *Para comprender el Antiguo Testamento.*
        Universidad Bíblica Latinoamericana,
        San José, Costa Rica.

RASHKOW, Ilona
1998   "Daddy-Dearest and the »Invisible Spirit of Wine«", en:
        Brenner (ed.), pp. 82-107.

RIESENFELD, Rinna
2000   *Papá, Mamá, soy gay.*
        Grijalbo, México.

ROSEN, Wilhelm von
1993   *Månens kulør. Studier i dansk bøssehistorie 1628–1912.*
        Rhodos, Copenhague.

SÁENZ-Badillos, Ángel
1988   *Historia de la lengua hebrea.*
        Editorial Ausa, Sabadell.
1993   *History of the Hebrew Language.*
        Cambridge University Press, Cambridge.

SCHNEIDER, Tammi J.
2000   *Judges.*
        Berit Olam. Studies in Hebrew Narrative and Poetry.
        The Liturgical Press, Collegeville.
2008   *Mothers of Promise. Women in the Book of Genesis.*
        Baker Academic, Grand Rapids.

SCHOTTROFF, Luise
1993   "The Creation Narrative: Genesis 1.1-2.4a", en:
        Brenner (ed.), pp. 173-193.

SHARON, Diane M.
1998   "The Doom of Paradise: Literary Patterns in Accounts of Paradise and Morality in the Hebrew Bible and the Ancient Near East", en:
        Brenner (ed.), pp. 53-80.

SHERIDAN, Mark
 2006 "Old Testament", en:
  McGuckin (ed.), pp. 159-162.

SIMKINS, Ronald A.
 1998 "Gender Construction in the Yahwist Creation Myth", en:
  Brenner (ed.), pp. 32-52.

SPINA, Frank Anthony
 2005 *The Faith of the Outsider. Exclusion and Inclusion in the Biblical Story.*
  William B. Eerdmans, Grand Rapids.

STEWART, David T.
 2006 "Leviticus", en:
  Guest, Goss, West & Bohache (eds.), pp. 77-104.

STONE, Ken
 2000 "The Garden of Eden and the Heterosexual Contract", en:
  Goss & West (eds.), pp. 57-70.
 2006 "1 and 2 Kings", en:
  Guest, Goss, West & Bohache (eds.), pp. 222-250.

STUART, Elizabeth
 1995 *Just Good Friends. Towards a Lesbian and Gay Theology of Relationships.*
  Mowbray, London.
 2003 *Gay and Lesbian Theologies. Repetitions with Critical Difference.*
  Ashgate Publishing Limited, Aldershot.

STUART, Elizabeth, & THATCHER, Adrian
 1997 *People of Passion. What the churches teach about sex.*
  Mowbray, London.

STURGE, Mark
 2001 "Don't Dis Me if You Don't Know Me", en:
  Black Theology in Britain, 4.1, November.

SUGIRTHARAJAH, R. S.
 2002 *Postcolonial Criticism and Biblical Interpretation.*
  Oxford University Press, Oxford.

SUGIRTHARAJAH, R. S. (ed.)
 1991 *Voices from the Margin. Interpreting the Bible in the Third World.*
  SPCK, London.
 1998 *The Postcolonial Bible.*
  Sheffield Academic Press, Sheffield.

SVARTVIK, Jesper
- 2006 *Bibeltolkningens bakgator. Synen på judar, slavar och homosexuella i historia och nutid.*
  Verbum Förlag, Estocolmo.

TERRIEN, Samuel
- 2004 *Till the Heart Sings. A Biblical Theology of Manhood and Womanhood.*
  William B. Eerdmans, Grand Rapids.

TERTULLIAN
- 1951 *To His Wife. An Exhortation to Chastity, Monogamy.*
  Translated and Annotated by William P. Le Saint.
  The Newman Press, Westminster, Maryland.

THATCHER, Adrian
- 2002 *Living Together & Christian Ethics.*
  Cambridge University Press, Cambridge.

THUESEN, Peter J.
- 2001 *In Discordance with the Scriptures. American Protestant Battles over Translating the Bible.*
  Oxford University Press, New York.

TRIBLE, Phyllis
- 1984 *Texts of Terror. Literary-feminist readings of biblical narratives.*
  SCM Press Ltd, London.

UNAMUNO, Miguel de
- 1931 *La agonía del cristianismo.*
  Compañía Ibero-Americana de Publicaciones (S. A.), Madrid.

VANGGAARD, Thorkil
- 1969 *Phallós.*
  Gyldendal, Copenhague.
- 1972 *Phallos. A Symbol and Its History in the Male World.*
  International Universities Press, New York.

VASEY, Michael
- 1995 *Strangers and Friends. A new exploration of homosexuality and the Bible.*
  Hodder & Stoughton, London.

WALSH, Jerome T.
- 2001 "Leviticus 18:22 and 20:13: Who Is Doing What to Whom?", en:
  Journal of Biblical Literature, Vol. 120, No. 2, pp. 201-209.

WARRIOR, Robert Allen
- 1991 "A Native American Perspective: Canaanites, Cowboys, and Indians", en:
  Sugirtharajah (ed.), pp. 287-295.

WASHINGTON, Harold C.; GRAHAM, Susan L.; THIMMES, Pamela (eds.)
- 1998 *Escaping Eden. New Feminist Perspectives on the Bible.*
  Sheffield Academic Press, Sheffield.

WHITELAM, Keith W.
- 1998 "The Social World of the Bible", en:
  Barton (ed.), pp. 35-49.

WINTER, Miriam Therese
- 1992 *Woman Witness. A Feminist Lectionary and Psalter.*
  CollinsDove, North Blackburn, Victoria.

WOLDE, Ellen van
- 2009 *Three Questions Examined in Genesis 18–19.*
  Papel presentado a la reunión de la Society of Biblical Literature,
  Roma.

WOODS, Gregory
- 2001 *Historia de la literatura gay.*
  Traducción de Julio Rodríguez Puértolas.
  Akal, Madrid.

Páginas Web Citadas

books.google.com/books?id=X_mSBavPcq4C&pg=PA148&source=gbs_toc_r&cad=3#v=onepage&q&f=false

en.wikipedia.org/wiki/Apostolic_Constitutions

en.wikipedia.org/wiki/Marcel_Proust

en.wikipedia.org/wiki/Sexual_differentiation

gbgm-umc.org/umw/bible/ethold.stm

oxforddictionaries.com

studybible.info/interlinear/Genesis%2019

www.ampgyl.org

www.angelfire.com/ultra2/pp2000ad/deuteronomy4.html

www.ccel.org/ccel/schaff/anf02.toc.html

www.ciudadseva.com/textos/cuentos/ita/bocca/deca01.htm

www.earlychristianwritings.com/yonge/book13.html

www.fordham.edu/halsall/ancient/1650nesilim.html

www.fundotrasovejas.org.ar

www.jamesalison.co.uk

www.otrasovejas.org

www.otrasovejas.org/creacion.htm

www.perseus.tufts.edu/hopper/resolveform?type=start&lookup

www.suite101.com/article.cfm/jungian_psychology/94231

www.truthtree.com

www.truthwinsout.org/uncategorized/2007/09/264/

www.uned.es/geo-1-historia-antigua-universal

ÍNDICE DE REFERENCIAS BÍBLICAS

Biblia hebrea

Génesis

1	69, 109	4,1	105, 121, 231, 234-238, 258
1,2	103, 107	4,2	238
1,26	107, 109, 114, 115	4,6-7	107
1,26-27	123	4,7	104
1,26-28	115	4,16	237, 238
1,27	91, 102, 107, 114, 115, 119, 277	4,17	235, 237, 238
		4,17-24	238
1,28	108, 109, 236	4,18	235
2	109, 110, 116-118, 123	4,19	249
		4,19-22	235
2,5	108	4,25	237, 238, 258
2,9	234	4,26	235
2,15	64, 108	5,2	101
2,17	108, 110, 234, 236	5,21-22	238
2,18	107, 109, 119, 233	5,28-29	238
2,19	102	5,3	235
2,20	107	6–8	158
2,21	58, 102, 106, 120	6	182
2,21-22	116-118, 123	6,1-4	45, 182
2,22	56, 112, 119	6,2	54, 68, 249
2,23	97, 105, 115, 119	6,2-4	176
2,24	54, 102, 111, 120, 233, 235, 236, 249, 264	6,4	47, 51, 54
		6,9-10	70
		6,13	44
		6,18	44
2,25	121, 122	6,22	70
3	26, 27, 104, 123, 278	7	92
3,1	69	7,2	92
3,1-7	71	7,3	92
3,3	108	9	63, 66, 69, 72, 74, 278
3,5	104, 234, 236	9,3	120
3,7	64, 104, 122, 278	9,6	331
3,12	112	9,18	63, 72
3,16	104, 105, 108	9,20	64, 70, 331
3,17-19	64	9,20-21	63
3,20	105	9,20-27	70
3,21	123	9,21	67, 70, 278
3,22	234, 236	9,21-24	67, 69
4	107, 233	9,21-27	74

9,22	64, 66, 67, 72	18–19	313
9,23	64, 67	18	28, 155, 157, 158,
9,24	66, 67, 279		177, 217, 222-224,
9,25	72		228, 229, 241, 243,
9,25-27	64, 72, 331		270, 315, 322
9,26	73	18,1	242, 243
9,26-27	72	18,2	313
10,6	72	18,9	307
10,18	63	18,10	313
10,19	154, 166, 226, 331	18,13	307
10,22	63	18,14	307
11	158, 177, 217	18,16	226, 228
12–15	243	18,19	157, 224, 226-228,
12	177, 243		236, 239, 242, 243,
12,1	242		245, 246, 248, 250,
12,3	243		258, 265, 266-268,
12,7	242, 243		271, 273-281, 327,
12,8	159, 317		329, 331
12,12	316, 317	18,20	337
12,14	44	18,20-21	338
12,15	336	18,21	157, 214, 226-228,
13	177, 203		239, 245-247, 257-
13,5-6	159		259, 265-268, 271,
13,10	331		273-276, 278, 280,
13,10-13	154, 226		281, 327, 329, 337,
13,11	276		338
13,13	331	18,23	334, 335, 338
13,14	242	18,23-33	243, 338
13,18	159	18,25	334, 338
14	154, 158, 177, 221,	19	28, 155, 158, 177,
	226, 228, 243		207, 208, 210, 212,
14,2	331		213, 215, 217-219,
14,12	159, 339		221-223, 228, 229,
14,19	159		241, 254, 259, 261,
14,22	331		264, 270, 278, 289,
14,22-23	331		322, 335, 339
14,23	155, 159, 331	19,1	44, 226, 261, 313
15	242, 243	19,1-3	339
15,1	242, 243	19,2	291
15,13	62, 242	19,3	261
16,2	55, 56	19,4	47, 240, 241, 264
16,2-4	45, 47, 51	19,4-11	223
16,4	55	19,5	216, 220, 222, 224-
17–19	243		226, 229, 240, 241,
17	155, 236, 242, 243,		246, 247, 259, 262,
	315		268, 272, 273, 275-
17,1	242, 243		277, 279, 280, 286,
17,5	243		287, 328, 338, 339

19,5-8	184	22,10	296, 317, 336
19,6-9	338	24	243
19,7	339	24,3-4	249
19,8	224, 226, 248, 250, 259, 261, 269, 272, 275-277, 280, 282, 283-287, 311, 328, 336, 339	24,4	249
		24,7	249
		24,16	235, 248, 259, 280
		24,37-38	249
		24,40	249
19,9	211, 261, 335	24,48	249
19,10	261	24,67	249
19,11	226	25	158
19,12	262	25,1	249
19,13	337, 338	25,8-10	159
19,13-17	172	26,7	307, 316, 317
19,14	55, 68, 159, 249, 262, 277, 291	26,7-10	336
		26,10	50, 51, 59
19,15	338	28,2	249
19,17	156, 211	28,19	316, 317
19,22	261	29	45
19,23	44, 261	29,14	97, 120, 249
19,24-25	338	29,18-21	249
19,25	166, 262	29,21	45, 47, 51, 54, 55
19,26	159, 211	29,21-30	93
19,30	156, 159, 211	29,22	45, 250
19,31	48, 258, 262-264, 287	29,23	45, 47, 51, 250
19,32	48, 251, 264, 277	29,30	45, 47, 51, 56, 250
19,32-35	50, 51, 287	30,3	47, 51, 56
19,33	60, 226-228, 239, 251-253, 261, 264-268, 271, 273, 274, 277-281, 327-329	30,3-4	45
		30,4	51, 291
		30,14-16	50
		30,15	59, 249, 277
19,34	48, 59, 261, 264	30,16	47, 51, 59
19,35	48, 60, 226-228, 239, 251-253, 264-268, 271, 273, 274, 277-279, 280, 281, 327-329	34	61-63, 234
		34,2	49-51, 59, 62, 68, 277, 305, 316, 317
		34,7	49-51, 59
		34,21	249
19,37	344	34,25	316, 317
19,37-38	178, 253	34,25-27	262
19,38	226, 228	35,22	49-51, 89, 291
20,1-13	317	37,27	97
20,2	336	38	142, 254-256
20,4	51	38,1	142
20,6	51	38,2	46, 47, 51, 68, 255
21-22	243	38,6	255
21	243	38,8	47, 51
21,22	159	38,9	47, 51
22	243	38,9-10	46

38,11	256	22,21-24	62
38,12	46	22,30	146
38,14-15	143	22,31	129
38,15	142	24,14	334
38,16	43, 47, 51, 54-56, 254, 256, 259, 279	25,12	117
		26,20	117
38,16-18	46	29,21	129
38,18	47, 51	33	243
38,19-21	141	33,12	243
38,21	140	33,17	243
38,22	140	34,7	73
38,21-22	140, 142		
38,26	254-259		
39	252, 256	**Levítico**	
39,6	256-259, 279		
39,7	50, 51, 252	3,2	145
39,7-14	48	6,3	120
39,8	252, 256-259, 279	18	66-68, 76, 80, 85, 90-98, 253
39,10	50, 51, 54, 59		
39,12	50, 51	18,6	93, 120
39,14	50, 51, 59	18,7	85
41,5	58	18,8	91
41,45	249	18,6-19	69
42,9	65	18,11	91
43,32	146	18,14-16	91
44,14-18	316, 317	18,15	256
49	90	18,17	93
49,4	89, 90	18,17-20	91
49,8-9	316, 317	18,18	92, 93
		18,19	93
		18,20	69, 85, 93
Éxodo		18,21	93, 95
		18,22	22, 28, 40, 66, 75-80, 82, 83, 85, 88, 89, 91-95, 98-100, 188, 321
1,11-12	62		
2,23-25	337		
3,7-9	337	18,22-23	69
10,11	91	18,23	85, 91, 93, 95, 98
15,11	129	18,26	98
16,3	120	18,27	84, 98
18,11	241	18,29	98
18,25	276	18,30	98
20,5	73	19,8	30
20,6	72	20	67, 89, 94, 95, 253
20,12	72	20,2-5	94
20,16	32	20,11	90, 94
20,26	64	20,12	94
22,20	324	20,13	28, 40, 76, 77, 94, 321
22,20-23	337		

20,17	68	25,1	334
20,26	125	25,5	262, 263
21,20	346	25,5-10	46
21,20-23	345	29,16-27	165
		29,21-25	163
		29,22	161, 166
Números		29,22-23	167
		32,5	165
5,14	277	32,15-18	165
14,18	73	32,21	165
22,29	306	32,32-33	163
31,17	250	32,37-38	165
31,18	250	33,9	252
		34,10	241, 243, 276

Deuteronomio

Josué

1,39	122		
2	178	2	218, 299
2,9	178	2,1	146
2,19	178, 337	6	218
4,37	276	18,1	317
5,9	73	22,9-12	317
5,16	72		
5,20	32		
6,5	30	**Jueces**	
7,6	276		
15,9	136	9	316
18,5	276	11,39	248
20,20-21	234	17–18	315
20,23-24	234	17–21	316
22,5	78, 91, 127, 128	17	315
22,28-29	62	17,1	315
23	125	17,6	301
23,1	346	17,16	301
23,2	345	18	315
23,14	129, 130	18,1	301
23,17	129, 130, 131, 132, 136, 137, 138, 139, 140, 145, 146	19–20	40, 220, 289, 290, 294, 295, 313, 318
		19–21	315
23,17-19	40	19	28, 218, 222, 289-291, 293, 301, 303, 305, 307, 311, 318
23,18	126, 127, 128, 146, 147, 148, 149, 150		
23,19	127	19,1	301, 315
23,18-19	127	19,2	291
23,19	126, 127	19,3	298
23,22-23	146	19,19	295

19,22	293, 299, 302, 303, 307	19,10	317
		20,16-17	344, 347
19,24	305, 312	20,30-34	344
19,24-25	308, 311	20,41-42	344
19,25	302, 306, 317	20,42	344, 347
19,29	317	22,6	301
20–21	293	23,18	347
20	28, 218	23,19	301
20,1	317	26,1	301
20,5	308	31	306
20,18	317	31,4	317
21	314	31,4-5	306
21,11	250		
21,12	250		
21,14	251, 293	**2 Samuel**	
21,19	317		
21,23	293	1,26	344, 347
21,25	301	3,1	317
		3,8	150
		7,20	243, 276
Rut		9,1-13	347
		9,8	150
1,16-17	343, 347	10,4	122
2,11-12	347	13	62, 305
4,13-17	347	13,12	305
4,17	343	13,12-18	62
4,21-22	344	13,14	305
		13,20	62, 306
		13,28-29	62
1 Samuel		15,16	62
		16,13	217
1	319	16,20-22	306
1,10	316	16,21-22	63
8,5	317	20,3	63, 306
10	316, 317	21,6	301
10,26	301	24,24	147, 150
10,27	136		
11,4	301		
11,7	317	**1 Reyes**	
14,2	301		
14,16	301	1	
15,34	301	10,27-29	150
17,43	150	10,28	147, 152
18,1-4	344, 347	14,24	131
18,11	317	15,12	129, 134
19,1	344	21,2	147
19,1-2	347	22,46	131

2 Reyes

8,13	150
9,36	151, 251
23,7	128, 129, 134, 146

Salmos

3,8	136
11,6	166
71,4	136
118,22	324

Lamentaciones

1,18	165
1,20	165
2,14	165, 166
3,39	165
3,42	165
4,6	167
4,13	165
4,13-14	166

Job

1,21	122
5,1	129
18,12	118
24,7	122
28,15	147
34,18	136
36,14	127, 134, 137

Proverbios

3,32	136
8,8	136
17,16	147
27,26	147

Isaías

1,2-5	165
1,4	166
1,10	164
1,10-16	168
1,10-17	167
1,15-16	164
1,15-17	166
1,16	166
1,18	166
1,21	164, 166
1,21-23	166
1,23	164-166
2,8	165
2,11	166
2,11-12	166
2,17	166
2,18	165
2,20	165
3,8-9	163, 165
3,9	166, 167
3,14-15	166
3,16	166
7,14	37
10,29	301
12,17	166
13,11	166
13,19	167
56	40, 345
56,3-7	346
56,5	345
56,7	129

Jeremías

1,5	241, 242, 244
9,23	242, 244
9,24	244
22,15-16	231, 242, 244, 245
23,2	166
23,10	165
23,10-11	166
23,11	165
23,13	165
23,14	164, 165, 167
23,14-15	166

23,15-17	165		16,22	165
23,21-27	165		16,25-29	165
23,22	166		16,31-38	165
23,30-39	165		16,36	165
31,33	244		16,38	166
31,34	242		16,41	165
38,7-13	345, 346		16,43	165
39,15-18	346		16,46-50	167
49,12	166		16,47	165, 166
49,14-18	162		16,48	170
49,16	166		16,49	166
49,17-18	161, 167		16,49-50	170
50,2	165		16,50	165
50,14	165		16,51	165
50,24	165		16,56	162
50,29	162		16,56-57	153, 169
50,31	162		16,56-58	167
50,31-32	166		16,58	165
50,38	163, 165		16,59	165
50,39	161		16,62	243
50,39-40	167		18,12	165
50,40	161, 162		18,13	165
			18,24	165
			21,35	165

Ezequiel

5,9	165		**Daniel**	
5,11	165			
6,9	165		1,9	345
7,3	165			
7,4	165			
7,8	165		**Oseas**	
7,9	165			
8,6	165		2,14	147, 149
8,9	165		2,22	242, 243, 250
8,13	165		4,14	140, 144
8,15	165		5,3-4	242
8,17	165		8,2	242, 244
9,4	165		11,8	166, 167
11,18	165			
11,21	165			
12,16	165		**Amós**	
14,6	165			
16	184, 208, 224		2,4	165
16,2	165		2,7	165, 166
16,15-17	165		2,8	165
16,16	165		2,12	166
16,20	165		3,2	243

4,1	166	**Sofonías**	
4,11	167		
5,7	166	1,4-6	165
5,11-12	166	1,9	166
5,12	166	1,13	165
5,26	165	1,17	165
6,8	166	2,8	166
6,12	166	2,9	167
6,13	166	2,10	166
8,4	166	2,11	165
		3,1	166
		3,3-4	166
Miqueas		3,4	165
		3,7	166
1,7	149	3,11	165, 166
6,8	347		

Nuevo Testamento

Mateo		**Lucas**	
1,22	37	1,34	248
1,24	249	7,1-10	347
7,16	30	8,19-21	347
8,5-13	345, 347	10,12	174
10,15	174	10,28	30
11,8	341	17,28-32	178
11,24	174	17,29	174
19,12	345, 346	17,33	174
22,37-40	30	17,34	345, 347
Marcos		**Juan**	
6,11	174	3,16	347
10	103	10,10	110
10,21	347	11	346
		11,3	347
		11,5	347
		11,36	347

13,23	347
13,35	30
19,26-27	347
20,2-4	347

Hechos de los Apóstoles

8,26-39	345, 346
10,9-15	346
10,15	345
10,28	346
10,44-48	346

Romanos

1,26-27	28, 340
5,12	26
9,29	174
11,14	121

1 Corintios

6	111
6,9	28, 340, 341
6,16	121
13	347

Gálatas

1,10	32, 347
5,1-3	347

Filipenses

3,2	150

Colosenses

3,9-11	347

1 Timoteo

1,10	28, 340

2 Pedro

2,1-3	176
2,6-8	176
2,7-8	178
2,14	176

Judas

v. 4	176
v. 7	176
v. 8	176
v. 9	176
v. 12	176
v. 14	176
vv. 16-19	176

Apocalipsis

11,8	174
22,15	127, 150

Fuentes literarias antiguas

Apocalipsis de Pablo	188, 203
Asunción de Moisés	181
Ben Sirá (Eclesiástico)	171, 173, 178
Constituciones Apostólicas	76, 188
Génesis Rabba	200, 203, 211, 228
Jubileos	181, 182, 202, 211
Leyes hititas	86, 95, 242
Pirke del rabino Eliezer	203
Primera epístola de Clemente	203
Sabiduría de Salomón	171, 172, 174, 178, 179
Septuaginta (LXX)	24-27, 37, 103, 111, 117, 120, 121, 123, 171, 173, 184-186, 195, 224, 266- 272, 273, 282-287, 322, 326, 327, 329, 336, 339, 348, 350
Testamento de Aser	183
Testamento de Benjamín	182
Testamento de Leví	182
Testamento de Naftalí	182
Testamentos de los doce patriarcas	181, 182
Vulgata	24-27, 38, 39, 103, 117, 123, 133, 135, 139, 142, 148, 151, 152, 191, 195, 218, 270-273, 275, 278, 282, 284-287, 294, 322, 326-329, 351
1 Enoc	181, 182
3 Macabeos	171, 172
4 Esdras	171, 172
5 Esdras	171, 172

ÍNDICE DE NOMBRES PROPIOS

Adams, J. S.	272
Agustín de Hipona	26, 37, 103, 189, 212, 218, 270
Alejandro Magno	23, 173, 266
Alfonso X el Sabio	197
Alighieri, Dante	194, 195
Alison, James	341
Alonso Schökel, Luis	37, 65, 107, 118, 137, 231, 235, 336
Alpert, Rebecca	77
Alter, Robert	21, 34, 36, 43, 64, 66, 67, 72, 107, 113, 115, 158, 225, 227, 234, 282, 315, 316
Althaus-Reid, Marcella	330, 331, 333
Ambrosio de Milán	188, 204, 212, 218, 294
American Psychiatric Association	30
American Psychological Association	30
Amit, Yairah	46, 301
Aristóteles	193
Atanasio de Alejandría	294
Bagemihl, Bruce	33
Bailey, Derrick Sherwin	48, 154, 171, 173, 182, 183, 184, 187, 190, 195, 216, 217, 232, 233
Bal, Mieke	215, 297
Balka, Christie	77
Barth, Karl	108
Basilio	203
Bechtel, Lyn	26, 35, 103, 104, 122, 157, 214, 220, 221, 222, 223, 226, 229, 233, 282
Benkert, Karl-Maria	20, 198
Ben Nahmán, Moshé	65, 293
Besen, Wayne R.	28
Bledstein, Adrien Janis	104
Boccaccio, Giovanni	194, 195
Bohache, Thomas	32, 40, 340, 342, 346
Boswell, John	196, 217, 218, 232
Botterwerk, G. Johannes	231
Bovati, Pietro	338
Boyarin, Daniel	78, 79, 99, 213, 282, 289
Boyce, Richard N.	337, 338
Brayford, Susan	173, 184, 186
Brenner, Athalya	21, 44, 48, 51, 54, 66, 68, 86, 97, 231, 291

Brettler, Marc Zvi	300, 301
Brinkschröder, Michael	327, 329
Brodie, Thomas L.	44, 64, 66, 70, 107, 113, 122, 156, 157, 213, 215, 225, 234, 246, 336
Brooten, Bernadette	20, 28
Brown, Peter	21, 25, 186
Browning, W. R. F.	231
Bruce, Marshall *et al.*	231
Bruckner, James K.	241, 246, 338
Brueggemann, Walter	113
Buber, Martin	104, 226
Calvino, Juan	103, 195
Carden, Michael	66, 76, 112, 117, 157, 176, 181, 182, 183, 184, 185, 187, 188, 189, 190, 192, 193, 200, 202, 203, 204, 211, 212, 213, 215, 219, 225, 233, 282, 289, 293, 294, 298, 299, 302, 330, 331
Carr, David	109, 121
Catulo	272
Cisneros, Francisco Jiménez de	195
Clemente de Alejandría	186, 187, 188
Colunga Cueto, Alberto	52, 54
Comstock, Gary David	344
Cornwall, Susannah	116
Cotterell, Peter	34, 35, 61, 72, 81, 90, 121, 143, 228, 280
Dante: v. Alighieri, Dante	
Douglas, Mary	65, 75, 81
Doyle, Brian	215, 222, 223, 224, 225, 226, 229, 232, 233
Driver, G. R.	249
Duncan, Celena M.	26, 344
Eco, Umberto	289
Efrén de Siria	211
Enrique VIII	196
Erasmo de Rotterdam	195
Exum, Cheryl	290, 297, 298
Fields, Weston W.	62, 66, 215, 218, 219, 225, 249, 262, 282, 293, 299, 300, 302, 307
Filón de Alejandría	183, 184, 185, 186, 188, 202, 205, 206, 217, 322, 339
Flood, John L.	38, 326, 329
Fontaine, Carole R.	312
Fox, Everett	81, 106, 147, 157, 225, 227, 234, 282, 289
Freud, Sigmund	210

Friends, A Group of	196
Gagnon, Robert A. J.	22, 63, 66, 67, 69, 77, 78, 96, 98, 102, 103, 126, 127, 147, 150, 207, 208, 209, 210, 225, 228, 232, 234, 290, 302
García Estébanez, Emilio	103
Goethe, Johann Wolfgang von	33
Gordon, Cyrus H.	64, 107, 147
Goss, Robert E.	213, 215, 289, 295, 340, 342, 346
Green, Tony	28, 29
Greenberg, Steven	26, 27, 33, 65, 66, 79, 97, 99, 115, 116, 117, 128, 197, 201, 202, 213, 215, 220, 225, 282, 289
Gregorio de Nisa	188
Gregorio Magno	191, 218
Groom, Susan Anne	37, 90, 228, 272, 280, 282, 291
Guest, Deryn	128, 146, 147, 290, 295, 340, 342, 345
Hamilton, Victor P.	44, 48, 66, 69, 72, 73, 117, 118, 119, 120, 122, 142, 215, 225, 234, 236, 241, 246, 262, 282
Hammershaimb, Erling	182, 183, 234
Hanks, Thomas D.	62, 150, 174, 213, 305, 310, 340, 341, 343, 346
Hargreaves, Cecil	270
Harrison, Brenda	28, 29
Heard, R. Christopher	213, 225
Helminiak, Daniel A.	22, 128, 146, 213, 225, 232, 282, 340, 341, 344, 345
Henson, John	346
Heráclides Póntico	269
Heródoto	268, 269, 283
Hewitt, Joseph W.	268
Holloway, Richard	35, 186
Horsley, Richard A.	332, 333
Huffmon, Herbert	242, 245
Hugenberger, Gordon P.	120, 225, 232, 234, 235, 236, 250, 290
Iglesia de la Comunidad Metropolitana	29
Ihimaera, Witi	207
Innes, Jeremy	28, 29
Isodad de Merv	190
Jasper, David	34, 61
Jenni, Ernst	231
Jenofonte	268, 269, 283
Jerónimo	38, 117, 189, 191, 218, 270, 271, 273, 278, 284, 327, 328, 336, 351

Johnstone, William	240
Jordan, Mark D.	20, 25, 27, 28, 32, 33, 83, 188, 189, 191, 192, 193, 194, 218, 226, 229, 253, 270, 276, 352
Josefo	183, 184, 185, 293, 294
Juan Casiano	189, 190
Juan Crisóstomo	103, 188, 204, 212
Julio César	272
Jung, C. G.	116
Justiniano	190, 197
Kader, Samuel	306
Karras, Ruth Mazo	135, 193, 196
Katznelson, Moisés	52, 59, 85
Kertbeny, Károly Mária	20, 198
Kinnaman, David	27
Kolakowski, Victoria	345
Korsak, Mary Phil	106, 115, 116, 117, 119, 226, 227
Liddell, Henry G.	268, 269
Lings, K. Renato	75, 290, 301, 302
Lipka, Hilary	21, 63, 98, 213, 225
Loader, William	25, 97, 111, 121, 173, 184, 266
Long, Lynne	37, 38, 158, 270
Long, Ronald E.	20
Lutero, Martín	33, 103, 195, 326, 327, 328, 329
Lyons, Gabe	27
McCarson, Bonnie	116
McGrath, Alister E.	26, 38
McKeown, James	73, 115, 117, 225, 238, 282
McNeill, John J.	217, 225, 233
Magonet, Jonathan	26, 110, 122, 123
Maimónides	34
Martín Nieto, Evaristo	52
Mather, Maurice W.	268
Menandro	269
Metzger, Bruce M.	25, 27, 176, 261, 266, 270, 328, 329
Meyers, Carol	103, 105, 248
Miles, John C.	249
Milgrom, Jacob	75, 80, 86, 93, 96, 213
Milne, Pamela J.	103
Mitchel, Larry	232
Monti, Joseph	19
Moore, Gareth	109, 110
Nácar Fúster, Eloíno	52, 54

Nahmánides	65, 293
Nelson, Wilton M.	231
Nicolás de Lira	204, 294
Nissinen, Martti	66, 67, 101, 120, 126, 127, 128, 147, 225, 232, 234, 282, 289, 302
Olyan, Saul	78, 79, 93, 96, 98, 99
Organización Mundial de la Salud	30
Orígenes	187, 203
Ovidio	216, 272
Pablo Orosio	189, 190
Pardes, Ilana	105
Parker, Simon B.	242
Paulino de Nola	203
Pedro Cantor	76, 192
Pedro Damián	27, 181, 191, 192, 198, 204, 206, 218, 353
Pedro de Poitiers	76
Perdue, Leo G.	40, 212
Petisco, José Miguel	52, 56, 83
Pett, Peter	147
Platón	112, 268, 269
Proust, Marcel	198
Provan, Iain	226
Ramban	65, 293, 294
Ramírez-Kidd, José E.	337, 338
Rashi	34, 65, 203, 211, 293
Real Academia Española	20
Rendsburg, Gary A.	64, 107, 147
Reyes Católicos	197
Rashkow, Ilona N.	65, 66, 69, 70, 72, 210, 211, 212, 215, 228
Ringgren, Helmer	231
Rose, Andy	77
Rosen, Wilhelm von	197
Rosenzweig, Franz	226
Sáenz-Badillos, Ángel	23, 24, 34, 167, 173
Schneider, Tammi	123, 215, 225, 282, 290, 298, 301
Schottroff, Luise	103, 104
Scott, Robert	268, 269
Shakespeare, William	156, 328
Sharon, Diane	108
Simkins, Ronald	108
Spina, Frank Anthony	256, 344
Stewart, David T.	63, 66, 67, 69, 80, 82, 85, 96, 98, 99, 100

Stone, Ken	108, 126, 128, 129, 344
Stuart, Elizabeth	22, 25, 26
Sturge, Mark	213, 214
Sugirtharajah, R.	331, 333
Svartvik, Jesper	231
Teodoro bar Koni	190
Terrien, Samuel	111, 112, 117, 121
Tertuliano	187, 249
Thatcher, Adrian	25, 26, 234, 249, 250, 290
Thomas, Robert	36, 37, 38
Thuesen, Peter J.	37
Tomás de Aquino	103, 192, 193, 218
Trible, Phyllis	215, 295, 296
Turner, Max	34, 35, 61, 72, 81, 90, 121, 143, 228, 280
Tyndale, William	328
Unamuno, Miguel de	232
Vanggaard, Thorkil	196, 212, 213, 306
Vasey, Michael	106, 282
Walsh, Jerome	78, 79, 98, 99
Warrior, Robert Allen	333
Weingreen, J.	114, 239, 240, 246, 265
West, Mona	340, 342, 344, 346
Westermann, Claus	231
Whitelam, Keith W.	61
Winter, Miriam	215
Wolde, Ellen van	338
Woods, Gregory	194
Wycliffe, John	328

www.ingramcontent.com/pod-product-compliance
Lightning Source LLC
Chambersburg PA
CBHW050329230426
43663CB00010B/1790